SUEÑA

español sin barreras

CURSO INTERMEDIO BREVE

José A. Blanco

C. Cecilia Tocaimaza-Hatch
Tufts University

VISTA
HIGHER LEARNING

Boston, Massachusetts

Publisher: José A. Blanco

Senior Vice President, General Manager: Janet Dracksdorf

Vice President & Editorial Director: Denise St. Jean

Director of Art & Design: Linda Jurras

Director of Production & Manufacturing: Lisa Flanagan Perrier

Project Manager: Kristen Chapron

Editors: María Cinta Aparisi, Brendeign Covell, Gabriela Ferland, María Isabel García, Martha Mesa

Contributing Writers: Pamela Mishkin, José A. Ramos, Francisco de la Rosa

Design Manager: Polo Barrera

Designers: Andrea Golden, Alwyn Velásquez

Photo Researchers & Art Buyers: Rachel Distler, Linde Gee

Production: Compset Inc.

Manufacturing Coordinator: Gustavo Cinci

Senior Vice President, Operations: Tom Delano

Executive Marketing Manager: Ben Rivera

Student Text ISBN - 13: 978-1-59334-888-5
         ISBN - 10: 1-59334-888-9
Instructor's Annotated Edition ISBN - 13: 978-1-59334-912-7
                        ISBN - 10: 1-59334-912-2
Library of Congress Card Number: 2006923728

Every reasonable effort has been made to trace the owners of copyright materials in this book, but in some instances this has proven impossible. The publisher will be happy to receive information leading to more complete acknowledgments in subsequent printings of the book, and in the meantime extends its apologies for any omissions.

4 5 6 7 8 9 10 11   RRD   13 12 11 10 09

Introduction

Bienvenidos a SUEÑA, a new intermediate Spanish program designed to provide you with an active and rewarding learning experience as you continue to strengthen your language skills and develop your cultural competency.

Here are some of the key features you will find in **SUEÑA**:

- A cultural focus integrated throughout the entire lesson

- Engaging short-subject dramatic films by contemporary Hispanic filmmakers that carefully tie in the lesson theme and grammar section

- A fresh, magazine-like design and lesson organization that both support and facilitate language learning

- A highly-structured easy-to-navigate design, based on spreads of two facing pages

- An abundance of illustrations, photos, charts, and graphs, all specifically chosen or created to help you learn

- An emphasis on authentic language and practical vocabulary for communicating in real-life situations

- Numerous guided and communicative activities

- Clear, comprehensive, and well-organized grammar explanations that highlight the most important concepts in intermediate Spanish

- A built-in **Manual de gramática** for reference, review, and additional practice

- Thought-provoking documentaries related to the featured country or region and lesson theme

- Short and comprehensible literary and cultural readings that recognize and celebrate the diversity of the Spanish-speaking world

- A complete set of print and technology ancillaries to equip you with the materials you need to make learning Spanish easier

CONTENIDO

	PARA EMPEZAR	CORTOMETRAJE	SUEÑA

CONSULTA

CONTENIDO

outlines the content and features of each lesson

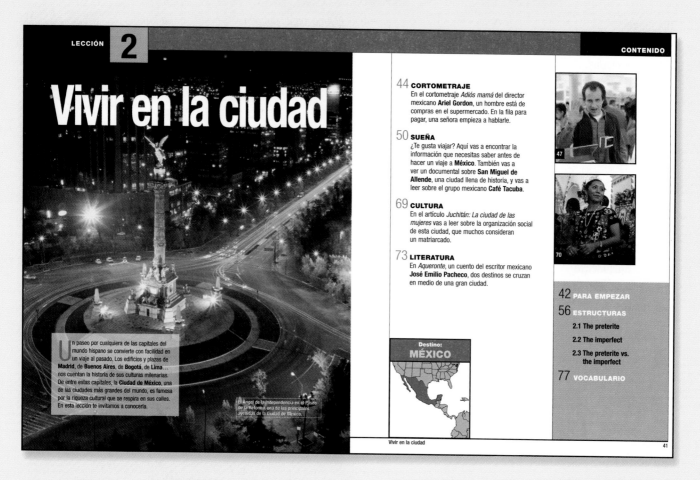

LECCIÓN **2**

Vivir en la ciudad

Un paseo por cualquiera de las capitales del mundo hispano se convierte con facilidad en un viaje al pasado. Los edificios y plazas de **Madrid**, de **Buenos Aires**, de **Bogotá**, de **Lima**... nos cuentan la historia de sus culturas milenarias. De entre estas capitales, la **Ciudad de México**, una de las ciudades más grandes del mundo, es famosa por la riqueza cultural que se respira en sus calles. En esta lección te invitamos a conocerla.

El Ángel de la Independencia en el Paseo de la Reforma, una de las principales avenidas de la Ciudad de México.

CONTENIDO

47

70

Destino:
MÉXICO

Vivir en la ciudad — 41

Lesson opener A two-page spread introduces you to the lesson theme with a dynamic photo and a theme-related introductory paragraph ideal for class discussion.

Destino Locator map highlights the country or region of study.

Lesson overview Brief paragraphs provide you with a synopsis of each section in the lesson.

PARA EMPEZAR

introduces the thematic lesson vocabulary with engaging activities

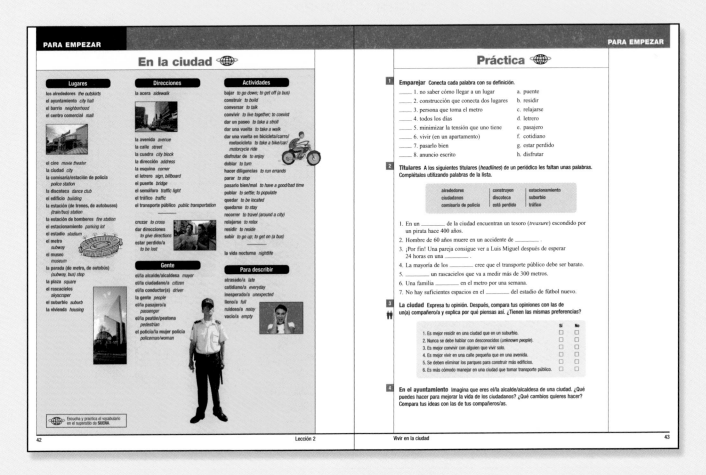

Photos and Illustrations
Dynamic, full-color photos and art visually illustrate selected vocabulary terms.

Vocabulary Easy-to-study thematic lists present useful vocabulary.

Práctica This set of exercises practices vocabulary in diverse formats and engaging contexts.

Icons These icons provide on-the-spot visual cues for both pair and small group activities.

CORTOMETRAJE

features an award-winning short-subject dramatic film by a contemporary Hispanic filmmaker

Posters Dynamic and eye-catching movie posters visually introduce the film.

Escenas A synopsis of the film's plot with captioned video stills prepares you visually for the film and introduces some of the expressions you will encounter.

Notas culturales These sidebars provide cultural information related to the **Cortometraje**.

PREPARACIÓN & ANÁLISIS

reinforce and expand upon the Cortometraje

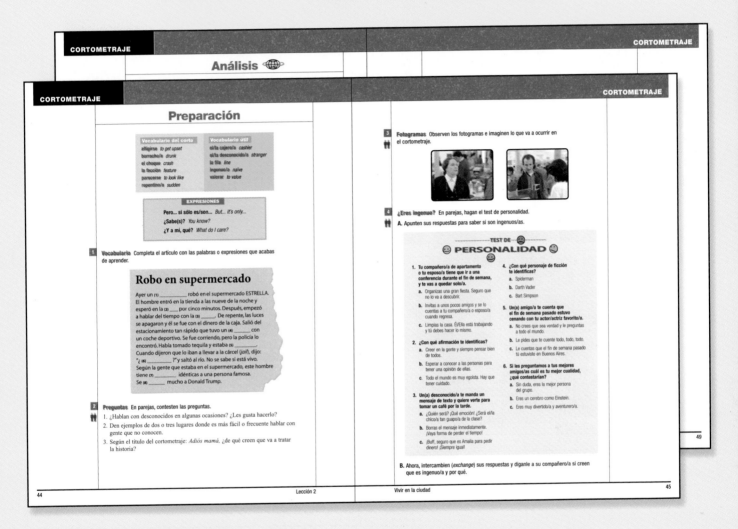

Preparación Pre-viewing exercises set the stage for the short-subject film and provide key background information, facilitating comprehension.

Vocabulario This section features the words that you will encounter and actively use within the **Cortometraje** section.

Expresiones This feature highlights phrases and expressions useful in understanding the film.

Análisis Post-viewing activities go beyond checking comprehension, allowing you to discover broader themes.

SUEÑA

simulates a voyage to the featured country or region

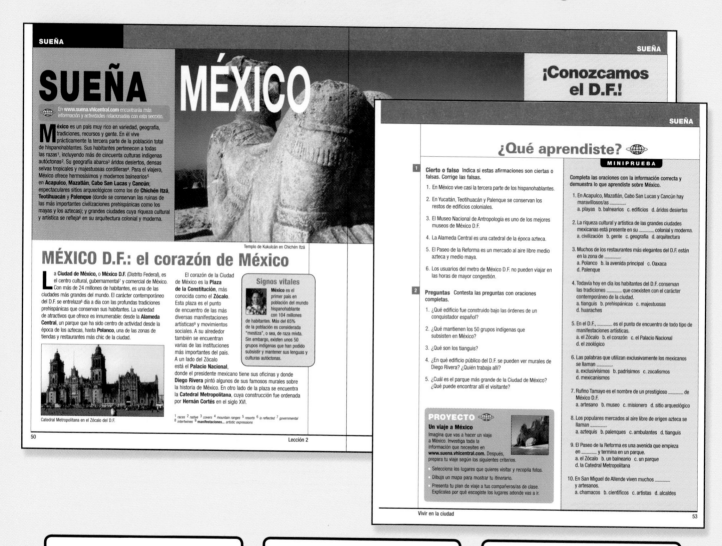

Magazine-like design
Each reading is presented in the attention-grabbing visual style you would expect from a magazine.

Country- and Region-specific readings Dynamic readings draw your attention to culturally-significant elements of the country or region.

Signos vitales These boxes provide information key to understanding the region's lifestyle and customs.

El español de... Terms and expressions specific to the country or region are highlighted in easy-to-reference lists.

¿Qué aprendiste? Post-reading exercises check your comprehension of the readings.

Proyecto Task-based projects encourage you to further investigate the country or region, connecting real-world learning to the classroom.

DOCUMENTAL & SUBE EL VOLUMEN

feature thought-provoking documentaries and contemporary musicians

SUEÑA

San Miguel de Allende

Un paraíso colonial en la Sierra Madre

DOCUMENTAL

Mira el documental sobre San Miguel de Allende en el supersitio de **SUEÑA**.

Fundada en 1542 por misioneros franciscanos, **San Miguel de Allende** es una hermosa ciudad colonial ubicada° en las montañas al norte de la **Ciudad de México**. Sus construcciones arquitectónicas tienen un gran valor histórico. Desde los años 30, San Miguel ha atraído a muchísimos extranjeros° que van no sólo a visitarla, sino a quedarse a vivir. Hoy día, en San Miguel viven miles de norteamericanos y europeos, entre ellos muchos artistas y artesanos a quienes les encanta el clima siempre primaveral y soleado que se disfruta. Te invitamos a conocer esta interesante ciudad viendo el documental y leyendo más información en **www.suena.vhlcentral.com**.

ubicada *located* **extranjeros** *foreigners*

Café Tacuba

El nuevo rock mexicano

SUBE EL VOLUMEN

Lee un poco más sobre Café Tacuba y su música en el supersitio de **SUEÑA**.

Discografía selecta
1992	*Café Tacuba*	2002	*Valle Callampa*
1994	*Re*	2003	*Cuatro caminos* (Premio
1999	*Revés/Yo soy*		Grammy Latino 2004 al Mejor
2001	*Tiempo transcurrido*		Álbum de Rock Alternativo)

Rubén, **Quique**, **Joselo** y **Meme** son cuatro amigos que se conocieron en una escuela de un suburbio de la **Ciudad de México** y que crecieron escuchando a *The Cure*, *The Smiths*, *The Stone Roses*, y *The Clash*. Un día decidieron formar un grupo de rock y comenzaron a practicar en el garaje de la casa de uno de ellos. A finales de los años 80 comenzaron a tocar en público. Lo peculiar de este grupo es que sus instrumentos no son generalmente los típicos de una banda de rock —batería°, bajo°, guitarra eléctrica—, sino otros más tradicionales que usan para mezclar el rock con diferentes ritmos folklóricos mexicanos. Esta fusión de géneros caracteriza su propio estilo. El resultado artístico de esta formación es la suma de las ideas y visiones de cada uno de sus integrantes°. Además de haber grabado más de siete álbumes hasta el momento, el cuarteto ha participado en la banda sonora° de películas como *Y tú mamá también*, *Vivir Mata* y *Amores Perros*.

batería *drums* **bajo** *bass* **integrantes** *members* **banda sonora** *soundtrack*

Documental This section presents a documentary film related to the lesson theme from the Spanish-speaking country or region highlighted in the **Sueña** section.

Sube el volumen This feature highlights Hispanic singers and musical groups from the featured country or region.

GALERÍA DE CREADORES

highlights important cultural and artistic figures from the region

Profiles Brief paragraphs provide a synopsis of the featured person's life and cultural importance.

Conexión Internet This box directs you to Internet activities on the **SUEÑA** supersite for additional avenues of discovery.

Ampliación This feature invites you to visit the **SUEÑA** supersite and discover other culturally important figures listed in **Más creadores**.

ESTRUCTURAS

reviews and introduces grammar points key to intermediate Spanish in a graphic-intensive format

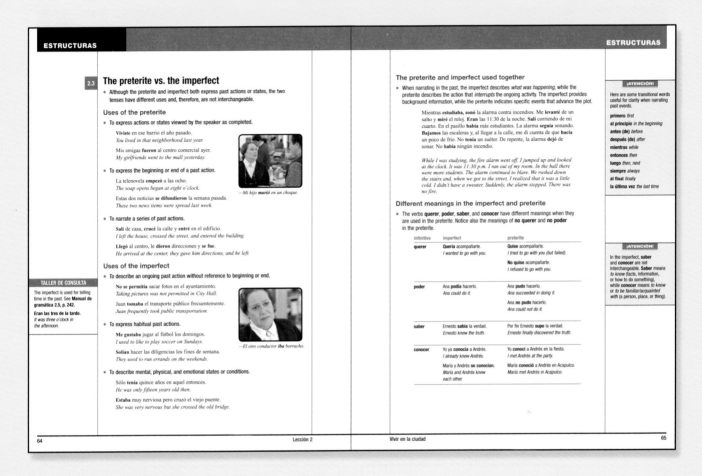

Integration of *Cortometraje*
Photos with quotes or captions from the lesson's short film show the new grammar structures in meaningful and relevant contexts.

Charts and Diagrams Colorful, easy-to-understand charts and diagrams highlight key grammatical structures and related vocabulary.

Grammar explanations
Explanations are written in clear, comprehensible language for easy understanding and reference both in and out of class.

Atención These sidebars expand on the current grammar point and call attention to similar grammatical structures.

Taller de consulta These sidebars reference relevant grammar points presented actively in **Estructuras**, and refer you to the supplemental **Manual de gramática** found at the end of the book.

ESTRUCTURAS

provides directed and communicative practice

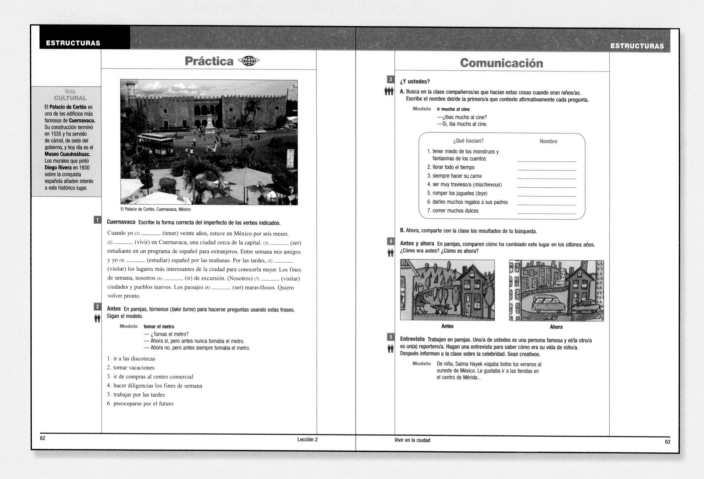

Práctica Directed exercises support you as you begin working with the grammar structures.

Comunicación Open-ended, communicative activities help you internalize the grammar point in a range of contexts involving pair and group work.

Nota cultural These sidebars expand coverage of the Spanish-speaking world with additional cultural information.

SÍNTESIS

brings together the vocabulary, grammar, and lesson theme in a variety of contexts

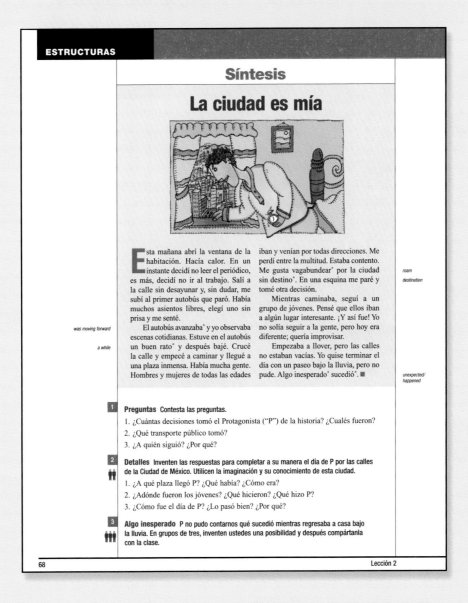

ESTRUCTURAS

Síntesis

La ciudad es mía

Esta mañana abrí la ventana de la habitación. Hacía calor. En un instante decidí no leer el periódico, es más, decidí no ir al trabajo. Salí a la calle sin desayunar y, sin dudar, me subí al primer autobús que paró. Había muchos asientos libres, elegí uno sin prisa y me senté.

El autobús avanzaba* y yo observaba escenas cotidianas. Estuve en el autobús un buen rato* y después bajé. Crucé la calle y empecé a caminar y llegué a una plaza inmensa. Había mucha gente. Hombres y mujeres de todas las edades iban y venían por todas direcciones. Me perdí entre la multitud. Estaba contento. Me gusta vagabundear* por la ciudad sin destino*. En una esquina me paré y tomé otra decisión.

Mientras caminaba, seguí a un grupo de jóvenes. Pensé que ellos iban a algún lugar interesante. ¡Y así fue! Yo no solía seguir a la gente, pero hoy era diferente; quería improvisar.

Empezaba a llover, pero las calles no estaban vacías. Yo quise terminar el día con un paseo bajo la lluvia, pero no pude. Algo inesperado* sucedió*. ∎

was moving forward

a while

roam

destination

unexpected/ happened

1 **Preguntas** Contesta las preguntas.

1. ¿Cuántas decisiones tomó el Protagonista ("P") de la historia? ¿Cuáles fueron?
2. ¿Qué transporte público tomó?
3. ¿A quién siguió? ¿Por qué?

2 **Detalles** Inventen las respuestas para completar a su manera el día de P por las calles de la Ciudad de México. Utilicen la imaginación y su conocimiento de esta ciudad.

1. ¿A qué plaza llegó P? ¿Qué había? ¿Cómo era?
2. ¿Adónde fueron los jóvenes? ¿Qué hicieron? ¿Qué hizo P?
3. ¿Cómo fue el día de P? ¿Lo pasó bien? ¿Por qué?

3 **Algo inesperado** P no pudo contarnos qué sucedió mientras regresaba a casa bajo la lluvia. En grupos de tres, inventen ustedes una posibilidad y después compártanla con la clase.

68   Lección 2

Lectura Theme-related readings, realia, and charts reinforce the grammar structures and lesson vocabulary in a short, captivating format.

Actividades This section integrates the three grammar points of the lesson, providing built-in, consistent review and recycling as you progress though the text.

CULTURA

presents a cultural reading tied to the lesson theme

Readings Brief, comprehensible readings present you with additional cultural information related to the lesson theme and country or region of focus.

Photos Vibrant, dynamic photos visually illustrate the reading.

Glosses Definitions of unfamiliar words aid in comprehension without interrupting the reading flow.

LITERATURA

provides literary readings by well-known writers from across the Spanish-speaking world

Literatura Thought-provoking, yet comprehensible readings present new avenues for using the lesson's grammar, vocabulary, and themes.

Design Each reading is presented in the attention-grabbing visual style you would expect from a magazine, along with glosses of unfamiliar words that aid in comprehension.

PREPARACIÓN & ANÁLISIS

activities provide in-depth pre-reading and post-reading support for each selection in Literatura and Cultura

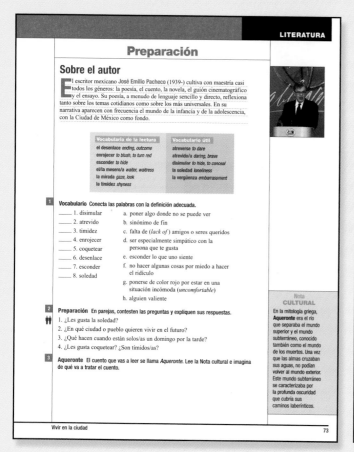

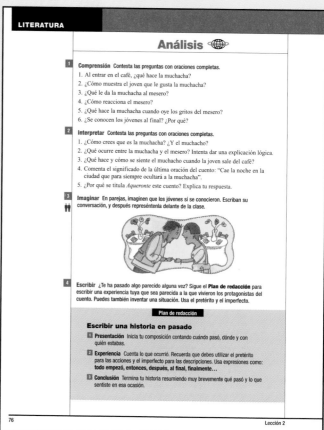

Preparación Helpful lists highlight active vocabulary that you will encounter in each reading, as well as other words that might prove useful for discussions. Diverse activities then allow you to practice the vocabulary.

Sobre el autor A brief description of the author gives you background information about the writer and the reading.

Análisis Post-reading exercises check your understanding and motivate you to discuss the topic of the reading, express your opinions, and explore how it relates to your own experiences.

Plan de redacción A guided writing assignment concludes every **Literatura** section.

VOCABULARIO

summarizes the active vocabulary in each lesson

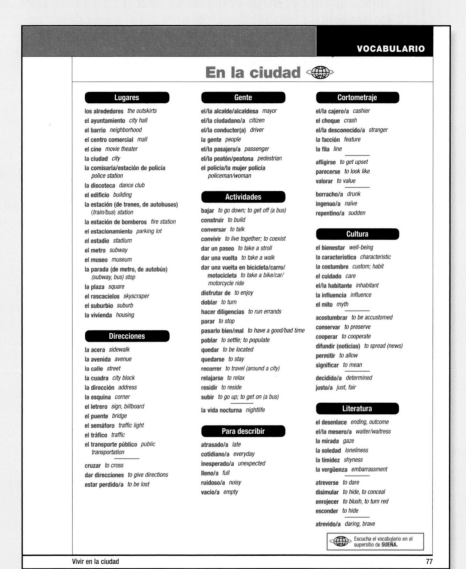

VOCABULARIO

En la ciudad

Lugares

los alrededores *the outskirts*
el ayuntamiento *city hall*
el barrio *neighborhood*
el centro comercial *mall*
el cine *movie theater*
la ciudad *city*
la comisaría/estación de policía *police station*
la discoteca *dance club*
el edificio *building*
la estación (de trenes, de autobuses) *(train/bus) station*
la estación de bomberos *fire station*
el estacionamiento *parking lot*
el estadio *stadium*
el metro *subway*
el museo *museum*
la parada (de metro, de autobús) *(subway, bus) stop*
la plaza *square*
el rascacielos *skyscraper*
el suburbio *suburb*
la vivienda *housing*

Direcciones

la acera *sidewalk*
la avenida *avenue*
la calle *street*
la cuadra *city block*
la dirección *address*
la esquina *corner*
el letrero *sign, billboard*
el puente *bridge*
el semáforo *traffic light*
el tráfico *traffic*
el transporte público *public transportation*

cruzar *to cross*
dar direcciones *to give directions*
estar perdido/a *to be lost*

Gente

el/la alcalde/alcaldesa *mayor*
el/la ciudadano/a *citizen*
el/la conductor(a) *driver*
la gente *people*
el/la pasajero/a *passenger*
el/la peatón/peatona *pedestrian*
el policía/la mujer policía *policeman/woman*

Actividades

bajar *to go down; to get off (a bus)*
construir *to build*
conversar *to talk*
convivir *to live together; to coexist*
dar un paseo *to take a stroll*
dar una vuelta *to take a walk*
dar una vuelta en bicicleta/carro/ motocicleta *to take a bike/car/ motorcycle ride*
disfrutar de *to enjoy*
doblar *to turn*
hacer diligencias *to run errands*
parar *to stop*
pasarlo bien/mal *to have a good/bad time*
poblar *to settle; to populate*
quedar *to be located*
quedarse *to stay*
recorrer *to travel (around a city)*
relajarse *to relax*
residir *to reside*
subir *to go up; to get on (a bus)*
la vida nocturna *nightlife*

Para describir

atrasado/a *late*
cotidiano/a *everyday*
inesperado/a *unexpected*
lleno/a *full*
ruidoso/a *noisy*
vacío/a *empty*

Cortometraje

el/la cajero/a *cashier*
el choque *crash*
el/la desconocido/a *stranger*
la facción *feature*
la fila *line*

afligirse *to get upset*
parecerse *to look like*
valorar *to value*

borracho/a *drunk*
ingenuo/a *naïve*
repentino/a *sudden*

Cultura

el bienestar *well-being*
la característica *characteristic*
la costumbre *custom; habit*
el cuidado *care*
el/la habitante *inhabitant*
la influencia *influence*
el mito *myth*

acostumbrar *to be accustomed*
conservar *to preserve*
cooperar *to cooperate*
difundir (noticias) *to spread (news)*
permitir *to allow*
significar *to mean*

decidido/a *determined*
justo/a *just, fair*

Literatura

el desenlace *ending, outcome*
el/la mesero/a *waiter/waitress*
la mirada *gaze*
la soledad *loneliness*
la timidez *shyness*
la vergüenza *embarrassment*

atreverse *to dare*
disimular *to hide, to conceal*
enrojecer *to blush, to turn red*
esconder *to hide*

atrevido/a *daring, brave*

Escucha el vocabulario en el supersitio de **SUEÑA**.

Vivir en la ciudad

77

Student Ancillaries

Student Activities Manual (SAM)

The Student Activities Manual consists of two parts: the Workbook and the Lab Manual. The Workbook activities provide additional practice of the vocabulary and grammar for each textbook lesson. They also reinforce the content of the **Sueña** sections, including the main reading, the documentary, and the **Galería de creadores**. The Lab Manual activities focus on building your listening comprehension skills in Spanish. They provide additional practice of the vocabulary, grammar points, and literary reading in each textbook lesson.

Web-SAM

The Web-SAM provides 24-hour access to online workbook and laboratory activities with instant feedback and grading. The complete audio program is also included. Your instructor can view the results of your work, manage your class, and even customize the Web-SAM by adjusting grading features, assigning specific exercises, and creating his or her own activities and quizzes. You can self-register for the course, so your instructor can create a course in less than ten minutes.

Lab Audio Program

The Lab Audio Program contains the recordings to be used in conjunction with the activities of the Lab Manual. It is available in compressed MP3 files that can be played in the CD-ROM drive of your computer or can be accessed on the **SUEÑA** supersite.

SUEÑA supersite (www.suena.vhlcentral.com)

The **SUEÑA** supersite supports you and your instructor with a wide range of online resources—additional activities, cultural information and links, teaching suggestions, lesson plans, course syllabi, and more—that directly correlate to your textbook and go beyond it. All of the content of this site can be easily integrated with WebCT and Blackboard.

- **Short-subject films**
  The **SUEÑA** supersite contains the short-subject dramatic films by Hispanic filmmakers that are featured in the **Cortometraje** section of each lesson in **SUEÑA**. It also contains the **Filmoteca** introductions.

- **Documental**
  The authentic documentary films from the Spanish-speaking countries and regions covered in the textbook's **Sueña** sections are found on the **SUEÑA** supersite along with a variety of related activities.

- **Sube el volumen**
  Visit the **SUEÑA** supersite for more information and activities about the musicians featured in the **Sueña** sections of the textbook.

Instructor Ancillaries

Instructor's Annotated Edition

The Instructor's Annotated Edition (IAE) contains answers to exercises overprinted on the page, cultural information, suggestions for implementing and extending student activities, and cross-references to student and instructor ancillaries.

Instructor's Resource CD-ROM

The Instructor's Resource CD-ROM contains the following: Instructor's Resource Manual, SAM Answer Key, Testing Program in ready-to-print format, Testing Program in RTF word processing files, Test Generator, and the Testing Program MP3s.

- **Instructor's Resource Manual**
  This component offers the written transcript of the Lab Audio Program, the Spanish filmscripts of the **Cortometrajes** and **Filmoteca** introductions, English translations of the filmscripts and introductions, and additional teaching suggestions for the **Sueña** section of the textbook.

- **Student Activities Manual Answer Key**
  This component includes answer keys for all activities with discrete answers in the Workbook and Lab Manual.

- **Testing Program in Ready-to-Print Format**
  Available as PDF files, the Testing Program contains tests for each of the textbook's ten lessons, semester exams, and quarter exams. All tests and exams include sections on listening comprehension, vocabulary, grammar, and communication. Listening scripts, answer keys, and optional **Cortometraje** and **Sueña** testing sections are also included.

- **Testing Program in RTF Word Processing Files**
  The Testing Program is available as RTF word processing files so instructors can readily customize the tests and exams for their courses.

- **Test Generator**
  The test generator provides a test bank of the Testing Program and includes an online testing component. Instructors can modify tests, create tests, and randomly generate new tests. Test items with discrete answers are automatically scored, and all grades are easily exported to WebCT and Blackboard.

- **Testing Program MP3s**
  These audio files provide the recordings of the Testing Program's listening sections.

Film Collection DVD

This DVD contains the short-subject films by Hispanic filmmakers that are the basis for the pre- and post-video activities in the **Cortometraje** section of each lesson in **SUEÑA**. It also contains the **Filmoteca** introductions which present each film in Spanish and connect it to the lesson theme.

SUEÑA Film Collection

Fully integrated with your textbook, the **SUEÑA** Film Collection on DVD contains short-subject films by Hispanic filmmakers that are the basis for the pre- and post-viewing activities in the **Cortometraje** section of each lesson. Every film is preceded by a brief video introduction in Spanish that provides context, increases comprehension, and connects the film to the lesson theme.

These films offer entertaining and thought-provoking opportunities to build your listening comprehension skills and your cultural knowledge of Spanish-speakers and the Spanish-speaking world.

Besides providing entertainment, the films serve as a useful learning tool. As you watch the films, you will observe characters interacting in various situations, using real-world language that reflects the lesson themes as well as the vocabulary and grammar you are studying.

Film Synopses

LECCIÓN 1
Momentos de estación
(Argentina; 8 minutos)

A commuter purchases his train ticket every day, never once telling the ticket window employee about his feelings for her. Find out what happens if he suddenly takes advantage of the moment and tells her… and the spiraling effects for those around him.

LECCIÓN 2
Adiós mamá
(México; 8 minutos)

In this award-winning short film, a man is grocery shopping alone on an ordinary day when a chance meeting makes him the focus of an elderly woman's existential conflict.

LECCIÓN 3
Encrucijada
(México; 10 minutos)

A desperate man, conquered by the pressures of life, asks for help from the Devil. He is willing to change his luck, but events unfold too quickly and spin out of control.

LECCIÓN 4
Raíz
(España; 17 minutos)

An older couple joyfully awaits the visit of the son they haven't seen in some time.

LECCIÓN 5
El día menos pensado
(México; 13 minutos)

A city ends up without water; many people have already left. Those that remain must make a choice to leave or stay and guard the little water that they have.

LECCIÓN 6
El ojo en la nuca
(Uruguay-México; 26 minutos)

This film is the story of Pablo, a young man who uses an obscure law to avenge a wrong he can no longer live with.

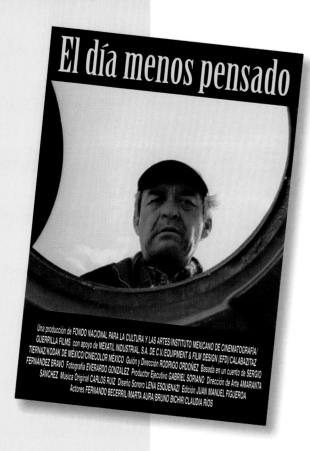

El día menos pensado

Una producción de FONDO NACIONAL PARA LA CULTURA Y LAS ARTES/INSTITUTO MEXICANO DE CINEMATOGRAFÍA/GUERRILLA FILMS con apoyo de MEXATIL INDUSTRIAL, S.A. DE C.V./EQUIPMENT & FILM DESIGN (EFD)/CALABAZITAZ TIERNAZ/KODAK DE MÉXICO/CINECOLOR MÉXICO Guión y Dirección RODRIGO ORDÓÑEZ Basada en un cuento de SERGIO FERNÁNDEZ BRAVO Fotografía EVERARDO GONZÁLEZ Productor Ejecutivo GABRIEL SORIANO Dirección de Arte AMARANTA SÁNCHEZ Música Original CARLOS RUIZ Diseño Sonoro LENA ESQUENAZI Edición JUAN MANUEL FIGUEROA Actores FERNANDO BECERRIL/MARTA AURA/BRUNO BICHIR/CLAUDIA RÍOS

Manual de gramática

This two-part grammar reference tool is a useful guide for both students and instructors. It includes intermediate-level grammar explanations with practice activities for review, reference, and enrichment.

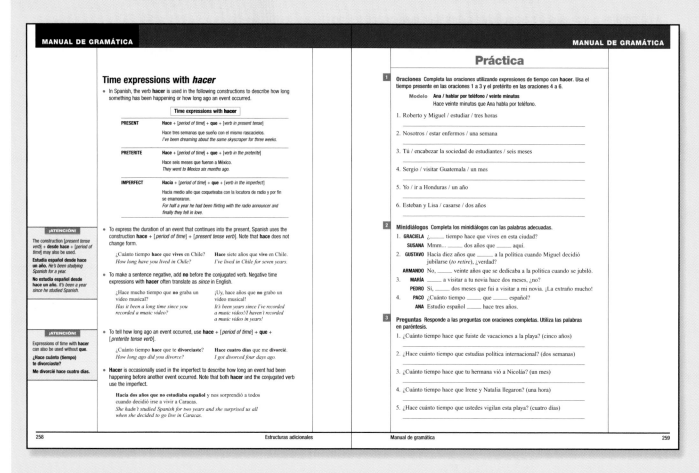

MANUAL DE GRAMÁTICA

The first part of the **Manual de gramática** (pp. 233–257) consists of grammar explanations and activities related to the **Estructuras** section of each lesson in **SUEÑA**. The **Taller de consulta** sidebars in **Estructuras** tell you where to go in the **Manual de gramática** to access the grammar presentations and their accompanying practice materials.

The second part of the **Manual de gramática** (pp. 258–275) is called **Estructuras adicionales**. It offers seven additional structures accompanied by practice activities. These materials let your instructor customize the grammar sequence of your course, and they allow you to reference these materials as needed.

Reviewers

On behalf of its writers and editors, Vista Higher Learning expresses its sincere appreciation to the many college professors nationwide who reviewed **IMAGINA**, the parent textbook from which **SUEÑA** is derived. Their insights, ideas, and detailed comments were invaluable to the final product.

Jan Adams
Marshalltown Community College, IA

Ángeles G. Aller
Whitworth College, WA

Dan Alsop
Butler University, IN

Geraldine Ameriks
University of Notre Dame, IN

Gunnar Anderson
State University of New York at Potsdam, NY

Eileen M. Angelini
Philadelphia University, PA

Teresa R. Arrington
Blue Mountain College, MS

Enrique Ávila López
Mount Royal College, AB, Canada

Kim Azenara
Louisiana State University, LA

Antonio Baena
Louisiana State University, LA

Yamil Baez
Moses Brown School, RI

Paul A. Bases
Martin Luther College, MN

Sharon Bearer
Bishop Ludden Jr./Sr. High School, NY

Laura M. Beasley
Father Ryan High School, TN

Aurora Bello
University of Lethbridge, AB, Canada

Timothy Benson
Lake Superior College, WI

Michelle Bettencourt
University of North Carolina at Asheville, NC

Josebe Bilbao-Henry
The George Washington University, Washington, DC

Bruce A. Boggs
University of Oklahoma, OK

Rachel Bond
Cedar Park Middle School, OR

Mayra Bonet
Appalachian State University, NC

Robert L. Bowbeer
Detroit Country Day School, MI

Michael Braden
University of Southern Mississippi, MS

Isabel Z. Brown
University of South Alabama, AL

Kathleen T. Brown
Ohio University, OH

Maria Brucato
Merrimack College, MA

Carmela Bruni-Bossio
University of Alberta, AB, Canada

Bonnie Brunt
Spokane Falls Community College, WA

Eduardo Cabrera
Millikin University, IL

Adolfo A. Carrillo Cabello
Gustavus Adolphus College, MN

Elizabeth Calvera
Virginia Tech, VA

Monica Cantero
Drew University, NJ

Thomas Capuano
Truman State University, MO

Beth Cardon
Georgia Perimeter College, GA

Jessica Cartledge
Marist High School, Chicago, IL

Carole Champagne
University of Maryland Eastern Shore, MD

Carmen Chavez
Florida Atlantic University, FL

Chyi Chung
Northwestern University, IL

Melissa Ciaccia
St. Mary's Academy, OR

Carrie Y. Clay
Anderson University, IN

Sara Colburn-Alsop
Franklin College, IN

Jose Juan Colin
University of Oklahoma, OK

Kimberlie Colson
Indiana University Kokomo, IN

Rosa Commisso
Kent State University and Akron University, OH

Anne Connor
Southern Oregon University, OR

José A. Cortes
Georgia Perimeter College, GA

Xuchitl N. Coso
Georgia Perimeter College, GA

Dale Crandall
Gainesville College, GA

Robert L. Davis
University of Oregon, OR

Mayte De Lama
Elon University, NC

Rocío de la Rosa Duncan
Rockhurst University, MO

Aida Dean
University of Richmond, VA

Mark P. Del Mastro
The Citadel, SC

Barbara Beck Díaz
Coastal Carolina University, SC

Susan Dobrian
Coe College, IA

Danion Doman
Truman State University, MO

ACKNOWLEDGMENTS

Rocío de la Rosa Duncan
Rockhurst University, MO

Christine Esperson
Cape Cod Community College, MA

Celia Esplugas
West Chester University of Pennsylvania, PA

Janan Fallon
Georgia Perimeter College, GA

Maria Figueredo
Wilfrid Laurier University, Waterloo, ON

Neysa L. Figueroa
Kennesaw State University, GA

Alexandra Fitts
University of Alaska Fairbanks, AK

John L. Finan
William Rainey Harper College, IL

Leah Fonder-Solano
University of Southern Mississippi, MS

Laura Fox
Grand Valley State University, MI

Helen Freear
College of the Holy Cross, MA

Mary E. Frieden
Central Methodist University, MO

Grisel María García Pérez
University of British Colombia, Okanagan, BC, Canada

John Gardner
Rose-Hulman Institute of Technology, IN

Maria C. Garriga
Thomas More College, KY

Judy Getty
California State University, CA

Serafima Gettys
Lewis University, IL

Jeannette Harker
Flagler College, FL

Dennis C. Harrod
Syracuse University, NY

Esther Holtermann
American University, Washington, DC

Robert Howell
Skagit Valley College, WA

Judy Hoxit
Brevard College, NC

Deborah Huntington
Randolph-Macon Woman's College, VA

Joni Hurley
Clemson University, SC

Linda Jensen
Tidewater Community College, VA

Armand L. Jones
Spelman College, GA

Michael Jordan
Lafayette College, PA

Thomas Kealy
Colby-Sawyer College, NH

Elizabeth Kissling
Virginia Commonwealth University, VA

Jacoba Koene
Anderson University, IN

Manel Lacorte
University of Maryland, MD

Sara B. Landon
Nassau Community College, NY

Sara Lehman
Fordham University, NY

Zurine Lekuona
Chadwick School, CA

Sonja Livingston
Fayetteville State University, NC

Esteban Loustaunau
Augustana College, IL

Paula Luteran
Hutchinson Community College, KS

Margot Maclaren
Langara College, Vancouver, BC, Canada

Enrique Manchon
University of British Columbia, Vancouver, BC, Canada

Bernard Manker
Grand Rapids Community College, MI

Joyce I. Martin
University of Pennsylvania, PA

Delmarie Martínez
Nova Southeastern University, FL

Marcella C. Martinez
University of Illinois, Springfield, IL

Maríadelaluz Matus-Mendoza
Drexel University, PA

Victoria Mayorga
Pierce College Puyallup, WA

Sarah McCurry
Idaho State University, ID

Timothy McGovern
University of California, Santa Barbara, CA

Leticia McGrath
Georgia Southern University, GA

Erin A Mikulec
University of Southern Mississippi, MS

Elaine Miller
Christopher Newport University, VA

Daniel Millis
Verde Valley School, AZ

Jerome Miner
Knox College, IL

Citlali Miranda-Aldaco
Johns Hopkins University, Maryland

José Luís Mireles
Coastal Carolina University, SC

Geoffrey Mitchell
University of Southern Mississippi, MS

Charles H. Molano
Lehigh Carbon Community College, PA

Sintia E. Molina
St. Francis College, NY

Sharon Montano
Barton College, NC

Bridget M. Morgan
Indiana University South Bend, IN

Carrie Mulvihill
Des Moines Area Community College, IA

Olga M. Muniz
Hillsdale College, MI

Lisa Nalbone
University of Central Florida, FL

Deborah Neuman
Gaston College, NC

Dana Nichols
Gainesville State College, GA

Ana M. Osan
Indiana University Northwest, IN

Clare Patton
University of Alaska Southeast,
Ketchikan, AK

David L. Paulson
Kishwaukee College, IL

Lynn Pearson
Bowling Green State University, OH

Teresa Perez-Gamboa
University of Georgia, GA

Nieves Pérez Knapp
Brigham Young University, UT

Kate Peters
Greensboro College, NC

Jorge E. Porras
Sonoma State University, CA

Enrique J. Porrua
University of North Carolina at
Pembroke, NC

Rosalea Postma-Carttar
University of Kansas, KS

Caterina Reitano
University of Manitoba; MB,
Canada

Marcie Rinka
University of San Diego, CA

Sheila Rivera
University of Central Florida, FL

Rocío Rodríguez del Río
Rhodes College, TN

Nohelia Rojas-Miesse
Miami University, OH

Daniel Roose
Bentley High School, CA

Stanley L. Rose
University of Montana, MT

William Salazar
Morehead State University, KY

Kimberley Sallee
University of Missouri – St. Louis, MO

Jose E. Sanchez
Skagit Valley College, WA

Betsy A. Sandlin
Sewanee: The University of the
South, TN

Rachel Schmidt
University of Calgary, AB, Canada

Nidia Schuhmacher
Brown University, RI

Waldir Sepulveda
Vanderbilt University, TN

Michele Shaul
Queens University of Charlotte, NC

Nicole Sherf
Salem State College, MA

Elizabeth Shumway
Lakeland College, WI

Diana Spinar
Dakota Wesleyan University, SD

Beth Stapleton
Mississippi College, MS

Monica Stevens
Lawrence Technological University, MI

Daniela Stewart
Everett Community College, WA

Dena Stock-Marquez
St. Mary's Academy, OR

Robert M. Strong
Wartburg College, IA

Abigail Tañón
Indiana University South Bend, IN

Kevin Teegarden
Hillsdale College, MI

Rita Tejada
Luther College, IA

Dwight TenHuisen
Calvin College, MI

David R. Thompson
Luther College, IA

Matthew G. Tornatore
Truman State University, MO

Gretchen Trautmann
University of North Carolina-Asheville, NC

Maria Eugenia Trillo
Western New Mexico University, NM

Antonio Velásquez
McMaster University, ON, Canada

Barry L. Velleman
Marquette University, WI

Hilde Votaw
University of Oklahoma, OK

Rosario Pujals Vickery
Morehouse College, GA

Andrés Villagrá
Pace University, NY

Rosanna Vitale
University of Windsor, ON, Canada

Scott M. Vrooman
Monroe Community College, NY

Guillermina Walas
Eastern Washington University, WA

Bradley A. Waltman
Community College of Southern
Nevada, Cheyenne Campus, NV

Joseph R. Weyers
College of Charleston, SC

Jonnie Wilhite
Kalamazoo Valley Community
College, MI

Serena Williams
Brescia University, KY

Witold Wolny
University of Virginia at Wise, VA

Jennifer Wood
Scripps College, CA

Olivia Yanez
McHenry County College, IL

Enriqueta Zafra
Trent University, ON, Canada

Marjorie Zambrano-Paff
College of Charleston, SC

Theresa Zmurkewycz
St. Joseph's University, PA

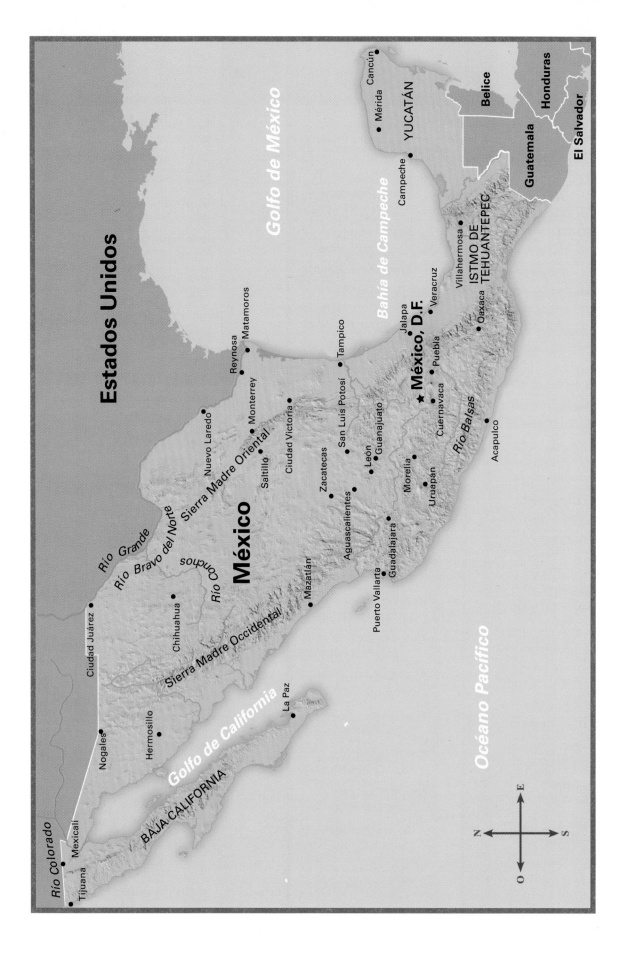

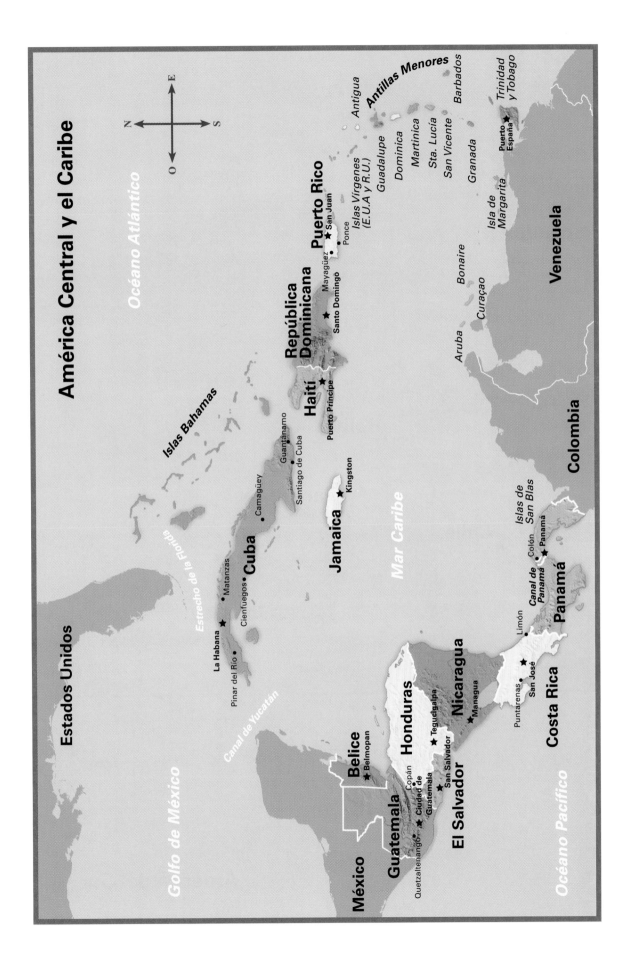

Mar Caribe

Barranquilla
Maracaibo
★ Caracas
★ Puerto España
Trinidad y Tobago

Venezuela

Medellín
Colombia
★ Bogotá
Georgetown ★
Guyana
Paramaribo ★
Surinam
Cayena ★
Guayana Francesa

Cali
Pasto
Río Magdalena

★ Quito
Ecuador
Guayaquil
Iquitos
Río Negro
Río Amazonas
• Belém
Manaus

Perú
Río Madeira

Cordillera de los Andes

Recife •

Lima ★
Cuzco
Lago Titicaca

Brasil
Salvador •

Arequipa •
La Paz ★
★ Brasilia

Arica •
Sucre ★
Bolivia
Río Paraguay
Río Paraná

Belo Horizonte •

Océano Pacífico

Iquique •

Antofagasta •

Paraguay
Asunción ★
São Paulo •
Santos
Río de Janeiro •

Salta •

Chile
Río Paraná
Río Uruguay

Córdoba •
Río Paraná
Porto Alegre •

Valparaíso •
Mendoza •
★ Santiago
Rosario •
★ **Uruguay**
Buenos Aires ★
Montevideo

Concepción •
Argentina

Bahía Blanca •
Océano Atlántico

Cordillera de los Andes

Puerto Montt •

N

O ←→ E

S

Estrecho de Magallanes
• Punta Arenas
Islas Malvinas

Tierra del Fuego

América del Sur

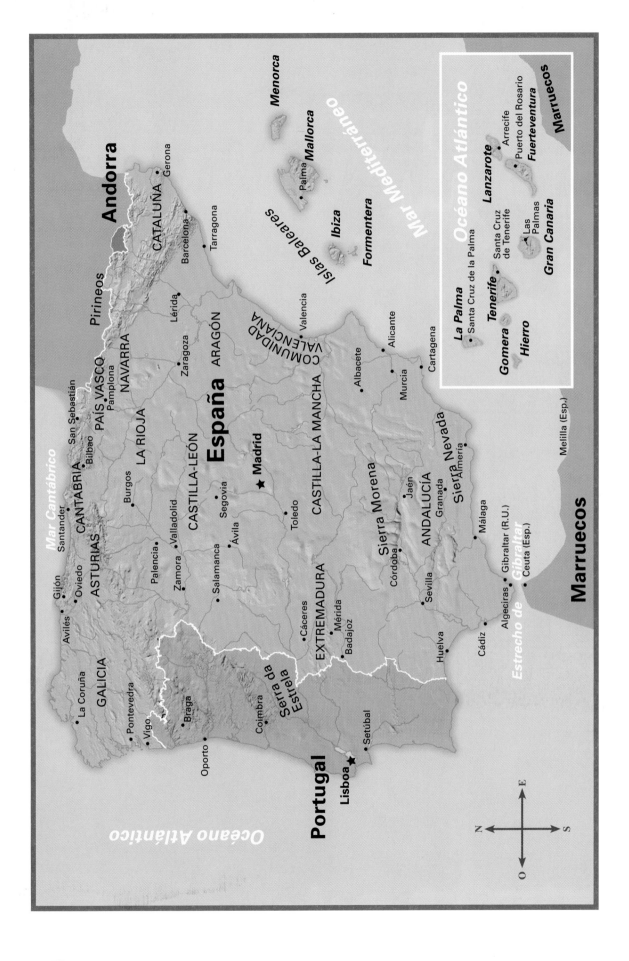

Sentir y vivir

El instinto para sobrevivir y el deseo de vivir son motivación suficiente para seguir siempre adelante. Ésta es una de las cualidades que compartimos los seres humanos independientemente de nuestras circunstancias, nuestros sueños, nuestros objetivos. Gracias a esa motivación, enamorados, desilusionados, indecisos, deciden lanzarse a vivir sin tenerle miedo ni al mundo ni al futuro.

Una pareja baila al ritmo de la salsa en una discoteca en Miami, Florida.

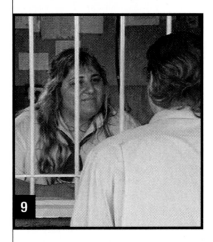

9

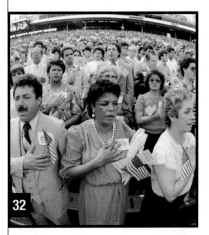

32

Destino:
ESTADOS UNIDOS

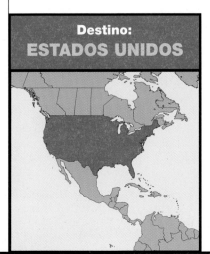

Las relaciones personales 🌐

Las relaciones

el alma gemela *soul mate, kindred spirit*
la amistad *friendship*
el ánimo *spirit*

el chisme *gossip*
la cita (a ciegas) *(blind) date*
el compromiso *commitment; responsibility*
el deseo *desire*
el divorcio *divorce*
la (in)fidelidad *(un)faithfulness*
el matrimonio *marriage*
la pareja *couple*
el riesgo *risk*

―――――――

compartir *to share*
confiar (en) *to trust (in)*
contar (o:ue) con *to rely on, to count on*
coquetear *to flirt*
dejar a alguien *to leave someone*
dejar plantado/a *to stand (someone) up*
discutir *to argue*

ligar *to flirt; to try to "pick up"*
merecer *to deserve*
romper (con) *to break up (with)*
salir (con) *to go out (with)*

Los sentimientos

enamorarse (de) *to fall in love (with)*
enojarse *to get angry*
estar harto/a *to be fed up (with); to be sick (of)*
llevarse bien/mal/fatal *to get along well/badly/terribly*
odiar *to hate*
ponerse pesado/a *to become annoying*
querer(se) (e:ie) *to love; to want*
sentirse (e:ie) *to feel*
soñar (o:ue) con *to dream about*

tener celos (de) *to be jealous (of)*
tener vergüenza (de) *to be ashamed (of)*

Los estados emocionales

agobiado/a *overwhelmed*
ansioso/a *anxious*
celoso/a *jealous*

deprimido/a *depressed*
disgustado/a *upset*
emocionado/a *excited*
enojado/a *angry, mad*
pasajero/a *fleeting*
preocupado/a (por) *worried (about)*

Los estados civiles

casarse con *to marry*
divorciarse (de) *to get a divorce (from)*

―――――――

casado/a *married*
divorciado/a *divorced*

separado/a *separated*
soltero/a *single*
viudo/a *widowed*

Las personalidades

cariñoso/a *affectionate*

cuidadoso/a *careful*
falso/a *insincere*
genial *wonderful*
gracioso/a *funny, pleasant*
inolvidable *unforgettable*
inseguro/a *insecure*
maduro/a *mature*
mentiroso/a *lying*
orgulloso/a *proud*
seguro/a *secure; confident*
sensible *sensitive*
tacaño/a *cheap; stingy*
tempestuoso/a *stormy*
tímido/a *shy*
tranquilo/a *calm*

🌐 Escucha y practica el vocabulario en **www.imagina.vhlcentral.com**.

Práctica

1 **Definiciones** Indica qué adjetivo describe mejor cada definición.

1. se enoja con facilidad; es _____
2. murió su mujer y vive solo; es _____
3. no le gusta gastar su dinero; es _____
4. se siente mal y está triste; está _____
5. no vive con su esposa; está _____
6. tiene muchas ganas de ganar; está _____

a. tacaño
b. tempestuoso
c. deprimido
d. viudo
e. ansioso
f. gracioso
g. separado

2 **Identificar** Indica la palabra que no pertenece al grupo.

1. deprimido • tranquilo • preocupado • enojado
2. ligar • publicar • enamorarse • coquetear
3. pareja • compromiso • ánimo • matrimonio
4. casado • disgustado • viudo • soltero
5. inseguro • fabuloso • maravilloso • genial
6. almas gemelas • pareja • chisme • matrimonio

3 **¿Cómo eres?** Trabaja con un(a) compañero/a.

A. Contesta las preguntas del test.

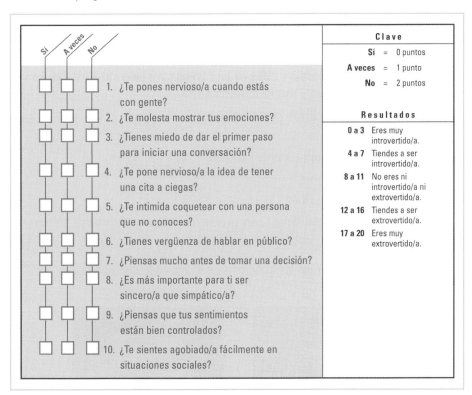

Sí | A veces | No

1. ¿Te pones nervioso/a cuando estás con gente?
2. ¿Te molesta mostrar tus emociones?
3. ¿Tienes miedo de dar el primer paso para iniciar una conversación?
4. ¿Te pone nervioso/a la idea de tener una cita a ciegas?
5. ¿Te intimida coquetear con una persona que no conoces?
6. ¿Tienes vergüenza de hablar en público?
7. ¿Piensas mucho antes de tomar una decisión?
8. ¿Es más importante para ti ser sincero/a que simpático/a?
9. ¿Piensas que tus sentimientos están bien controlados?
10. ¿Te sientes agobiado/a fácilmente en situaciones sociales?

Clave

Sí = 0 puntos
A veces = 1 punto
No = 2 puntos

Resultados

0 a 3 Eres muy introvertido/a.
4 a 7 Tiendes a ser introvertido/a.
8 a 11 No eres ni introvertido/a ni extrovertido/a.
12 a 16 Tiendes a ser extrovertido/a.
17 a 20 Eres muy extrovertido/a.

B. Ahora suma (*add up*) los puntos. ¿Cuál es el resultado del test? ¿Estás de acuerdo? Comenta tu resultado y tu opinión con tu compañero/a.

Preparación

Vocabulario del corto	**Vocabulario útil**
abrazarse *to hug*	**la caja** *box*
averiguar *to find out*	**el cortometraje/corto** *short film*
el boleto *ticket*	**la escena** *scene*
la broma *joke*	**el guión** *script*
meterse *to break in (to a conversation)*	**la historia** *story*
	el/la protagonista *main character*
el recuerdo *memento/souvenir*	**la ventanilla** *ticket window*
suceder *to happen*	

EXPRESIONES

¡Cuánto hace que…! *How long has it been...!*

No, no puede ser. *No, it can't be.*

---

1 **Definiciones** Empareja cada definición con la palabra correcta.

_____ 1. algo que se dice para reír y divertirse

_____ 2. objeto que guardamos para recordar un momento especial

_____ 3. descubrir algo después de hacer una investigación

_____ 4. personaje principal de una historia

_____ 5. parte de una película

_____ 6. objeto hueco (*hollow*) que sirve para guardar cosas

a. averiguar
b. escena
c. protagonista
d. caja
e. recuerdo
f. broma

2 **Vocabulario** Eres un(a) actor/actriz y estás en un cásting para un corto. Contesta las preguntas que te hace el director y razona tus respuestas.

1. ¿Te gustan las películas? ¿Y los cortometrajes?

2. ¿Qué prefieres: el teatro o el cine? ¿Por qué?

3. ¿Has sido alguna vez protagonista de un corto?

4. ¿Has hecho teatro alguna vez?

5. ¿Qué tipo de historias te gustan?

6. ¿Qué personalidad crees que debe tener un buen director o directora? ¿Y un actor o actriz?

3 **Fotogramas** En parejas, observen los fotogramas e imaginen lo que va a ocurrir en el cortometraje.

4 **Comentar** Con un(a) compañero/a, intercambia opiniones sobre el título del corto: *Momentos de estación.*

1. La palabra "estación" tiene varios significados. ¿Los recuerdan? ¿Cuáles son las estaciones que conocen?

2. ¿Les gusta tomar el tren? ¿Por qué?

3. ¿Hablan con los pasajeros que están sentados al lado suyo cuando están en un tren o un avión? ¿Por qué?

4. ¿Qué les sugiere el título de este cortometraje?

5 **Amor a primera vista** En parejas, miren las ilustraciones y describan qué está pasando. Imaginen la conversación que tienen los personajes y cómo termina la historia. Después, compartan su historia con la clase.

Mira el cortometraje en el supersitio de
SUEÑA y completa las actividades.

Momentos de
Estación

1er Premio
BA en Primer
Plano, Festival
Interuniversitario
Cortos UDESA,
Argentina

Nada que perder

Una producción del CENTRO DE INVESTIGACIÓN CINEMATOGRÁFICA Guión y Dirección GUSTAVO CABAÑA

Jefe de Producción GUSTAVO SAMMARTINO Dirección de fotografía GUSTAVO GÓMEZ OLIVERA

Cámara LUCAS CABALLERO Montaje FEDERICO CALDERÓN/GUSTAVO CABAÑA Edición MARTÍN BLASSI

Dirección de Arte NATALLIA OBATTA Sonido FEDERICO CALDERÓN

Actores SANDRA VILLANI/CLAUDIO TOLCACHIR/CARLOS DONIGIAN/ELENA CANEPA/LUCAS SANTA ANA/

CAROLINA PAINCEIRA/LUCRECIA OVIEDO/RODOLFO ROCA

ARGUMENTO *Un viajero va a comprar un boleto de tren a la ventanilla.*

VIAJERO Estoy enamorado de usted.
CAJERA ¿Cómo?

VIAJERO Tenía que decírselo hoy. Es mi último viaje.
CAJERA Esto es una broma.
VIAJERO No, no es ninguna broma, Ana.

(La señora del abanico¹ llama al hombre de la boina².)

SEÑORA ¡Chist!, Juan, ¿qué pasa?
JUAN Él la ama; ella no le cree.

VIAJERO Hace más de un año que nos conocemos. Usted es la que me atiende siempre. Yo soy el que va a la capital.
CAJERA Todos van a la capital.
VIAJERO Exactamente 375 veces, sin contar la de hoy. Mira... aquí están todos: 375 boletos, uno por uno.

CAJERA ¿Qué quiere de mí?
VIAJERO Bailar.
CAJERA ¿Bailar?
VIAJERO Bailar, abrazarte, besarte...
CAJERA Ahora no, no puedo, estoy trabajando.

SEÑORA A veces, se le va la vida a uno sin que suceda algo tan maravilloso. Once años hace que murió mi marido. ¿Sabés, hijo?, ¡cuánto hace que no me dan un beso!

¹ *fan* ² *beret*

Análisis

1 **Comprensión** Contesta las preguntas.

1. ¿Qué le dice el viajero a la cajera?
2. ¿Por qué el viajero habla con ella ese día?
3. ¿Cómo se llama la cajera?
4. Según el joven, ¿cuánto tiempo hace que se conocen?
5. ¿Qué guarda el joven en la caja?

2 **Interpretar** En parejas, contesten las preguntas.

1. ¿Cuál es su interpretación del final de la historia?
2. ¿Cuál creen que es el tema del cortometraje?
3. ¿Creen que *Momentos de estación* puede relacionarse con la idea de *carpe diem* (*seize the day*)? ¿Conocen otras películas con esta idea?
4. ¿Creen que el corto defiende una mayor espontaneidad en nuestras relaciones cotidianas (*everyday*)? ¿Piensan que es mejor ser reservado/a o atrevido/a (*daring*)?

3 **Comentar** En grupos de tres, lean el párrafo y respondan a las preguntas.

Señora del abanico: "A veces, se le va la vida a uno sin que le suceda algo tan maravilloso. Once años hace que se murió mi marido. ¿Sabés, hijo?, ¡cuánto hace que no me dan un beso!"

1. ¿A qué se refiere la señora cuando habla de "algo tan maravilloso"?
2. ¿Qué le ocurre después a este personaje?
3. ¿Creen que el amor es diferente en distintas etapas de la vida? Expliquen su respuesta.

4 **Actuar** En parejas, representen una escena en la que uno/a de ustedes tiene que declarársele a un(a) desconocido/a (*stranger*) y convencerlo/a de que está locamente enamorado/a de él/ella. Represéntenla después ante la clase.

5 **Imaginar** A continuación tienes el diálogo inicial entre el viajero y la cajera de *Momentos de estación*. Escribe otra versión de este diálogo, dándole un final diferente al que has visto.

VIAJERO	Estoy enamorado de usted.
CAJERA	¿Cómo?
VIAJERO	¡Que la amo!
CAJERA	No, no puede ser.
VIAJERO	Tenía que decírselo hoy. Es mi último viaje.
CAJERA	Esto es una broma.
VIAJERO	No, no es ninguna broma, Ana.
CAJERA	¿Cómo sabe mi nombre?
VIAJERO	Lo averigüé; no fue difícil.
CAJERA	Casi nunca me llaman por mi nombre.
VIAJERO	Es un nombre hermoso.

6 **En breve** Resume la historia que acabas de ver en un párrafo de cuatro o cinco líneas. Utiliza el presente y los verbos **ser** y **estar**. Ten en cuenta:

- ¿Dónde sucede la historia?
- ¿Cuándo o en qué momento tiene lugar?
- ¿Quiénes son los personajes?
- ¿Qué es lo que sucede?
- ¿Cuál es el final de la historia?

7 **Encuesta** Primero, completa la tabla y, después, en parejas, intercambien sus opiniones explicando sus puntos de vista. Cuando terminen, compartan lo que han aprendido de su compañero/a con la clase.

	Sí	No
1. Me gusta vivir en grandes ciudades.	☐	☐
2. Para ir al trabajo, prefiero manejar (*drive*) mi carro.	☐	☐
3. El tren es un buen lugar para conocer personas interesantes.	☐	☐
4. La comunicación es un arte.	☐	☐
5. A veces, las cosas más importantes se expresan a través del lenguaje (*language*) no verbal.	☐	☐
6. En la actualidad (*Nowadays*), las personas comparten sus sentimientos más abiertamente que hace décadas.	☐	☐

SUEÑA

Cuando se presentó como candidato para gobernador de **California**, **Arnold Schwarzenegger**, se despidió de los reporteros con una de sus famosas frases de la película *The Terminator*: *"¡Hasta la vista, baby!"*. Recientemente, el presidente **Bush** se despidió de un grupo de latinos diciendo: *"¡Adiós, amigos!"*, con un fuerte acento tejano. Pero no es sólo a las personas famosas a quienes les gusta hablar el español. Hoy día, en todo el territorio de los **Estados Unidos**, personas de todas las edades, profesiones y razas utilizan frases en español; a veces sin saber que vienen de otro idioma. Seguramente tú también has escuchado con frecuencia frases como: *"Vamos. Mi casa es su casa. Hola."* y muchas otras de boca de personas que no hablan el español.

Estudiantes de Appleton, WI aprenden español en la escuela secundaria.

¡EL ESPAÑOL ESTÁ DE MODA!

¿A qué debemos la creciente popularidad del español? La respuesta es sencilla[1]: la influencia del idioma español en la cultura y en la vida diaria de los **Estados Unidos** es cada día mayor. Hoy día, cerca de 38 millones de hispanohablantes viven y utilizan el español en los Estados Unidos. Y se calcula que para el año 2010 esta población va a llegar a los 50 millones. Pero no es sólo el hecho[2] de que los latinos son más numerosos que antes; ahora la población latina está dispersa por todo el país. Y es así como podemos encontrar comunidades de hispanohablantes en lugares como **Rhode Island**, **Carolina del Sur** y hasta en **Alaska**. Donde antes sólo se escuchaba el idioma de **Shakespeare** y **Bob Dylan**, ahora escuchamos el de **Cervantes** y **Shakira**.

Los efectos del rápido crecimiento de la población latina son palpables en la vida diaria de todos los habitantes de los Estados Unidos. Cuando utilizas un cajero automático[3] para sacar dinero, puedes escoger entre un menú en inglés o uno en español. Al llamar a compañías, en muchas de ellas el contestador automático[4] te ofrece los servicios de una operadora en español. En aeropuertos, estaciones de tren y otros lugares públicos los avisos[5] se pueden leer tanto en inglés como en español.

Pero lo que es realmente significativo es el hecho de que millones de norteamericanos están aprendiendo el español en escuelas y universidades de todo el país. En la actualidad[6], cuatro millones de estudiantes de secundaria y cerca de 800.000 estudiantes universitarios se matriculan[7] todos los años en cursos de español. No hay duda que el español es el idioma más solicitado[8] en los departamentos de lenguas extranjeras. Y, por extensión, es el idioma que tiene un mayor impacto en la cultura actual estadounidense, lo cual se refleja a diario en la calle, en el cine, en Internet y en los medios de comunicación en general.

Signos vitales

Los **Estados Unidos** ocupan actualmente la quinta posición en población entre los países hispanohablantes de todo el mundo. Pero debido al rápido crecimiento de la población latina, se calcula que para el año 2010 los Estados Unidos ocuparán el segundo lugar colocándose[9] detrás de **México**. Hoy por hoy[10], una de cada ocho personas en los Estados Unidos es de origen hispano.

1 *simple* 2 *fact* 3 *ATM* 4 *answering machine* 5 *notices* 6 *At present* 7 *enroll* 8 *in demand; popular* 9 *placing itself* 10 *At the present time*

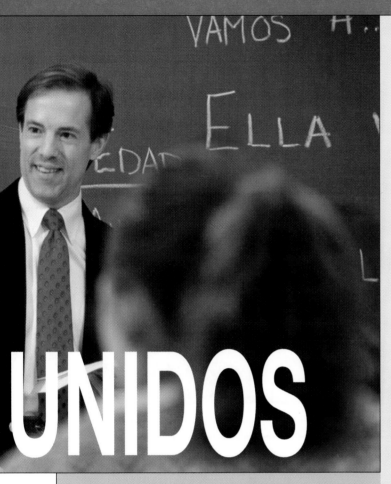

UNIDOS

Latinos en los EE.UU.

Jorge Ramos **Jorge Gilberto Ramos Ávalos** nació en la Ciudad de México el 16 de marzo de 1958. Desde noviembre de 1986, es el conductor titular[1] del **Noticiero Univisión** en los Estados Unidos. De hecho, es el personaje de la televisión en español en los Estados Unidos que más tiempo ha estado en el aire de manera ininterrumpida en un mismo programa o noticiero.

Antonia Novello nació el 23 de agosto de 1944 en **Fajardo, Puerto Rico**. Recibió el título de Doctora en Medicina de la **Universidad de Puerto Rico** en 1970, el mismo año en que se casó con el doctor **Joseph Novello**. Entre 1990 y 1993 fue Directora de Salud Pública[2] de los Estados Unidos, siendo la primera mujer y también la primera hispana en ocupar este importante cargo[3].

César Pelli Arquitecto argentino, graduado de la **Universidad de Tucumán** en 1949, estudió en el **Instituto Tecnológico de Illinois** y a los 26 años decidió quedarse en los Estados Unidos. En 1977 creó su propia firma, y ese mismo año fue nombrado decano[4] de la **Escuela de Arquitectura de Yale**, puesto que mantuvo hasta 1984. De su trabajo podemos mencionar el **World Financial Center** en **Nueva York**, las **torres Petronas** en **Kuala Lumpur, Malasia** y la **terminal norte del aeropuerto Ronald Reagan National** de **Washington, D.C.**

Jeff Bezos Este empresario[5] estadounidense, hijo de un inmigrante cubano, se graduó con honores de la **Universidad de Princeton** en Ciencias de la Computación. En 1994 fundó **Amazon.com**, negocio de venta de libros por Internet con el que ha acumulado una fortuna personal de muchos millones de dólares. Debido a su éxito empresarial, fue elegido "Hombre del año" en 1999 por la revista *Time*.

1 *anchor* 2 *Surgeon General* 3 *position* 4 *dean* 5 *businessman*

El español en los Estados Unidos

Expresiones del español de uso común en inglés

Adiós, amigo.	*Goodbye, my friend.*
fiesta	*party, celebration, get-together*
gracias	*thank you*
gusto	*as in with gusto, with energy*
Hasta la vista.	*See you later.*
Mi casa es su casa.	*My house is your house.*
número uno	*the best, (lit. number one)*
plaza	*plaza; shopping mall*
pronto	*now; quick*
salsa	*sauce; latin music*
sombrero	*hat*
Vamos.	*Let's go.*

El *"spanglish"*

These terms are presented for recognition purposes only. They show the degree to which Spanish and English influence each other in every day use in the U.S.

chatear	charlar; *to chat (on line)*
chequear	comprobar; *to check*
lonche	almuerzo; *lunch*
mall	centro comercial; *shopping mall*
parquear	estacionar; *to park*
surfear	*to surf (the web)*

En contacto

A un "click" de distancia

¿Te mantienes en contacto con tus amigos y tu familia cuando estás lejos? ¿Cómo te comunicas con ellos? En nuestros días podemos disfrutar de nuevas tecnologías que aparecen casi a diario y nos podemos beneficiar de las nuevas formas de comunicación que cada vez son más eficientes y baratas°. Éste es también el caso de los hispanos que viven en los **Estados Unidos** y que ahora pueden mantener contacto constante con los familiares y amigos que dejaron en sus lugares° de origen. Te invitamos a conocer cuáles son las tecnologías de comunicación más populares entre los hispanos viendo el documental y leyendo más información en **www.suena.vhlcentral.com**.

baratas *cheap* **lugares** *places*

DOCUMENTAL

Mira el documental sobre cómo los hispanos se comunican con sus familias en el supersitio de **SUEÑA**.

Julissa

Una banda ecléctica

Canciones

Mariposas°	*Venganza°*
Dame tu amor	*No puedo*
Guerra°	*Lágrimas°*

Mariposas *Butterflies* **Guerra** *War* **Venganza** *Revenge* **Lágrimas** *Tears* **ganadora** *winning* **aprovecha** *takes advantage of* **oyentes** *listeners* **actuaciones** *performances* **en directo** *live*

SUBE EL VOLUMEN

Escucha una canción de Julissa y lee la letra en el supersitio de **SUEÑA**.

En el barrio neoyorquino de **Queens**, **Julissa Gómez** y **Mario Germán**, dos primos de ascendencia dominicana, formaron en 2001 **Julissa**, una banda de rock alternativo y pop latino. Influenciados por el amplio espectro musical de **Nueva York** durante las décadas de los años 80 y 90, su estilo musical es una mezcla de rock, folk y diversos ritmos latinos y tropicales como reggae, reggaetón, salsa, ska y flamenco. En 2003 la banda participó en el concurso musical **"Talento Local"** patrocinado por la emisora de radio latina **105.9 Latino Mix** y Julissa fue la banda ganadora° por votación popular. A partir de ese momento, muchos promotores de **rock en español** han colaborado con esta banda para promocionar una variedad de eventos, a la vez que Julissa aprovecha° la oportunidad para conquistar nuevos oyentes°. Su intención es divertir y crear emociones en todas aquellas personas que escuchan su música o ven sus actuaciones° en directo°. En **www.suena. vhlcentral.com** encontrarás más información sobre Julissa y podrás escuchar y leer la letra de *Dame tu amor*.

¿Qué aprendiste?

1 **Cierto o falso** Indica si estas afirmaciones son ciertas o falsas. Corrige las falsas.

1. La popularidad del español en los Estados Unidos de hoy es incuestionable.

2. El francés es ahora la lengua extranjera preferida entre los estudiantes estadounidenses.

3. Para el año 2010 los Estados Unidos ocuparán la quinta posición en población hispana de todo el mundo por delante de México.

4. El *spanglish* es un fenómeno lingüístico que tiene como origen el contacto entre dos lenguas: el inglés y el español.

2 **Preguntas** Contesta las preguntas con oraciones completas.

1. ¿Quién popularizó en los Estados Unidos la frase *¡Hasta la vista, baby!*? ¿Cómo?

2. ¿Cuántos millones de hispanohablantes se calcula que habrá para el año 2010 en los Estados Unidos?

3. ¿Es posible encontrar hoy día comunidades de hispanohablantes en Alaska? ¿Por qué?

4. Según el artículo, ¿dónde se refleja la popularidad del español en la cultura estadounidense actual? Menciona por lo menos tres ejemplos.

5. ¿Cómo acumuló su fortuna Jeff Bezos?

PROYECTO

En los EE.UU.

¿Qué sabes del mundo latino en los EE.UU.? Escoge un tema e investiga toda la información que necesites en **www.suena.vhlcentral.com** para preparar un folleto promocional.

a. una comunidad latina
b. una celebración hispana
c. un lugar para el arte y la cultura latinoamericanos

- Escribe la información que consideras importante e incluye fotos.

- Presenta tu folleto a la clase. Explica por qué escogiste ese tema.

Completa las oraciones con la información correcta y demuestra lo que aprendiste sobre el español en los Estados Unidos.

1. Muchas personas que no hablan _____ utilizan a veces palabras, frases o expresiones en español.
a. japonés   b. español   c. inglés   d. spanglish

2. No es extraño encontrar comunidades de _____ en Rhode Island.
a. habitantes   b. arquitectos   c. hispanohablantes
d. estudiantes

3. La popularidad del español en los Estados Unidos es directamente proporcional al _____ de la población latina.
a. crecimiento   b. territorio   c. idioma
d. contestador automático

4. Los cajeros automáticos ofrecen el _____ en español.
a. aviso   b. lonche   c. dinero   d. menú

5. Actualmente, una de cada _____ personas en los Estados Unidos es de origen hispano.
a. siete   b. ocho   c. cinco   d. dos

6. En las escuelas secundarias de los Estados Unidos se matriculan cada año cuatro millones de estudiantes en _____.
a. medios de comunicación   b. lenguas extranjeras
c. cursos de español   d. cultura actual

7. _____ es la cara más conocida en la televisión en español de los Estados Unidos.
a. El *spanglish*   b. César Pelli   c. Antonia Novello
d. Jorge Ramos

8. *Please, come to my office,* ¡_____!
a. pronto   b. gusto   c. salsa   d. hasta la vista

9. Las torres Petronas en Malasia son obra del _____ César Pelli.
a. empresario cubano   b. arquitecto argentino
c. hombre del año   d. periodista mexicano

10. Los hispanos que residen en los Estados Unidos mantienen un contacto constante con sus familiares y amigos que están en sus países de origen utilizando la _____ más moderna.
a. ideología   b. arquitectura   c. tecnología   d. ciencia

GALERÍA DE CREADORE

LITERATURA Julia Álvarez

Julia Álvarez y su familia escaparon
República Dominicana y se exiliaron
Estados Unidos cuando ella tenía diez
Sus experiencias derivadas de la dict
en su país, su proceso de adaptación
cultura desconocida y la importancia
identidad son algunos de los temas d
libros. Es autora de *¡Yo!, A cafecito st
En el tiempo de las mariposas,*
y *En el nombre de Salomé,*
entre otras obras.

DISEÑO Y MODA Narciso Rodríguez

En 1996, Narciso Rodríguez causó sensación con el vestido de novia
que diseñó (*designed*) especialmente para Carolyn Bessette, quien lo
lució (*wore*) el día de su boda con John F. Kennedy, Jr. En el mundo de
la moda (*fashion*), este elegante y sencillo (*simple*) traje fue uno de los
diseños más comentados de la década. Desde entonces, el diseñador
de ascendencia cubana ha tenido por clientes a Salma Hayek, Sarah
Jessica Parker y Charlize Theron. Las características más típicas de sus
creaciones son la simplicidad, el uso de materiales ligeros (*lightweight*)
y la influencia latina.

Carmen Lomas Garza

Carmen Lomas Garza es una artista chicana que pinta escenas de la vida cotidiana (*everyday*) mexicano-americana inspiradas en recuerdos (*memories*) y experiencias de su niñez en Kingsville, Texas. El objetivo de su arte es mostrar (*to show*) el valor y la humanidad de su cultura. Celebraciones, historias familiares, rituales, preparación de comidas, mitos, tradiciones, juegos (*games*), remedios caseros (*home remedies*) y sueños forman parte de ese paisaje cotidiano. *Earache Treatment* es el título de este cuadro (*painting*). Aquí vemos una práctica antigua, pero todavía muy común hoy día entre muchas familias mexicanas y chicanas para curar el dolor de oído (*earache*).

Robert Rodríguez

...inte días y con sólo $7000, Robert Rodríguez filmó *El mariachi*, la ...la que ganó el Premio (*Award*) del Público del Festival de Cine de ...ance de 1993. Las aventuras de *El mariachi* continuaron con *Desperado* ...*e upon a time in México*, películas en las cuales actuaron sus amigos ...io Banderas, Quentin Tarantino y Johnny Depp. El joven tejano ahora ... parte del grupo de directores que han ganado más de $100 millones ...elícula, gracias al éxito (*success*) de su serie *Spy Kids*, y sigue recibiendo ...lones (*prizes*) por obras como *Sin City*. En la foto aparece Jaime King, ... de *Sin City*.

🌐 **AMPLIACIÓN**

MÁS CREADORES

En el supersitio de **SUEÑA** conocerás a estos otros creadores latinos que viven en los EE.UU.

Judy Baca
Muralista y escultora

Esmeralda Santiago
Escritora

Gary Soto
Escritor

Alisa Valdés Rodríguez
Escritora

1.1

The present tense

Regular –ar, –er, –ir verbs

- The present tense **(el presente)** of regular verbs is formed by dropping the infinitive ending **–ar, –er,** or **–ir** and adding personal endings.

TALLER DE CONSULTA

The following grammar topics are covered in the **Manual de gramática, Lección 1.**

1.4 Nouns and articles, p. 236
1.5 Adjectives, p. 238

For more stem-changing verbs, see **Apéndice B**.

The present tense of regular verbs			
	hablar	beber	vivir
yo	hablo	bebo	vivo
tú	hablas	bebes	vives
Ud./él/ella	habla	bebe	vive
nosotros/as	hablamos	bebemos	vivimos
vosotros/as	habláis	bebéis	vivís
Uds./ellos/ellas	hablan	beben	viven

- The present tense is used to express actions or situations that are going on at the present time and to express general truths.

¿Por qué **rompes** conmigo?   Porque no te **amo**.
Why are you breaking up with me?   *Because I don't love you.*

- The present tense is also used to express habitual actions or actions that will take place in the near future.

Mis padres me **escriben** con frecuencia.   Mañana les **mando** una carta larga.
My parents write to me often.   *Tomorrow I'm sending them a long letter.*

¡ATENCIÓN!

Subject pronouns are normally omitted in Spanish. They are used to emphasize or clarify the subject.

—¿**Viven en California?**
Do they live in California?

—**Sí, ella vive en Los Ángeles, y él vive en San Francisco.**
Yes, she lives in Los Angeles, and he lives in San Francisco.

Stem-changing verbs

- Some verbs have stem changes in the present tense. In many **–ar** and **–er** verbs, **e** changes to **ie** and **o** changes to **ue**. In some **–ir** verbs, **e** changes to **i**. The **nosotros/as** and **vosotros/as** forms never have a stem change in the present tense.

¡ATENCIÓN!

Jugar changes its stem vowel from **u** to **ue**. **Construir, destruir, incluir,** and **influir** add a **y** before the personal endings. As with other stem-changing verbs, the **nosotros/as** and **vosotros/as** forms do not change.

jugar

juego, juegas, juega, jugamos, jugáis, juegan

incluir

incluyo, incluyes, incluye, incluimos, incluís, incluyen

Stem-changing verbs		
e → ie	o → ue	e → i
pensar *to think*	**poder** *to be able to, can*	**pedir** *to ask for*
pienso	puedo	pido
piensas	puedes	pides
piensa	puede	pide
pensamos	podemos	pedimos
pensáis	podéis	pedís
piensan	pueden	piden

Irregular *yo* forms

- Many **–er** and **–ir** verbs have irregular **yo** forms in the present tense. Verbs ending in **–cer** or **–cir** change to **–zco** in the **yo** form; those ending in **–ger** or **–gir** change to **–jo**. Several verbs have irregular **–go** endings, and a few have individual irregularities.

Ending in *-go*	
caer *to fall*	yo cai**go**
distinguir *to distinguish*	yo distin**go**
hacer *to do, to make*	yo ha**go**
poner *to put, to place*	yo pon**go**
salir *to leave, to go out*	yo sal**go**
traer *to bring*	yo trai**go**
valer *to be worth*	yo val**go**

Ending in *-zco*	
conducir *to drive*	yo condu**zco**
conocer *to know*	yo cono**zco**
crecer *to grow*	yo cre**zco**
obedecer *to obey*	yo obede**zco**
parecer *to seem*	yo pare**zco**
producir *to produce*	yo produ**zco**
traducir *to translate*	yo tradu**zco**

Ending in *-jo*	
dirigir *to direct, manage*	yo diri**jo**
escoger *to choose*	yo esco**jo**
exigir *to demand*	yo exi**jo**
proteger *to protect*	yo prote**jo**

Other verbs	
caber *to fit*	yo quepo
saber *to know*	yo sé
ver *to see*	yo veo

- When a prefix is attached to **conocer, hacer, parecer, poner,** and **traer**, these verbs also have irregular **yo** forms.

reconocer *to recognize*	yo recono**zco**	**oponer** *to oppose*	yo opon**go**
deshacer *to undo*	yo desha**go**	**proponer** *to propose*	yo propon**go**
rehacer *to re-make, re-do*	yo reha**go**	**suponer** *to suppose*	yo supon**go**
aparecer *to appear*	yo apare**zco**	**atraer** *to attract*	yo atrai**go**
desaparecer *to disappear*	yo desapare**zco**	**contraer** *to contract*	yo contrai**go**
componer *to make up*	yo compon**go**	**distraer** *to distract*	yo distrai**go**

Irregular verbs

- Other commonly used verbs in Spanish are irregular in the present tense.

dar *to give*	decir *to say*	estar *to be*	ir *to go*	oír *to hear*	ser *to be*	tener *to have*	venir *to come*
doy	digo	estoy	voy	oigo	soy	tengo	vengo
das	dices	estás	vas	oyes	eres	tienes	vienes
da	dice	está	va	oye	es	tiene	viene
damos	decimos	estamos	vamos	oímos	somos	tenemos	venimos
dais	decís	estáis	vais	oís	sois	tenéis	venís
dan	dicen	están	van	oyen	son	tienen	vienen

¡ATENCIÓN!

Some verbs with irregular **yo** forms have stem changes as well.

seguir (e:i) → **si**go
conseguir (e:i) → **consi**go
elegir (e:i) → **eli**jo
corregir (e:i) → **corri**jo
torcer (o:ue) → **tuer**zo

Práctica

1 **La verdad** En parejas, túrnense (*take turns*) para hacerse las siguientes preguntas.

Modelo Marcelo: despertarse a las 6:30 de la mañana / dormir hasta las 9:00

—¿Se despierta Marcelo a las 6:30 de la mañana?

—¡Qué va! (*Are you kidding?*) Marcelo duerme hasta las 9:00.

1. Ana: jugar al tenis con Daniel / preferir pasar la tarde charlando con Sergio
2. Felipe: acostarse a las 3 de la mañana / tener clase de química a las 8 de la mañana
3. Jorge y Begoña: querer ir a la playa / pensar ver un documental sobre Ibiza
4. Dolores: probar la paella valenciana / no querer probar ningún plato con mariscos
5. Fermín y Ana: volver de España mañana / pensar quedarse una semana más

2 **¿Qué hacen los amigos?** Escribe cinco oraciones completas usando los sujetos y los verbos de las columnas.

Sujetos	Verbos	
yo	compartir	exigir
tú	creer	pensar
un(a) buen(a) amigo/a	deber	poner
nosotros/as	desear	traducir
los/las malos/as amigos/as		

1. _____
2. _____
3. _____
4. _____
5. _____

3 **Un apartamento infernal** Beto tiene quejas (*complaints*) de su apartamento. Completa la descripción de su apartamento.

caber	estar	ir	ser
dar	hacer	oír	tener

Mi apartamento (1) _____ en el quinto piso. El edificio no (2) _____ ascensor y para llegar al apartamento, (3) _____ que subir por la escalera. El apartamento es tan pequeño que mis cosas no (4) _____. Las paredes (*walls*) (5) _____ muy delgadas. A todas horas (6) _____ la radio o la televisión de algún vecino. El apartamento sólo (7) _____ una ventana pequeña y, por eso, siempre (8) _____ oscuro. ¡(9) _____ a buscar otro apartamento!

Comunicación

4 **¿Qué haces?** En parejas, háganse preguntas basadas en las siguientes opciones y contesten con una explicación.

Modelo **vivir / en la residencia estudiantil**

—¿Vives en la residencia estudiantil?

—No, vivo en un apartamento con mis dos mejores amigos, Pablo y Julián.

1. salir / con amigos todas las noches
2. decir / mentiras
3. conducir / después de beber bebidas alcohólicas
4. tener / miedo de ser antipático/a con los amigos
5. dar / consejos sobre asuntos / que no conocer bien
6. venir / a clase tarde con frecuencia

5 **En el café** Carola está en el Nuyorican Poets Café con unos amigos. En parejas, escriban ocho oraciones donde Carola describe lo que hace cada persona. Usen algunos verbos de la lista.

beber	estar	oír	ser
decir	hablar	pedir	traer

Nota CULTURAL

El **Nuyorican Poets Café**, fundado en 1973 por el profesor **Miguel Algarín**, es un espacio multicultural dedicado a presentar el trabajo de poetas, músicos y artistas visuales. También exhibe obras de teatro y películas. Este foro apoya y promueve el arte que no tiene presencia en los medios comerciales.

6 **¿Qué sabes de tus compañeros?** En parejas, háganse preguntas usando estos verbos. Pueden hablar de los temas sugeridos o de otros.

Modelo **sentirse: inseguro/a**

—¿Hay alguna situación en la que siempre te sientes inseguro?

—Sí, siempre me siento inseguro cuando tengo que hablar en público.

—¿Por qué te sientes inseguro?

—Soy un poco tímido.

1. sentirse: inseguro/a / solo/a / bien / feliz / deprimido/a / seguro/a
2. recomendar: una película / un grupo musical / un libro / un restaurante
3. proponer: un proyecto para el año nuevo / un viaje a alguien / más intercambios culturales
4. acordarse: de cuando aprendiste a nadar / de tu primer beso / de tus bisabuelos
5. soñar con: tener... / hacer... / evitar... / una persona / algo especial

1.2

Ser and *estar*

—**Estoy** enamorado de usted.

—No, no puede **ser**.

Uses of *ser*

Nationality and place of origin	Mis padres **son** argentinos, pero yo **soy** de Florida.
Profession or occupation	El Sr. López **es** periodista.
Characteristics of people, animals, and things	El clima de Miami **es** caluroso.
Generalizations	Las relaciones personales **son** complejas.
Possession	La guitarra **es** del tío Guillermo.
Material of composition	El suéter **es** de pura lana.
Time, date, or season	**Son** las doce de la mañana.
Where or when an event takes place	La fiesta **es** en el apartamento de Carlos; **es** el sábado a las nueve de la noche.

Uses of *estar*

Location or spatial relationships	La clínica **está** en la próxima calle.
Health	Hoy **estoy** enfermo. ¿Cómo **estás** tú?
Physical states and conditions	Todas las ventanas **están** limpias.
Emotional states	¿Marisa **está** contenta con Javier?
Certain weather expressions	¿**Está** nublado o **está** despejado hoy en Miami?
Ongoing actions (progressive tenses)	Paula **está** escribiendo invitaciones para su boda.
Results of actions (past participles)	La tienda **está** cerrada.

Ser and *estar* with adjectives

- **Ser** is used with adjectives to describe inherent, expected qualities. **Estar** is used to describe temporary or variable qualities, or a change in appearance or condition.

La casa **es** muy pequeña.
The house is very small.

¡**Están** tan enojados!
They're so angry!

- With most descriptive adjectives, either **ser** or **estar** can be used, but the meaning of each statement is different.

Julio **es alto**.
Julio is tall. (that is, a tall person)

¡Ay, qué **alta estás**, Adriana!
How tall you're getting, Adriana!

Dolores **es alegre**.
Dolores is cheerful. (that is, a cheerful person)

¡Uf! El jefe **está alegre** hoy. ¿Qué le pasa?
The boss is cheerful today. What's up?

Juan Carlos **es** un hombre **guapo**.
Juan Carlos is a handsome man.

¡Manuel, **estás** tan **guapo**!
Manuel, you look so handsome!

- Some adjectives have two different meanings depending on whether they are used with **ser** or **estar**.

ser + [*adjectives*]	estar + [*adjectives*]
La clase de contabilidad **es aburrida**. *The accounting class is boring.*	**Estoy aburrida** con la clase. *I am bored with the class.*
Ese chico **es listo**. *That boy is smart.*	**Estoy listo** para todo. *I'm ready for anything.*
No **soy rico**, pero vivo bien. *I'm not rich, but I live well.*	¡El pan **está** tan **rico**! *The bread is delicious!*
La actriz **es mala**. *The actress is bad.*	La actriz **está mala**. *The actress is ill.*
El coche **es seguro**. *The car is safe.*	Juan no **está seguro** de la noticia. *Juan isn't sure of the news.*
Los aguacates **son verdes**. *Avocados are green.*	Esta banana **está verde**. *This banana is not ripe.*
Javier **es** muy **vivo**. *Javier is very lively.*	¿Todavía **está vivo** el autor? *Is the author still living?*
Pedro **es** un hombre libre. *Pedro is a free man.*	Esta noche no **estoy** libre. ¡Lo siento! *Tonight I am not available. Sorry!*

TALLER DE CONSULTA

Remember that adjectives must agree in gender and number with the person(s) or thing(s) that they modify. See **Manual de gramática, 1.4 p. 236**, and **1.5 p. 238**.

¡ATENCIÓN!

Estar, not **ser**, is used with **muerto/a**.

Bécquer, el autor de las *Rimas*, está muerto.

Bécquer, the author of Rimas, *is dead.*

Práctica

1

La boda de Emilio y Jimena Completa cada oración de la primera columna con la terminación más lógica de la segunda columna.

1. La boda es _____
2. La iglesia está _____
3. El cielo está _____
4. La madre de Emilio está _____
5. El padre de Jimena está _____
6. Todos los invitados están _____
7. El mariachi que toca en la boda es _____
8. En mi opinión, las bodas son _____

a. de San Antonio, Texas.
b. deprimido por los gastos.
c. en la calle Zarzamora.
d. esperando a que entren la novia (*bride*) y su padre.
e. contenta con la novia.
f. a las tres de la tarde.
g. muy divertidas.
h. totalmente despejado.

2

La luna de miel Completa el párrafo en el que se describe la luna de miel (*honeymoon*) que van a pasar Jimena y Emilio. Usa formas de **ser** y **estar**.

Emilio y Jimena van a pasar su luna de miel en Miami, Florida. Miami (1) _____ una ciudad preciosa. (2) _____ en la costa este de Florida y tiene playas muy bonitas. El clima (3) _____ tropical. Jimena y Emilio (4) _____ interesados en visitar la Pequeña Habana. Julia (5) _____ fanática de la música cubana. Y Emilio (6) _____ muy entusiasmado por conocer el parque Máximo Gómez donde las personas van a jugar dominó. Los dos (7) _____ aficionados a la comida caribeña. Quieren ir a todos los restaurantes que (8) _____ en la Calle Ocho. Cada día van a probar un plato diferente. Algunos de los platos que piensan probar (9) _____ el congrí, los tostones y el bistec palomilla. Después de pasar una semana en Miami, la pareja va a (10) _____ cansada pero muy contenta.

Nota
CULTURAL

En **San Antonio**, **Texas** hay una presencia mexicana muy importante. En **Market Square** se venden productos auténticos de **México** como cerámica, comida y artesanía (*handicrafts*).

Nota
CULTURAL

La **Pequeña Habana** es un barrio de **Miami** donde viven muchas personas de ascendencia cubana. La **Calle Ocho** es el corazón de la zona. En ella se pueden encontrar tabaquerías, restaurantes de comida típica cubana y tiendas de productos utilizados en la santería.

Comunicación

3

Ellos y ellas

A. En parejas, miren las fotos de las cuatro personalidades latinas y lean las descripciones.

La actriz **Salma Hayek** nació en Coatzacoalcos, México, y actualmente vive en Los Ángeles. Sus abuelos paternos son del Líbano y su mamá es mexicana. Sus más recientes películas incluyen *Al caer la noche* (After the sunset), *Bandidas* y *Pregúntale al polvo* (Ask the dust).

Enrique Iglesias nació en Madrid, España, pero se crió en Miami. Aunque quería ser cantante desde los 16 años, nunca le confió su ambición a su padre, el cantante Julio Iglesias. Su primer disco tuvo un gran éxito y ha ganado varios premios. Canta tanto en inglés como en español.

El beisbolista dominicano **Sammy Sosa** se hizo famoso por competir en 1998 con Mark McGuire para superar el récord de bateo. Es uno de los mejores bateadores de las Grandes Ligas. La Fundación Sammy Sosa, establecida por él, ayuda a los niños pobres de la República Dominicana.

Jennifer López es una actriz y cantante de origen puertorriqueño. Actuó en la película *¿Bailamos?* y desempeñó el papel principal en la película musical *Selena*. Además de ser talentosa, tiene fama de ser ambiciosa y competitiva.

B. Ahora, preparen una entrevista imaginaria con una de las personalidades de la **Actividad 3.** Escriban diez preguntas usando los verbos **ser** y **estar** al menos cinco veces. Para la entrevista, pueden usar información que no está en las descripciones. Después de contestar todas las preguntas, presenten la entrevista a la clase, haciendo uno/a el papel de la personalidad y el/la otro/a el del/de la entrevistador(a).

1.3

Gustar and similar verbs

*Al viajero le **encantan** los boleros.*

Using the verb *gustar*

- Though **gustar** is translated as *to like* in English, its literal meaning is *to please*. **Gustar** is preceded by an indirect object pronoun indicating *the person who is pleased*. It is followed by a noun indicating *the thing that pleases*.

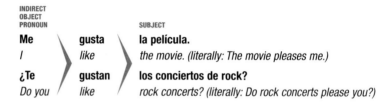

INDIRECT OBJECT PRONOUN		SUBJECT
Me	**gusta**	**la película.**
I	*like*	*the movie. (literally: The movie pleases me.)*
¿Te	**gustan**	**los conciertos de rock?**
Do you	*like*	*rock concerts? (literally: Do rock concerts please you?)*

- Because *the thing that pleases* is the subject, **gustar** agrees in person and number with it. Most commonly the subject is third person singular or plural.

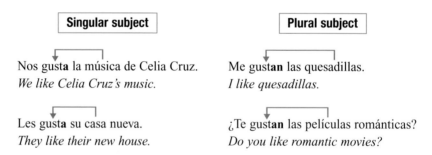

Singular subject	**Plural subject**
Nos gus**ta** la música de Celia Cruz.	Me gus**tan** las quesadillas.
We like Celia Cruz's music.	*I like quesadillas.*
Les gus**ta** su casa nueva.	¿Te gus**tan** las películas románticas?
They like their new house.	*Do you like romantic movies?*

- When **gustar** is followed by one or more verbs in the infinitive, the singular form of **gustar** is always used.

    No nos **gusta** llegar tarde.
    We don't like to arrive late.

    Les **gusta** cantar y bailar.
    They like to sing and dance.

- **Gustar** is often used in the conditional **(me gustaría)** to soften a request.

    Me **gustaría** un refresco, por favor.
    I would like a soda, please.

    ¿Te **gustaría** ir a una cita con mi amigo?
    Would you like to go on a date with my friend?

Verbs like *gustar*

- Many verbs follow the same pattern as **gustar**.

aburrir *to bore*	**hacer falta** *to miss*
caer bien/mal *to (not) get along well with*	**importar** *to be important to; to matter*
disgustar *to upset*	**interesar** *to be interesting to; to interest*
doler *to hurt; to ache*	**molestar** *to bother; to annoy*
encantar *to like very much*	**preocupar** *to worry*
faltar *to lack; to need*	**quedar** *to be left over; to fit (clothing)*
fascinar *to fascinate*	**sorprender** *to surprise*

Me fascina el cine.
Movies fascinate me.

¿Te molesta si voy contigo?
Will it bother you if I come along?

A Sandra **le disgusta** esa situación.
That situation upsets Sandra.

Me duelen sus mentiras.
Her lies hurt me.

- The construction **a** + [*prepositional pronoun*] or **a** + [*noun*] can be used to emphasize who is pleased, bothered, etc.

A ella no le gusta bailar, pero **a él** sí.
She doesn't like to dance, but he does.

A Felipe le molesta ir de compras.
Shopping bothers Felipe.

- **Faltar** and **quedar** express what someone lacks or has left. **Quedar** is also used to talk about how clothing fits or looks on someone.

Le falta dinero.
He's short of money.

Me faltan dos pesos.
I need two pesos.

Nos quedan cinco libros.
We have five books left.

Esa falda **te queda** bien.
That skirt fits you well.

¿Qué te hace falta en la vida?

Discoteca Paladio

Práctica 🌐

1 **Completar** Miguel y César son compañeros de cuarto y tienen algunos problemas. Hoy se han reunido para discutirlos. Completa su conversación con la forma correcta de los verbos entre paréntesis.

MIGUEL Mira, César, a mí (1) _____ (encantar) vivir contigo, pero la verdad es que (2) _____ (preocupar) algunas cosas.

CÉSAR De acuerdo. A mí también (3) _____ (disgustar) algunas cosas de ti.

MIGUEL Bueno, para empezar no (4) _____ (gustar) que pongas la música tan alta cuando vienen tus amigos. Tus amigos (5) _____ (caer) muy bien pero, a veces, hacen mucho ruido y no me dejan dormir.

CÉSAR Sí, claro, lo entiendo. Pues mira, Miguel, a mí (6) _____ (molestar) que no laves los platos después de comer. Además, tampoco sacas la basura.

MIGUEL Es verdad. Pues... vamos a intentar cambiar estas cosas. ¿Te parece?

CÉSAR (7) _____ (fascinar) la idea. Yo bajo la música cuando vengan mis amigos y tú lavas los platos y sacas la basura más a menudo. ¿De acuerdo?

2 **¿Qué te gusta?** En parejas, pregúntense si les gustan o no las siguientes personas y actividades. Utilicen verbos similares a **gustar** y contesten las preguntas.

Benicio del Toro	ir a discotecas
Cameron Díaz	las películas de misterio
los discos de Christina Aguilera	las películas extranjeras
dormir los fines de semana	practicar algún deporte
hacer bromas	salir con tus amigos

3 **¿Qué te gustaría hacer el fin de semana?** En parejas, pregúntense si les gustaría hacer las actividades relacionadas con las fotos. Utilicen los verbos **aburrir, disgustar, encantar, fascinar, interesar** y **molestar**. Sigan el modelo:

Modelo —¿Te molestaría ir al parque de atracciones?
—No, me encantaría.

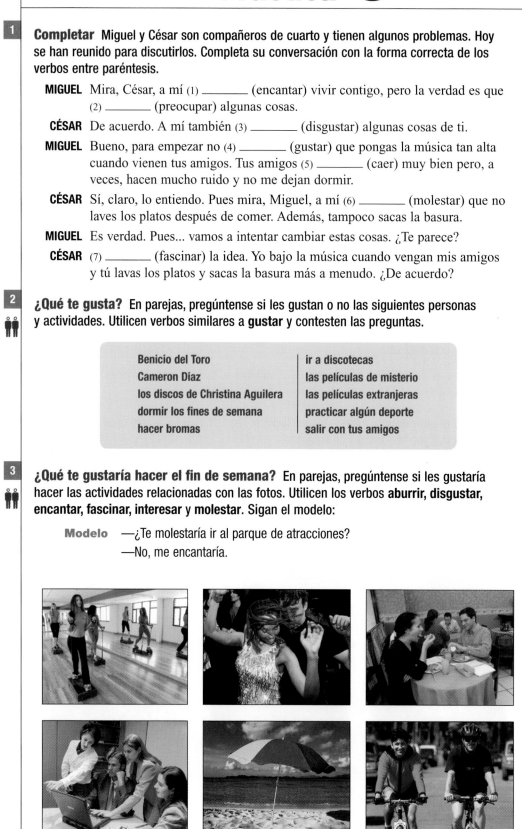

Comunicación

4 **¿Cómo son?** Elige un personaje. Escribe dos oraciones describiendo lo que crees que le gusta y dos sobre lo que piensas que no le gusta. Dile a tu compañero/a lo que escribiste sin decirle el nombre del personaje. Él/Ella tiene que adivinar de quién se trata. Túrnense hasta describir a todos los personajes. Usen los verbos de la lista; traten de no repetirlos.

aburrir	disgustar	fascinar	molestar
caer bien/mal	encantar	interesar	preocupar

Manny Ramírez

Shakira

Geraldo Rivera

Beyoncé

Benicio del Toro

Hillary Clinton

5 **Preguntar** En parejas, utilicen el modelo para hacerse preguntas, por turnos, sobre las siguientes personas.

Modelo fascinar / a tu padre
—¿Qué crees que le fascina a tu padre?
—Pues, no sé. Creo que le fascina dormir.

1. preocupar / al presidente
2. encantar / a tu hermano/a
3. gustar hacer los fines de semana / a ti
4. importar / a tus padres
5. interesar / a tu profesor(a) de español
6. aburrir / a tus amigos/as
7. molestar / a tu novio/a
8. disgustar / a tu compañero/a de clase

Síntesis

Un consejo sentimental

Doctora Corazones,

Tengo 30 años. Estoy casado y amo a mi esposa sobre todas las cosas. Le soy fiel°. Todo comenzó con un juego. Resulta° que me vine a San Antonio con la idea de quedarme a vivir aquí. Mi esposa está en Nueva York, mientras intenta vender nuestra casa. Nos encanta escribirnos mensajes electrónicos. Por eso, diariamente nos comunicamos por Internet por medio del chat.

Un día se me ocurrió pasarme por otro hombre,° para ver si la conquistaba. La verdad es que me costó bastante, pero lo logré°. Ahora mi esposa mantiene una relación con un hombre que no sabe que soy yo. Este juego me preocupa mucho y realmente no sé cómo manejarlo°. Yo la quiero mucho. Sé que ella me ama, pero esto para mí es como una traición°, un engaño°, y la verdad es que no sé qué hacer.

Estoy desesperado.

Gracias,

Carlos

faithful

It turns out

se me... I got the idea to pretend I was another man

I succeeded

handle it

betrayal

deception

1 La carta Trabajen en grupos pequeños. Lean la carta dirigida a la Dra. Corazones, consejera sentimental, y luego contesten las preguntas.

1. ¿Por qué se comunican por Internet Carlos y su esposa?

2. ¿Qué hizo Carlos?

3. ¿Cuál es el resultado?

4. ¿Cómo se siente él ahora?

2 Comentar Con el grupo, comenten el problema de Carlos y propongan una solución. Elijan a un miembro del grupo para presentar la solución a la clase.

3 La solución Con toda la clase, escuchen y comenten las soluciones propuestas por los grupos, pensando en las siguientes preguntas. Entre todos, deben proponer una solución al problema de Carlos.

1. ¿Cómo reaccionan los grupos ante el problema de Carlos?

2. ¿Propone cada grupo una solución distinta?

3. ¿Son algunas soluciones más viables que otras?

Preparación

Vocabulario de la lectura	Vocabulario útil
ayudarse *to help one another*	**abandonar** *to leave*
la calidad de vida *standard of living*	**cuidar** *to take care*
los familiares *relatives*	**emigrar** *to emigrate*
fortalecerse *to grow stronger*	**el/la inmigrante** *immigrant*
por su cuenta *on his/her own*	**el lazo** *tie*
la red de apoyo *support network*	**la patria** *home country*
la voluntad *will*	**mudarse** *to move*

1 **Vocabulario** Completa el diálogo utilizando palabras y expresiones de la lista.

abandonar	ciudad	por tu cuenta
ayudarse	familiares	red de apoyo
calidad de vida	lazo	voluntad

LUISA Mañana vamos a tener una gran fiesta y van a venir todos mis (1) _____: mis tíos, mis primos y mis abuelos.

CATI ¡Qué lástima! No puedo comer pastel de cumpleaños porque estoy a dieta.

LUISA Te admiro, a mí me falta la (2) _____ de ponerme a dieta.

CATI Para mí no es difícil hacerlo porque tengo una gran (3) _____: mi madre y mis tías también están a dieta.

LUISA Es bueno (4) _____ entre todos.

CATI Es cierto. ¿Por qué no vienes al gimnasio con nosotras? Es más fácil que hacer ejercicio (5) _____.

2 **La inmigración** En parejas, contesten las preguntas.

1. ¿Por qué la gente decide emigrar? Comenta por lo menos tres razones.

2. ¿Alguien de tu familia emigró a este u otro país? ¿Por qué decidió hacerlo?

3. De estar forzado a abandonar tu patria, ¿a dónde irías? ¿Por qué?

4. ¿Cómo crees que cambiaría tu vida al vivir en otro país?

3 **Encuesta** Indica si estás de acuerdo con las siguientes afirmaciones o no. Cuando termines, comparte tu opinión sobre cada afirmación con la clase.

	Sí	No
1. Es importante vivir siempre cerca de los familiares.	☐	☐
2. Es bueno mantener las tradiciones y costumbres de nuestras familias.	☐	☐
3. Es necesario ser económicamente independiente de los padres.	☐	☐
4. Es bueno que los familiares se ayuden mutuamente.	☐	☐
5. Se aprende mucho más de la vida cuando uno se muda a otra ciudad o a otro país para estudiar o trabajar.	☐	☐

Escucha el artículo y abre una investigación en el supersitio de **SUEÑA.**

CORRIENTE
Latina

Ceremonia de naturalización en Coral Gables, Florida

Las tendencias de la inmigración hispana han cambiado considerablemente en los últimos años. El perfil del inmigrante ha evolucionado y muchas veces llega con un nivel de estudios más alto y mejor preparado para ejercer° trabajos bien remunerados°. También está cambiando el destino que elige para empezar su nueva vida. Si antes se establecía en las grandes ciudades y en los estados del suroeste°, ahora busca oportunidades en pueblos y ciudades del centro y del norte del país.

El hecho° de que la inmigración se produzca en flujos° se debe a que los inmigrantes que llegan necesitan una red de apoyo. Muchos de ellos no pueden recurrir° a la ayuda que ofrecen los estados por su desconocimiento del inglés y de la cultura norteamericana. Los familiares y amigos son los responsables de ayudar a los miembros de su círculo y les facilitan casa y trabajo hasta que se pueden establecer por su cuenta. De esa forma, se han producido y se siguen produciendo grandes concentraciones de hispanos del mismo país de origen en áreas donde su presencia antes era escasa° o inexistente.

Un buen ejemplo es Central Falls, en el estado de Rhode Island. Hoy en día, más de la mitad de sus habitantes° es de origen colombiano, específicamente del departamento° de Antioquia. Todo empezó en 1964 cuando Pedro Cano, originario° de Colombia, llegó a Central Falls. Vino con la ilusión de tener una vida mejor y con la voluntad de trabajar duro° para conseguir sus ideales. Una vez establecido e integrado en la comunidad, fue acogiendo° a sus familiares y a personas conocidas que huían° de la difícil situación socioeconómica y política de su país. Allí iban encontrando el apoyo que necesitaban y podían, de esa forma, mejorar su calidad de vida a la vez que mantenían sus tradiciones y costumbres.

El nacimiento de estos microcosmos también está cambiando el paisaje urbano. Una visita a Central Falls lleva al viajero a un mundo nuevo: las tiendas especializadas en música hispana, los restaurantes de comida colombiana y los establecimientos para enviar dinero a otros países se alternan metafóricamente con los símbolos de la cultura norteamericana. ■

to practice, to carry out
well-paid
southwest
fact
waves
rely on
scarce, limited
inhabitants
state, province
native
hard
taking in
were fleeing

Vino con la ilusión de tener una vida mejor y con la voluntad de trabajar duro para conseguir sus ideales.

Latino USA

1 de cada 8 habitantes en los Estados Unidos es de origen hispano.

25% Aumento en las ventas de música latina en los EE.UU. en 2004.

400% Crecimiento de la población hispana en Carolina del Norte en los últimos diez años.

70% Porcentaje de estudiantes latinos en las escuelas de Dodge City, Kansas.

4.123.424 Número de estudiantes de español en escuelas secundarias en todos los Estados Unidos en 2005.

Análisis 🌐

1 **Comprensión** Contesta las preguntas.

1. ¿Cuál es el perfil del inmigrante en la actualidad?

2. ¿Dónde se establecen los inmigrantes hoy en día en los Estados Unidos?

3. ¿Por qué se produce la inmigración en flujos?

4. ¿Qué tipo de ayuda reciben los inmigrantes de sus familiares y amigos?

5. ¿Central Falls es un buen ejemplo de qué?

6. ¿Qué ilusión tenía Pedro Cano cuando llegó a Central Falls?

7. ¿A qué se refiere la palabra *microcosmos* en el texto?

8. ¿Cómo ha cambiado el paisaje urbano en Central Falls?

9. ¿Cuánto ha crecido la población hispana en Carolina del Norte en los últimos diez años?

2 **Micrófono abierto** Trabajen en parejas para escribir una entrevista imaginaria a un(a) hispano/a que hace 20 años que vive en los Estados Unidos. Uno/a de ustedes es el/la periodista y el/la otro/a es el/la inmigrante. Consideren estas preguntas y añadan más información.

- ¿Por qué decidió venir a los Estados Unidos?

- ¿Cómo es su vida aquí?

- ¿Cómo era su vida antes de venir?

- ¿Cuántos años tenía cuando llegó aquí?

- ¿Dónde está su familia?

- ¿Piensa regresar algún día a su país de origen?

3 **Carta** En grupos de tres, imaginen que son inmigrantes y que acaban de llegar a los Estados Unidos o Canadá. Escriban una carta a su familia incluyendo la siguiente información. Cuando terminen, lean la carta delante de la clase.

- ¿Dónde están?

- ¿Cómo es la ciudad?

- ¿Qué les fascina de la ciudad? ¿Qué les molesta?

- ¿Estan emocionados/as o disgustados/as con el nuevo lugar?

> *6 de septiembre*
>
> *Queridos padres:*
> *¡Estamos en . . . ! ¿Pueden creerlo? Es una*
> *ciudad interesante con . . .*

Preparación

Sobre el autor

El chileno **Pablo Neruda** (1904–1973) es uno de los poetas más célebres de Hispanoamérica. Empezó a escribir poesía siendo muy joven, alcanzando gran fama tras la publicación de *Veinte poemas de amor y una canción desesperada,* cuando tan sólo contaba veinte años de edad. Esto le dio la reputación de gran poeta romántico, aunque las obras que escribió en su madurez tienen un mayor valor literario. *Canto general* es una de las mejores y en ella el poeta recorre la historia de Latinoamérica desde sus orígenes precolombinos. Pablo Neruda recibió el Premio Nobel de Literatura en 1971.

Vocabulario de la lectura	Vocabulario útil
el alma *soul*	**el/la amado/a** *the loved one, sweetheart*
besar *to kiss*	**amar(se)** *to love (each other)*
contentarse *to be contented/satisfied with*	**los celos** *jealousy*
el corazón *heart*	**enamorado/a** *in love*
el olvido *forgetfulness, oblivion*	**el sentimiento** *feeling*

1 **Vocabulario** Imagina que vas a hablar de una película de amor que has visto recientemente. Forma oraciones lógicas combinando elementos de las columnas. Haz los cambios necesarios y añade los datos que creas convenientes. Después, delante de la clase, cuenta la historia que has creado.

Los dos enamorados	(no) amar(se)	a su amado/a
Él	(no) estar	el corazón roto
Ella	(no) poder	locamente
Ellos	(no) querer	muchos celos
Las familias	olvidar	muy enamorado(s)
El hermano de él	sentir que	romper con él/ella
La madre de ella	tener	verse en secreto

2 **Preparación** En parejas, hablen de los siguientes temas.

1. ¿Han estado enamorados/as alguna vez?

2. ¿Les gusta leer poesía?

3. ¿Han escrito alguna vez una carta o un poema de amor?

4. ¿Se consideran románticos/as?

5. ¿Qué es lo más romántico que han hecho o dicho?

6. ¿Creen que el romanticismo es necesario en el amor?

7. ¿Tuvieron algún amor que no han podido olvidar?

8. ¿Piensan que es bueno compartir los sentimientos con los demás?

POEMA 20

Pablo Neruda

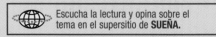

Puedo escribir los versos más tristes esta noche.

Escribir, por ejemplo: "La noche está estrellada°, *starry*
y tiritan°, azules, los astros°, a lo lejos°". *stars/in the distance*
El viento de la noche gira° en el cielo y canta. *turns*

blink, tremble

5 Puedo escribir los versos más tristes esta noche.
Yo la quise, y a veces ella también me quiso.

En las noches como ésta la tuve entre mis brazos.
La besé tantas veces bajo el cielo infinito.

Ella me quiso, a veces yo también la quería.
10 Cómo no haber amado sus grandes ojos fijos°. *fixed*

Puedo escribir los versos más tristes esta noche.
Pensar que no la tengo. Sentir que la he perdido.

Oír la noche inmensa, más inmensa sin ella.
Y el verso cae al alma como al pasto el rocío°. *como al... like the dew on the grass*

15 Qué importa que mi amor no pudiera guardarla°. *keep, protect*
La noche está estrellada y ella no está conmigo.

Eso es todo. A lo lejos alguien canta. A lo lejos.
Mi alma no se contenta con haberla perdido.

to bring closer Como para acercarla° mi mirada la busca.
20 Mi corazón la busca, y ella no está conmigo.

La misma noche que hace blanquear° los mismos árboles. *to whiten*
Nosotros, los de entonces, ya no somos los mismos.

Ya no la quiero, es cierto, pero cuánto la quise.
voice Mi voz° buscaba el viento para tocar su oído.

25 De otro. Será de otro. Como antes de mis besos.
Su voz, su cuerpo claro. Sus ojos infinitos.

Ya no la quiero, es cierto, pero tal vez la quiero.
Es tan corto el amor, y es tan largo el olvido.

Porque en noches como ésta la tuve entre mis brazos,
30 mi alma no se contenta con haberla perdido.

Aunque éste sea el último dolor que ella me causa,
y éstos sean los últimos versos que yo le escribo. ■

Análisis

1 **Comprensión** Contesta las preguntas con oraciones completas.

1. ¿Quién habla en este poema?

2. ¿De quién habla el poeta?

3. ¿Cuál es el tema del poema?

4. ¿Qué momento del día es?

5. ¿Sigue el poeta enamorado? Pon un ejemplo del poema.

2 **Interpretar** Contesta las siguientes preguntas con oraciones completas.

1. ¿Cómo se siente el poeta? Pon algún ejemplo del poema.

2. ¿Es importante que sea de noche? Razona tu respuesta.

3. Explica con tus propias palabras el siguiente verso: "Es tan corto el amor, y es tan largo el olvido."

4. En un momento dado el poeta afirma: "Yo la quise, y a veces ella también me quiso" y, un poco más tarde, escribe: "Ella me quiso, a veces yo también la quería". Explica el significado de estos versos y su importancia en el poema.

5. ¿Cómo crees que es la amada? Escribe una breve descripción.

3 **Imaginar** En parejas, imaginen la historia de amor del poeta y su amada, y preparen una conversación en la que se despiden para siempre. Deben inspirarse en algunos de los versos del poema.

4 **Escribir** Escribe una carta dirigida a un(a) amigo/a, a tu novio/a o a un desconocido/a (*stranger*) expresando lo que sientes por él o ella. Sigue el **Plan de redacción**.

Plan de redacción

Escribir una carta

1 **Encabezamiento** Piensa a quién quieres dirigirle la carta: ¿a un(a) amigo/a? ¿a tu pareja? ¿a alguien que no te conoce? ¿a una estrella de cine? Dependiendo de quién sea el/la destinatario/a, y del grado de afecto que quieras expresar, elegirás (*you will choose*) entre los siguientes saludos: **Estimado/a**, **Querido/a**, **Amado/a**, **Amor mío**, **Vida mía**.

2 **Contenido** Organiza las ideas que quieres expresar en un esquema (*outline*) y después escribe la carta. Aquí tienes unas preguntas para ayudarte a ordenar lo que quieres decir:

1. ¿Sabe esta persona lo que sientes? ¿Es la primera vez que se lo dices?

2. ¿Cómo te sientes?

3. ¿Por qué te gusta esta persona?

4. ¿Crees que tus sentimientos son correspondidos?

5. ¿Cómo quieres que sea tu relación en el futuro?

3 **Firma** Termina la carta con una frase de despedida (*farewell*) adecuada. Aquí tienes unos ejemplos con diferente intensidad: **Cariños**, **Besos**, **Te quiero**, **Te amo**, **Tu eterno/a enamorado/a**.

Las relaciones personales

Las relaciones

el alma gemela *soul mate, kindred spirit*
la amistad *friendship*
el ánimo *spirit*
el chisme *gossip*
la cita (a ciegas) *(blind) date*
el compromiso *commitment; responsibility*
el deseo *desire*
el divorcio *divorce*
la (in)fidelidad *(un)faithfulness*
el matrimonio *marriage*
la pareja *couple*
el riesgo *risk*
_____

compartir *to share*
confiar (en) *to trust (in)*
contar (o:ue) con *to rely on, to count on*
coquetear *to flirt*
dejar a alguien *to leave someone*
dejar plantado/a *to stand (someone) up*
discutir *to argue*
ligar *to flirt; to try to "pick up"*
merecer *to deserve*
romper (con) *to break up (with)*
salir (con) *to go out (with)*

Los sentimientos

enamorarse (de) *to fall in love (with)*
enojarse *to get angry*
estar harto/a *to be fed up (with);
  to be sick (of)*
llevarse bien/mal/fatal *to get along
  well/badly/terribly*
odiar *to hate*
ponerse pesado/a *to become annoying*
querer(se) (e:ie) *to love (each other);
  to want*
sentirse (e:ie) *to feel*
soñar (o:ue) con *to dream about*
tener celos (de) *to be jealous (of)*
tener vergüenza (de) *to be ashamed (of)*

Los estados emocionales

agobiado/a *overwhelmed*
ansioso/a *anxious*
celoso/a *jealous*
deprimido/a *depressed*
disgustado/a *upset*
emocionado/a *excited*
enojado/a *angry, mad*
pasajero/a *fleeting*
preocupado/a (por) *worried (about)*

Los estados civiles

casarse con *to marry*
divorciarse (de) *to get a divorce (from)*
_____

casado/a *married*
divorciado/a *divorced*
separado/a *separated*
soltero/a *single*
viudo/a *widowed*

Las personalidades

cariñoso/a *affectionate*
cuidadoso/a *careful*
falso/a *insincere*
genial *wonderful*
gracioso/a *funny, pleasant*
inolvidable *unforgettable*
inseguro/a *insecure*
maduro/a *mature*
mentiroso/a *lying*
orgulloso/a *proud*
seguro/a *secure; confident*
sensible *sensitive*
tacaño/a *cheap/stingy*
tempestuoso/a *stormy*
tímido/a *shy*
tranquilo/a *calm*

Cortometraje

el boleto *ticket*
la broma *joke*
la caja *box*

el cortometraje/corto *short film*
la escena *scene*
el guión *script*
la historia *story*
el/la protagonista *main character*
el recuerdo *memento, souvenir*
la ventanilla *ticket window*

abrazarse *to hug*
averiguar *to find out*
meterse *to break in (to a conversation)*
suceder *to happen*

Cultura

la calidad de vida *standard of living*
los familiares *relatives*
el/la inmigrante *immigrant*
el lazo *tie*
la patria *home country*
la red de apoyo *support network*
la voluntad *will*
_____

abandonar *to leave*
ayudarse *to help one another*
cuidar *to take care*
emigrar *to emigrate*
fortalecerse *to grow stronger*
mudarse *to move*
_____

por su cuenta *on his/her own*

Literatura

el alma *soul*
el/la amado/a *the loved one, sweetheart*
los celos *jealousy*
el corazón *heart*
el olvido *forgetfulness, oblivion*
el sentimiento *feeling*

amar(se) *to love (each other)*
besar *to kiss*
contentarse *to be contented/satisfied with*
_____

enamorado/a *in love*

Escucha el vocabulario en
el supersitio de **SUEÑA**.

Vivir en la ciudad

Un paseo por cualquiera de las capitales del mundo hispano se convierte con facilidad en un viaje al pasado. Los edificios y plazas de **Madrid**, de **Buenos Aires**, de **Bogotá**, de **Lima**… nos cuentan la historia de sus culturas milenarias. De entre estas capitales, la **Ciudad de México**, una de las ciudades más grandes del mundo, es famosa por la riqueza cultural que se respira en sus calles. En esta lección te invitamos a conocerla.

El Ángel de la Independencia en el Paseo de la Reforma, una de las principales avenidas de la Ciudad de México.

47

70

Destino:
MÉXICO

En la ciudad

Lugares

los alrededores *the outskirts*
el ayuntamiento *city hall*
el barrio *neighborhood*
el centro comercial *mall*

el cine *movie theater*
la ciudad *city*
la comisaría/estación de policía
police station
la discoteca *dance club*
el edificio *building*
la estación (de trenes, de autobuses)
(train/bus) station
la estación de bomberos *fire station*
el estacionamiento *parking lot*
el estadio *stadium*
el metro
subway
el museo
museum
la parada (de metro, de autobús)
(subway, bus) stop
la plaza *square*
el rascacielos
skyscraper
el suburbio *suburb*
la vivienda *housing*

Direcciones

la acera *sidewalk*

la avenida *avenue*
la calle *street*
la cuadra *city block*
la dirección *address*
la esquina *corner*
el letrero *sign, billboard*
el puente *bridge*
el semáforo *traffic light*
el tráfico *traffic*
el transporte público *public transportation*

———

cruzar *to cross*
dar direcciones
to give directions
estar perdido/a
to be lost

Gente

el/la alcalde/alcaldesa *mayor*
el/la ciudadano/a *citizen*
el/la conductor(a) *driver*
la gente *people*
el/la pasajero/a
passenger
el/la peatón/peatona
pedestrian
el policía/la mujer policía
policeman/woman

Actividades

bajar *to go down; to get off (a bus)*
construir *to build*
conversar *to talk*
convivir *to live together; to coexist*
dar un paseo *to take a stroll*
dar una vuelta *to take a walk*
**dar una vuelta en bicicleta/carro/
motocicleta** *to take a bike/car/
motorcycle ride*
disfrutar de *to enjoy*
doblar *to turn*
hacer diligencias *to run errands*
parar *to stop*
pasarlo bien/mal *to have a good/bad time*
poblar *to settle; to populate*
quedar *to be located*
quedarse *to stay*
recorrer *to travel (around a city)*
relajarse *to relax*
residir *to reside*
subir *to go up; to get on (a bus)*

———

la vida nocturna *nightlife*

Para describir

atrasado/a *late*
cotidiano/a *everyday*
inesperado/a *unexpected*
lleno/a *full*
ruidoso/a *noisy*
vacío/a *empty*

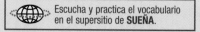

Práctica 🌐

1

Emparejar Conecta cada palabra con su definición.

_____ 1. no saber cómo llegar a un lugar   a. puente

_____ 2. construcción que conecta dos lugares   b. residir

_____ 3. persona que toma el metro   c. relajarse

_____ 4. todos los días   d. letrero

_____ 5. minimizar la tensión que uno tiene   e. pasajero

_____ 6. vivir (en un apartamento)   f. cotidiano

_____ 7. pasarlo bien   g. estar perdido

_____ 8. anuncio escrito   h. disfrutar

2

Titulares A los siguientes titulares (*headlines*) de un periódico les faltan unas palabras. Complétalos utilizando palabras de la lista.

alrededores	construyen	estacionamiento
ciudadanos	discoteca	suburbio
comisaría de policía	está perdida	tráfico

1. En un _____ de la ciudad encuentran un tesoro (*treasure*) escondido por un pirata hace 400 años.

2. Hombre de 60 años muere en un accidente de _____ .

3. ¡Por fin! Una pareja consigue ver a Luis Miguel después de esperar 24 horas en una _____ .

4. La mayoría de los _____ cree que el transporte público debe ser barato.

5. _____ un rascacielos que va a medir más de 300 metros.

6. Una familia _____ en el metro por una semana.

7. No hay suficientes espacios en el _____ del estadio de fútbol nuevo.

3

La ciudad Expresa tu opinión. Después, compara tus opiniones con las de un(a) compañero/a y explica por qué piensas así. ¿Tienen las mismas preferencias?

	Sí	No
1. Es mejor residir en una ciudad que en un suburbio.	☐	☐
2. Nunca se debe hablar con desconocidos (*unknown people*).	☐	☐
3. Es mejor convivir con alguien que vivir solo.	☐	☐
4. Es mejor vivir en una calle pequeña que en una avenida.	☐	☐
5. Se deben eliminar los parques para construir más edificios.	☐	☐
6. Es más cómodo manejar en una ciudad que tomar transporte público.	☐	☐

4

En el ayuntamiento Imagina que eres el/la alcalde/alcaldesa de una ciudad. ¿Qué puedes hacer para mejorar la vida de los ciudadanos? ¿Qué cambios quieres hacer? Compara tus ideas con las de tus compañeros/as.

Preparación

Vocabulario del corto

afligirse *to get upset*
borracho/a *drunk*
el choque *crash*
la facción *feature*
parecerse *to look like*
repentino/a *sudden*

Vocabulario útil

el/la cajero/a *cashier*
el/la desconocido/a *stranger*
la fila *line*
ingenuo/a *naïve*
valorar *to value*

EXPRESIONES

Pero... si sólo es/son... *But... it's only...*

¿Sabe(s)? *You know?*

¿Y a mí, qué? *What do I care?*

1 **Vocabulario** Completa el artículo con las palabras o expresiones que acabas de aprender.

Robo en supermercado

Ayer un (1) _____ robó en el supermercado ESTRELLA. El hombre entró en la tienda a las nueve de la noche y esperó en la (2) ____ por cinco minutos. Después, empezó a hablar del tiempo con la (3) _____. De repente, las luces se apagaron y él se fue con el dinero de la caja. Salió del estacionamiento tan rápido que tuvo un (4) _____ con un coche deportivo. Se fue corriendo, pero la policía lo encontró. Había tomado tequila y estaba (5) _____. Cuando dijeron que lo iban a llevar a la cárcel (*jail*), dijo: "¿ (6) _____?" y saltó al río. No se sabe si está vivo. Según la gente que estaba en el supermercado, este hombre tiene (7) _____ idénticas a una persona famosa. Se (8) _____ mucho a Donald Trump.

2 **Preguntas** En parejas, contesten las preguntas.

1. ¿Hablan con desconocidos en algunas ocasiones? ¿Les gusta hacerlo?

2. Den ejemplos de dos o tres lugares donde es más fácil o frecuente hablar con gente que no conocen.

3. Según el título del cortometraje: *Adiós mamá,* ¿de qué creen que va a tratar la historia?

3 **Fotogramas** Observen los fotogramas e imaginen lo que va a ocurrir en el cortometraje.

4 **¿Eres ingenuo?** En parejas, hagan el test de personalidad.

A. Apunten sus respuestas para saber si son ingenuos/as.

TEST DE PERSONALIDAD

1. **Tu compañero/a de apartamento o tu esposo/a tiene que ir a una conferencia durante el fin de semana, y te vas a quedar solo/a.**

   a. Organizas una gran fiesta. Seguro que no lo va a descubrir.

   b. Invitas a unos pocos amigos y se lo cuentas a tu compañero/a o esposo/a cuando regresa.

   c. Limpias la casa. Él/Ella está trabajando y tú debes hacer lo mismo.

2. **¿Con qué afirmación te identificas?**

   a. Creer en la gente y siempre pensar bien de todos.

   b. Esperar a conocer a las personas para tener una opinión de ellas.

   c. Todo el mundo es muy egoísta. Hay que tener cuidado.

3. **Un(a) desconocido/a te manda un mensaje de texto y quiere verte para tomar un café por la tarde.**

   a. ¿Quién será? ¡Qué emoción! ¿Será el/la chico/a tan guapo/a de la clase?

   b. Borras el mensaje inmediatamente. ¡Vaya forma de perder el tiempo!

   c. ¡Buff, seguro que es Amalia para pedir dinero! ¡Siempre igual!

4. **¿Con qué personaje de ficción te identificas?**

   a. Spiderman

   b. Darth Vader

   c. Bart Simpson

5. **Un(a) amigo/a te cuenta que el fin de semana pasado estuvo cenando con tu actor/actriz favorito/a.**

   a. No crees que sea verdad y le preguntas a todo el mundo.

   b. Le pides que te cuente todo, todo, todo.

   c. Le cuentas que el fin de semana pasado tú estuviste en Buenos Aires.

6. **Si les preguntamos a tus mejores amigos/as cuál es tu mejor cualidad, ¿qué contestarían?**

   a. Sin duda, eres la mejor persona del grupo.

   b. Eres un cerebro como Einstein.

   c. Eres muy divertido/a y aventurero/a.

B. Ahora, intercambien (*exchange*) sus respuestas y díganle a su compañero/a si creen que es ingenuo/a y por qué.

Mira el cortometraje en el supersitio de
SUEÑA y completa las actividades.

Premio especial
del Jurado,
Semana Internacional
de Cine Experimental
de Valladolid 1997,
España

Una producción de CONACULTA/INSTITUTO MEXICANO DE CINEMATOGRAFÍA Guión y Dirección ARIEL GORDON
Producción JAVIER BOURGES Producción ejecutiva PATRICIA RIGGEN
Fotografía SANTIAGO NAVARRETE Edición CARLOS SALCES Música GERARDO TAMEZ
Sonido SANTIAGO NUÑEZ/NERIO BARBERIS
Arte FERNANDO MERI/AARÓN NIÑO CÁMARA
Actores DANIEL GIMÉNEZ CACHO/DOLORES BERISTAIN/PATRICIA AGUIRRE/PACO MORAYTA

ARGUMENTO *Un hombre está en el supermercado. En la fila para pagar, la señora que está enfrente de él le habla.*

SEÑORA Se parece a mi hijo. Realmente es igual a él.
HOMBRE Ah pues no, no sé qué decir.

SEÑORA Murió en un choque. El otro conductor iba borracho. Si él viviera, tendría la misma edad que usted.
HOMBRE Por favor, no llore.

SEÑORA ¿Sabe? Usted es su doble. Bendito sea el Señor que me ha permitido ver de nuevo a mi hijo. ¿Le puedo pedir un favor?
HOMBRE Bueno.

SEÑORA Nunca tuve oportunidad de despedirme de él. Su muerte fue tan repentina. ¿Al menos podría llamarme mamá y decirme adiós cuando me vaya?

SEÑORA ¡Adiós hijo!
HOMBRE ¡Adiós mamá!
SEÑORA ¡Adiós querido!
HOMBRE ¡Adiós mamá!

CAJERA No sé lo que pasa, la máquina desconoce el artículo. Espere un segundo a que llegue el gerente.
El gerente llega y ayuda a la cajera.

Nota
CULTURAL

Supermercados y tienditas

En México, como en todo el mundo, las grandes cadenas de supermercados tienen una sólida presencia. Sin embargo, para evitar los interminables pasillos° y las filas que estos establecimientos implican, la gente prefiere ir a las "tienditas de la esquina". Estos negocios° son muy populares ya que en ellos se puede comprar pan, queso, jabón, dulces, juguetes° pequeños, cerillos,° pilas° y muchas cosas más. Generalmente hay varias de estas pequeñas tiendas en cada colonia° y allí la gente compra lo que necesita en el momento.

pasillos *aisles* **negocios** *stores*
juguetes *toys* **cerillos** *matches*
pilas *batteries* **colonia** *neighborhood*

Análisis

1 **Comprensión** Contesta las preguntas con oraciones completas.

1. ¿Dónde están los personajes?
2. ¿Qué relación hay entre el hombre y la señora?
3. ¿A quién se parece físicamente el hombre?
4. ¿Por qué no pudo despedirse la señora de su hijo?
5. ¿Qué favor le pide la señora al hombre?
6. ¿Cuánto dinero tiene que pagar el hombre? ¿Por qué?

2 **Ampliar** En parejas, háganse las preguntas.

1. ¿Les pasó a ustedes o a alguien que conocen algo similar alguna vez?
2. Si alguien se les acerca (*approach*) en el supermercado y les pide este tipo de favor, ¿qué hacen?

3 **Detective** El joven está contándole a un(a) detective lo que pasó en el supermercado. En parejas, uno/a de ustedes es el/la detective y el/la otro/a es el hombre. Preparen el interrogatorio (*interrogation*) y represéntenlo delante de la clase.

4 **Notas** Ahora, imagina que eres el/la detective y escribe un informe (*report*) de lo que pasó. Tiene que ser un informe lo más completo posible. Puedes inventar los datos que tú quieras.

5 **Directores** En parejas, imaginen que tienen que hacer su propio (*own*) cortometraje. ¿De qué trata? ¿Por qué les interesa ese tema? Compartan sus respuestas con la clase.

6 **Inventar** Primero, lean lo que dice la madre. Después, en parejas, imaginen que el hijo ficticio nunca tuvo un accidente y, por lo tanto, no murió. ¿Qué pasó con él? ¿Cómo fue su vida? ¿Visitaba a su madre con frecuencia? Escriban un párrafo de unas diez líneas.

> **Murió en un choque. El otro conductor iba borracho.**
>
> **Si él viviera, tendría la misma edad que usted.**
>
> **Se habría titulado y probablemente tendría una familia.**
>
> **Yo sería abuela.**

7 **Imaginar** En parejas, describan la vida de uno los personajes del corto. Escriban por lo menos cinco oraciones usando como base las preguntas.

- ¿Cómo es?
- ¿Dónde vive?
- ¿Con quién vive?
- ¿Qué le gusta? ¿Qué no le gusta?
- ¿Tiene dinero?

8 **Sociedad** Trabajen en grupos para discutir los siguientes temas. Después compartan sus ideas con la clase.

1. ¿Creen que el crimen es más común ahora que hace diez años? ¿Por qué?
2. ¿Es más frecuente en pueblos pequeños o en grandes ciudades? ¿Por qué?
3. ¿Creen que la televisión y el cine son malas influencias para los jóvenes?
4. ¿Cómo piensan que se puede eliminar este tipo de conducta criminal? ¿Con más justicia social? ¿Con castigos (*punishments*) más severos?

9 **¿Y tú?** En parejas, elijan una de las situaciones, e inspirándose en ella, escriban un diálogo. Cuando lo terminen, represéntenlo delante de la clase.

A

Imaginen que necesitan mucho dinero y están desesperados porque no saben dónde conseguirlo. ¿Qué hacen? ¿Por qué?

B

Su mejor amigo/a les pidió mucho dinero el mes pasado; les dijo que se lo iba a devolver en dos días. No se lo ha devuelto todavía y saben que está comprando muchas cosas.

SUEÑA

MÉXICO

En **www.suena.vhlcentral.com** encontrarás más información y actividades relacionadas con esta sección.

México es un país muy rico en variedad, geografía, tradiciones, recursos y gente. En él vive prácticamente la tercera parte de la población total de hispanohablantes. Sus habitantes pertenecen a todas las razas[1], incluyendo más de cincuenta culturas indígenas autóctonas[2]. Su geografía abarca[3] áridos desiertos, densas selvas tropicales y majestuosas cordilleras[4]. Para el viajero, México ofrece hermosísimos y modernos balnearios[5] en **Acapulco**, **Mazatlán**, **Cabo San Lucas** y **Cancún**; espectaculares sitios arqueológicos como los de **Chichén Itzá**, **Teotihuacán** y **Palenque** (donde se conservan las ruinas de las más importantes civilizaciones prehispánicas como los mayas y los aztecas); y grandes ciudades cuya riqueza cultural y artística se refleja[6] en su arquitectura colonial y moderna.

Templo de Kukulcán en Chichén Itzá

MÉXICO D.F.: el corazón de México

La **Ciudad de México,** o **México D.F.** (Distrito Federal), es el centro cultural, gubernamental[7] y comercial de México. Con más de 24 millones de habitantes, es una de las ciudades más grandes del mundo. El carácter contemporáneo del D.F. se entrelaza[8] día a día con las profundas tradiciones prehispánicas que conservan sus habitantes. La variedad de atractivos que ofrece es innumerable: desde la **Alameda Central**, un parque que ha sido centro de actividad desde la época de los aztecas, hasta **Polanco**, una de las zonas de tiendas y restaurantes más chic de la ciudad.

El corazón de la Ciudad de México es la **Plaza de la Constitución**, más conocida como el **Zócalo**. Esta plaza es el punto de encuentro de las más diversas manifestaciones artísticas[9] y movimientos sociales. A su alrededor también se encuentran varias de las instituciones más importantes del país. A un lado del Zócalo está el **Palacio Nacional**, donde el presidente mexicano tiene sus oficinas y donde **Diego Rivera** pintó algunos de sus famosos murales sobre la historia de México. En otro lado de la plaza se encuentra la **Catedral Metropolitana**, cuya construcción fue ordenada por **Hernán Cortés** en el siglo XVI.

Signos vitales

México es el primer país en población del mundo hispanohablante con 104 millones de habitantes. Más del 65% de la población es considerada "mestiza", o sea, de raza mixta. Sin embargo, existen unos 50 grupos indígenas que han podido subsistir y mantener sus lenguas y culturas autóctonas.

Catedral Metropolitana en el Zócalo del D.F.

1 *races* 2 *native* 3 *covers* 4 *mountain ranges* 5 *resorts* 6 *is reflected* 7 *governmental* 8 *intertwines* 9 **manifestaciones...** *artistic expressions*

¡Conozcamos el D.F.!

Bosque de Chapultepec Es el parque más grande de la **Ciudad de México**, con un área de casi cinco kilómetros

cuadrados. Dentro de **Chapultepec** están algunos de los mejores museos de la ciudad, incluyendo el **Museo Nacional de Antropología**, el **Museo de Arte Moderno**, y el **Museo Rufino Tamayo**.

Tianguis Desde la época de los aztecas se organizan los llamados "tianguis" que eran mercados al aire libre. Allí se vendían e intercambiaban toda clase de productos, desde comida y animales, hasta canastas[1] y tapetes[2]. En la actualidad, los tianguis se pueden ver por toda la ciudad.

Paseo de la Reforma Es una de las principales avenidas de la ciudad que va desde la **Alameda Central** hasta el **Bosque**

de Chapultepec. Aquí encontramos, además de museos, importantes bancos, edificios históricos, así como también hoteles, almacenes y restaurantes. Cerca de la **Zona Rosa** encontramos el **Monumento a la Independencia** donde está la escultura de **El Ángel de la Victoria**.

El Metro El **Metro** es la manera más eficaz[3] y económica de moverse por todo el **D.F.** Con once líneas diferentes que cubren más de 200 kilómetros, cerca de cinco millones de personas lo utilizan todos los días. En las horas de mayor congestión, no

está permitido llevar maletas o equipaje[4] por encima de cierto tamaño[5] para facilitar el movimiento de los usuarios[6].

[1] *baskets* [2] *rugs (Col.; Méx.)* [3] *efficient* [4] *baggage* [5] *size*
[6] *users (of public transportation)*

El español de México

Mexicanismos

alberca	piscina; *pool*
aventarse	atreverse; *to dare*
boleto	billete; *ticket*
botana	tapas, aperitivos; *appetizers*
camión	autobús; *bus*
colonia	barrio; *neighborhood*
chamaco/a	niño/a, muchacho/a; *young boy/girl*
chavo/a	chico/a; *kid, boy/girl*
chacharear	comprar cosas pequeñas; *to shop for trinkets*

Palabras derivadas de lenguas indígenas

guajolote	pavo; *turkey*
jorongo	poncho
papalote	cometa; *kite*
huaraches	sandalias; *sandals*

Expresiones y coloquialismos

¡Órale, pues!	*Okay!; Great!; Let's do it!*
¡Ser/Estar padre/padrísimo!	Ser/Estar muy bueno; *It's great!; It's cool!*
¿Qué onda?	¿Qué pasa?; ¿Qué tal?; *What's happening?*

San Miguel de Allende

Un paraíso colonial en la Sierra Madre

📹 **DOCUMENTAL**
Mira el documental sobre San Miguel de Allende en **www.imagina.vhlcentral.com.**

Fundada en 1542 por misioneros franciscanos, **San Miguel de Allende** es una hermosa ciudad colonial ubicada° en las montañas al norte de la **Ciudad de México**. Sus construcciones arquitectónicas tienen un gran valor histórico. Desde los años 30, San Miguel ha atraído a muchísimos extranjeros° que van no sólo a visitarla, sino a quedarse a vivir. Hoy día, en San Miguel viven miles de norteamericanos y europeos, entre ellos muchos artistas y artesanos a quienes les encanta el clima siempre primaveral y soleado que se disfruta. Te invitamos a conocer esta interesante ciudad viendo el documental y leyendo más información en **www.imagina.vhlcentral.com**.

ubicada *located* **extranjeros** *foreigners*

Café Tacuba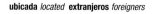

El nuevo rock mexicano

🎼 **SUBE EL VOLUMEN**
Lee un poco más sobre Café Tacuba y su música en **www.imagina.vhlcentral.com.**

Discografía selecta

1992	*Café Tacuba*	2002	*Valle Callampa*
1994	*Re*	2003	*Cuatro caminos* (Premio
1999	*Revés/Yo soy*		Grammy Latino 2004 al Mejor
2001	*Tiempo transcurrido*		Álbum de Rock Alternativo)

Rubén, **Quique**, **Joselo** y **Meme** son cuatro amigos que se conocieron en una escuela de un suburbio de la **Ciudad de México** y que crecieron escuchando a *The Cure*, *The Smiths*, *The Stone Roses*, y *The Clash*. Un día decidieron formar un grupo de rock y comenzaron a practicar en el garaje de la casa de uno de ellos. A finales de los años 80 comenzaron a tocar en público. Lo peculiar de este grupo es que sus instrumentos no son generalmente los típicos de una banda de rock —batería°, bajo°, guitarra eléctrica—, sino otros más tradicionales que usan para mezclar el rock con diferentes ritmos folklóricos mexicanos. Esta fusión de géneros caracteriza su propio estilo. El resultado artístico de esta formación es la suma de las ideas y visiones de cada uno de sus integrantes°. Además de haber grabado más de siete álbumes hasta el momento, el cuarteto ha participado en la banda sonora° de películas como *Y tu mamá también*, *Vivir Mata* y *Amores Perros*.

batería *drums* **bajo** *bass* **integrantes** *members* **banda sonora** *soundtrack*

¿Qué aprendiste?

1 **Cierto o falso** Indica si estas afirmaciones son ciertas o falsas. Corrige las falsas.

1. En México vive casi la tercera parte de los hispanohablantes.

2. En Yucatán, Teotihuacán y Palenque se conservan los restos de edificios coloniales.

3. El Museo Nacional de Antropología es uno de los mejores museos de México D.F.

4. La Alameda Central es una catedral de la época azteca.

5. El Paseo de la Reforma es un mercado al aire libre medio azteca y medio maya.

6. Los usuarios del metro de México D.F. no pueden viajar en las horas de mayor congestión.

2 **Preguntas** Contesta las preguntas con oraciones completas.

1. ¿Qué edificio fue construido bajo las órdenes de un conquistador español?

2. ¿Qué mantienen los 50 grupos indígenas que subsisten en México?

3. ¿Qué son los tianguis?

4. ¿En qué edificio público del D.F. se pueden ver murales de Diego Rivera? ¿Quién trabaja allí?

5. ¿Cuál es el parque más grande de la Ciudad de México? ¿Qué puede encontrar allí el visitante?

PROYECTO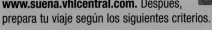

Un viaje a México

Imagina que vas a hacer un viaje a México. Investiga toda la información que necesites en **www.suena.vhlcentral.com.** Después, prepara tu viaje según los siguientes criterios.

- Selecciona los lugares que quieres visitar y recopila fotos.
- Dibuja un mapa para mostrar tu itinerario.
- Presenta tu plan de viaje a tus compañeros/as de clase. Explícales por qué escogiste los lugares adonde vas a ir.

MINIPRUEBA

Completa las oraciones con la información correcta y demuestra lo que aprendiste sobre México.

1. En Acapulco, Mazatlán, Cabo San Lucas y Cancún hay maravillosos/as _____.
a. playas b. balnearios c. edificios d. áridos desiertos

2. La riqueza cultural y artística de las grandes ciudades mexicanas está presente en su _____ colonial y moderna.
a. civilización b. gente c. geografía d. arquitectura

3. Muchos de los restaurantes más elegantes del D.F. están en la zona de _____.
a. Polanco b. la avenida principal c. Oaxaca
d. Palenque

4. Todavía hoy en día los habitantes del D.F. conservan las tradiciones _____ que coexisten con el carácter contemporáneo de la ciudad.
a. tianguis b. prehispánicas c. majestuosas
d. huaraches

5. En el D.F., _____ es el punto de encuentro de todo tipo de manifestaciones artísticas.
a. el Zócalo b. el corazón c. el Palacio Nacional
d. el zoológico

6. Las palabras que utilizan exclusivamente los mexicanos se llaman _____.
a. exclusivísimos b. padrísimos c. zocalismos
d. mexicanismos

7. Rufino Tamayo es el nombre de un prestigioso _____ de México D.F.
a. artesano b. museo c. misionero d. sitio arqueológico

8. Los populares mercados al aire libre de origen azteca se llaman _____.
a. aztequis b. palenques c. ambulantes d. tianguis

9. El Paseo de la Reforma es una avenida que empieza en _____ y termina en un parque.
a. el Zócalo b. un balneario c. un parque
d. la Catedral Metropolitana

10. En San Miguel de Allende viven muchos _____ y artesanos.
a. chamacos b. científicos c. artistas d. alcaldes

GALERÍA DE CREADORI

**CONEXIÓN
INTERNET**

En www.suena.vhlcentral.com enc
mucha más información sobre estos
creadores latinos y podrás explorar d
aspectos de sus creaciones con activ
proyectos de investigación.

LITERATURA/PERIODISMO
Elena Poniatowska

Elena Poniatowska, hija de madr
y padre polaco, nació en París er
reside en México desde 1942. Es
las escritoras mexicanas más re
y una de sus intelectuales más a
colaborado con muchísimos peri
colaboró en la fundación del diar
La Jornada. Como escritora, ha e
casi todos los géneros: novela, c
poesía, ensayo, crónica y entrevi
obras más conocidas son: *La no*
Tlatelolco, *Tinísima* y *La piel del*

PINTURA **Frida Kahlo**

Considerada una de las representantes más importantes de la
pintura introspectiva mexicana del siglo XX, Frida Kahlo es conocida
principalmente por sus autorretratos (*self-portraits*) en los que expresa
el dolor de su vida personal. En 1929 se casó con Diego Rivera, con
quien compartía el deseo de afirmar (*assert*) su identidad mexicana a
través del arte. Aquí aparece su obra *Autorretrato con mono*.

CINE/DRAMA **Gael García Bernal**

Gael García Bernal es una figura del cine internacional que nació en 1978 en Guadalajara, México. Hijo de actores, empezó actuando en teatro y apareció en telenovelas y cortometrajes antes de triunfar con la película *Amores perros* (2000). También ha trabajado en *Y tu mamá también* (2001), *La mala educación* (2004) y *Diarios de motocicleta* (2004), donde interpreta el personaje del joven Che Guevara.

PINTURA/MURALISMO **Diego Rivera**

Diego Rivera es uno de los más reconocidos pintores mexicanos. Sus murales y frescos relatan la historia y los problemas sociales de su país. Pintó muchas de sus composiciones en techos y paredes de edificios públicos para que la clase trabajadora también pudiera tener acceso al arte. Su obra también cuenta con acuarelas (*watercolors*) y óleos (*oil paintings*) que han sido expuestos en todo el mundo. Aquí se ve una sección de su mural *Batalla de los Aztecas y Españoles*.

AMPLIACIÓN

MÁS CREADORES

En el supersitio de **SUEÑA** puedes conocer a estos otros creadores mexicanos.

Luis Barragán
Arquitecto

Manuel Álvarez Bravo
Fotógrafo

Remedios Varo
Pintora

Mario Moreno "Cantinflas"
Actor / Cómico

2.1

The preterite

The preterite of regular -*ar*, -*er*, and -*ir* verbs		
comprar	**vender**	**abrir**
compré	**vendí**	**abrí**
compraste	**vend**iste	**abr**iste
compró	**vend**ió	**abr**ió
compramos	**vend**imos	**abr**imos
comprasteis	**vend**isteis	**abr**isteis
compraron	**vend**ieron	**abr**ieron

TALLER DE CONSULTA

The following additional grammar topics are covered in the **Manual de gramática, Lección 2.**

2.4 Progressive forms, p. 240
2.5 Telling time, p. 242

- Spanish has two simple tenses to indicate actions in the past: the preterite and the imperfect. The preterite is used to describe actions or states that began or were completed at a definite time in the past.

- The preterite tense of regular verbs is formed by dropping the infinitive ending (**-ar, -er, -ir**) and adding the preterite endings. Note that the endings of regular **-er** and **-ir** verbs are identical in the preterite tense.

- Verbs that end in **-car**, **-gar**, and **-zar** have a spelling change in the **yo** form of the preterite. All other forms are regular.

buscar	busc-	-qu-	yo busqué
llegar	lleg-	-gu-	yo llegué
empezar	empez-	-c-	yo empecé

- **Caer, creer, leer,** and **oír** change **-i-** to **-y-** in the **usted, él,** and **ella** forms and in the **ustedes, ellos,** and **ellas** forms of the preterite. They also require a written accent on the **-i-** in all other forms.

caer	caí, caíste, cayó, caímos, caísteis, cayeron
creer	creí, creíste, creyó, creímos, creísteis, creyeron
leer	leí, leíste, leyó, leímos, leísteis, leyeron
oír	oí, oíste, oyó, oímos, oísteis, oyeron

- Verbs with infinitives ending in **-uir** change **-i-** to **-y-** in the **usted, él,** and **ella** forms and in the **ustedes, ellos,** and **ellas** forms of the preterite.

construir	construí, construiste, construyó, construimos,
	construisteis, construyeron
incluir	incluí, incluiste, incluyó, incluimos, incluisteis, incluyeron

- Stem-changing **-ir** verbs also have a stem change in the **usted, él,** and **ella** form and in the **ustedes, ellos,** and **ellas** form of the preterite. Stem-changing **-ar** and **-er** verbs are regular.

Preterite of *-ir* stem-changing verbs			
pedir		**dormir**	
pedí	pedimos	dormí	dormimos
pediste	pedisteis	dormiste	dormisteis
pidió	pidieron	durmió	durmieron

¡ATENCIÓN!

Other **-ir** stem-changing verbs include:

conseguir	**repetir**
consentir	**seguir**
hervir	**sentir**
morir	**servir**
preferir	

- A number of **-er** and **-ir** verbs have irregular preterite stems. Note that none of these verbs takes a written accent on the preterite endings.

—*Nunca **tuve** oportunidad de despedirme de él.*

¡ATENCIÓN!

Ser, **ver**, **ir**, and **dar** also have irregular preterites. The preterite forms of **ser** and **ir** are identical.

ser/ir
fui, fuiste, fue, fuimos, fuisteis, fueron

dar
di, diste, dio, dimos, disteis, dieron

ver
vi, viste, vio, vimos, visteis, vieron

Preterite of irregular verbs

infinitive	u-stem	preterite forms
andar	anduv-	anduve, anduviste, anduvo, anduvimos, anduvisteis, anduvieron
estar	estuv-	estuve, estuviste, estuvo, estuvimos, estuvisteis, estuvieron
haber	hub-	hube, hubiste, hubo, hubimos, hubisteis, hubieron
poder	pud-	pude, pudiste, pudo, pudimos, pudisteis, pudieron
poner	pus-	puse, pusiste, puso, pusimos, pusisteis, pusieron
saber	sup-	supe, supiste, supo, supimos, supisteis, supieron
tener	tuv-	tuve, tuviste, tuvo, tuvimos, tuvisteis, tuvieron

infinitive	i-stem	preterite forms
hacer	hic-	hice, hiciste, hizo, hicimos, hicisteis, hicieron
querer	quis-	quise, quisiste, quiso, quisimos, quisisteis, quisieron
venir	vin-	vine, viniste, vino, vinimos, vinisteis, vinieron

infinitive	j-stem	preterite forms
conducir	conduj-	conduje, condujiste, condujo, condujimos, condujisteis, condujeron
decir	dij-	dije, dijiste, dijo, dijimos, dijisteis, dijeron
traducir	traduj-	traduje, tradujiste, tradujo, tradujimos, tradujisteis, tradujeron
traer	traj-	traje, trajiste, trajo, trajimos, trajisteis, trajeron

- Note that the stem of **decir (dij-)** not only ends in **j**, but the stem vowel **e** changes to **i**. In the **usted, él,** and **ella** form of **hacer (hizo)**, **c** changes to **z** to maintain the pronunciation. Most verbs that end in **-cir** have **j**-stems in the preterite.

Práctica

Acapulco Escribe la forma correcta del pretérito de los verbos indicados.

1. El sábado pasado, mis compañeros de apartamento y yo _____ (ir) a Acapulco.

2. (Nosotros) _____ (quedarse) en un edificio muy alto y bonito.

3. En la playa, yo _____ (leer) un libro y Carlos _____ (tomar) el sol.

4. Mariela y Felisa _____ (caminar) mucho por la ciudad.

5. Una señora les _____ (dar) direcciones para ir a un restaurante muy conocido.

6. Por la noche, todos nosotros _____ (cenar) en el restaurante.

7. Después, en la discoteca, Carlos y Mariela _____ (bailar) toda la noche.

8. Y yo _____ (ver) a unos amigos de Monterrey. ¡Qué casualidad!

9. (Yo) _____ (hablar) con ellos un ratito.

10. Y (nosotros) _____ (llegar) al hotel a las tres de la mañana. ¡Qué tarde!

Playa de Acapulco

A principios de los años 30, los habitantes de clase media del **D.F.** escogieron **Acapulco** para escapar del ruido (*noise*) de la ciudad. En los años 60, se convirtió en un centro turístico de máxima prosperidad y en destino de ricos y famosos. Y, hoy día, todavía ofrece sus encantos básicos —playas, sol, naturaleza exótica y diversión de día y de noche— a los que buscan paraísos en la Tierra.

La última vez Indica cuándo hiciste por última vez las siguientes cosas. Utiliza algunas de las palabras y frases de la lista. Sigue el modelo.

Modelo   **llorar viendo una película**
La última vez que lloré viendo una película fue en 2005.
La película fue *Mar adentro*.

1. hacer diligencias
2. decir una mentira
3. olvidar algo importante
4. perderte en una ciudad
5. dar direcciones

6. oír una buena/mala noticia
7. hablar con un(a) desconocido/a
8. estar enfadado con un(a) amigo/a
9. ver tres programas de televisión seguidos
10. tener que comer en un restaurante

¿Qué hicieron? Combina elementos de cada columna para narrar lo que hicieron las siguientes personas.

anoche	yo	conversar	?
anteayer	mi compañero/a de cuarto	dar	?
ayer		decir	?
la semana pasada	mis amigos/as	ir	?
una vez	el/la profesor(a) de español	pasar	?
dos veces	mi novio/a	pedir	?
		tener que	?

Comunicación

4

La semana pasada Averigua lo que hicieron tus compañeros/as de clase la semana pasada. Pasea por el salón de clases y hazles las siguientes preguntas. Anota el nombre de la primera persona que conteste que sí a las preguntas.

> **Modelo**   **ir al cine**
> —¿Fuiste al cine la semana pasada?
> —Sí, fui al cine y vi una película muy buena.
> —No, no fui al cine.

Actividades	Nombre
1. asistir a un partido de fútbol	_____
2. conducir tu carro a la universidad	_____
3. dar un consejo (*advice*) a un(a) amigo/a	_____
4. dormirse en clase o en el laboratorio	_____
5. estudiar toda la noche para un examen	_____
6. hablar con un policía	_____
7. hacer una tarea dos veces	_____
8. ir al centro comercial	_____
9. perder algo importante	_____
10. tomar un autobús	_____
11. viajar en transporte público	_____
12. visitar un museo	_____

5

La ciudad En parejas, túrnense para hablar de la última vez que visitaron una ciudad que no conocían.

> **Modelo**   —¿Y qué hiciste en Taxco?
> —Pues muchas cosas… Visité la Iglesia de Santa Prisca, una de las más bellas de México, disfruté de la arquitectura colonial, anduve y anduve, tomé miles de fotos,… ah, y…

- ¿Por qué fuiste?
- ¿Quién planeó el viaje?
- ¿Cuándo fue?
- ¿Qué hiciste allí?
- ¿Quiénes fueron y quiénes no pudieron ir?
- ¿Te gustó? ¿Por qué?

6

¿Qué haces para divertirte?

A. Haz una lista de diez actividades divertidas que hiciste el mes pasado.

B. En parejas, túrnense para preguntarse si hicieron lo mismo.

C. Describan a la clase lo que hizo su compañero/a. Luego, la clase decide quién es el/la más activo/a.

Nota CULTURAL

Taxco es un pintoresco laberinto de estrechas calles, plazas, terrazas y fuentes que complementan una riquísima arquitectura colonial. Fundada en 1529 en una zona llena de minas de plata (*silver mines*), también es conocida como la ciudad de plata. Sin embargo, su principal atractivo no es la plata, sino la emocionante posibilidad de retroceder (*go back*) cinco siglos en el tiempo.

Vista general de Taxco, México

2.2

The imperfect

- The imperfect tense in Spanish is used to narrate past events without focusing on their beginning, end, or completion.

—*Mi hijo **era** tímido y de pocas palabras como usted.*

- The imperfect tense of regular verbs is formed by dropping the infinitive ending (**-ar, -er, -ir**) and adding personal endings. **-Ar** verbs take the endings **-aba, -abas, -aba, -ábamos, -abais, -aban**. **-Er** and **-ir** verbs take **-ía, -ías, -ía, -íamos, -íais, -ían**.

The imperfect of regular *-ar*, *-er*, and *-ir* verbs		
caminar	deber	abrir
caminaba	debía	abría
caminabas	debías	abrías
caminaba	debía	abría
caminábamos	debíamos	abríamos
caminabais	debíais	abríais
caminaban	debían	abrían

- **Ir, ser,** and **ver** are the only verbs that are irregular in the imperfect.

The imperfect of irregular verbs		
ir	ser	ver
iba	era	veía
ibas	eras	veías
iba	era	veía
íbamos	éramos	veíamos
ibais	erais	veíais
iban	eran	veían

- The imperfect tense narrates what was going on at a certain time in the past. It often indicates what was happening in the background.

  Cuando yo **era** joven, **vivía** en una ciudad muy grande. Cada semana, mis padres y yo **visitábamos** a mis abuelos.
  When I was young, I lived in a big city. Each week, my parents and I visited my grandparents.

TALLER DE CONSULTA

To express past actions in progress, the imperfect or the past progressive may be used. See **Manual de gramática 2.4, p. 240.**

¿Qué hacías ayer cuando llamé?
What were you doing yesterday when I called?

Estaba estudiando.
I was studying.

- The imperfect of **hay** is **había**. There is no plural form.

  Había tres cajeros en el supermercado.
  There were three cashiers in the supermarket.

  Sólo **había** un mesero en el café.
  There was only one waiter in the café.

- These words and expressions are often used with the imperfect because they express habitual or repeated actions: **de niño/a** (*as a child*), **todos los días** (*every day*), **mientras** (*while*).

  De niño vivía en un suburbio de la Ciudad de México.
  As a child, I lived in a suburb of Mexico City.

  Todos los días visitaba a mi abuela en un pueblo cercano.
  Every day I visited my grandmother in a nearby village.

Siempre dormía muy mal.

Nunca podía relajarme.

Estaba desesperado; no sabía qué hacer.

Ahora, mis problemas están resueltos con mi nueva cama.

DORMALUX

LA CAMA DE TUS SUEÑOS

Práctica

El Palacio de Cortés, Cuernavaca, México

1 **Cuernavaca** Escribe la forma correcta del imperfecto de los verbos indicados.

Cuando yo (1) _____ (tener) veinte años, estuve en México por seis meses. (2) _____ (vivir) en Cuernavaca, una ciudad cerca de la capital. (3) _____ (ser) estudiante en un programa de español para extranjeros. Entre semana mis amigos y yo (4) _____ (estudiar) español por las mañanas. Por las tardes, (5) _____ (visitar) los lugares más interesantes de la ciudad para conocerla mejor. Los fines de semana, nosotros (6) _____ (ir) de excursión. (Nosotros) (7) _____ (visitar) ciudades y pueblos nuevos. Los paisajes (8) _____ (ser) maravillosos. Quiero volver pronto.

2 **Antes** En parejas, túrnense (*take turns*) para hacerse preguntas usando estas frases. Sigan el modelo.

Modelo   **tomar el metro**
— ¿Tomas el metro?
— Ahora sí, pero antes nunca tomaba el metro.
— Ahora no, pero antes siempre tomaba el metro.

1. ir a las discotecas

2. tomar vacaciones

3. ir de compras al centro comercial

4. hacer diligencias los fines de semana

5. trabajar por las tardes

6. preocuparse por el futuro

Comunicación

3 ¿Y ustedes?

A. Busca en la clase compañeros/as que hacían estas cosas cuando eran niños/as. Escribe el nombre del/de la primero/a que conteste afirmativamente cada pregunta.

> Modelo **ir mucho al cine**
> —¿Ibas mucho al cine?
> —Sí, iba mucho al cine.

¿Qué hacían?	Nombre
1. tener miedo de los monstruos y fantasmas de los cuentos	_____
2. llorar todo el tiempo	_____
3. siempre hacer su cama	_____
4. ser muy travieso/a (*mischievous*)	_____
5. romper los juguetes (*toys*)	_____
6. darles muchos regalos a sus padres	_____
7. comer muchos dulces	_____

B. Ahora, comparte con la clase los resultados de tu búsqueda.

4 **Antes y ahora** En parejas, comparen cómo ha cambiado este lugar en los últimos años. ¿Cómo era antes? ¿Cómo es ahora?

Antes

Ahora

5 **Entrevista** Trabajen en parejas. Uno/a de ustedes es una persona famosa y el/la otro/a es un(a) reportero/a. Hagan una entrevista para saber cómo era su vida de niño/a. Después informen a la clase sobre la celebridad. Sean creativos.

> Modelo De niña, Salma Hayek viajaba todos los veranos al sureste de México. Le gustaba ir a las tiendas en el centro de Mérida...

2.3

The preterite vs. the imperfect

- Although the preterite and imperfect both express past actions or states, the two tenses have different uses and, therefore, are not interchangeable.

Uses of the preterite

- To express actions or states viewed by the speaker as completed.

   Viviste en ese barrio el año pasado.
   You lived in that neighborhood last year.

   Mis amigas **fueron** al centro comercial ayer.
   My girlfriends went to the mall yesterday.

- To express the beginning or end of a past action.

   La telenovela **empezó** a las ocho.
   The soap opera began at eight o'clock.

   Estas dos noticias **se difundieron** la semana pasada.
   These two news items were spread last week.

*—Mi hijo **murió** en un choque.*

- To narrate a series of past actions.

   Salí de casa, **crucé** la calle y **entré** en el edificio.
   I left the house, crossed the street, and entered the building.

   Llegó al centro, le **dieron** direcciones y **se fue**.
   He arrived at the center, they gave him directions, and he left.

Uses of the imperfect

- To describe an ongoing past action without reference to beginning or end.

   No se permitía sacar fotos en el ayuntamiento.
   Taking pictures was not permitted in City Hall.

   Juan **tomaba** el transporte público frecuentemente.
   Juan frequently took public transportation.

- To express habitual past actions.

   Me gustaba jugar al fútbol los domingos.
   I used to like to play soccer on Sundays.

   Solían hacer las diligencias los fines de semana.
   They used to run errands on the weekends.

*—El otro conductor **iba** borracho.*

- To describe mental, physical, and emotional states or conditions.

   Sólo **tenía** quince años en aquel entonces.
   He was only fifteen years old then.

   Estaba muy nerviosa pero cruzó el viejo puente.
   She was very nervous but she crossed the old bridge.

TALLER DE CONSULTA

The imperfect is used for telling time in the past. See **Manual de gramática 2.5, p. 242.**

Eran las tres de la tarde.
It was three o'clock in the afternoon.

The preterite and imperfect used together

- When narrating in the past, the imperfect describes *what was happening*, while the preterite describes the action that *interrupts* the ongoing activity. The imperfect provides background information, while the preterite indicates specific events that advance the plot.

> Mientras **estudiaba, sonó** la alarma contra incendios. Me **levanté** de un salto y **miré** el reloj. **Eran** las 11:30 de la noche. **Salí** corriendo de mi cuarto. En el pasillo **había** más estudiantes. La alarma **seguía** sonando. **Bajamos** las escaleras y, al llegar a la calle, me di cuenta de que **hacía** un poco de frío. No **tenía** un suéter. De repente, la alarma **dejó** de sonar. No **había** ningún incendio.

> *While I was studying, the fire alarm went off. I jumped up and looked at the clock. It was 11:30 p.m. I ran out of my room. In the hall there were more students. The alarm continued to blare. We rushed down the stairs and, when we got to the street, I realized that it was a little cold. I didn't have a sweater. Suddenly, the alarm stopped. There was no fire.*

Different meanings in the imperfect and preterite

- The verbs **querer**, **poder**, **saber**, and **conocer** have different meanings when they are used in the preterite. Notice also the meanings of **no querer** and **no poder** in the preterite.

infinitive	imperfect	preterite
querer	**Quería** acompañarte. *I wanted to go with you.*	**Quise** acompañarte. *I tried to go with you (but failed).*
		No quise acompañarte. *I refused to go with you.*
poder	Ana **podía** hacerlo. *Ana could do it.*	Ana **pudo** hacerlo. *Ana succeeded in doing it.*
		Ana **no pudo** hacerlo. *Ana could not do it.*
saber	Ernesto **sabía** la verdad. *Ernesto knew the truth.*	Por fin Ernesto **supo** la verdad. *Ernesto finally discovered the truth.*
conocer	Yo ya **conocía** a Andrés. *I already knew Andrés.*	Yo **conocí** a Andrés en la fiesta. *I met Andrés at the party.*
	María y Andrés **se conocían.** *María and Andrés knew each other.*	María **conoció** a Andrés en Acapulco. *María met Andrés in Acapulco.*

¡ATENCIÓN!

Here are some transitional words useful for clarity when narrating past events.

primero *first*

al principio *in the beginning*

antes (de) *before*

después (de) *after*

mientras *while*

entonces *then*

luego *then, next*

siempre *always*

al final *finally*

la última vez *the last time*

¡ATENCIÓN!

In the imperfect, **saber** and **conocer** are not interchangeable. **Saber** means *to know* (facts, information, or how to do something), while **conocer** means *to know* or *to be familiar/acquainted with* (a person, place, or thing).

Práctica

1 **El centro** Elena y Francisca iban al centro. Completa las oraciones con el imperfecto o el pretérito de estos verbos.

conducir	desayunar	llamar
construir	estar	llegar
cruzar	haber	salir
dar	leer	ser
decir	levantarse	ver

1. _____ las ocho cuando Francisca y Elena _____ para ir al centro.
2. Elena _____ cuando Felipe la _____ para preguntar la hora de la cita.
3. Le _____ que _____ a las diez y media.
4. Ellas _____ a las nueve y media. Todavía _____ temprano.
5. Elena _____ mientras Francisca _____ las direcciones para llegar.
6. _____ mucho tráfico cuando _____ el puente.
7. No _____ el edificio porque _____ perdidas.
8. _____ muchas vueltas y por fin _____.
9. Ya _____ las once menos cuarto. ¡Pero nadie _____ allí!

2 **Interrupciones** Combina palabras y frases de cada columna para contar lo que hicieron las siguientes personas. Usa el pretérito y el imperfecto.

Modelo   **Ustedes miraban la tele cuando el médico llamó.**

		c		llamar por
yo	dormir		usted	teléfono
tú	comer	u	el médico	salir
Marta y Miguel	escuchar música	a	la policía	sonar la alarma
nosotros	mirar la tele	n	el/la profesor(a)	recibir el correo
Paco	conducir	d	los amigos	electrónico
ustedes	ir a...	o	Shakira	ver el accidente

3 **Las fechas importantes**

A. Escribe cuatro fechas importantes en tu vida y explica qué pasó.

Fecha	¿Qué pasó?	¿Con quién estabas?	¿Dónde estabas?	¿Qué tiempo hacía?
Modelo				
el 6 de agosto de 2005	Conocí a Dave Navarro.	Estaba con un amigo.	Estábamos en el gimnasio Vida.	Llovía mucho.

B. Intercambia tu información con tres compañeros/as. Ellos te van a hacer preguntas sobre lo que te pasó.

Comunicación

4

Crónicas En grupos, completen las oraciones de una manera lógica. Usen el pretérito o el imperfecto. Después, reordenen las oraciones y añadan otras para crear una historia.

1. Con frecuencia, mis amigos/as…

2. El sábado pasado,…

3. Regularmente, en la plaza de…

4. Anoche, un conductor…

5. Generalmente, los pasajeros…

6. Ayer en la ciudad…

5

La mañana de Esperanza

A. En parejas observen los dibujos.

1.

2.

3.

4.

B. Escriban lo que le pasó a Esperanza después de abrir la puerta de su casa. ¿Cómo fue su mañana? ¡Inventen! Utilicen el pretérito y el imperfecto en la narración.

C. Con dos parejas más, túrnense para presentar las historias que han escrito. Después, combinen sus historias para hacer una nueva.

Síntesis

La ciudad es mía

Esta mañana abrí la ventana de la habitación. Hacía calor. En un instante decidí no leer el periódico, es más, decidí no ir al trabajo. Salí a la calle sin desayunar y, sin dudar, me subí al primer autobús que paró. Había muchos asientos libres, elegí uno sin prisa y me senté.

El autobús avanzaba° y yo observaba escenas cotidianas. Estuve en el autobús un buen rato° y después bajé. Crucé la calle y empecé a caminar y llegué a una plaza inmensa. Había mucha gente. Hombres y mujeres de todas las edades iban y venían por todas direcciones. Me perdí entre la multitud. Estaba contento. Me gusta vagabundear° por la ciudad sin destino°. En una esquina me paré y tomé otra decisión.

Mientras caminaba, seguí a un grupo de jóvenes. Pensé que ellos iban a algún lugar interesante. ¡Y así fue! Yo no solía seguir a la gente, pero hoy era diferente; quería improvisar.

Empezaba a llover, pero las calles no estaban vacías. Yo quise terminar el día con un paseo bajo la lluvia, pero no pude. Algo inesperado° sucedió°. ■

was moving forward

a while

roam
destination

unexpected/
happened

1 **Preguntas** Contesta las preguntas.

1. ¿Cuántas decisiones tomó el Protagonista ("P") de la historia? ¿Cualés fueron?

2. ¿Qué transporte público tomó?

3. ¿A quién siguió? ¿Por qué?

2 **Detalles** Inventen las respuestas para completar a su manera el día de P por las calles de la Ciudad de México. Utilicen la imaginación y su conocimiento de esta ciudad.

1. ¿A qué plaza llegó P? ¿Qué había? ¿Cómo era?

2. ¿Adónde fueron los jóvenes? ¿Qué hicieron? ¿Qué hizo P?

3. ¿Cómo fue el día de P? ¿Lo pasó bien? ¿Por qué?

3 **Algo inesperado** P no pudo contarnos qué sucedió mientras regresaba a casa bajo la lluvia. En grupos de tres, inventen ustedes una posibilidad y después compártanla con la clase.

Preparación

Vocabulario de la lectura	Vocabulario útil
acostumbrar *to be accustomed*	**el bienestar** *well-being*
la costumbre *custom; habit*	**la característica** *characteristic*
el cuidado *care*	**conservar** *to preserve*
decidido/a *determined*	**cooperar** *to cooperate*
difundir (noticias) *to spread (news)*	**la influencia** *influence*
el/la habitante *inhabitant*	**justo/a** *just, fair*
el mito *myth*	**significar** *to mean*
permitir *to allow*	

1

Sopa de letras

A. Busca en el cuadro seis palabras del vocabulario que has aprendido.

C	X	U	B	O	N	J	C	V	X
P	O	Q	A	H	T	C	O	W	H
Z	A	S	I	F	N	L	O	F	A
W	N	K	T	G	E	Y	P	B	B
V	J	H	O	U	X	A	E	R	I
S	U	L	G	B	M	Z	R	Y	T
L	S	P	A	R	T	B	A	S	A
D	T	M	I	T	O	Q	R	A	N
N	O	C	T	K	W	D	J	E	T
I	C	U	I	D	A	D	O	B	E

B. Escribe cuatro oraciones usando las palabras escondidas.

2

Las mujeres de tu vida Contesta las preguntas y explica tus respuestas. También puedes añadir anécdotas y detalles.

1. ¿Qué mujeres ocupan un papel importante en tu vida personal?

2. ¿Qué mujeres tienen roles relevantes en tu comunidad?

3. ¿A qué mujer famosa admiras?

4. ¿Qué cualidades admiras más en la personalidad de una mujer?
   ¿Y en la de un hombre? ¿Son las mismas?

3

Hombres y mujeres En parejas, hagan dos listas. Una con cinco cosas que creen que tienen en común los hombres y las mujeres. Otra, con cinco cosas en las que piensan que son diferentes. Después, compartan sus listas con la clase. ¿Alguna conclusión?

Juchitán:
La ciudad de las
mujeres

Escucha el artículo y abre una investigación
en el supersitio de **SUEÑA.**

Famosa por sus mujeres, fuertes y decididas, Juchitán es una ciudad mexicana mayoritariamente° indígena cuyos mitos y costumbres se resisten a la influencia del exterior.

mainly

Está en una zona de México llamada Istmo de Tehuantepec, en el sur del estado de Oaxaca, muy cerca de la frontera con Guatemala. Sus habitantes son en su mayoría de la etnia zapoteca y, hasta hoy, todavía hablan su lengua ancestral°, el zapoteco.

ancient

Muchos afirman que en Juchitán existe un matriarcado° por la presencia tan trascendental que las mujeres tienen en la economía y la sociedad en general. Además, ellas son las que toman las decisiones importantes en la familia; por ejemplo, si un hombre quiere comprar algo o salir a divertirse tiene que pedirle dinero a la mujer de la casa.

matriarchy

Las mujeres juchitecas son grandes, extrovertidas y acostumbran llevar trajes de vibrantes colores; además, se desenvuelven° con dignidad y siempre son directas al hablar. Aun las mujeres de mayor edad visten con garbo°, confianza° y sin la intención de esconder su edad porque ser "viejo" no tiene una connotación negativa en su cultura.

carry themselves

poise/confidence

La estructura social de esta comunidad está claramente dividida. Los hombres trabajan en el sector de la producción: son campesinos°, pescadores°, artesanos° y también son los que toman las decisiones políticas. Por su parte, las mujeres manejan° la organización doméstica, la economía familiar, el comercio y el sistema festivo.

agricultural workers/ fishermen/ craftsmen

handle

Las fiestas son parte importante de la vida en Juchitán, ya que duran varios días

Frida y Juchitán

La pintora mexicana Frida Kahlo admiraba mucho a las mujeres juchitecas. Tenía muchos vestidos bordados (*embroidered*) en Juchitán que llevaba a diario y en varios de sus autorretratos (*self-portraits*) se pintó con estos vestidos.

y requieren de una compleja preparación. Las mujeres son las anfitrionas° y, a la hora del baile, hay más mujeres que hombres en la pista bailando al ritmo de la música tradicional.

hostesses

El mercado es un punto central en Juchitán, donde las mujeres venden los productos del campo o del mar que los hombres han traído a casa. Es también ahí donde las noticias se difunden entre todos y se arreglan° asuntos sociales y familiares.

settle

Su capacidad económica le permite a la mujer juchiteca una gran autonomía en relación con el hombre. Ésta se refleja en una sólida autoestima°, en una presencia dominante dentro del sistema social de la comunidad y en una fuerte y aceptada autoridad en la familia.

self-esteem

Ningún hombre juchiteco se siente mal porque el sistema económico está dirigido por las mujeres. Aquí —al contrario del modelo neoliberal— las prioridades son la alimentación, el cuidado de niños y ancianos°, y los banquetes colectivos. Nadie se queda con hambre en Juchitán. ¿Cuántas ciudades de 150.000 habitantes pueden decir esto en el llamado "mundo desarrollado°"? ■

elderly people

developed

Las mujeres juchitecas son grandes, extrovertidas y acostumbran llevar trajes de vibrantes colores.

Análisis

1 **Comprensión** Contesta las preguntas con oraciones completas.

1. ¿Cómo son las mujeres juchitecas? Usa por lo menos cuatro adjetivos de la lectura.

2. ¿Cuáles son las principales ocupaciones de los hombres juchitecos?

3. ¿En qué trabajan las mujeres de esta ciudad?

4. ¿Cómo son las fiestas en Juchitán?

5. Si quieres saber lo que ha pasado últimamente (*lately*) en Juchitán, ¿adónde debes ir?

6. ¿Cuándo usaba Frida Kahlo sus vestidos bordados en Juchitán?

7. ¿A qué le da más importancia el sistema económico de Juchitán?

8. ¿Cuántos habitantes tiene la ciudad?

2 **Opiniones** En parejas, contesten las preguntas.

1. ¿Qué opinan del papel de las mujeres en Juchitán?

2. ¿Qué aspecto les pareció el más interesante de esta sociedad?

3. Hagan una lista de cosas que son diferentes entre Juchitán y la sociedad en la que ustedes viven.

3 **Tu comunidad** Escribe cuatro características positivas y cuatro negativas de la comunidad en donde vives. Compártelas con la clase.

Características

Positivas	Negativas

4 **Imaginar** En grupos de cinco, imaginen que forman parte de un nuevo modelo de sociedad. ¿Cómo es? Descríbanlo usando estas preguntas como referencia y añadan otros detalles. Después, compartan sus "sociedades" con la clase.

- ¿Cómo participan las mujeres? ¿Y los hombres?
- ¿Qué trabajo hace cada uno/a de ustedes?
- ¿Cuáles son las prioridades del gobierno?
- ¿Quién(es) encabeza(n) (*lead*) el gobierno?

5 **La edad** En parejas, den al menos tres razones para explicar por qué es importante mantenerse joven en la cultura occidental. Después, compartan su opinión con la clase y digan si están de acuerdo con las opiniones de sus compañeros/as.

Preparación

Sobre el autor

El escritor mexicano **José Emilio Pacheco** (1939-) cultiva con maestría casi todos los géneros: la poesía, el cuento, la novela, el guión cinematográfico y el ensayo. Su poesía, a menudo de lenguaje sencillo y directo, reflexiona tanto sobre los temas cotidianos como sobre los más universales. En su narrativa aparecen con frecuencia el mundo de la infancia y de la adolescencia, con la Ciudad de México como fondo.

Vocabulario de la lectura	**Vocabulario útil**
el desenlace *ending, outcome*	**atreverse** *to dare*
enrojecer *to blush, to turn red*	**atrevido/a** *daring, brave*
esconder *to hide*	**disimular** *to hide, to conceal*
el/la mesero/a *waiter, waitress*	**la soledad** *loneliness*
la mirada *gaze, look*	**la vergüenza** *embarrassment*
la timidez *shyness*	

1 **Vocabulario** Conecta las palabras con la definición adecuada.

_____ 1. disimular

_____ 2. atrevido

_____ 3. timidez

_____ 4. enrojecer

_____ 5. coquetear

_____ 6. desenlace

_____ 7. esconder

_____ 8. soledad

a. poner algo donde no se puede ver

b. sinónimo de fin

c. falta de (*lack of*) amigos o seres queridos

d. ser especialmente simpático con la persona que te gusta

e. esconder lo que uno siente

f. no hacer algunas cosas por miedo a hacer el ridículo

g. ponerse de color rojo por estar en una situación incómoda (*uncomfortable*)

h. alguien valiente

2 **Preparación** En parejas, contesten las preguntas y expliquen sus respuestas.

1. ¿Les gusta la soledad?

2. ¿En qué ciudad o pueblo quieren vivir en el futuro?

3. ¿Qué hacen cuando están solos/as un domingo por la tarde?

4. ¿Les gusta coquetear? ¿Son tímidos/as?

3 **Aqueronte** El cuento que vas a leer se llama *Aqueronte*. Lee la Nota cultural e imagina de qué va a tratar el cuento.

> ### Nota
> ### CULTURAL
>
> En la mitología griega, **Aqueronte** era el río que separaba el mundo superior y el mundo subterráneo, conocido también como el mundo de los muertos. Una vez que las almas cruzaban sus aguas, no podían volver al mundo exterior. Este mundo subterráneo se caracterizaba por la profunda oscuridad que cubría sus caminos laberínticos.

AQUERONTE

José Emilio Pacheco

Son las cinco de la tarde, la lluvia ha cesado°, bajo la húmeda luz el domingo parece vacío. La muchacha entra en el café. La observan dos parejas de edad madura°, un padre con cuatro niños pequeños. A una velocidad que demuestra su timidez, atraviesa° el salón, toma asiento a una mesa en el extremo izquierdo. Por un instante se aprecia nada más la silueta a contraluz° del brillo° solar en los ventanales°. Cuando se acerca el mesero la muchacha pide una limonada, saca un cuaderno y se pone a escribir algo en sus páginas. No lo haría si esperara a alguien que en cualquier momento puede llegar a interrumpirla. La música de fondo° está a bajo volumen. De momento no hay conversaciones.

El mesero sirve la limonada, ella da las gracias, echa azúcar en el vaso alargado y la disuelve con una cucharilla de peltre°. Prueba el líquido agridulce°, vuelve a concentrarse en lo que escribe con un bolígrafo de tinta° roja. ¿Un diario, una carta, una tarea escolar, un poema, un cuento? Imposible saberlo, imposible saber por qué está sola en la capital y no tiene adónde ir la tarde de un domingo en mayo de 1966. Es difícil calcular su edad: catorce, dieciocho, veinte años. La hacen muy atractiva la esbelta° armonía de su cuerpo, el largo pelo castaño, los ojos un poco rasgados°, un aire de inocencia y

stopped

middle-aged

crosses

against the light/ light, brightness / large windows

background music

*pewter
bittersweet*

ink

slender, graceful

almond-shaped

Los gritos del mesero llaman la atención de todos los presentes. La muchacha enrojece y no sabe en dónde ocultarse.

Escucha la lectura y opina sobre el tema en el supersitio de **SUEÑA.**

neglect, vulnerability/ grief, sorrow — 35 desamparo°, la pesadumbre° de quien tiene un secreto.

    Un joven de su misma edad o acaso un poco mayor se sienta en un lugar de la terraza, aislada° del salón por un isolated — 40 ventanal. Llama al mesero y ordena un café. Observa el interior. Su mirada recorre sitios vacíos, grupos silenciosos, halts, stops — y se detiene° un instante en la muchacha. Al sentirse observada alza la vista.

    45 En seguida baja los ojos y se concentra en su escritura. El salón ya no flota en la semi-darkness — penumbra°: acaban de encender las luces fluorescentes.

    Bajo la falsa claridad ella de nuevo 50 levanta la cabeza y encuentra la mirada del joven. Agita° la cucharilla de peltre para She stirs — disolver el azúcar asentada en el fondo. Él prueba su café y observa a la muchacha. Sonríe al ver que ella lo mira y luego se 55 vuelve hacia la calle. Este mostrarse y

ocultarse°, este juego que parece divertirlos hide oneself o exaltarlos se repite con leves° variantes slight por espacio de un cuarto de hora o veinte minutos. Por fin él la mira de frente y sonríe una vez más. Ella aún trata de esconder el 60 miedo o el misterio que impiden el natural acercamiento.

    El ventanal la refleja, copia sus actos, los duplica sin relieve° ni hondura°. emphasis/depth Recomienza la lluvia, el aire arroja° 65 throws gotas de agua a la terraza. Cuando siente humedecerse su ropa el joven da muestras de inquietud y ganas de marcharse. Entonces ella desprende una hoja del cuaderno, escribe unas líneas y da una mirada ansiosa 70 al desconocido. Con la cuchara golpea° el taps vaso alargado. Se acerca el mesero, toma la hoja de papel, lee las primeras palabras, retrocede°, gesticula, contesta indignado, se steps back retira como quien opone un gesto altivo° a 75 haughty, arrogant la ofensa que acaba de recibir.

    Los gritos del mesero llaman la atención de todos los presentes. La muchacha enrojece y no sabe en dónde ocultarse. El joven observa paralizado la 80 escena inimaginable: el desenlace lógico era otro. Antes de que él pueda intervenir, vencer la timidez que lo agobia cuando se encuentra sin el apoyo°, el estímulo, la support mirada crítica de sus amigos, la muchacha 85 se levanta, deja unos billetes sobre la mesa y sale del café.

    Él la ve pasar por la terraza sin mirarlo, se queda inmóvil un instante, luego reacciona y toca en el ventanal para que le 90 traigan la cuenta. El mesero toma lo que dejó la muchacha, va hacia la caja y habla mucho tiempo con la encargada. El joven recibe la nota, paga, sale al mundo en que se oscurece° la lluvia. En una esquina 95 gets darker donde las calles se bifurcan° mira hacia fork todas partes. No la encuentra. El domingo termina. Cae la noche en la ciudad que para siempre ocultará a la muchacha. ■

Análisis

1 **Comprensión** Contesta las preguntas con oraciones completas.

1. Al entrar en el café, ¿qué hace la muchacha?
2. ¿Cómo muestra el joven que le gusta la muchacha?
3. ¿Qué le da la muchacha al mesero?
4. ¿Cómo reacciona el mesero?
5. ¿Qué hace la muchacha cuando oye los gritos del mesero?
6. ¿Se conocen los jóvenes al final? ¿Por qué?

2 **Interpretar** Contesta las preguntas con oraciones completas.

1. ¿Cómo crees que es la muchacha? ¿Y el muchacho?
2. ¿Qué ocurre entre la muchacha y el mesero? Intenta dar una explicación lógica.
3. ¿Qué hace y cómo se siente el muchacho cuando la joven sale del café?
4. Comenta el significado de la última oración del cuento: "Cae la noche en la ciudad que para siempre ocultará a la muchacha".
5. ¿Por qué se titula *Aqueronte* este cuento? Explica tu respuesta.

3 **Imaginar** En parejas, imaginen que los jóvenes sí se conocieron. Escriban su conversación, y después represéntenla delante de la clase.

4 **Escribir** ¿Te ha pasado algo parecido alguna vez? Sigue el **Plan de redacción** para escribir una experiencia tuya que sea parecida a la que vivieron los protagonistas del cuento. Puedes también inventar una situación. Usa el pretérito y el imperfecto.

Plan de redacción

Escribir una historia en pasado

1 **Presentación** Inicia tu composición contando cuándo pasó, dónde y con quién estabas.

2 **Experiencia** Cuenta lo que ocurrió. Recuerda que debes utilizar el pretérito para las acciones y el imperfecto para las descripciones. Usa expresiones como: **todo empezó, entonces, después, al final, finalmente...**

3 **Conclusión** Termina tu historia resumiendo muy brevemente qué pasó y lo que sentiste en esa ocasión.

En la ciudad

Lugares

los alrededores *the outskirts*
el ayuntamiento *city hall*
el barrio *neighborhood*
el centro comercial *mall*
el cine *movie theater*
la ciudad *city*
la comisaría/estación de policía
  police station
la discoteca *dance club*
el edificio *building*
la estación (de trenes, de autobuses)
  (train/bus) station
la estación de bomberos *fire station*
el estacionamiento *parking lot*
el estadio *stadium*
el metro *subway*
el museo *museum*
la parada (de metro, de autobús)
  (subway, bus) stop
la plaza *square*
el rascacielos *skyscraper*
el suburbio *suburb*
la vivienda *housing*

Direcciones

la acera *sidewalk*
la avenida *avenue*
la calle *street*
la cuadra *city block*
la dirección *address*
la esquina *corner*
el letrero *sign, billboard*
el puente *bridge*
el semáforo *traffic light*
el tráfico *traffic*
el transporte público *public*
  transportation

cruzar *to cross*
dar direcciones *to give directions*
estar perdido/a *to be lost*

Gente

el/la alcalde/alcaldesa *mayor*
el/la ciudadano/a *citizen*
el/la conductor(a) *driver*
la gente *people*
el/la pasajero/a *passenger*
el/la peatón/peatona *pedestrian*
el policía/la mujer policía
  policeman/woman

Actividades

bajar *to go down; to get off (a bus)*
construir *to build*
conversar *to talk*
convivir *to live together; to coexist*
dar un paseo *to take a stroll*
dar una vuelta *to take a walk*
dar una vuelta en bicicleta/carro/
  motocicleta *to take a bike/car/*
  motorcycle ride
disfrutar de *to enjoy*
doblar *to turn*
hacer diligencias *to run errands*
parar *to stop*
pasarlo bien/mal *to have a good/bad time*
poblar *to settle; to populate*
quedar *to be located*
quedarse *to stay*
recorrer *to travel (around a city)*
relajarse *to relax*
residir *to reside*
subir *to go up; to get on (a bus)*

la vida nocturna *nightlife*

Para describir

atrasado/a *late*
cotidiano/a *everyday*
inesperado/a *unexpected*
lleno/a *full*
ruidoso/a *noisy*
vacío/a *empty*

Cortometraje

el/la cajero/a *cashier*
el choque *crash*
el/la desconocido/a *stranger*
la facción *feature*
la fila *line*

afligirse *to get upset*
parecerse *to look like*
valorar *to value*

borracho/a *drunk*
ingenuo/a *naïve*
repentino/a *sudden*

Cultura

el bienestar *well-being*
la característica *characteristic*
la costumbre *custom; habit*
el cuidado *care*
el/la habitante *inhabitant*
la influencia *influence*
el mito *myth*

acostumbrar *to be accustomed*
conservar *to preserve*
cooperar *to cooperate*
difundir (noticias) *to spread (news)*
permitir *to allow*
significar *to mean*

decidido/a *determined*
justo/a *just, fair*

Literatura

el desenlace *ending, outcome*
el/la mesero/a *waiter/waitress*
la mirada *gaze*
la soledad *loneliness*
la timidez *shyness*
la vergüenza *embarrassment*

atreverse *to dare*
disimular *to hide, to conceal*
enrojecer *to blush, to turn red*
esconder *to hide*

atrevido/a *daring, brave*

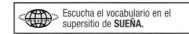
Escucha el vocabulario en el
supersitio de **SUEÑA.**

La influencia de los medios

Hoy más que nunca el mundo de la comunicación se considera un gran poder, ya que no sólo informa, sino que influye en la opinión pública, en los comportamientos sociales y en la interpretación de la realidad. La prensa escrita, la radio, la televisión, Internet, están tan presentes en nuestras vidas que lo que no aparece en los medios, casi puede decirse que no existe. ¿Estamos informados o hipnotizados?

La avalancha de programas televisivos no intimida al televidente moderno.

85

89

Destino:
EL CARIBE

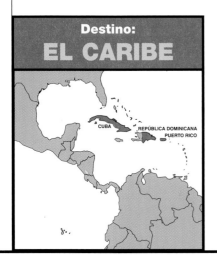

CUBA
REPÚBLICA DOMINICANA
PUERTO RICO

Los medios de comunicación

Los medios

el acontecimiento *event*
la actualidad *current events*
el anuncio *advertisement*
la censura *censorship*
Internet *Internet*
los medios de comunicación *media*
la parcialidad *bias*
la publicidad *advertising*
el radio *radio*
la radioemisora *radio station*
el reportaje *news report*
el sitio web *website*
la temporada *season*

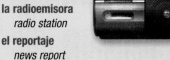

---

enterarse (de) *to become informed (about)*
navegar la red *to search the web*

opinar *to think*
ser parcial *to be biased*
tener buena/mala fama *to have a good/bad reputation*

---

actualizado/a *up-to-date*
destacado/a *prominent*
en directo/vivo *live*
imparcial *impartial, unbiased*
influyente *influential*

Gente en los medios

el/la actor/actriz *actor/actress*
el/la cantante *singer*
el/la crítico/a de cine *film critic*
el/la director(a) *director*
la estrella (de cine) *(movie) star (male or female)*
el/la fotógrafo/a *photographer*
el/la locutor(a) de radio *radio announcer*

el/la oyente *listener*
el/la periodista *journalist*
el público *public*
el/la redactor(a) *editor*
el/la reportero/a *reporter*
el/la televidente *television viewer*

El cine y la televisión

la banda sonora *soundtrack*
la cadena *network*

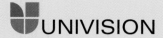

el documental *documentary*
los efectos especiales *special effects*
la emisión *broadcast*
el estreno *premiere, new movie*
la pantalla *screen*
la película *movie*
los subtítulos *subtitles*
la telenovela *soap opera*

la televisión *television*
el vídeo musical *music video*

---

entretener *to entertain*
entrevistar *to interview*
filmar/rodar (o:ue) *to film*
grabar *to record*
trasmitir *to broadcast*

La prensa

la crónica deportiva *sports page/section*
la crónica de sociedad *lifestyle section*
el horóscopo *horoscope*
la libertad de prensa *freedom of the press*
las noticias locales/internacionales/nacionales *local/international/national news*
el periódico/el diario *newspaper*
la portada *front page, cover*
la prensa (sensacionalista) *(sensationalist) press*
la revista *magazine*
la tira cómica *comic strip*
el titular *headline*

---

investigar *to research; to investigate*
publicar *to publish*

Escucha y practica el vocabulario
en el supersitio de **SUEÑA.**

Práctica 🌐

1 **Analogías** Completa cada analogía con la palabra correcta.

actualidad	destacado	imparcial	radio
censura	entretener	periodista	sitio web

1. reportero : reportaje = _____ : periódico
2. noticia internacional : informar = telenovela : _____
3. televidente : televisión = oyente : _____
4. mentiroso : sincero = parcial : _____
5. influyente : importante = _____ : prominente
6. escena : película = _____ : Internet

2 **Completar** Completa el texto con las palabras correctas de la lista.

acontecimiento	crítico de cine	mala fama	sociedad
anuncios	entrevistó	pantalla	tira cómica
cadena	estrella	sensacionalista	transmitieron

No quise perderme el (1) _____ del año y al final me lo perdí. La (2) _____ de cine asistió al estreno de su última película y una periodista la (3) _____. Fotógrafos de buena y (4) _____ sacaban fotos para venderlas a las revistas de prensa (5) _____. Algunos reporteros entrevistaban a un destacado (6) _____. El público se entretenía viendo escenas de la película en una (7) _____ gigante. Varios canales de televisión (8) _____ el acontecimiento en directo. Al final, no sé qué pasó. Cambié de canal durante los (9) _____ y me dormí. Mañana voy a leer las crónicas de (10) _____ para enterarme de todos los detalles.

3 **¿Qué opinas tú?** Di si estás de acuerdo o no con cada afirmación. Después, comparte tus opiniones con la clase.

	Sí	No
1. Hoy día es más fácil enterarse de lo que pasa en el mundo.	☐	☐
2. Gracias a la información que transmiten los medios de comunicación, la gente tiene menos prejuicios que antes.	☐	☐
3. La libertad de prensa es un mito.	☐	☐
4. La publicidad quiere entretener al público.	☐	☐
5. El único objetivo de la prensa sensacionalista es informar.	☐	☐
6. Gracias a Internet, ahora podemos encontrar más información imparcial.	☐	☐
7. La imagen tiene mucho poder en el mundo de la comunicación.	☐	☐
8. Hoy día los reporteros son vendedores de opiniones.	☐	☐
9. Tenemos demasiada información. Es imposible asimilarla.	☐	☐
10. El mundo es un sitio mejor gracias a los medios de comunicación.	☐	☐

Preparación

Vocabulario del corto	Vocabulario útil	
apenas *hardly; just*	**adivinar** *to guess*	**la fantasía** *fantasy*
el arma *gun*	**el alma** *soul*	**el fenómeno** *phenomenon*
el Diablo *the Devil*	**el ángel** *angel*	**los rasgos** *features*
el disparo *shot*	**arrepentirse** *to be sorry*	**robar** *to rob*
la encrucijada *crossroads*	**castigar** *to punish*	**el robo** *robbery*
firmar *to sign*	**cometer (un crimen)** *to commit (a crime)*	**la sangre** *blood*
el pasamontañas *ski mask*	**convocar** *to call*	**el ser humano** *human being*
	engañar *to deceive, to trick*	**el suceso** *incident*

EXPRESIONES

¿Cómo que...? *What do you mean...?*

¿no es cierto? *am I right?, isn't that right?, right?*

..., pero... *..., but..., ...so...*

---

1 **Expresiones** Conecta cada oración con la oración que tiene el mismo significado.

1. ¿Cómo que te vas?
   a. ¿Te vas?   b. ¿Cómo te vas?

2. Porque tú me llamaste, ¿no es cierto?
   a. Me llamaste, ¿no?   b. No es verdad que me llamaste.

3. Un sitio donde hay mucho, pero mucho dinero.
   a. Un sitio donde no hay mucho dinero   b. Un sitio con mucho dinero

2 **Vocabulario**

A. Escribe el argumento de una película que conoces bien y utiliza palabras de la lista.

arrepentirse	robar
castigar	robo
cometer un crimen	sangre
engañar	suceso

B. Ahora, lee tu argumento a tu compañero/a. Él/Ella tiene que adivinar (*guess*) el título de la película. Puede hacerte preguntas para tener más información.

3 **Preparación** En parejas, contesten las preguntas.

1. ¿Conocen alguna historia en la que alguien le vende su alma al Diablo? ¿Es una novela?, ¿una película?, ¿un programa de televisión?

2. ¿Les gusta ver películas con este tipo de argumento? ¿Por qué?

3. ¿Creen que en la vida real las personas que hacen una mala acción son castigadas de una forma o de otra?

4

Fotogramas Observa los fotogramas e imagina lo que va a ocurrir en el cortometraje.

1.

2.

3.

4.

5

Tres deseos Imaginen que un ser fantástico se les presentó hace diez años y les dijo que podían pedir tres deseos. En parejas, pónganse de acuerdo para escribir los tres deseos que pidieron. Después, imaginen que ese ser fantástico se les presenta hoy. Escriban los tres deseos que le van a pedir. ¿Son los mismos? ¿Por qué? Compartan sus conclusiones con la clase.

	Hace 10 años	Hoy
Deseo 1		
Deseo 2		
Deseo 3		

6

Y ahora, ¿qué? Trabajen con la misma persona del ejercicio anterior. Imaginen ahora que el ser fantástico les concedió los tres deseos que le pidieron y contesten las preguntas.

1. ¿Cómo se sienten? ¿Son más felices? ¿Por qué?

2. ¿Cómo ha cambiado su vida?

3. ¿Ha cambiado su relación con su familia y amigos? ¿Cómo y por qué?

7

Opiniones En grupos pequeños, lean las citas y expresen sus opiniones. Escriban sus comentarios y después compártanlos con la clase.

1. "Quienes creen que el dinero lo hace todo, terminan haciendo todo por dinero." *Voltaire*

2. "La riqueza consiste mucho más en el disfrute (*enjoyment*) que en la posesión." *Aristóteles*

3. "La felicidad (*happiness*) es darse cuenta de (*realizing*) que nada es demasiado importante." *Antonio Gala*

Mira el cortometraje en el supersitio de **SUEÑA** y completa las actividades.

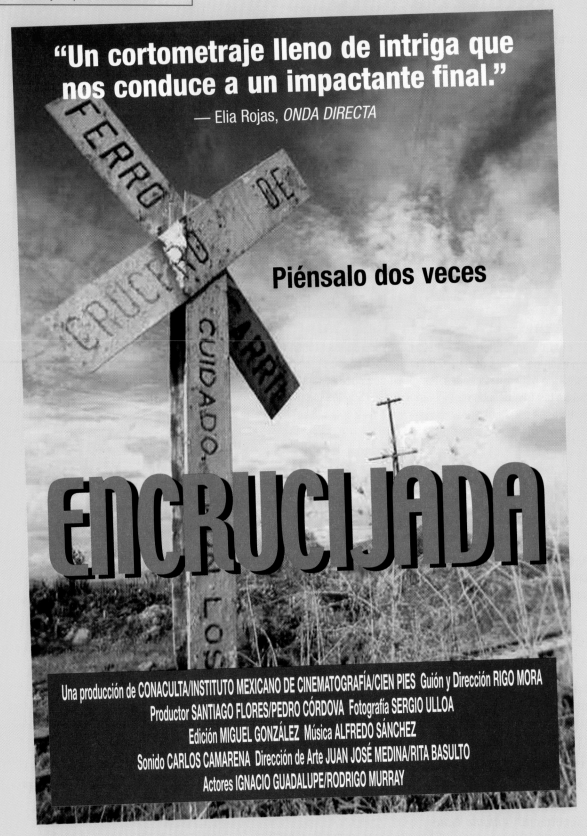

"Un cortometraje lleno de intriga que nos conduce a un impactante final."
— Elia Rojas, *ONDA DIRECTA*

Piénsalo dos veces

ENCRUCIJADA

Una producción de CONACULTA/INSTITUTO MEXICANO DE CINEMATOGRAFÍA/CIEN PIES Guión y Dirección RIGO MORA
Productor SANTIAGO FLORES/PEDRO CÓRDOVA Fotografía SERGIO ULLOA
Edición MIGUEL GONZÁLEZ Música ALFREDO SÁNCHEZ
Sonido CARLOS CAMARENA Dirección de Arte JUAN JOSÉ MEDINA/RITA BASULTO
Actores IGNACIO GUADALUPE/RODRIGO MURRAY

Argumento *Un hombre desesperado convoca al Diablo.*

(El hombre está convocando al Diablo.)

DIABLO ¿Cómo que te vas? Si apenas voy llegando. Yo sólo vine porque tú me llamaste. Porque tú me llamaste, ¿no es cierto? Necesitas dinero, ¿no?
HOMBRE Sí, creo que sí…

Nota
CULTURAL

La Virgen de Guadalupe

Cuenta la historia que, en diciembre de 1531, la Virgen de Guadalupe se apareció al indio Juan Diego en unas montañas situadas al norte de la Ciudad de México y pidió que se le construyera una basílica en ese lugar. Hoy día, dicha basílica es la iglesia católica más visitada del mundo, después del Vaticano. Esta Virgen de rasgos indígenas es un verdadero° icono mexicano. En muchas casas hay una imagen de la Virgen de Guadalupe, a la cual la familia le ofrece flores y le prende velas°.

verdadero *real* **prende velas** *lights candles*

DIABLO *(señalando su carro)* Súbete. Voy a llevarte a un sitio donde hay mucho, pero mucho dinero.
(Se marchan en el carro. El Diablo estaciona en frente de un banco.)

DIABLO Ya llegamos.
HOMBRE ¿Aquí?
DIABLO *(suspirando con resignación)* ¡Ay! ¿Dónde más? Vamos. Toma, ponte esto.
(Le entrega un pasamontañas.) Toma.
(Le entrega un arma de fuego.)

HOMBRE ¿Qué vamos a hacer?
DIABLO ¿No quieres dinero?
HOMBRE ¿Tú no te cubres?
DIABLO ¿Por quién me tomas? Sígueme.
(Entran al banco. Se oyen unos disparos. Salen el hombre y el Diablo.)

DIABLO *(entregándole el dinero al hombre)* Ten, misión cumplida.

Análisis

1 **Comprensión** Contesta las preguntas.

1. ¿Quién es el personaje que maneja el carro?
2. ¿Qué quiere el hombre desesperado?
3. ¿Adónde lo lleva el Diablo para ayudarlo?
4. ¿Qué hacen dentro del banco?
5. ¿Qué tiene que firmar el hombre después del robo?
6. ¿Cómo lo engañó el Diablo?

2 **Interpretar** Contesta las preguntas.

1. ¿Por qué se titula *Encrucijada* este cortometraje?
2. ¿Por qué el Diablo no se cubre la cara con un pasamontañas?
3. ¿Por qué el Diablo le hace firmar un contrato con su sangre?
4. ¿Qué obtiene el Diablo por ayudar al hombre?
5. ¿Por qué la familia del hombre está tan seria cuando él llega?
6. Mira la fotografía y explica su importancia en el desarrollo de la historia.

3 **Antes y después** En parejas, imaginen qué pasó en la vida del hombre antes y después de robar el banco.

- ¿Cuál es su situación al principio del corto?
- ¿Por qué decide pedir ayuda al Diablo?
- ¿Para qué necesita tanto dinero?
- ¿Qué le pasó después de robar el banco?
- ¿Lo atrapó la policía o consiguió escapar?
- ¿Cómo reaccionó su familia?
- ¿Qué hizo con el dinero?
- ¿Se arrepintió de su decisión?
- ¿Cómo fue su vida después del robo?

4 **¿Qué harían?** Trabajen en grupos para discutir los siguientes temas. Después compartan sus ideas con la clase.

1. Imaginen que están pasando por una situación desesperada. ¿Cómo la solucionan? ¿Consideran vender su alma al Diablo? ¿Por qué?
2. Imaginen que necesitan conseguir mucho dinero en 24 horas. ¿Qué opciones consideran? ¿Cuál escogen? ¿Por qué?

5

Otro deseo Imaginen que el hombre no desea pedirle dinero al Diablo, sino una de las cosas de la lista. En parejas, elijan una de ellas y escriban un diálogo haciendo todos los cambios necesarios.

- conseguir a la mujer amada
- ser más joven
- ser presidente del país
- ser un actor famoso
- otro deseo que se imaginen ustedes

6

Diablo Describe brevemente al Diablo del cortometraje. Después, contesta las preguntas.

1. ¿Es diferente del Diablo que tú te imaginabas? ¿Cuáles son las diferencias?
2. ¿Por qué crees que el director eligió presentarlo así?
3. ¿Cómo representarías tú al Diablo y por qué?

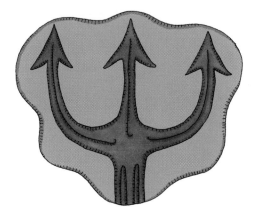

7

Diálogo En parejas, elijan una de las situaciones y escriban un diálogo. Utilicen al menos seis palabras o expresiones de la lista. Cuando lo terminen, represéntenlo delante de la clase.

alma	disparo	robar
arma	engañar	robo
castigar	fantasía	sangre
cometer un crimen	firmar	ser humano
convocar	pasamontañas	suceso

A

Una persona que necesita mucho dinero va paseando por la calle, y se le aparece el Diablo para convencerla de que tiene que robar un banco.

B

Un(a) criminal va a robar el dinero de un banco y un ángel se le presenta y lo/la tiene que convencer para que no lo robe.

SUEÑA

En **www.suena.vhlcentral.com** encontrarás más información y actividades relacionadas con esta sección.

¡Ecos de piratas y bucaneros!

Septiembre de 1564. Unos pasos sigilosos[1], que provienen del acantilado[2], se dirigen al corazón de la ciudad amurallada[3]. Las sombras[4], apenas perceptibles en la oscuridad, se hacen señas[5] entre ellas: acaban de encontrar la casa que buscaban. Los habitantes de la gran mansión no van a saber lo que ocurre, pero se darán cuenta de que alguien les está apuntando con un arma. Los piratas han entrado de nuevo en **San Juan**.

Esta escena, que parece extraída de un libro de aventuras, era, sin embargo, la realidad para los habitantes de las islas caribeñas de la época. Desde principios del siglo XVI hasta bien entrado el siglo XVIII, el **Caribe** español sufrió continuos ataques piratas. Los barcos, llenos del oro[6] y la plata[7] que se extraían de las tierras colonizadas, seguían esta ruta. Esto convirtió la zona en gran atractivo para los que buscaban la riqueza rápida, sin preocuparse por los métodos que tenían que usar para conseguirla.

El **mar Caribe** era el escenario[8] donde se desarrollaba la política internacional de la época. **España** tenía bajo su dominio las **Indias Occidentales**, una hegemonía que países como **Francia** e **Inglaterra**

Castillo de San Cristóbal en San Juan, Puerto Rico

querían arrebatarle[9] a toda costa. Para ello, los gobiernos de estos países financiaban los ataques piratas a las ciudades y barcos españoles.

Los colonizadores españoles, con el fin de proteger las enormes riquezas en oro, plata y piedras[10] preciosas, construyeron fuertes en todo el Caribe: en **La Habana**, en **Santo Domingo**, en San Juan. Estas ciudades-fortaleza[11] fueron el centro neurálgico de las Indias Occidentales por casi cuatro siglos. Lucieron[12] iglesias y ayuntamientos[13] más de cien años antes de la llegada de los primeros colonos ingleses a tierras norteamericanas. Sus calles vieron pasar a todos los aventureros, conquistadores, bucaneros[14] y comerciantes de esclavos que vivían en esa época.

Estas tres ciudades principales del Caribe son además los tres poblados más antiguos del continente americano. Los barrios coloniales de El **Distrito Colonial**, La **Habana Vieja** y El **Viejo San Juan** han sido declarados Patrimonio Mundial[15] de la Humanidad por la **UNESCO** por su valor histórico.

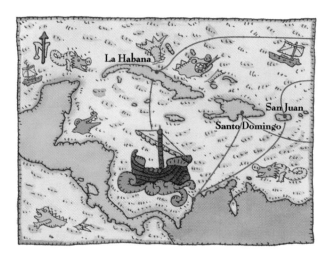

[1] *stealthy* [2] *cliff* [3] *walled* [4] *shadows* [5] *gestures* [6] *gold* [7] *silver* [8] *scene* [9] *snatch* [10] *stones* [11] *fortified/protected cities* [12] *stood out* [13] *city halls* [14] *buccaneers* [15] *World Heritage*

EL CARIBE

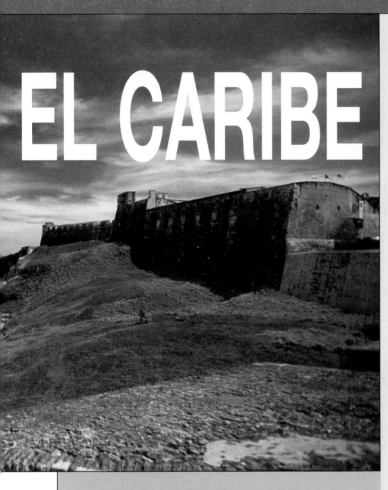

¡Visitemos las ciudades coloniales!

La Bodeguita del Medio Muy cerca de la **Catedral de la Habana**, en La **Habana Vieja**, está este famoso restaurante

frecuentado por muchos turistas de todo el mundo. Es célebre por su comida cubana típica y por sus mojitos, la bebida típica de la isla. Este lugar ha recibido a personalidades internacionales tales como **Pablo Neruda**, **Gabriela Mistral**, **Julio Cortázar**, **Nat King Cole** y **Gabriel García Márquez**, entre otros. También era el sitio favorito de **Ernest Hemingway**, quien pasaba horas allí bebiendo café y conversando con sus amigos.

Mercado Modelo En pleno **Distrito Colonial** de **Santo Domingo**, este tradicional mercado es conocido por la simpatía de sus vendedores, quienes ofrecen su mercadería[1] en voz muy alta. La variedad de sus productos convierten al **Mercado Modelo** en una muestra

viviente de la cultura dominicana. Aquí se pueden conseguir desde perfumes y flores hasta amuletos e imágenes de santos.

Calle San Sebastián El **Viejo San Juan** cobra vida durante la noche como pocos lugares en **Puerto Rico**, mostrando sus encantos culturales en una combinación de música en

vivo, excelentes restaurantes e innumerables sitios para bailar. La zona más famosa es la **calle San Sebastián**. Tiene tabernas y cantinas a ambos lados de sus aceras, adonde acuden personas de todas las edades hasta altas horas de la madrugada.

La Mallorquina es el restaurante más antiguo y famoso del **Viejo San Juan**. Fue fundado en 1848 y desde 1936 funciona como negocio familiar. Desde entonces hasta hoy, su menú sigue siendo básicamente el mismo. Entre sus múltiples platos típicos de

la cocina tradicional española, no faltan dos clásicos como la paella y el gazpacho. Conocidísimas personalidades del mundo de las artes, la cultura y la política han dejado sus comentarios en el libro de visitas.

[1] merchandise

El español del Caribe

Cubanismos

asere	amigo/a
juaniquiqui	dinero; *money*
larguirucho/a	alto y flaco; *lanky; gangling*
radiobemba	chismoso/a; *gossipy*
rufa	autobús; *bus*
¿Qué volá?	¿Qué pasa?; *What's up?*

Puertorriqueñismos

china	naranja; *orange*
guagua	autobús; *bus*
mahones	*blue jeans*
guiar	manejar; *to drive*
chavos	dinero; *money*
enfogonado/a	enojado/a; *angry*
boricua	puertorriqueño/a; *Puerto Rican*

Dominicanismos

amarillo	plátano maduro; *ripe banana*
ananá	piña; *pineapple*
cacata	araña; *spider*
guapo/a	valiente; *brave*

SUEÑA

Ricky Martin

Simplemente Enrique Martin

sidebar
DOCUMENTAL
Mira la entrevista con Ricky Martin en el supersitio de **SUEÑA**.

Enrique Martin Morales nació en **Hato Rey, Puerto Rico** en 1971. Ricky se hizo famoso cuando entró a formar parte del grupo juvenil **Menudo**, un fenómeno musical sin precedentes que lo lanzó° a la fama internacional. Cuando salió del grupo empezó su carrera como solista gozando° del reconocimiento del público no sólo en **América Latina**, sino en todo el mundo, con canciones como *Te extraño, te olvido, te amo* y *La copa de la vida*. En los últimos años, **Ricky Martin** se ha dedicado también a hacer obras benéficas°. Te invitamos a conocer a este talentoso cantante viendo la entrevista y leyendo más información en **www.suena.vhlcentral.com**.

lanzó *launched* gozando *enjoying* obras benéficas *charity works*

Celia Cruz y Gloria Estefan

Instituciones de la música latina

sidebar
SUBE EL VOLUMEN
Lee un poco más sobre estas artistas y su música en el supersitio de **SUEÑA**.

Discografía selecta

Celia Cruz
1989 *Ritmo en el corazón* (Premio Grammy Latino)
2000 *Siempre viviré* (Premio Grammy Latino al Mejor Álbum Tropical)
2001 *La negra tiene tumbao°* (Premio Grammy Latino al Mejor Álbum de Salsa)
2003 *Regalo del alma* (Premio Grammy Latino al Mejor Álbum de Salsa)

Gloria Estefan
1993 *Mi tierra* (Premio Grammy Latino)
1995 *Abriendo puertas* (Grammy al Mejor Álbum Latino)
1998 *Gloria* (Grammy al Mejor Álbum Latino)
2000 *Alma caribeña* (dos Premios Grammy Latinos)

Celia Cruz y **Gloria Estefan** son dos famosísimas cubanas cuya contribución al mundo° de la música latina es inmensa. Entre las dos han acumulado quince **Premios Grammy Latinos**, incontables reconocimientos internacionales, grabado casi una centena de álbumes y vendido millones de copias en todo el mundo a lo largo de sus carreras musicales. Celia Cruz, quien falleció° en 2003, siempre será recordada como la **"Reina de la Salsa"**, para quien la música era la mejor forma de compartir su cultura y mostrar que la felicidad se encuentra viviendo la vida. Por su parte, Gloria Estefan es la artista latina que más éxito ha logrado a nivel internacional cantando en español y en inglés. Para ella, la música es un medio de expresión personal a través del cual intenta no sólo entretener sino también inspirar a sus oyentes, y con su dedicación y talento le ha abierto las puertas a las siguientes generaciones de músicos hispanos.

tumbao *groove* mundo *world* falleció *died*

90   Lección 3

¿Qué aprendiste?

1 **Cierto o falso** Indica si estas afirmaciones son ciertas o falsas. Corrige las falsas.

1. Entre los siglos XIV y XIX, el Caribe vivió repetidos ataques piratas.

2. Durante esos turbulentos tres siglos, el Caribe fue el lugar donde tenía lugar la política caribeña.

3. La Habana, Santo Domingo y San Juan son las ciudades más antiguas del continente.

4. Célebres personalidades han visitado el restaurante La Bodeguita del Medio en La Habana Vieja.

5. El grupo Los Chamos fue un fenómeno musical que lanzó a la fama a Ricky Martin.

2 **Preguntas** Contesta las preguntas con oraciones completas.

1. ¿Qué buscaban los piratas ingleses y franceses en el Caribe?

2. ¿Qué hicieron los españoles para protegerse de los ataques piratas?

3. ¿Qué personajes eran habituales en las ciudades-fortaleza del Caribe?

4. ¿Qué dos ingredientes convierten al Mercado Modelo en una muestra de la cultura dominicana?

5. ¿De qué país son los platos típicos que ofrece el menú de La Mallorquina? ¿Cuáles son dos de los más conocidos?

PROYECTO

Aventuras en el Caribe

Imagina que eres un(a) explorador(a) o un(a) pirata en el Caribe del siglo XVI. Investiga la información que necesites en **www.suena.vhlcentral.com** para escribir una entrada en tu diario explicando lo que sucedió durante el pasado mes.

- Inventa tu aventura y añade todos los detalles: ¿qué lugares visitaste?, ¿qué problemas tuviste?, ¿qué personas/peligros encontraste?, etc.
- Dibuja un mapa con las rutas de ese mes.
- Escribe la entrada en tu diario y preséntala a la clase.

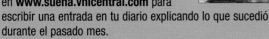

MINIPRUEBA

Completa las oraciones con la información correcta y demuestra lo que aprendiste sobre el Caribe.

1. Los piratas querían _____ fácilmente en el Caribe dominado por los conquistadores españoles.
   a. conquistar   b. enriquecerse   c. divertirse   d. luchar

2. Los ataques piratas estaban _____ por los gobiernos de Inglaterra y Francia.
   a. enfogonados   b. bloqueados   c. colonizados
   d. financiados

3. Los colonizadores españoles construyeron _____ en las tres ciudades principales del Caribe para proteger sus riquezas de los ataques piratas. Por eso, estas ciudades se conocían como ciudades _____.
   a. murallas; amuralladas   b. colonias; colonizadas
   c. fortalezas; fuerte   d. fuertes; fortaleza

4. Cuando no quieren andar, los boricuas toman la _____.
   a. china   b. ananá   c. guagua   d. rufa

5. El _____ es la bebida típica cubana.
   a. mojito   b. mistral   c. modelo   d. amuleto

6. El Mercado Modelo de Santo Domingo está en el histórico _____.
   a. Patrimonio Colonial   b. Distrito Colonial
   c. Distrito Provincial   d. Patrimonio Mundial

7. La música, la comida, el baile y la gente convierten la calle San Sebastián en un centro _____ puertorriqueño.
   a. cubano   b. dominicano   c. histórico   d. cultural

8. Las puertas de La Mallorquina están _____ al público desde 1848.
   a. cerradas   b. abiertas   c. amurralladas   d. fortalecidas

9. Ricky Martin es un cantante de nacionalidad _____.
   a. dominicana   b. española   c. puertorriqueña   d. cubana

10. Parte del dinero que Ricky Martin gana con sus discos, conciertos, publicidad y entrevistas, lo dedica a _____.
    a. donaciones para obras benéficas
    b. conservar el barrio histórico de San Juan
    c. construir bares en la calle San Sebastián
    d. mejorar su imagen pública y mantenerse en forma

GALERÍA DE CREADORE

LITERATURA Rosario Fer

Rosario Ferré es actualmente una
conocidas escritoras puertorriqueñ
escrito cuentos, novelas, poemas,
biografías y artículos periodísticos
temas centrales es la lucha de la
mundo dominado, y definido, por
primer libro, la colección de cuent
de Pandora (1976), recibió premio
nacionales e internacionales. Ferré
tanto en español como en inglés.
es autora de *Maldito amor*, *The ho
the lagoon*, *Las dos Venecias* y *Ec
neighborhoods*, entre otras obras.

PINTURA Wifredo Lam

El cubano Wifredo Lam es uno de los artistas
latinoamericanos más influyentes del siglo XX.
Lam fue el resultado de una combinación
multicultural y étnica—su padre era chino y su
madre era de descendencia europea, africana e
india—y su arte lo fue también. El arte africano y
el arte primitivo fueron especialmente importantes
en sus creaciones surrealistas. Trabajó varios años
con Pablo Picasso en París y fue amigo de los
mexicanos Frida Kahlo y Diego Rivera. Aquí
vemos una pieza sin título de la serie *Para Jorn*
creada en 1975.

LITERATURA Julia de Burgos

Aunque vivió sólo 39 años, Julia de Burgos es una de las más ilustres poetas de Puerto Rico, y de Latinoamérica en general. Sus poemas incluyen elementos caribeños, apasionados temas amorosos y fuertes cuestionamientos feministas. Algunos de sus libros son: *Poema en veinte surcos*, *Canción de la verdad sencilla* y *El mar y tú*, entre otros.

DISEÑO Y MODA Oscar de la Renta

Cuando las primeras damas de los Estados Unidos, como Nancy Reagan, Hillary Clinton y Laura Bush, necesitan un vestido para una ocasión especial, llaman a Oscar de la Renta. En Hollywood, actrices como Penélope Cruz y Sandra Bullock visten sus creaciones. Desde los años 60, este diseñador dominicano ha sido una verdadera institución en el mundo de la moda. Pero, aunque trabaja principalmente en su elegante estudio en Nueva York, de la Renta nunca ha olvidado sus orígenes; todavía tiene una casa en la República Dominicana y ha ayudado a crear una escuela y guardería para 1.200 niños en su país natal.

🌐 AMPLIACIÓN

MÁS CREADORES

En el supersitio de **SUEÑA** conocerás a estos creadores del Caribe.

María Montez
Actriz dominicana

José Martí
Escritor y activista cubano

Tomás Sánchez
Pintor cubano

José Ferrer
Actor/Director puertorriqueño

3.1

The subjunctive in noun clauses

Forms of the present subjunctive

TALLER DE CONSULTA

The following grammar topics are covered in the **Manual de gramática, Lección 3.**

3.4 Possessive adjectives and pronouns, p. 244
3.5 Demonstrative adjectives and pronouns, p. 246

The *indicative* is used to express actions, states, or facts the speaker considers to be certain. The *subjunctive* expresses the speaker's attitude toward events, as well as actions or states that the speaker views as uncertain.

- The subjunctive (**el subjuntivo**) is used mainly in multiple clause sentences which express will, influence, emotion, doubt, or denial. The present subjunctive is formed by dropping the **–o** from the **yo** form of the present indicative and adding the subjunctive endings.

The present subjunctive		
hablar	**comer**	**escribir**
hable	coma	escriba
hables	comas	escribas
hable	coma	escriba
hablemos	comamos	escribamos
habléis	comáis	escribáis
hablen	coman	escriban

- Verbs with irregular **yo** forms show that same irregularity throughout the forms of the present subjunctive.

conocer	conozca	seguir	siga
decir	diga	tener	tenga
hacer	haga	traer	traiga
oír	oiga	venir	venga
poner	ponga	ver	vea

¡ATENCIÓN!

Verbs that end in **–car, -gar,** and **–zar** undergo spelling changes in the present subjunctive.

sacar: saque
jugar: juegue
almorzar: almuerce

- Verbs that have stem changes in the present indicative have the same changes in the present subjunctive. Remember that only **–ir** verbs undergo stem changes in the **nosotros/as** and **vosotros/as** forms.

pensar (e:ie)	piense, pienses, piense, pensemos, penséis, piensen
jugar (u:ue)	juegue, juegues, juegue, juguemos, juguéis, jueguen
mostrar (o:ue)	muestre, muestres, muestre, mostremos, mostréis, muestren
entender (e:ie)	entienda, entiendas, entienda, entendamos, entendáis, entiendan
resolver (o:ue)	resuelva, resuelvas, resuelva, resolvamos, resolváis, resuelvan
pedir (e:i)	pida, pidas, pida, pidamos, pidáis, pidan
sentir (e:ie)	sienta, sientas, sienta, sintamos, sintáis, sientan
dormir (o:ue)	duerma, duermas, duerma, durmamos, durmáis, duerman

- The following five verbs are irregular in the present subjunctive.

dar	dé, des, dé, demos, deis, den
estar	esté, estés, esté, estemos, estéis, estén
ir	vaya, vayas, vaya, vayamos, vayáis, vayan
saber	sepa, sepas, sepa, sepamos, sepáis, sepan
ser	sea, seas, sea, seamos, seáis, sean

Verbs of will and influence

- A clause is a group of words that contains both a conjugated verb and a subject (expressed or implied). In a subordinate (dependent) noun clause (**oración subordinada sustantiva**), a group of words function together as a noun.

*El hombre le pide al Diablo que lo **ayude**.*

- When the subject of the main clause of a sentence exerts influence or will on the subject of the subordinate clause, the verb in the subordinate clause must be in the subjunctive.

MAIN CLAUSE	CONNECTOR	SUBORDINATE CLAUSE
Yo quiero	**que**	**tú** vayas **al cine conmigo.**

Verbs and expressions of will and influence

aconsejar *to advise*	**gustar** *to like*	**preferir** *to prefer*
desear *to desire,* *to wish*	**hacer** *to make*	**prohibir** *to prohibit*
	importar *to be important*	**proponer** *to propose*
es importante *it's important*	**insistir (en)** *to insist (on)*	**querer** *to want; to wish*
	mandar *to order*	**recomendar**
es necesario *it's necessary*	**necesitar** *to need*	*to recommend*
	oponerse a *to oppose*	**rogar** *to beg; to plead*
es urgente *it's urgent*	**pedir** *to ask for;* *to request*	**sugerir** *to suggest*
exigir *to demand*		

Martín quiere que **grabemos** este anuncio para el viernes.
Martín wants us to record this ad by Friday.

Es necesario que **lleguen** al estreno antes de la una.
It's necessary that they arrive at the premiere before one o'clock.

El abogado recomienda que **lea** el contrato antes de firmar.
The lawyer recommends that I read the contract before signing.

Tus padres se oponen a que **salgas** tan tarde por la noche.
Your parents object to your going out so late at night.

- The infinitive, not the subjunctive, is used with verbs and expressions of will and influence if there is no change of subject in the sentence.

Infinitive	**Subjunctive**
Quiero ir al Caribe en enero.	**Prefiero que vayas en marzo.**
I want to go to the Caribbean in January.	*I prefer that you go in March.*

¡ATENCIÓN!

Pedir is used with the subjunctive to ask someone to do something. **Preguntar** is used to ask questions, and is not followed by the subjunctive.

ESTRUCTURA

Verbs of emotion

- When the main clause expresses an emotion like hope, fear, joy, pity, or surprise, the verb in the subordinate clause must be in the subjunctive if its subject is different from that of the main clause.

Espero que la película **tenga** subtítulos.
I hope the movie will have subtitles.

Es una lástima que no **puedas** ir a la fiesta.
It's a shame you can't go to the party.

Verbs and expressions of emotion

alegrarse (de) *to be happy (about)*	**es terrible** *it's terrible*	**molestar** *to bother*
es bueno *it's good*	**es una lástima** *it's a shame*	**sentir** *to be sorry; to regret*
es extraño *it's strange*	**es una pena** *it's a pity*	**sorprender** *to surprise*
es malo *it's bad*	**esperar** *to hope; to wish*	**temer** *to fear*
es mejor *it's better*	**gustar** *to like; to be pleasing*	**tener miedo (de)** *to be afraid (of)*
es ridículo *it's ridiculous*		

- The infinitive, not the subjunctive, is used with verbs and expressions of emotion if there is no change of subject in the sentence.

Infinitive	Subjunctive
No me gusta llegar tarde.	**Me molesta que la clase no termine a tiempo.**
I don't like to be late.	*It bothers me that the class doesn't end on time.*

Verbs of doubt or denial

- When the main clause implies doubt, uncertainty, or denial, the verb in the subordinate clause must be in the subjunctive if its subject is different from that of the main clause.

No creo que ella nos **quiera** engañar.
I don't think that she wants to deceive us.

Dudan que la novela **tenga** éxito.
They doubt that the novel will be successful.

Verbs and expressions of doubt and denial

dudar *to doubt*	**negar** *to deny*
es imposible *it's impossible*	**no creer** *not to believe*
es improbable *it's improbable*	**no es evidente** *it's not evident*
es poco seguro *it's uncertain*	**no es seguro** *it's not certain*
(no) es posible *it's (not) possible*	**no es verdad** *it's not true*
(no) es probable *it's (not) probable*	**no estar seguro (de)** *not to be sure*

- The infinitive, not the subjunctive, is used with verbs and expressions of doubt or denial if there is no change in the subject of the sentence.

Es imposible **salir** por ahí.
It's impossible to leave through there.

Es improbable que él **salga** por ahí.
It's unlikely that he would leave through there.

¡ATENCIÓN!

The subjunctive is also used with expressions of emotion that begin with **¡Qué...** (*What a...!/ It's so...!*)

¡Qué pena que él no vaya!
What a shame he's not going!

¡ATENCIÓN!

The expression **ojalá** (*I hope; I wish*) is always followed by the subjunctive. The use of **que** with **ojalá** is optional.

Ojalá (que) no llueva.
I hope it doesn't rain.

Ojalá (que) no te enfermes.
I hope you don't get sick.

The subjunctive is also used after **quizás** and **tal vez** (*maybe, perhaps*) when they signal uncertainty, even if there is no change of subject in the sentence.

Quizás vengan a la fiesta.
Maybe they'll come to the party.

Lección 3

Práctica

1 **Seleccionar** Escoge el infinitivo, el indicativo o el subjuntivo para completar las oraciones.

1. Me gusta (escuchar / escuche) merengue y salsa.
2. Quiero que me (compras / compres) un disco compacto de Milly Quesada.
3. Es una pena que no (hay / haya) más conciertos de merengue en nuestra ciudad.
4. No dudo que en el futuro (van / vayan) a tocar merengue en las discotecas locales.
5. Espero que mis amigos y yo (viajamos / viajemos) a Santo Domingo este verano.

2 **Terco** Mañana es el gran estreno de la película *Sin barreras* y Héctor Sánchez, uno de los actores, es muy terco (*stubborn*) y no quiere ir al estreno. El director de la película y Héctor hablan sobre el tema. Completa el diálogo con el subjuntivo o el indicativo.

DIRECTOR Mira, yo sé que (1) _____ (estar) muy ocupado pero es muy importante que mañana (2) _____ (ir) al estreno de la película.

HÉCTOR Ya te he dicho que no quiero que (3) _____ (insistir). Prefiero que me (4) _____ (desear) un buen viaje. Me voy de fin de semana a Santo Domingo.

DIRECTOR Pero Héctor, necesitamos que (5) _____ (hablar) con los periodistas y que (6) _____ (saludar) al público.

HÉCTOR No creo que los periodistas (7) _____ (querer) entrevistarme.

DIRECTOR Pues sí. Ellos (8) _____ (querer) hablar contigo.

HÉCTOR No creo que (9) _____ (necesitar) mi opinión.

3 **Opuestas** Escribe la oración que expresa lo opuesto en cada ocasión.

Modelo Dudo que este actor sepa actuar bien.
Estoy seguro/a de que este actor sabe actuar bien.

1. El director cree que los periodistas van a hablar con el presidente.
2. No creo que el director les dé buenas instrucciones a sus actores.
3. Estoy seguro de que la mayoría del público lee la noticia.
4. Es verdad que la banda sonora es de los años ochenta.
5. Dudo que esa actriz escuche música en español.

Nota CULTURAL

Aunque el **merengue** se baila en la **República Dominicana** desde mediados del siglo XIX, su origen, es aún hoy día, un enigma. Una de las muchas versiones que existen dice que deriva de la **upa**, ritmo cubano con una parte llamada precisamente merengue, pero no es oficial. De lo que no hay duda es de sus raíces africanas y de su legendaria unión con la cultura de este país. Actualmente el merengue es muy popular en muchos países y **Juan Luis Guerra** es su máximo representante.

4

Opiniones encontradas En parejas, combinen las expresiones de las columnas de manera lógica para formar opiniones. Hagan los cambios necesarios. Luego, escriban tres conversaciones breves.

Modelo —No creo que los futbolistas lean sólo la crónica deportiva. Seguramente, también leen las noticias locales y las internacionales porque es importante estar informado.

—No estoy de acuerdo. Es imposible que tengan tiempo para leer las noticias locales e internacionales porque pasan mucho tiempo practicando fútbol.

Creo		los medios de comunicación publican la verdad
No creo		los futbolistas lean sólo la crónica deportiva
Dudo		ese actor vive en una casa elegante
No dudo		se graben muchas telenovelas en México
No es cierto	que	se transmiten telenovelas españolas
Es evidente		la televisión sea entretenida (*entertaining*)
Es imposible		hay censura en los medios de comunicación
Me opongo a		los videos musicales se filmen en el extranjero

5

Roberto está enamorado Roberto invita a Lucía a cenar a su casa una noche. Ellos se acaban de conocer y son muy diferentes. Así que Roberto va a tener que cambiar muchas cosas para gustarle a Lucía. Un amigo común nos ha dado algunas pistas (*clues*) sobre cómo es Roberto y cómo es el hombre ideal de Lucía. Mira los dibujos y aconséjale a Roberto qué debe hacer esa noche. Dile cómo debe vestirse, qué comida debe preparar, la música que debe poner, la película que deben ver, etc. Utiliza las palabras de la lista.

Modelo Es importante que te peines bien esa noche.

aconsejar	es mejor	recomendar
es importante	es necesario	rogar
es malo	insistir en	sugerir

Roberto

Hombre ideal

Comunicación

6

¡Despedido! En parejas, usen las frases para escribir una conversación en la que un(a) actor/actriz de televisión es despedido/a (*fired*) por el/la director(a) del programa. Usen el indicativo y el subjuntivo.

creo que	los anuncios
es extraño	el canal
es necesario	los chismes
es verdad	el comportamiento (*behavior*)
espero que	los críticos
necesito que	la escena
te ruego que	los televidentes

7

Hermanas Marcela y Julieta son hermanas. Marcela es una cantante de rock muy famosa y su hermana menor quiere seguir sus pasos. En parejas, lean el correo de Julieta. Luego escriban la respuesta de Marcela. Usen el subjuntivo y expresiones como **te aconsejo que, te recomiendo que, es necesario que, es importante que**, etc.

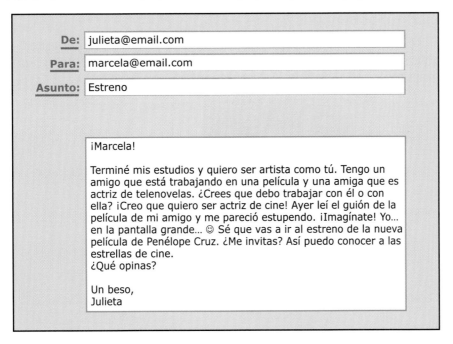

De: julieta@email.com

Para: marcela@email.com

Asunto: Estreno

¡Marcela!

Terminé mis estudios y quiero ser artista como tú. Tengo un amigo que está trabajando en una película y una amiga que es actriz de telenovelas. ¿Crees que debo trabajar con él o con ella? ¡Creo que quiero ser actriz de cine! Ayer leí el guión de la película de mi amigo y me pareció estupendo. ¡Imagínate! Yo… en la pantalla grande… ☺ Sé que vas a ir al estreno de la nueva película de Penélope Cruz. ¿Me invitas? Así puedo conocer a las estrellas de cine.
¿Qué opinas?

Un beso,
Julieta

8

¿Cómo son? ¿Qué hacen? En parejas, inventen e intercambien descripciones de estas personas utilizando el subjuntivo.

Modelo **La estrella de cine es tacaña.**

Dudo que gaste mucho dinero. Prefiere que sus amigos le compren todo.

1. La actriz es antipática.
2. El periodista es muy generoso.
3. El cantante es extraño.
4. La crítica de cine es insegura.

3.2

Commands

Formal (Ud. and Uds.) commands

- Formal commands (**mandatos**) are used to give orders or advice to people you address as **usted** or **ustedes**. Their forms are identical to the present subjunctive forms for **usted** and **ustedes**.

Formal commands		
Infinitive	**Affirmative command**	**Negative command**
tomar	**tome** Ud. **tomen** Uds.	**no tome** Ud. **no tomen** Uds.
volver	**vuelva** Ud. **vuelvan** Uds.	**no vuelva** Ud. **no vuelvan** Uds.
salir	**salga** Ud. **salgan** Uds.	**no salga** Ud. **no salgan** Uds.

Familiar (tú) commands

- Familar commands are used with people you address as **tú**. Affirmative **tú** commands have the same form as the **él, ella,** and **usted** form of the present indicative. Negative **tú** commands have the same form as the **tú** form of the present subjunctive.

—*Toma,* **ponte** *esto.*

Familiar commands		
Infinitive	**Affirmative command**	**Negative command**
viajar	viaja	no viajes
empezar	empieza	no empieces
pedir	pide	no pidas

- Eight verbs have irregular affirmative **tú** commands. Their negative forms are still the same as the **tú** form of the present subjunctive.

decir	di	salir	sal
hacer	haz	ser	sé
ir	ve	tener	ten
poner	pon	venir	ven

Nosotros/as commands

- **Nosotros/as** commands are used to give orders or suggestions that include yourself as well as other people. In Spanish, **nosotros/as** commands correspond to the English *let's* + [*verb*]. Affirmative and negative **nosotros/as** commands are generally identical to the **nosotros/as** forms of the present subjunctive.

Nosotros/as commands		
Infinitive	**Affirmative command**	**Negative command**
bailar	bailemos	no bailemos
beber	bebamos	no bebamos
abrir	abramos	no abramos

- The **nosotros/as** commands for **ir** and **irse** are irregular: **vamos** and **vámonos**. The negative commands are regular: **No vayamos. No nos vayamos.**

Using pronouns with commands

- When object and reflexive pronouns are used with affirmative commands, they are always attached to the verb. When used with negative commands, the pronouns appear after **no** and before the verb.

Levántense temprano.	No se levanten temprano.
Wake up early.	*Don't wake up early.*
Dime todo.	No me lo digas.
Tell me everything.	*Don't tell it to me.*

- When the pronouns **nos** or **se** are attached to an affirmative **nosotros/as** command, the final **s** of the command form is dropped.

Sentémonos aquí.	No nos sentemos aquí.
Let's sit here.	*Let's not sit here.*
Démoselo mañana.	No se lo demos mañana.
Let's give it to him tomorrow.	*Let's not give it to him tomorrow.*

Indirect (él, ella, ellos, ellas) commands

- The construction **que** + [*verb*] in the third-person subjunctive can be used to express indirect commands that correspond to the English *let someone do something*. If the subject of the indirect command is expressed, it usually follows the verb.

Que pase el siguiente.	Que lo haga ella.
Let the next person pass.	*Let her do it.*

- As with other uses of the subjunctive, pronouns are never attached to the conjugated verb, regardless of whether the indirect command is affirmative or negative.

Que se lo den los otros.	Que no se lo den.
Que lo vuelvan a hacer.	Que no lo vuelvan a hacer.

¡ATENCIÓN!

When one or more pronouns are attached to an affirmative command, an accent mark may be necessary to maintain the original stress. This usually happens when the combined verb form has three or more syllables. **decir:**

di, dile, dímelo

diga, dígale, dígaselo

digamos, digámosle, digámoselo

TALLER DE CONSULTA

See **3.3**, **page 104** for object pronouns.

See **4.2**, **page 138** for reflexive pronouns.

Práctica 🌐

1 **Cambiar** Cambia estas oraciones para que sean mandatos. Usa el imperativo.

1. Te conviene buscarlo en Internet.

2. ¿Por qué no leemos el horóscopo?

3. Te pido que veas la película con subtítulos.

4. ¿Quiere hacer la entrevista?

5. ¿Podrían ustedes grabar mi telenovela favorita hoy?

6. ¿Y si vamos al estreno?

7. Traten de darme el guión antes de las tres.

8. Debes escuchar esta banda sonora. Es muy buena.

2 **Mateo Domínguez** Un actor nuevo, Mateo Domínguez, va al estreno de su primera película. Dale consejos sobre lo que debe y no debe hacer en el estreno. Usa el imperativo informal.

besar a la gente	firmar (*to sign*) autógrafos
contar el final de la película	gritar al público
darle una entrevista a la prensa sensacionalista	hablar durante la película
	llegar tarde/temprano
explicar los efectos especiales	vestirse bien/mal

3 **Un director difícil**

A. Guillermo Luera es un director de teatro muy exigente (*demanding*). Escribe los consejos que le dio a un grupo de actores antes del estreno. Usa el imperativo formal de la segunda persona del plural.

1. No olvidar llegar temprano.

2. Comer dos horas y media antes.

3. Venir con los diálogos memorizados.

4. Evitar todos los medios de comunicación durante las 24 horas previas al estreno.

5. Hacer ejercicios de respiración y de voz.

6. No fumar ni tomar bebidas frías.

B. La obra de teatro fue un éxito. Sin embargo, el señor Luera no estaba muy contento con el actor principal. En parejas, escriban los siete nuevos consejos que le dio utilizando el imperativo informal. Sean creativos.

Comunicación

Internet ¿Qué consejos le darían a un(a) amigo/a para que esté mejor informado/a sobre la actualidad? En parejas, hagan una lista de ocho recomendaciones utilizando mandatos informales afirmativos y negativos. Sean creativos.

Modelo   Navega la red. Hay sitios web que ofrecen noticias de todo tipo.

enterarse	hacer	leer
escuchar	investigar	navegar
hablar	ir	ver

Escenas En parejas, escojan por lo menos dos de estos personajes y escriban una escena para una película. Usen mandatos afirmativos y negativos de las formas **tú, usted(es)** y **nosotros.** Sigan el modelo.

Modelo   SUSANA   ¡Sal de aquí! No quiero verte más. ¡Vete!

JORGE   No quiero irme. ¡Quedémonos aquí! Hablemos del viaje a París. Hagamos planes. Seamos felices.

Jorge   Susana   José   Yolanda

Anuncio En grupos, elijan tres de estos productos y escriban un anuncio de televisión para promocionarlo. Utilicen los mandatos formales para convencer al público de que lo compre.

Modelo   El nuevo perfume "Enamorar" de Carolina Ferrero le va a encantar. Cómprelo en cualquier perfumería de su ciudad. Pruébelo y...

1. Perfume "Enamorar" de Carolina Ferrero
2. Chocolate sin calorías "Deliz"
3. Raqueta de tenis "Rayo"
4. Pasta de dientes "Sonrisa Sana"
5. Computadora portátil "Digitex"
6. Crema hidratante "Suave"
7. Todo terreno "4 × 4"
8. Cámara fotográfica "Flimp"

3.3

Object pronouns

- Pronouns are words that take the place of nouns. Direct object pronouns directly receive the action of the verb. Indirect object pronouns identify *to whom* or *for whom* an action is done.

*El Diablo **le** dio el dinero.*

Indirect object pronouns		Direct object pronouns	
me	nos	me	nos
te	os	te	os
le	les	lo/la	los/las

Position of object pronouns

- Direct and indirect object pronouns (**los pronombres de complemento directo e indirecto**) precede the conjugated verb.

Indirect object	Direct object
Carla siempre **me** da boletos para el cine.	Ella **los** consigue gratis.
Carla always gives me movie tickets.	*She gets them for free.*
No **le** guardé la crónica deportiva.	Nunca **la** quiere leer.
I didn't save the sports section for him.	*He never wants to read it.*

- When the verb is an infinitive construction, object pronouns may either be attached to the infinitive or placed before the conjugated verb.

Indirect object	Direct object
Debes pedir**le** el dinero de la apuesta.	Voy a hacer**lo** enseguida.
Le debes pedir el dinero de la apuesta.	**Lo** voy a hacer enseguida.
Tienes que presentar**me** a los actores.	Vamos a filmar**la** en Kenia.
Me tienes que presentar a los actores.	**La** vamos a filmar en Kenia.

- When the verb is progressive, object pronouns may either be attached to the present participle or placed before the conjugated verb.

Indirect object	Direct object
Está mandándo**les** el guión.	Está buscándo**las** por todos lados.
Les está mandando el guión.	**Las** está buscando por todos lados.

Double object pronouns

- The indirect object pronoun precedes the direct object pronoun when they are used together in a sentence.

Me **mandaron** los boletos **por correo.**   Me los **mandaron por correo.**

Te **exijo** una respuesta **ahora mismo.**   Te la **exijo ahora mismo.**

- **Le** and **les** change to **se** when they are used with **lo, la, los,** or **las**.

Le **da** los periódicos **a Ricardo.**   Se los **da.**

Le **enseña** las revistas **a Elena.**   Se las **enseña.**

Prepositional pronouns

Prepositional pronouns			
mí *me, myself*	**él** *him, it*	**nosotros/as** *us, ourselves*	**ellos** *them*
ti *you, yourself*	**ella** *her, it*		**ellas** *them*
Ud. *you, yourself*	**sí** *himself, herself, itself*	**vosotros/as** *you, yourselves*	**sí** *themselves*
		Uds. *you, yourselves*	

- Prepositional pronouns function as the objects of prepositions. Except for **mí, ti,** and **sí,** these pronouns are the same as the subject pronouns.

¿Qué opinas de **ella**?   ¿Lo compraron para **mí** o para Javier?

Ay, mi amor, sólo pienso en **ti**.   Lo compramos para **él**.

- Prepositional pronouns are often used with **a** to provide clarity or emphasis.

¿Te gusta aquel actor?   ¿A quién se lo dieron?

¡**A mí** me fascina!   Se lo dieron **a ella**.

- When a third person subject refers to himself, herself, or itself, the pronoun **sí** is used. In this case, the adjective **mismo(s)/a(s)** is usually added to clarify the object.

José se lo regaló a **él**.   José se lo regaló a **sí mismo**.
José gave it to him (someone else).   *José gave it to himself.*

- When **mí, ti,** and **sí** are used with **con,** they become **conmigo, contigo,** and **consigo**.

¿Quieres ir **conmigo** al museo?
Do you want to go to the museum with me?

Laura siempre lleva su computadora portátil **consigo**.
Laura always brings her laptop with her.

- The following prepositions are used with **tú** and **yo** instead of **mí** and **ti: entre, excepto, incluso, menos, salvo, según.**

Todos están de acuerdo **menos tú** y **yo**.

¡ATENCIÓN!

When object pronouns are attached to infinitives, participles, or commands, a written accent is often required to maintain proper word stress.

Infinitive
cantármela

Present participle
escribiéndole

Command
acompáñeme

For more information on using object pronouns with commands, see **3.2, p. 101.**

TALLER DE CONSULTA

See **Manual de gramática, 3.4, p. 244** and **3.5, p. 246** for information on possessive and demonstrative pronouns.

Práctica 🌐

1

Dos buenas amigas Rosa y Karina están en un bar hablando de un cantante muy famoso llamado Chayanne. Selecciona las personas de la lista que corresponden a los pronombres subrayados (*underlined*).

> a Claudia   a Chayanne   a mí
> a Chayanne   y a la muchacha   a nosotras
>   a la muchacha   a ti

ROSA Como (1) <u>te</u> digo. (2) <u>Lo</u> vi caminando por la calle junto a una muchacha.

KARINA ¿De verdad? ¿(3) <u>Los</u> viste tomados de la mano?

ROSA No. Creo que él sólo (4) <u>la</u> estaba ayudando a cargar algunas bolsas de la tienda.

KARINA ¿Será su esposa?

ROSA No creo. Iban juntos pero casi no hablaban. (5) <u>Me</u> parece que no son ni novios.

KARINA Y tú, ¿qué hiciste? ¿No (6) <u>le</u> dijiste que (7) <u>nos</u> parece el hombre más guapo del planeta y que (8) <u>lo</u> amamos?

ROSA No pude hacer nada, estaba paralizada por la emoción.

KARINA Voy a llamar a Claudia inmediatamente. ¡(9) <u>Le</u> tengo que contar todo!

1. _____
2. _____
3. _____
4. _____
5. _____
6. _____
7. _____
8. _____
9. _____

2

Un concierto Martín y Luisa han organizado un concierto. Un agente de policía les aconseja lo que deben hacer para evitar problemas. Reescribe los consejos cambiando las palabras subrayadas por los pronombres de complemento directo e indirecto correctos.

1. Traten amablemente <u>a la policía.</u>
2. No pueden contratar <u>al grupo musical</u> sin permiso.
3. Hay que poner <u>la música</u> muy baja.
4. Tienen que darme <u>la lista de periodistas y fotógrafos.</u>
5. Deben respetar <u>a los vecinos.</u>
6. Me dicen que van a transmitir <u>el concierto</u> por la radio.

3

Entrevista Completa la entrevista con el pronombre correcto.

REPORTERO (1) _____ digo que pareces muy contento con el éxito de tu sitio web.

PABLO Sí, (2) _____ estoy. Este sitio es muy importante para (3) _____.

REPORTERO ¿Con quién trabajas?

PABLO Con mi hermano. (4) _____ doy la mitad del trabajo. (5) _____ ayuda mucho en los momentos de estrés.

REPORTERO ¿Cuáles son tus proyectos ahora?

PABLO (6) _____ gustaría presentar cortometrajes y documentales en el sitio web. A mi hermano y a mí (7) _____ encantan las películas.

REPORTERO ¿(8) _____ preocupa mucho la censura? Por ejemplo, ¿editas los guiones?

PABLO A veces, sí. Porque si (9) _____ podemos editar, luego no tenemos problemas.

Comunicación

4

¿En qué piensas? Piensa en algunos de los objetos típicos que ves en la clase o en tu casa (un cuadro, una maleta, un mapa, etc.). Tu compañero/a debe adivinar el objeto que tienes en mente, haciéndote preguntas con pronombres.

> **Modelo** **Tú piensas en: un libro**
> —Estoy pensando en algo que uso para estudiar.
> —¿Lo usas mucho?
> —Sí, lo uso para aprender español.
> —¿Lo compraste?
> —Sí, lo compré en la librería.

5

A conversar En parejas, túrnense para contestar las preguntas usando pronombres de complemento directo o indirecto según sea necesario.

1. ¿Te gusta organizar fiestas? ¿Cuándo fue la última vez que organizaste una? ¿Por qué la organizaste?

2. ¿Invitaste a muchas personas? ¿A quiénes invitaste?

3. ¿Qué actividades les sugeriste a los invitados?

4. ¿Qué les ofreciste de comer a los invitados en tu fiesta?

6

Fama María Estela Pérez es una actriz de cine que debe encontrarse con sus fans pero, como no sabe dónde dejó su agenda, no recuerda a qué hora es el encuentro. En grupos de cuatro, miren la ilustración e inventen una historia inspirándose en ella. Utilicen pronombres cuando sea necesario.

7

Una persona famosa En parejas, escriban una entrevista con una persona famosa. Utilicen estas cuatro preguntas y escriban cuatro más. Utilicen pronombres en las respuestas. Después, representen la entrevista delante de la clase.

> **Modelo** —¿Quién prepara la comida en tu casa?
> —Mi cocinero la prepara.

1. ¿Visitas frecuentemente a tus amigos/as?

2. ¿Ves mucho la televisión?

3. ¿Quién conduce tu auto?

4. ¿Preparas tus maletas cuando viajas?

Síntesis

Noticias: ¿Mucho, poco o nada?

Los noticieros de la televisión tienen la misión de informar al público. Sin embargo, hay distintas opiniones sobre estos programas de noticias. Algunas personas están satisfechas con ver solamente un noticiero para informarse. Generalmente estas personas ven el mismo programa todos los días o todas las semanas. Otras personas creen que deben obtener información de diferentes fuentes°, por ejemplo de otros canales de televisión.

sources

Estas personas generalmente ven más de un programa de noticias, en diferentes cadenas de televisión. Y hay incluso otro tipo de televidente que simplemente no cree en los programas de noticias y, por lo tanto, no ve las noticias. Estas personas buscan información en medios de comunicación alternativos, como Internet, o simplemente no buscan ninguna información y sólo ven la televisión para entretenerse y evadirse de la realidad. ■

Consejos ¿Qué consejos le darían a un(a) amigo/a que ve la televisión sólo cómo entretenimiento y nunca ve las noticias? En parejas, escriban un párrafo con consejos y recomendaciones para su amigo/a. Deben utilizar el subjuntivo y el infinitivo. También deben utilizar por lo menos dos expresiones afirmativas y dos expresiones negativas.

Publicidad En grupos pequeños, imaginen que son un equipo de creativos de publicidad y deben escribir seis frases publicitarias. Usen el imperativo y la segunda persona del singular.

> **Modelo** ¿Todavía no sabe qué tiempo va a hacer mañana? Vea "El clima en sus manos", en Mundovisión.

Debate En parejas, imaginen un diálogo entre una persona que no utiliza Internet y otra persona que está todo el día frente a la computadora. Representen el diálogo ante la clase, utilizando la mayor cantidad de pronombres posibles.

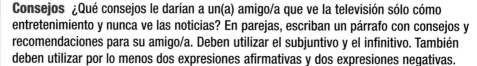

Preparación

Vocabulario de la lectura

controvertido/a *controversial*

el crecimiento *growth*

desarrollar *to develop; to grow*

el estilo *style*

el éxito *success*

la fama *fame*

el género *genre*

golpear *to beat (a drum)*

la letra *lyrics*

la pista de baile *dance floor*

el ritmo *rhythm*

salir a la venta *to go on sale*

la trompeta *trumpet*

el violonchelo *cello*

Vocabulario útil

el bajo *bass*

la flauta *flute*

la guitarra *guitar*

el sintetizador *synthesizer*

el tambor *drum*

tocar *to play (an instrument)*

1 Vocabulario Completa las oraciones con el vocabulario de la lista.

controvertido	fama	pista de baile
estilo	géneros	ritmo
éxito	golpear	salir a la venta

1. La nueva novela de Gabriel García Márquez va a _____ en mayo.

2. La diseñadora de moda (*fashion designer*) Carolina Herrera tiene un _____ único.

3. Para tener _____ en la vida, hay que trabajar y estudiar mucho.

4. El origen de la vida es un tema muy _____.

5. La salsa, la rumba y el tango son diferentes _____ musicales.

6. Algunos actores que viven en Hollywood tienen dinero y mucha _____.

7. Dentro de un bar, se puede bailar en la _____.

2 La música En parejas, contesten las siguientes preguntas y expliquen sus respuestas.

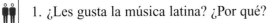

1. ¿Les gusta la música latina? ¿Por qué?

2. ¿Qué cantantes latinos conocen?

3. ¿De qué países son esos/as cantantes?

4. ¿En qué situaciones escuchan música en español?

5. ¿Les gusta bailar música latina?

6. ¿Toman clases de baile?

3 Completar En grupos de cuatro, completen las siguientes oraciones de acuerdo a sus opiniones.

1. Me siento identificado/a con la música de... porque...

2. La música (no) es importante en mi vida porque...

3. Me gusta que mi cantante favorito/a... porque...

4. Pienso que las bandas y los cantantes que tienen éxito son aquellos que... porque...

5. Saber bailar es importante/necesario... porque...

6. Las personas que saben bailar... porque...

Escucha el artículo y abre una investigación
en el supersitio de **SUEÑA.**

Ritmos del Caribe

Durante los últimos años, en los Estados Unidos se está viviendo una explosión en las ventas de discos en español. Las estaciones de radio
5 especializadas en música latina son las de mayor crecimiento y los cantantes y grupos musicales hispanos programan conciertos por todo el territorio norteamericano. Este fenómeno tiene su causa en los cambios
10 socioculturales que se están viviendo en el país. En primer lugar, se debe al crecimiento de la población latina que mantiene sus tradiciones y con ello el consumo de su música. En segundo lugar, se debe al nuevo interés por la música
15 en español por parte de un público que antes se limitaba a oírla en inglés.

Los estilos musicales en español que *distribution* más proyección° internacional tienen son los que tienen su origen en las islas del Caribe.
20 Mezcla de ritmos africanos, españoles e indígenas, algunos de los ritmos caribeños más populares en nuestros días son la salsa, el son cubano y el reggaetón.

La salsa

25 La salsa, que nació como una versión modernizada del son cubano, se extendió en el mercado latinoamericano en 1975. El ritmo salsero se hizo compañero indispensable en el día a día hispano. A
30 partir de entonces, se empezó a oír en los comercios, en las oficinas, en los bares, *home* en las fiestas, en el hogar° y en las calles. Sus letras hablan de los sufrimientos y las *daily, everyday* alegrías de la vida cotidiana°. El gran número
35 de inmigrantes latinos que vivían en Nueva York hizo que esta ciudad se convirtiera en *entryway* puerto de entrada° de los ritmos caribeños en los Estados Unidos. Entre sus representantes más famosos se cuentan El Gran Combo de
40 Puerto Rico y Óscar de León.

El son cubano

moved to the top El son cubano se apoderó° de las listas de los discos más vendidos en 1997, cuando salió a la venta el álbum titulado *Buena Vista*
45 *Social Club,* interpretado por un grupo de importantes músicos de Cuba. Una película

Instrumentos del Caribe

El bongó y las maracas son algunos de los instrumentos más utilizados en la música caribeña. El bongó tiene forma de barril y posee una cubierta de cuero (*leather cover*) muy tensa que vibra al golpearla. Las maracas son de origen afrocubano y están hechas de un recipiente que tiene forma redondeada. En el interior de ellas se ponen pequeños objetos como semillas o piedrecillas que al moverse producen su sonido típico.

que documenta la grabación del disco fue un éxito en las taquillas de cine de todo el mundo. La fama del documental ayudó a que el son cubano llegara a un público que nunca antes 50 había tenido interés en este género musical pues, durante décadas, la fama de estos músicos se limitaba sólo a la isla. Personas de todas las edades bailan al ritmo de la música de este fascinante grupo que se convirtió en 55 un fenómeno mediático° internacional. *created by the media*

El reggaetón

Un caso que se está desarrollando hoy en día es el reggaetón. Esta música bailable° *danceable* nació en Puerto Rico en los años noventa. 60 Se deriva del *reggae* jamaicano, del *hip-hop* norteamericano y de diferentes ritmos puertorriqueños. Recientemente se ha convertido en la música en español con más proyección internacional. El contenido de 65 sus letras, en su mayoría controvertido, no es muy diferente al del hip-hop norteamericano y retrata° con frecuencia la violencia en las *depicts* calles. Don Omar y Ivy Queen son dos de los creadores de reggaetón cuyas canciones 70 dominan las pistas de baile.

Las melodías del Caribe están cada vez más presentes en el panorama musical del momento. Con la introducción en el mercado internacional de los ritmos 75 caribeños, se está acostumbrando al público a escuchar con mayor atención lo que, en muchas ocasiones, es la bandera de esa cultura: su música. ■

Análisis

1 **Comprensión** Contesta las preguntas.

1. ¿Cuál es el fenómeno que se describe en el primer párrafo?
2. ¿Cuáles son los dos factores que causan este fenómeno?
3. ¿Cuáles son los estilos musicales que tienen más proyección internacional?
4. ¿De qué hablan las letras de la salsa?
5. Antes del álbum titulado *Buena Vista Social Club,* ¿dónde tenían fama los músicos del grupo del mismo nombre?
6. ¿Qué es el reggaetón y de dónde proviene?

2 **Ampliar** En parejas, contesten las preguntas y expliquen sus respuestas.

1. ¿Por qué crees que la música es tan importante para los latinos de los Estados Unidos?
2. ¿Has visto el fenómeno de la música latina en donde tú vives?
3. ¿Sin qué tipo de música no puedes vivir?
4. Cuando viajas al extranjero, ¿escuchas la música local? ¿La compras?

3 **Aviso** Tú y tus compañeros/as de clase deciden formar un grupo de música caribeña, pero todavía están buscando un(a) pianista, un(a) cantante u otro miembro necesario del grupo. En grupos de cuatro, hagan un aviso buscando a alguien que tenga al menos tres características esenciales para formar parte de su grupo de música caribeña. Cuando terminen, presenten el aviso al resto de la clase.

> **Modelo** El grupo Los Salseros Boricuas busca persona entusiasta que sepa tocar el bongó. Si te encanta la música caribeña, hacer amigos y viajar, llama al 431-237-1003 y pregunta por Lucio.

4 **Tu música** En grupos de cuatro, piensen en la música típica de los Estados Unidos que ustedes escuchan y comparen sus características con las de la música latina de acuerdo al cuadro que sigue. Luego, comparen sus respuestas con las de otros grupos.

	Música latina	Música norteamericana
Instrumentos típicos		
Ocasiones en que se escucha o se baila		
Origen e influencias		
Público típico		
Tema de las letras		
Distintos estilos y sus intérpretes más internacionales		

Preparación

Sobre el autor

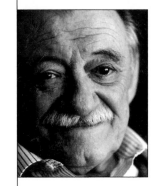

Mario Benedetti, nacido en Tacuarembó, Uruguay, en 1920, sufrió un largo exilio repartido entre Argentina, Perú, Cuba y España. Este hecho dejó una profunda huella (*mark*) tanto en su vida personal como en su obra literaria. Su volumen de cuentos (*short stories*) *Montevideanos,* de tono costumbrista, lo consagró (*established*) como escritor aunque ha cultivado todos los géneros (*genres*). Su estilo tiene diferentes matices (*nuances*): cotidiano y existencial en *Poemas de oficina* y político-social en varias de sus novelas como *La Tregua, Gracias por el fuego* y *Primavera con una esquina rota.* La ausencia, el retorno y el recuerdo son varias de las constantes en la temática del escritor. En 1999, ganó el Premio Reina Sofía de Poesía Iberoamericana.

Vocabulario de la lectura	Vocabulario útil
colocar *to place (an object)*	**el canal** *channel*
hondo/a *deep*	**el programa** *program*
la imagen *image, picture*	**el televisor** *television set*
por primera/última vez *for the first/last time*	
redondo/a *round*	
señalar *to point to, to signal*	

1 **Vocabulario** Completa las oraciones con la opción correcta.

1. Voy a _____ la televisión sobre la mesa.
   a. señalar   b. colocar   c. transmitir

2. Miremos el _____ sobre la fauna en Latinoamérica.
   a. hondo   b. televisor   c. programa

3. Julio me _____ la calle que debo tomar, pero no quiso ir conmigo.
   a. señaló   b. colocó   c. grabó

4. ¿En qué _____ van a transmitir el partido?
   a. programa   b. canal   c. imagen

5. En lo más _____ de mi corazón guardo el recuerdo de mi primera película.
   a. redondo   b. hondo   c. destacado

6. Ayer salí _____ en la televisión. ¡Fue muy emocionante!
   a. después de   b. al principio   c. por primera vez

2 **Imaginar** En parejas, imaginen que unos padres se entrevistan con el/la director(a) responsable de la programación infantil de una cadena de televisión. ¿Qué tipo de programas prefieren los padres? ¿Y el/la director(a) de televisión? ¿Por qué? Hablen de los programas de la lista y de otros que se les ocurran (*others that occur to you*).

deportes	documentales	programas educativos
dibujos animados	películas de acción	videos musicales

IDILIO

Mario Benedetti

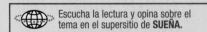

La noche en que colocan a Osvaldo (tres años
recién cumplidos) por primera vez frente a
un televisor (se exhibe un drama británico de
hondas resonancias), queda hipnotizado, la boca

half-opened 5 entreabierta°, los ojos redondos de estupor.

entregado... surrendered to the magic   La madre lo ve tan entregado al sortilegio° de las
imágenes que se va tranquilamente a la cocina. Allí,

friega... washes pots and pans   mientras friega ollas y sartenes°, se olvida del niño.
Horas más tarde se acuerda, pero piensa: "Se habrá

10 dormido". Se seca las manos y va a buscarlo al living.

empty, blank   La pantalla está vacía°, pero Osvaldo se mantiene
en la misma postura y con igual mirada extática.

orders   —Vamos. A dormir —conmina° la madre.

—No —dice Osvaldo con determinación.

15   —¿Ah, no? ¿Se puede saber por qué?

—Estoy esperando.

—¿A quién?

—A ella.

Y señaló el televisor.

20   —Ah. ¿Quién es ella?

—Ella.

Y Osvaldo vuelve a señalar la pantalla. Luego

innocent, naïve   sonríe, candoroso°, esperanzado, exultante.

—Me dijo: "querido".

Análisis 🌐

1 **Comprensión** Contesta las preguntas con oraciones completas.

1. ¿Cómo se llama el protagonista de esta historia?

2. ¿Cómo se queda el niño cuando está por primera vez delante del televisor?

3. ¿Qué hace la madre mientras Osvaldo mira la televisión?

4. Cuando la madre va a buscarlo horas más tarde, ¿cómo está la pantalla?

2 **Interpretar** Contesta las siguientes preguntas.

1. La madre se olvida durante unas horas del hijo, ¿qué importancia tiene este hecho en la historia?

2. Según Osvaldo, ¿quién le dijo "querido"? ¿Qué explicación lógica le puedes dar a esta situación?

3. ¿Crees que existen personas que establecen una relación de dependencia con la televisión? ¿Puedes dar algún ejemplo?

3 **Opinar** En parejas, lean las afirmaciones y digan si están de acuerdo o no, y por qué. Después, compartan su opinión con la clase.

● La televisión ayuda a los padres a educar a sus hijos.

● Gracias a los programas infantiles que ofrecen las distintas cadenas de televisión, los padres tienen más tiempo libre.

● La televisión hace compañía a los enfermos y a los ancianos.

● La televisión sólo es buena para los niños y los ancianos; para todas las demás personas es una pérdida de tiempo.

4 **Escribir** Escribe un correo electrónico a un(a) amigo/a y háblale de un programa de televisión que (no) te gusta. Explica cómo es y por qué tienes esa opinión.

Plan de redacción

Escribir un correo electrónico

1 **Un saludo informal** Elige uno de los siguientes saludos para encabezar tu correo: Hola, ¿Qué tal?, ¿Qué onda?, ¿Cómo te va?, ¿Cómo estás?. . .

2 **Contenido** Organiza tus ideas para que no se te olvide nada.

1. Escribe una breve introducción sobre el programa de televisión.

2. Describe el programa y expresa tu opinión sobre él. Utiliza el subjuntivo.

3. Termina el correo electrónico con un mandato, en el que le dices que vea o que no vea ese programa.

3 **Despedida** Elige una de estas despedidas: **Hasta luego, Chao/Chau, Adiós**. . .

Los medios de comunicación

Los medios

el acontecimiento *event*
la actualidad *current events*
el anuncio *advertisement*
la censura *censorship*
Internet *Internet*
los medios de comunicación *media*
la parcialidad *bias*
la publicidad *advertising*
el radio *radio*
la radioemisora *radio station*
el reportaje *news report*
el sitio web *website*
la temporada *season*

enterarse (de) *to become informed (about)*
navegar la red *to search the web*
opinar *to think*
ser parcial *to be biased*
tener buena/mala fama *to have a good/bad reputation*

actualizado/a *up-to-date*
destacado/a *prominent*
en directo/vivo *live*
imparcial *impartial, unbiased*
influyente *influential*

Gente en los medios

el/la actor/actriz *actor/actress*
el/la cantante *singer*
el/la crítico/a de cine *film critic*
el/la director(a) *director*
la estrella (de cine) *(movie) star*
el/la fotógrafo/a *photographer*
el/la locutor(a) de radio *radio announcer*
el/la oyente *listener*
el/la periodista *journalist*
el público *public*
el/la redactor(a) *editor*
el/la reportero/a *reporter*
el/la televidente *television viewer*

El cine y la televisión

la banda sonora *soundtrack*
la cadena *network*
el documental *documentary*
los efectos especiales *special effects*
la emisión *broadcast*
el estreno *premiere, new movie*
la pantalla *screen*
la película *movie*
los subtítulos *subtitles*
la telenovela *soap opera*
la televisión *television*
el video musical *music video*

entretener *to entertain*
entrevistar *to interview*
filmar/rodar (o:ue) *to film*
grabar *to record*
transmitir *to broadcast*

La prensa

la crónica deportiva *sports page/section*
la crónica de sociedad *lifestyle section*
el horóscopo *horoscope*
la libertad de prensa *freedom of the press*
las noticias locales/internacionales/ nacionales *local/international/ national news*
el periódico/el diario *newspaper*
la portada *front page, cover*
la prensa (sensacionalista) *(sensationalist) press*
la revista *magazine*
la tira cómica *comic strip*
el titular *headline*

investigar *to research; to investigate*
publicar *to publish*

Cortometraje

el alma *soul*
el ángel *angel*
el arma *gun*
el Diablo *devil*
el disparo *shot*
la encrucijada *crossroads*
la fantasía *fantasy*
el fenómeno *phenomenon*
el pasamontañas *ski mask*
los rasgos *features*
el robo *robbery*
la sangre *blood*
el ser humano *human being*
el suceso *incident*

adivinar *to guess*
arrepentirse *to be sorry*
castigar *to punish*
cometer (un crimen) *to commit (a crime)*
convocar *to call*
engañar *to deceive, to trick*
firmar *to sign*
robar *to rob*

apenas *hardly; just*

Cultura

el bajo *bass*
el crecimiento *growth*
el estilo *style*
el éxito *success*
la fama *fame*
la flauta *flute*
el género *genre*
la guitarra *guitar*
la letra *lyrics*
la pista de baile *dance floor*
el ritmo *rhythm*
el sintetizador *synthesizer*
el tambor *drum*
la trompeta *trumpet*
el violonchelo *cello*

desarrollar *to develop; to grow*
golpear *to beat (a drum)*
salir a la venta *to go on sale*
tocar *to play (an instrument)*

controvertido/a *controversial*

Literatura

el canal *channel*
la imagen *image, picture*
el programa *program*
el televisor *television set*

colocar *to place (an object)*
señalar *to point to, to signal*

hondo/a *deep*
redondo/a *round*
por primera/última vez *for the first/last time*

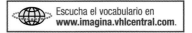
Escucha el vocabulario en
www.imagina.vhlcentral.com.

Generaciones en *movimiento*

El paso del tiempo es una realidad incuestionable e inevitable que afecta a todo y a todos. Sin embargo, la evolución de las culturas y de las familias depende de ese constante pasar del tiempo y de las nuevas generaciones que trae. El tiempo pasa y la vida sigue, y en ese trayecto infinito es irremediable que surjan brechas generacionales y choques entre culturas.

Dos generaciones encuentran su propia manera de comunicarse.

125

133

Destino: CENTROAMÉRICA

HONDURAS
GUATEMALA
EL SALVADOR
NICARAGUA
COSTA RICA
PANAMÁ

Entre familia

Los parientes

el antepasado *ancestor*

el/la bisabuelo/a *great-grandfather/ grandmother*

el/la cuñado/a *brother/ sister-in-law*

el/la esposo/a *husband/wife*

el/la gemelo/a *twin*

el/la hijo/a único/a *only child*

la madrastra *stepmother*

el/la medio/a hermano/a *half brother/sister*

el/la nieto/a *grandson/granddaughter*

la nuera *daughter-in-law*

el padrastro *stepfather*

el/la pariente/a *relative*

el/la primo/a *cousin*

el/la sobrino/a *nephew/niece*

el/la suegro/a *father/mother-in-law*

el/la tío/a (abuelo/a) *(great) uncle/aunt*

el yerno *son-in-law*

La vida familiar

agradecer *to thank*

apoyar(se) *to support (each other)*

criar *to raise (children)*

independizarse *to gain independence*

lamentar *to regret*

mimar *to spoil*

pelear(se) *to fight (one another)*

quejarse (de) *to complain (about)*

regañar *to scold*

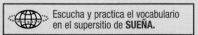

respetar *to respect*

superar *to overcome*

trasladar *to move*

La personalidad

el carácter *character, personality*

———

bien educado/a *well-mannered*

egoísta *selfish*

estricto/a *strict*

exigente *demanding*

honrado/a *honest*

insoportable *unbearable*

mal educado/a *ill-mannered*

mandón/mandona *bossy*

rebelde *rebellious*

sumiso/a *submissive*

unido/a *close-knit*

Las etapas de la vida

la juventud *youth*

la madurez *maturity*

la muerte *death*

el nacimiento *birth*

la niñez *childhood*

la vejez *old age*

Las generaciones

el apodo *nickname*

la ascendencia *heritage*

la autoestima *self-esteem*

la brecha generacional *generation gap*

la comprensión *understanding*

el género *gender*

la patria *homeland*

el prejuicio social *social prejudice*

la raíz *root*

———

heredar *to inherit*

parecerse *to resemble, to look like*

realizarse *to become true*

sobrevivir *to survive*

 Escucha y practica el vocabulario en el supersitio de **SUEÑA.**

Práctica

1

Completar Completa las oraciones con la opción correcta.

1. ¡Es increíble! Mi hermana y mi madre se _____ mucho. Son casi idénticas.
   a. pelean   b. quejan   c. parecen

2. Yo, en cambio, soy igual que mi padre físicamente y también tenemos el mismo _____.
   a. niñez   b. carácter   c. tío

3. Durante su _____, mis padres estaban muy enamorados.
   a. nacimiento   b. vejez   c. juventud

4. Ellos se divorciaron el año pasado y yo lo _____ mucho.
   a. mimo   b. lamento   c. traslado

5. Estoy disgustada, sí, pero no me _____, porque nos quieren igual.
   a. quejo   b. lavo   c. realizo

6. Al fin y al cabo, seguimos siendo una familia _____. ¡Siempre lo fuimos!
   a. sumisa   b. unida   c. exigente

2

Crucigrama Completa el crucigrama.

Horizontales
1. el hijo de mi hermano
4. dar las gracias
6. que no se puede soportar; intolerable
8. última etapa de la vida
9. tratar a alguien con buenos modales, cortesía y atención
10. opinión que se tiene de algo antes de conocerlo

Verticales
2. irse de la casa de los padres para ser independiente
3. confianza en uno mismo
5. que no admite excepciones; riguroso
7. recibir los bienes (*possessions*) que deja alguien al morir

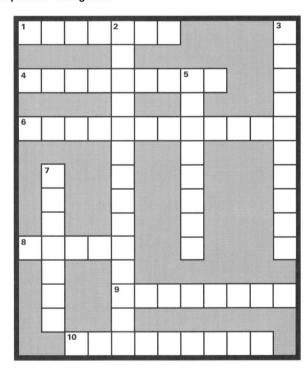

3

La familia Rodríguez En grupos de cuatro, hablen de los miembros de esta familia. Por turnos, cada uno elige una persona y dice quién es y cómo es. Inventen los detalles y utilicen palabras del vocabulario.

Modelo   El abuelo, don Ramón, se crió en un pueblo de Costa Rica y se trasladó a San José cuando se casó. Ahora disfruta de su vejez con su esposa. Tiene un carácter muy agradable y se lleva muy bien con todos los miembros de su familia.

Preparación

Vocabulario del corto

el aparcamiento *parking space* (Spain)
aparcar *to park*
el coche *car* (Spain)
el desinterés *lack of interest*
hacer falta *to need*
plantar *to plant*

podar *to prune*
quitar *to remove*
serrar *to saw*
soportar *to put up with*
el tronco *trunk*

Vocabulario útil

la decepción *disappointment*
la ilusión *hope*
olvidar *to forget*
raro/a *strange, odd*

EXPRESIONES

No me extraña. *It doesn't surprise me.*

No te pongas así. *Don't get like that.*

siempre tan (liado) *always so (busy)*

Vale, vale. *Okay, okay.*

¡Vaya faena! *What a drag/pain!*

1 **Frases** Completa cada oración con algunas de las palabras y expresiones que has aprendido.

1. Hoy voy a _____ mi _____ en el aparcamiento de la calle Buen Camino.

2. —No quiero ir solo a la fiesta.
   —¡_____ _____ tímido!

3. Este fin de semana trabajaré en mi jardín. Voy a _____ unas flores que compré ayer.

4. Mi abuela tiene la _____ de que la visitemos este verano.

2 **Vocabulario** Escribe el argumento de una película que hayas visto usando al menos cuatro palabras de la lista. Después, léeselo a un(a) compañero/a para que adivine el título de la película.

coche	hacer falta
decepción	ilusión
desinterés	raro

3 **Preparación** En parejas, contesten las preguntas.

1. ¿Se llevan bien con sus familias? ¿Las visitan con frecuencia? ¿Por qué?

2. ¿Creen que los hijos tienen la obligación de cuidar a sus padres cuando éstos son mayores? ¿Por qué?

3. ¿Cómo creen que deben ser los padres?

   - ¿Tradicionales?
   - ¿Estrictos?
   - ¿Comprensivos?
   - ¿Liberales?

4 **Fotograma** Observa el fotograma y contesta las preguntas.

- ¿Por qué crees que el hombre está cortando el árbol?
- ¿Piensas que, en ocasiones, está bien cortar un árbol? ¿En qué circunstancias?

5 **Cambios** En parejas, hablen sobre los cambios que se han producido en los últimos cincuenta años. ¿Cómo era la vida antes y cómo es ahora? Completen la tabla y compartan sus opiniones con la clase.

	Hace 50 años	Hoy día
trabajos		
ciudades		
hogares		
relaciones personales		
relaciones familiares		
escuelas		
medios de transporte		
medios de comunicación		

6 **Familias** En parejas, háganse las preguntas y amplíen sus respuestas con anécdotas.

1. ¿Cómo es la forma de ser de tus padres?
2. ¿Qué rasgo de tu personalidad es parecido al de alguno de ellos?
3. ¿Qué importancia tienen tus padres en tu vida?

7 **Cuando tus padres tenían tu edad** Contesta las preguntas. Después, en parejas, expliquen sus respuestas.

1. ¿Tienes los mismos problemas que tuvieron tus padres cuando tenían tu edad?
2. ¿En qué aspectos tu vida es mejor que la de tus padres? ¿En qué aspectos es peor?
3. ¿Cómo se divertían tus padres? ¿Cómo te diviertes tú?
4. ¿Qué planes tenían para el futuro? ¿Qué planes tienes tú?
5. ¿Quieres ser como ellos cuando tú tengas su edad?

8 **Plantar un árbol** En grupos de tres, contesten las preguntas. Después, compartan sus respuestas y opiniones con la clase. ¡Abran un debate!

1. ¿Por qué creen que nos dicen que antes de decir adiós a la vida una persona debe haber hecho tres cosas: tener un hijo, escribir un libro y plantar un árbol?
2. ¿Creen que estas tres acciones son todavía válidas en la sociedad del siglo XXI?
3. ¿Qué otras tres acciones "más contemporáneas" podrían sustituir a las clásicas?

RAÍZ

Plantar un árbol

Escribir un libro

Tener un hijo

Premio Majuel 2003 al Mejor Cortometraje, Muestra Internacional de Cortometrajes de Almuñécar, España

Una producción de IMVAL/TAIKO/MATEO MATEO COMUNICACIÓN Director y Guión GAIZKA URRESTI
Productores GAIZKA URRESTI/LUIS ÁNGEL RAMÍREZ Productores Asociados PATRICIA MATEO/ÁNGEL ENFEDAQUE
Fotografía ESTEBAN RAMOS Música ÁNGEL ENFEDAQUE Montaje GAIZKA URRESTI Sonido SONORA ESTUDIOS
Directora Producción ALEJANDRA BALSA Dirección Artística YON GIJÓN Peluquería NEREA FRAILE Vestuario EVA URQUIZA
Maquillaje NURIA TEJEDOR Actores MANUEL DE BLAS/PETRA MARTÍNEZ/MIKEL ALBISU/JAVIER MAÑÓN/ROSA MARÍA
FERNÁNDEZ DE VALDERRAMA/VÍCTOR CLAVIJO

ARGUMENTO *Una pareja mayor espera con ilusión la visita de su hijo. Arcadio piensa en cortar un árbol para que su hijo pueda aparcar su coche.*

HIJO Este verano sí voy a poder ir a pasar unos días a casa.
CLARA Y, ¿cuándo te irás?
HIJO ¡Mamá, por favor, si todavía ni siquiera he ido!

ARCADIO Tu hijo siempre se ha movido por el interés. No le importa su familia, ni su pueblo, ni nada de nada.
CLARA Ya estamos como siempre. Él tiene que vivir su vida.
ARCADIO Su vida, su vida.

CLARA ¿Y qué se te ha perdido a ti en el aparcamiento?
ARCADIO Nada, pero si tu hijo va a venir con el coche le va a resultar un poco difícil aparcarlo.

VECINO Pues como le iba diciendo, el tronco tiene que estar seco[1] para que salga con más fuerza.
ARCADIO ¡Que no lo estoy podando, que lo estoy quitando! ¿No ve que le he dado un tajo[2] por la mitad?

ARCADIO El viernes viene mi hijo a pasar unos cuantos días con su madre y conmigo y le estaba haciendo un hueco[3] para que pueda aparcar su coche sin problema.

ARCADIO ¿Qué coche tiene ahora Pedro?
CLARA No lo sé.
ARCADIO Supongo que tendrá un coche alemán, ésos sí que son buenos, para toda la vida.

[1] **seco** *dry* [2] **tajo** *cut* [3] **hueco** *space*

Nota
CULTURAL

La vida en el campo y en la ciudad

En la segunda mitad del siglo XX, España vivió un rápido proceso de desarrollo°. Se convirtió en un país industrializado y la mayor parte de la población, que antes vivía y trabajaba en el campo, se trasladó a las ciudades y cambió de ocupación. En algunos casos llegaron a desaparecer pueblos enteros. Hoy en día, sin embargo°, algunos valores de la vida rural se están recuperando en España. Las personas que se van de las ciudades huyen° de problemas como la contaminación°, el ruido, la inseguridad° o los altos precios. La vida del campo ofrece a cambio tranquilidad, aire puro, contacto con la naturaleza y una mayor comunicación entre sus habitantes.

desarrollo *development*
sin embargo *nevertheless* **huyen** *flee*
contaminación *pollution*
inseguridad *lack of safety*

Análisis

1 **Comprensión** Contesta las preguntas con oraciones completas.

1. ¿Quién llama por teléfono?
2. ¿Qué le dice a Clara?
3. ¿Cómo dice Clara que está su esposo?
4. ¿Cuánto tiempo se va a quedar Pedro con sus padres?
5. ¿Para qué quiere quitar el árbol Arcadio?
6. Según el vecino de Arcadio, ¿cómo debe estar el tronco del árbol para poder usar la madera?
7. ¿Qué le dice el capataz de obra (*foreman*) a Arcadio sobre los aparcamientos de los edificios que están construyendo?
8. ¿Qué coches le gustaban a Arcadio cuando era joven?
9. ¿Qué dice Pedro sobre su visita la segunda vez que llama por teléfono?

2 **Interpretar** Contesta las preguntas.

1. ¿Crees que Pedro visita regularmente a sus padres? ¿Cómo lo sabes?
2. ¿Qué opinión tiene Arcadio de su hijo?
3. ¿Cómo piensas que es la vida diaria de Clara y Arcadio?
4. ¿Qué piensa Clara de la idea de Arcadio de quitar el árbol?
5. ¿Por qué Arcadio planta un nuevo árbol?

3 **La visita** En parejas, imaginen que Pedro va a visitar a sus padres para decirles algo muy importante. Escriban un párrafo contestando las preguntas de la lista. Añadan todos los detalles que crean necesarios.

- ¿Cuánto tiempo se queda?
- ¿Viene solo o con alguien?
- ¿Qué noticia les da?
- ¿Cómo reacciona Arcadio ante la noticia? ¿Y Clara?

4 **Temas** En parejas, escriban un párrafo explicando cuál es el tema principal del cortometraje. Después, sugieran al menos dos temas secundarios y expliquen por qué los han elegido. Compartan sus temas y opiniones con la clase. ¿Escogieron todos los mismos temas? ¿Están de acuerdo con sus compañeros?

5 **¡Qué bonita familia!** En grupos pequeños, comenten estas afirmaciones. ¿Son ciertas? Después compartan sus opiniones con la clase.

> "Los lazos de la amistad son más estrechos que los de la sangre y la familia." *Giovanni Boccaccio*

> "El que es bueno en la familia es también un buen ciudadano." *Sófocles*

> "Hasta pasados los treinta años no empiezan los hijos a querer de verdad a sus padres." *Enrique Jardiel Poncela*

> "Lo mejor que se les puede dar a los hijos, además de buenos hábitos, son buenos recuerdos." *Sydney Harris*

> "Dales a los niños pequeños la oportunidad de participar en las decisiones familiares. Sus ideas te sorprenderán (*will surprise you*)." *Jackson Brown*

6 **Generaciones** En parejas, elijan una de las situaciones y escriban una conversación basada en ella. Cuando la terminen, represéntenla delante de la clase.

A

Uno/a de ustedes tiene la oportunidad de trabajar en otro país por un año antes de terminar la universidad y debe hablar con su padre/madre sobre sus planes. El/La padre/madre quiere que termine sus estudios primero.

B

Uno/a de ustedes quiere volver a la universidad a terminar sus estudios y debe hablar con su hijo/a sobre sus planes. El/La hijo/a no cree que sea una buena idea.

SUEÑA

 En **www.suena.vhlcentral.com** encontrarás más información y actividades relacionadas con esta sección.

Odisea por Centroamérica

El Canal de Panamá

■ Imagina un viaje en automóvil por toda **Centroamérica**! Comenzarías en **Panamá** y terminarías en **Guatemala**, al sur de **México**. Al final de tu viaje habrás recorrido unos 2.500 kilómetros, visitado los seis países hispanohablantes, y conocido sus capitales: **Ciudad de Panamá**, **San José**, **Managua**, **San Salvador**, **Tegucigalpa** y **Ciudad de Guatemala**. También habrás admirado majestuosos volcanes humeantes[1] como el **Volcán Poas** en **Costa Rica** y las enigmáticas ruinas mayas de **Tikal** y **Copán** en **Guatemala** y **Honduras**, respectivamente.

La ruta ideal para realizar esta odisea es la **Carretera**[2] **Panamericana**, conocida simplemente como **la Panamericana**. En principio, la Panamericana conecta a todo el continente americano, desde la **Patagonia** en **Argentina**, hasta **Alaska** en los **Estados Unidos**. Sin embargo, existe un tramo[3] de esta carretera que aún no está construido. Entre **Panamá** y **Colombia**, en el **Tapón del Darién**, hay unos 90 km de densa selva montañosa que interrumpen la continuidad de la autopista[4] intercontinental.

Y es aquí donde comienza nuestra aventura. Nuestra primera parada es el **Canal de Panamá**, uno de los proyectos de transporte más ambiciosos del siglo XX. Se estima que más de 20.000 personas murieron durante la construcción del canal, el cual fue propiedad de los Estados

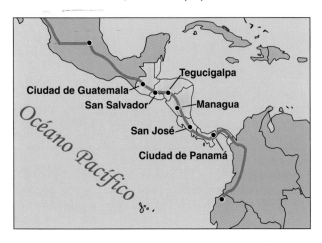

Unidos hasta 1999. Hoy día, más de 12.000 buques[5] pasan cada año de un océano a otro a través del canal.

De Panamá nos dirigimos a Costa Rica, a visitar el **Parque Nacional Chirripó**, establecido oficialmente en 1975. Subimos al cerro Chirripó (palabra indígena que significa "tierra de aguas eternas"), de unos 3.800 metros (aprox. 12.500 pies) de altura. En el camino[6] veremos una gran variedad de animales exóticos, como jaguares, tapires y quetzales.

Luego, antes de nuestra llegada a Managua, capital de **Nicaragua**, hacemos una excursión al enorme lago Nicaragua. Con cientos de islas, algunas volcánicas, es el único lago donde subsisten tiburones[7] de agua dulce[8]. Se especula que el lago era una bahía conectada al mar y una

Signos vitales

En **Centroamérica** no sólo se habla español. También se hablan unas 25 lenguas indígenas, en especial el maya. Algunas de las lenguas más habladas en Centroamérica son:

Cuna	Panamá
Garífuna	Honduras, Guatemala
Guaymí	Panamá
Inglés	Belice, Costa Rica, Nicaragua, Panamá
Lenca	El Salvador
Lenguas mayas	Belice, Guatemala

AMÉRICA

¡Celebremos las tradiciones!

Semana Santa La celebración de **Semana Santa** en **Antigua, Guatemala,** es una tradición viva. Cientos de  personas participan en las procesiones y ayudan a llevar las carrozas[1] que pesan 3,5 toneladas[2]. La gente decora las ventanas y las iglesias para la procesión, pero lo más extraordinario de la celebración son las alfombras[3] que cada año se hacen a mano con serrín[4] teñido[5] de colores brillantes y con pétalos de flores.

Día de la independencia **Costa Rica** tiene una de las más antiguas democracias en las **Américas** y una política de neutralidad que le ha ganado al país dos nominaciones para el **Premio Nobel de la Paz**[6] y  la reputación de ser la **"Suiza"** de las Américas. Costa Rica celebra su día de independencia de **España**, el 15 de septiembre, con desfiles[7] patrióticos y música. Los niños traen linternas hechas a mano a estas fiestas llenas de color.

Carnavales La popularidad de los carnavales en **Panamá** es comparable con la de los famosos carnavales brasileños. Celebradas en **Panamá** desde principios del siglo XX, estas  grandiosas fiestas duran cuatro días y cinco noches. Los panameños disfrutan de desfiles magníficos, carrozas espectaculares, máscaras[8], disfraces[9] de todo tipo y comida variada. Las celebraciones más grandes tienen lugar en la **Ciudad de Panamá** y en **Las Tablas**.

San Jerónimo El pueblo de **Masaya** en **Nicaragua** es conocido por tener el festival más largo y popular que celebra al santo patrón, **San Jerónimo**. La fiesta, de unos 80 días, comienza el 20 de septiembre con **"el Día de la Bajada"**[10]  de la imagen de San Jerónimo, y no termina hasta la primera semana de diciembre. Con bailes folklóricos, música, flores y rica comida, es la fiesta más colorida que integra tradiciones indígenas con el catolicismo.

[1] *floats* [2] *tons* [3] *carpets* [4] *sawdust* [5] *dyed* [6] **Premio...** *Nobel Peace Prize*
[7] *parades* [8] *masks* [9] *costumes* [10] **Día de...** *(Day when the saint is brought down)*

serie de erupciones volcánicas cerraron el acceso al océano, atrapando a los tiburones.

Seguimos a **El Salvador**, donde probamos[9] las famosas **pupusas**, uno de los platos más típicos del país. Por todas partes encontrarás las *pupuserías*, donde se preparan estas delicias, similares a una tortilla gruesa[10] y blanda, rellenas de una variedad de ingredientes, como queso, pollo o cerdo.

Nuestra odisea continúa en el segundo arrecife[11] de coral más grande del mundo: las **Islas de la Bahía**, en la costa norte de Honduras. El 95% de las especies de coral del **Caribe** se encuentra en esta región. Las tres islas principales son **Roatán**, **Guanaja** y **Utila**, y hoy día son una de las atracciones turísticas más populares.

Finalmente en Guatemala visitamos las ruinas de Tikal, una de las ciudades más importantes de la civilización **maya**. Miles de turistas las visitan anualmente, pero también cientos de millones de personas las han visto porque aparecen como la base rebelde al final de la película original de *La guerra de las galaxias*[12].

[1] *smouldering* [2] *Highway* [3] *stretch* [4] *expressway* [5] *ships* [6] **En el...** *On the way*
[7] *sharks* [8] **agua...** *fresh water* [9] *we try* [10] *thick* [11] *reef* [12] *Star Wars*

Los mayas

Antiguos habitantes de la selva

La cultura maya ha estado presente en **Centroamérica** desde hace miles de años. En la selva de **Guatemala** aún pueden verse hoy día muestras de las impresionantes ciudades que construyeron los mayas. **Tikal,** en su tiempo, fue la ciudad más importante del mundo maya. Palacios, templos, plazas, calzadas° y espejos de agua formaban parte de esta magnífica metrópoli. En sus épocas de mayor esplendor, diez mil personas vivían ahí. La selva y los cultivos de maíz les proveían de alimento. Las alianzas con los reinos vecinos eran eficaces; de ellos el rey recibía tributos muy valiosos. Te invitamos a recorrer las ciudades mayas en la selva de Guatemala viendo el documental y leyendo más información en **www.suena.vhlcentral.com.**

DOCUMENTAL

Mira el documental sobre Guatemala en el supersitio de **SUEÑA**.

calzadas *roads*

Rubén Blades

Un poeta con ritmo

SUBE EL VOLUMEN

Lee un poco más sobre Rubén Blades y su música en el supersitio de **SUEÑA**.

Discografía selecta
1979 *Bohemio y poeta*
1985 *Escenas* (Premio Grammy Latino)
1988 *Antecedente* (Premio Grammy Latino)
1996 *La rosa de los vientos* (Premio Grammy Latino)
1999 *Tiempos* (Premio Grammy Latino)
2002 *Mundo* (Premio Grammy Latino)

Rubén Blades es uno de los vocalistas con más éxito° en la historia de la música panameña y uno de los más conocidos y versátiles artistas dentro del mundo° musical latino. En 1974 se graduó en Derecho° en la **Universidad Nacional de Panamá** y diez años más tarde realizó° un master de Derecho en la **Universidad de Harvard**. A partir de entonces° comenzó su carrera° profesional como cantante y también como actor. Este artista polifacético° ha grabado más de veinte álbumes y ha actuado en veintiséis películas. En sus canciones expresa su amor por la literatura y la política. A lo largo de° su trayectoria musical ha recibido muchos premios° y reconocimientos internacionales. En el año 2000 fue nombrado° embajador mundial contra° el racismo por las **Naciones Unidas**. Desde el año 2004 es ministro del **Instituto Panameño de Turismo**.

éxito *success* **mundo** *world* **Derecho** *Law* **realizó** *earned*
A partir de entonces *At that point in time* **carrera** *career* **polifacético** *versatile*
A lo largo de *In the course of* **premios** *awards* **nombrado** *named* **contra** *against*

¿Qué aprendiste?

1 **Cierto o falso** Indica si estas afirmaciones son ciertas o falsas. Corrige las falsas.

1. Guatemala está al norte de México.

2. En el lago Nicaragua hay tiburones de agua dulce.

3. Cuna, Garífuna y Guaymí son las islas más importantes de Honduras.

4. El 28 de marzo se celebra la independencia de Costa Rica.

5. El festival de San Jerónimo en Masaya, Nicaragua, dura aproximadamente ochenta días.

6. La cultura maya ha estado presente en Centroamérica desde hace doscientos años.

2 **Preguntas** Contesta las preguntas con oraciones completas.

1. ¿Cuántos pies de altura tiene el cerro Chirripó?

2. ¿Cómo son las pupusas?

3. ¿En qué países de Centroamérica se habla garífuna?

4. ¿De qué están hechas las alfombras en la celebración de Semana Santa en Antigua, Guatemala?

5. ¿Cuáles son los carnavales más grandes de Panamá?

6. ¿Qué elementos formaban parte de la ciudad de Tikal?

PROYECTO

Odisea por Centroamérica

Organiza una travesía por las seis capitales centroamericanas siguiendo la Panamericana. Antes de empezar el viaje investiga toda la información que necesites en **www.suena.vhlcentral.com.**

- Explora una atracción importante por su valor histórico, cultural o natural en cada capital.

- Escribe una entrada en tu diario para la atracción que explores en cada capital.

- Explica tu aventura a tus compañeros/as de clase. Cuéntales lo que viste y aprendiste, léeles tus impresiones y muéstrales fotos de los lugares que visitaste.

MINIPRUEBA

Completa las oraciones con la información correcta y demuestra lo que aprendiste sobre Centroamérica.

1. San José, Managua y Tegucigalpa son _____ de Centroamérica.
   a. pequeñas b. capitales c. guanacas d. abandonadas

2. La carretera Panamericana va desde _____ en Argentina, hasta Alaska en los Estados Unidos.
   a. San Salvador b. el Volcán Poas
   c. Copán d. la Patagonia

3. El _____ es un obstáculo para la continuidad de la Panamericana.
   a. Canal de Panamá b. Chirripó
   c. Tapón del Darién d. autopista

4. Chirripó es una palabra indígena que significa tierra de _____.
   a. aguas eternas b. sal y oro c. buseros d. jaguares

5. En Centroamérica se hablan unas _____ lenguas indígenas.
   a. 32 b. 8 c. 25 d. 17

6. En el lago Nicaragua hay tiburones porque quedaron atrapados cuando varias erupciones volcánicas cerraron la bahía que conectaba al mar. Esto es _____.
   a. una teoría b. una pupusería
   c. un lago volcánico d. una odisea

7. La gente decora las ventanas y las iglesias para la _____ de Semana Santa en Antigua.
   a. carroza b. flor c. procesión d. alfombra

8. A Costa Rica se la conoce como la _____ de las Américas.
   a. "Suiza" b. "España" c. "Francia" d. "Alemania"

9. Los carnavales se celebran en Panamá desde _____ del siglo XX.
   a. finales b. mediados c. principios d. antes

10. En la _____ de Guatemala existen muestras de las antiguas ciudades mayas.
    a. costa b. selva c. capital d. montaña

11. _____ fue, en otro tiempo, la ciudad más importante del mundo maya.
    a. Masaya b. Tikal c. Antigua d. Chirripó

GALERÍA DE CREADORES

CONEXIÓN INTERNET

En www.suena.vhlcentral.com encontrarás mucha más información sobre estos creadores latinos y podrás explorar distintos aspectos de sus creaciones con actividades y proyectos de investigación.

PINTURA **Armando Morales**

El nicaragüense Armando Morales, nacido en 1927, es uno de los grandes pintores contemporáneos de Hispanoamérica que disfruta de fama internacional. Sus creaciones artísticas incluyen desnudos femeninos, escenas cotidianas, naturalezas muertas (*still lives*) y representaciones de hechos históricos que nacen de las imágenes de sus recuerdos. *Desnudo sentado* (1971); *Bodegón, ciruela y peras* (1981); *Bañistas en la tarde y coche* (1984); *Adiós a Sandino* (1985) y *Selva* (1987) son cinco de sus obras más conocidas. Aquí vemos su cuadro titulado *Dos peras en un paisaje* (1973).

LITERATURA **Gioconda Belli**

El compromiso socio-político y la lucha por la liberación de la mujer a todos los niveles son las líneas temáticas que marcan la obra de la poeta y novelista nicaragüense Gioconda Belli. *Línea de fuego*, libro de poemas con el que obtuvo el prestigioso premio Casa de las Américas en 1978 y *La mujer habitada*, 1988, Premio a la Mejor Novela Política del Año, sobresalen (*stand out*) entre sus obras más leídas.

ARTESANÍA La mola

En las islas panameñas del Archipiélago San Blas viven los kunas, o cunas, una tribu indígena conocida por su creativa y muy peculiar expresión artística que realizan casi exclusivamente las mujeres y que se llama *mola*. En principio, la mola es una especie (*kind of*) de bordado (*embroidery*) intrincado que adorna las blusas de las mujeres kuna y que forma parte de su vestido tradicional. Pero además de blusas, las molas pueden adornar cualquier cosa que la imaginación desee, e incluso pueden enmarcarse (*be framed*). Aunque los motivos (*motifs*) más populares son los diseños geométricos y variados elementos del mundo natural, también son frecuentes los diseños modernos. Las molas no son sólo atractivas para los turistas; muchas son auténticas (*real*) piezas de arte muy apreciadas (*valued*) entre los coleccionistas.

PINTURA Mauricio Puente

Mauricio Puente nació en El Salvador en 1918. Pintor autodidacta, empezó a pintar a los siete años y ocho décadas después aún sigue explorando su pasión por la pintura. A lo largo de los años ha cultivado un estilo muy personal que podemos admirar en sus cuadros expuestos en museos y galerías de arte de todo el mundo. Su especialidad son las acuarelas (*watercolors*) y óleos; domina a la perfección la técnica de los cuchillos (*palette knives*) y su habilidad para dibujar es de una calidad extrema. La obra *Caserío/Country Houses* presenta un paisaje salvadoreño y es un buen ejemplo de su particular estilo. Reside en Massachusetts, EE.UU.

🌐 **AMPLIACIÓN**

MÁS CREADORES

En el supersitio de **SUEÑA** conocerás a estos otros creadores centroamericanos.

Rubén Darío
poeta nicaragüense

Claribel Alegría
poeta nicaragüense

Francisco Zúñiga
escultor costarricense

Héctor Perlera
pintor salvadoreño

4.1

The subjunctive in adjective clauses

- When the subordinate clause of a sentence refers to something (the antecedent) that is known to exist, the indicative is used. When the antecedent is uncertain or indefinite, the subjunctive is used.

TALLER DE CONSULTA

The following additional grammar topic is covered in the **Manual de gramática, Lección 4.**

4.4 *To become:* **hacerse, ponerse,** and **volverse, p. 248**

¡ATENCIÓN!

An adjective clause (**oración subordinada adjetiva**) is one that modifies or describes the noun or direct object in the main clause.

MAIN CLAUSE	CONNECTOR	SUBORDINATE CLAUSE
Busco un trabajo	**que**	**pague bien.**

Antecedent certain → Indicative	Antecedent uncertain → Subjunctive
Necesito el libro que **tiene** información sobre los prejuicios sociales. *I need the book that has information about social prejudices.*	Necesito un libro que **tenga** información sobre los prejuicios sociales. *I need a book that has information about social prejudices.*
Buscamos los documentos que **describen** el patrimonio de nuestros antepasados. *We're looking for the documents that describe our ancestors' heritage.*	Buscamos documentos que **describan** el patrimonio de nuestros antepasados. *We're looking for (any) documents that (may) describe our ancestors' heritage.*
Tiene un esposo que la **trata** con respeto y comprensión. *She has a husband who treats her with respect and understanding.*	Quiere un esposo que la **trate** con respeto y comprensión. *She wants a husband who will treat her with respect and understanding.*

- When the antecedent of an adjective clause is a negative pronoun (**nadie, ninguno/a**), the subjunctive is used in the subordinate clause.

*—No hay ningún aparcamiento que **esté** cerca de la casa.*

Antecedent certain → Indicative	Antecedent uncertain → Subjunctive
Elena tiene tres parientes que **viven** en San José. *Elena has three relatives who live in San José.*	Elena no tiene **ningún** pariente que **viva** en Limón. *Elena doesn't have any relatives who live in Limón.*
De los cinco nietos, hay dos que **se parecen** a la abuela. *Of the five grandchildren, there are two who resemble their grandmother.*	De todos mis nietos, no hay **ninguno** que **se parezca** a mí. *Of all my grandchildren, there's not one who looks like me.*
En mi patria, hay muchos que **apoyan** al candidato conservador. *In my homeland, there are many who support the conservative candidate.*	En mi familia, no hay **nadie** que **apoye** al candidato conservador. *In my family, there is nobody who supports the conservative candidate.*

- The personal **a** is not used with direct objects that represent hypothetical persons.

Antecedent uncertain → Subjunctive	Antecedent certain → Indicative
Busco un abogado que **sea** honrado. *I'm looking for a lawyer who is honest.*	Conozco **a** un abogado que **es** honrado, justo e inteligente. *I know a lawyer who is honest, fair and smart.*

- The personal **a** is maintained before **nadie** and **alguien**, even when their existence is uncertain.

Antecedent uncertain → Subjunctive	Antecedent certain → Indicative
No conozco **a nadie** que **se queje** tanto como mi suegra. *I don't know anyone who complains as much as my mother-in-law.*	Yo conozco **a alguien** que **se queja** aun más. . . ¡la mía! *I know someone who complains even more. . . mine!*

- The subjunctive is commonly used in questions with adjective clauses when the speaker is trying to find out information about which he or she is uncertain. If the person who responds knows the information, the indicative is used.

Antecedent uncertain → Subjunctive	Antecedent certain → Indicative
¿Me recomienda usted un buen restaurante que **esté** cerca de aquí? *Can you recommend a good restaurant that is near here?*	Sí, el restaurante de mi yerno **está** muy cerca, y **es** excelente. *Yes, my son-in-law's restaurant is nearby, and it's excellent.*
Oigan, ¿no me pueden poner algún apodo que me **quede** mejor? *Hey guys, can't you give me a nickname that fits me better?*	Bueno, si tú insistes, pero Flaco es el apodo que te **queda** mejor. *Oh, if you insist, but Skinny is the nickname that suits you best.*

Gente

Si leyó en **Gente** algo con lo que no está de acuerdo, discútalo con alguien que le preste atención. Con **Gente**.

Nos gusta saber lo que piensa. Envíe sus cartas al buzón de **Gente**.

Revista **Gente**
Avenida Bucarelli 4-12
México, DF

Práctica 🌐

1 **Combinar** Combina las frases de las dos columnas para formar oraciones lógicas. Recuerda que a veces vas a necesitar el subjuntivo y a veces no.

_____ 1. Luis tiene un hermano que   a. sea alta e inteligente.

_____ 2. Tengo dos primos que   b. sean respetuosos y estudiosos.

_____ 3. No conozco a nadie que   c. canta cuando se ducha.

_____ 4. Jorge busca una novia que   d. hablan español.

_____ 5. Quiero tener hijos que   e. hable más de cinco lenguas.

2 **El agente de viajes** Carmen va a ir de vacaciones a Montelimar, en Nicaragua, y le escribe un correo electrónico a su agente de viajes explicándole cuáles son sus planes. Completa el correo electrónico con el subjuntivo o el indicativo.

De:	Carmen <Carmen@micorreo.com>
Para:	Jorge <Jorge@micorreo.com>
Asunto:	Viaje a Montelimar

Querido Jorge:

Estoy muy contenta porque el mes que viene voy a viajar a Montelimar para tomar unas vacaciones. He estado pensando en el viaje y quiero decirte qué me gustaría hacer. Quiero ir a un hotel que (1)_____ (ser) de cinco estrellas, que (2)_____ (tener) vista al mar. Me gustaría hacer una excursión que (3)_____ (durar) varios días y que me (4)_____ (permitir) ver el famoso lago Nicaragua. ¿Qué te parece?

Mi hermano me dice que hay un guía turístico que (5)_____ (conocer) algunos lugares exóticos y que me puede llevar a verlos. También dice que el guía es un hombre que (6)_____ (tener) el pelo muy rubio y (7)_____ (ser) muy alto. ¿Tú lo conoces? Creo que se llama Ernesto Montero.

Espero tu respuesta,
Carmen

3 **Aniversario** Enrique y Julia se preparan para celebrar su aniversario de bodas. Completa las oraciones con la opción más lógica de la lista. Haz los cambios necesarios.

gustarle a Enrique	tener arena blanca
hacer cortes de pelo modernos	tocar jazz
ser muy rápido	

1. Para la fiesta, Julia quiere contratar a la banda "Armonías" que _____.

2. Enrique busca un peluquero que _____.

3. Julia prepara, para la fiesta, el platillo que _____.

4. Enrique quiere comprarle a Julia un auto que _____.

5. Después de la fiesta, Julia quiere hacer un viaje a una playa que _____.

Comunicación

4 **Sueños y realidad** En parejas, hagan comparaciones sobre lo que tienen y lo que sueñan tener estos personajes. Usen las palabras de la lista y sigan el modelo. Recuerden utilizar el indicativo o el subjuntivo según el caso.

> **Modelo** Carolina tiene un novio que enseña historia en la universidad y que es muy responsable. Pero ella sueña con tener un novio que toque la guitarra eléctrica y que sea muy rebelde.

buscar	apartamento
conocer	computadora
necesitar	hermano/a
querer	mascota (*pet*)
tener	vecino/a

5 **Anuncios** Tú y tus compañeros/as trabajan para el diario *El País* escribiendo anuncios. El jefe les ha dejado algunos mensajes indicándoles qué anuncios deben escribir. En grupos de cuatro, escriban anuncios detallados sobre lo que se busca usando el indicativo o el subjuntivo. Después inventen dos anuncios originales para enseñárselos a la clase.

La familia Pérez busca a su perro Tomás quien se perdió en el parque. Aquí tienen una foto de él.

Miguel y Carlos Solís buscan un guía turístico para su viaje a los volcanes de Nicaragua.

6 **El ideal** En parejas, imaginen cómo es el/la compañero/a ideal en cada una de estas situaciones. Si ya conocen a una persona que tiene las características ideales, también pueden hablar de él/ella. Utilicen el subjuntivo o el indicativo de acuerdo a la situación.

> **Modelo** Lo ideal es vivir con alguien que no se queje demasiado.

- Alguien con quien vivir
- Alguien con quien trabajar
- Alguien con quien ver películas de amor o de aventura
- Alguien con quien comprar ropa
- Alguien con quien estudiar
- Alguien con quien viajar por el desierto del Sahara

4.2

Reflexive verbs

- In a reflexive construction, the subject of the verb both performs and receives the action. Reflexive verbs (**verbos reflexivos**) always use reflexive pronouns (**me, te, se, nos, os, se**).

Reflexive verb

Elena **se lava** la cara.

Non-reflexive verb

Elena **lava** los platos.

Reflexive verbs	
lavarse *to wash (oneself)*	
yo	**me lavo**
tú	**te lavas**
Ud./él/ella	**se lava**
nosotros/as	**nos lavamos**
vosotros/as	**os laváis**
Uds./ellos/ellas	**se lavan**

- Many of the verbs used to describe daily routines and personal care are reflexive.

acostarse *to go to bed*	**ducharse** *to take a shower*	**peinarse** *to comb (one's hair)*
afeitarse *to shave*	**lavarse** *to wash (oneself)*	**ponerse** *to put on (clothing)*
bañarse *to take a bath*	**levantarse** *to get up*	**secarse** *to dry off*
cepillarse *to brush (one's hair)*	**maquillarse** *to put on makeup*	**quitarse** *to take off (clothing)*
despertarse *to wake up*		
dormirse *to go to sleep*		**vestirse** *to get dressed*

A transitive verb is one that takes a direct object.

Mariela compró dos boletos.
Mariela bought two tickets.

Johnny heredó mucho dinero.
Johnny inherited a lot of money.

- In Spanish, most transitive verbs can also be used as reflexive verbs to indicate that the subject performs the action to or for himself or herself.

Félix **divirtió** a los invitados con sus chistes.
Félix amused the guests with his jokes.

Félix **se divirtió** en la fiesta.
Félix had fun at the party.

Ana **acostó** a los gemelos antes de las nueve.
Ana put the twins to bed before nine.

Ana **se acostó** muy tarde.
Ana went to bed very late.

- Many verbs change meaning when they are used with a reflexive pronoun.

aburrir *to bore*	**aburrirse** *to be bored*
acordar *to agree*	**acordarse (de)** *to remember*
comer *to eat*	**comerse** *to eat up*
dormir *to sleep*	**dormirse** *to fall asleep*
ir *to go*	**irse (de)** *to go away (from)*
llevar *to carry*	**llevarse** *to carry away*
mudar *to change*	**mudarse** *to move (change residence)*
parecer *to seem*	**parecerse (a)** *to resemble, to look like*
poner *to put*	**ponerse** *to put on (clothing)*
quitar *to take away*	**quitarse** *to take off (clothing)*

- Some Spanish verbs and expressions are always reflexive, even though their English equivalents may not be. Many of these are followed by the prepositions **a, de,** and **en**.

acercarse (a) *to approach*	**fijarse (en)** *to take notice (of)*
arrepentirse (de) *to repent (of)*	**morirse (de)** *to die (of)*
atreverse (a) *to dare (to)*	**olvidarse (de)** *to forget (about)*
convertirse (en) *to become*	**preocuparse (por)** *to worry (about)*
darse cuenta (de) *to realize*	**quejarse (de)** *to complain (about)*
enterarse (de) *to find out (about)*	**sorprenderse (de)** *to be surprised (about)*

- *To get* or *become* is frequently expressed in Spanish by the reflexive verb **ponerse** + [*adjective*].

  Mi hijo **se pone feliz** cuando nos visitan los abuelos.
  My son gets so happy when the grandparents visit us.

  Si no duermo bien, **me pongo insoportable**.
  If I don't sleep well, I become unbearable.

- In the plural, reflexive verbs can express reciprocal actions done *to one another*.

  ¡Mi esposa y yo **nos peleamos** demasiado!
  My wife and I fight too much!

  ¿Será porque ustedes no **se respetan**?
  Could it be because you don't respect each other?

- The reflexive pronoun precedes the direct object pronoun when they are used together in a sentence.

  ¿Te comiste el pastel?
  Did you eat the whole cake?

  Sí, **me lo** comí.
  Yes, I ate it all up.

TALLER DE CONSULTA

Hacerse and **volverse** also mean *to become*. See **Manual de gramática, 4.4**, **p. 248**.

When used with infinitives and present participles, reflexive pronouns follow the same rules of placement as object pronouns. See **3.3, pp. 104-105**.

Práctica

1 **Los lunes por la mañana** Completa el párrafo sobre lo que hacen Carlos y Elena los lunes por la mañana. Utiliza la forma correcta de los verbos reflexivos correspondientes.

acostarse	despertarse	levantarse	quitarse
afeitarse	ducharse	maquillarse	romperse
cepillarse	irse	mudarse	secarse
comerse	lavarse	ponerse	vestirse

Los domingos por la noche, Carlos y Elena (1) _____ tarde y por la mañana tardan mucho en (2) _____. Carlos es el que (3) _____ primero, (4) _____ el pijama y (5) _____ con agua fría. Después de unos minutos, entra en el cuarto de baño Elena, y Carlos (6) _____ la barba. Mientras Elena termina de ducharse, de (7) _____ el pelo y de (8) _____, Carlos prepara el desayuno. Cuando Elena está lista, ella y Carlos (9) _____ el desayuno, luego (10) _____ los dientes y (11) _____ las manos. Después los dos van a la habitación, (12) _____ con ropa elegante y (13) _____ al trabajo. Carlos (14) _____ la corbata en el carro; Elena maneja.

2 **Todos los sábados**

A. En parejas, describan la rutina que sigue Silvia todos los sábados, según los dibujos.

B. ¿Qué hacen los sábados por la mañana cuatro amigos y/o familiares de Silvia? Imaginen sus rutinas. Utilicen verbos reflexivos y sean creativos.

Comunicación

3

¿Y tú? En parejas, túrnense para hacerse las siguientes preguntas. Contesten con oraciones completas y expliquen sus respuestas.

1. ¿A qué hora te despiertas normalmente los sábados por la mañana? ¿Por qué?
2. ¿Te duermes en las clases?
3. ¿A qué hora te acuestas normalmente los fines de semana?
4. ¿A qué hora te duchas durante la semana?
5. ¿Te levantas siempre a la misma hora que te despiertas? ¿Por qué?

6. ¿Qué te pones para salir los fines de semana? ¿Y tus amigos/as?
7. ¿Cuándo te vistes elegantemente?
8. ¿Te diviertes cuando vas a una discoteca? ¿Y cuando vas a una reunión familiar?
9. ¿Te fijas en la ropa que lleva la gente?
10. ¿Te preocupas por tu imagen?

11. ¿De qué se quejan tus amigos normalmente? ¿Y tus padres u otros miembros de la familia?
12. ¿Conoces a alguien que se preocupe constantemente por todo?
13. ¿Te arrepientes a menudo de las cosas que haces?
14. ¿Te peleas con tus amigos/as? ¿Y con tus familiares?
15. ¿Te sorprende(n) alguna(s) costumbre(s) o hábito(s) de alguna persona mayor que conoces?

4

En un café Imagina que estás en un café y que ves a tu antiguo/a novio/a besándose con alguien. ¿Qué haces? Trabajen en grupos para representar la escena. Utilicen por lo menos cinco verbos de la lista.

acercarse	atreverse	enterarse	preocuparse
acordarse	convertirse	irse	quejarse
arrepentirse	darse cuenta	olvidarse	sorprenderse

4.3

Por and *para*

- **Por** and **para** are both translated as *for*, but they are not interchangeable.

—*¿No ve que le he dado un tajo **por** la mitad?*
—*Pues **para** aprovechar la madera es mejor cuando esté seca.*

Uses of *para*

Destination *(toward, in the direction of)*	Pedro sale **para** Italia pronto. *Pedro is leaving for Italy soon.*
Deadline or a specific time in the future *(by, for)*	El árbol debe estar derribado **para** mañana. *The tree should be taken down by tomorrow.*
Purpose or goal + [*infinitive*] *(in order to)*	Arcadio tiene varias herramientas **para** cortar el árbol. *Arcadio has several tools in order to chop down the tree.*
Purpose + [*noun*] *(for, used for)*	Clara compró la comida **para** la semana. *Clara bought food for the week.*
Recipient *(for)*	Clara preparó la habitación **para** Pedro. *Clara prepared the room for Pedro.*
Comparison with others or opinion *(for, considering)*	**Para** ser tan joven, Pedro ha viajado mucho. *For being so young, Pedro has traveled a lot.*
	Para Clara, quitar el árbol es una tontería. *For Clara, taking down the tree is foolish.*
Employment *(for)*	Pedro trabaja **para** una empresa internacional. *Pedro works for an international company.*

Expressions with *para*

no estar para bromas *to be in no mood for jokes*	**para colmo** *to top it all off*
no ser para tanto *to not be so important*	**para que sepas** *just so you know*
	para siempre *forever*

—*Por unos días su hijo podía haber dejado su coche ahí.*
—*Tendré que seguir con la faena si quiero quitar toda esa raíz para mañana.*

Uses of *por*

Motion or a general location *(along, through, around, by)*	El vecino pasó **por** la calle y lo saludó. *The neighbor passed by the street and greeted him.*
Duration of an action *(for, during, in)*	Pedro quiere quedarse **por** una semana. *Pedro wants to stay for a week.*
Reason or motive for an action *(because of, on account of, on behalf of)*	Quitó el árbol **por** su hijo. *He took the tree down because of his son.*
Object of a search *(for, in search of)*	Arcadio fue **por** el serrucho. *Arcadio went in search of the saw.*
Means by which *(by, by way of, by means of)*	Su hijo les llamó **por** teléfono. *Their son called them by phone.*
Exchange or substitution *(for, in exchange for)*	Cambió el árbol grande **por** uno pequeño. *He replaced the big tree for a smaller one.*
Unit of measure *(per, by)*	El coche de Pedro puede ir a 150 km **por** hora. *Pedro's car can get up to 150 km per hour.*
Agent (passive voice) *(by)*	Los parquímetros fueron puestos **por** el ayuntamiento. *The parking meters were placed by the local government.*

Expressions with *por*

por allí/aquí *around there/here*	**por lo tanto** *therefore*
por casualidad *by chance/accident*	**por lo visto** *apparently*
por ejemplo *for example*	**por más/mucho que** *no matter how much*
por eso *therefore, for that reason*	**por otro lado/otra parte** *on the other hand*
por fin *finally*	**por primera vez** *for the first time*
por lo general *in general*	**por si acaso** *just in case*
por lo menos *at least*	**por supuesto** *of course*

¡ATENCIÓN!

In many cases it is grammatically correct to use either **por** or **para** in a sentence. The meaning of each sentence, however, is different.

Trabajó por su tío.
He worked for (in place of) his uncle.

Trabajó para su tío.
He worked for his uncle('s company).

TALLER DE CONSULTA

The passive voice is discussed in detail in **Manual de gramática, p. 270.**

Práctica

1

Otra manera Lee la primera oración y completa la segunda versión usando **por** o **para**.

1. Cuando voy a Costa Rica, siempre visito Puntarenas.
   Paso _____ Puntarenas cuando voy a Costa Rica.

2. El hotel era muy barato. Pagué sólo 100 dólares.
   Conseguí la habitación _____ sólo 100 dólares.

3. Fui allí porque quería visitar a mis suegros.
   Yo quería ir allí _____ visitar a mis suegros.

4. Mi familia les envió muchos regalos a ellos.
   Mi familia envió muchos regalos _____ ellos.

5. Mis suegros se alegraron mucho de nuestra visita.
   Mis suegros se pusieron muy felices _____ nuestra visita.

Playa de Puntarenas, Costa Rica

2

Completar Completa la carta con **por** y **para**.

Querida abuela,

(1) _____ fin llegué a esta tierra. La Ciudad de Panamá es hermosa. Todavía no he pasado (2) _____ el Canal de Panamá porque debo ir con un guía. Puedo contratar uno (3) _____ pocos dólares. En los tres meses del viaje por Centroamérica pensé en ti y en el abuelo (4) _____ lo mucho que esta tierra representa para ustedes.

Sé que (5) _____ poder conocer verdaderamente este país y su cultura tendré que quedarme (6) _____ lo menos un mes. (7) _____ eso voy a volver a finales de mayo. (8) _____ que sepas, voy a quedarme en el hotel llamado "Panameño". (9) _____ mí es un hotel muy cómodo (10) _____ estar tan cerca del centro de la ciudad, así que me voy a quedar aquí todo el mes.

¡Muchos saludos al abuelo!

José

3

Oraciones Primero, escribe oraciones lógicas utilizando una palabra de cada columna. Luego, en parejas, escriban un diálogo creativo que incluya las oraciones que escribieron.

Modelo   Mi hermana preparó una cena especial para mi mamá.

caminar	jugar	para	él	su edad
comprar	trabajar	por	la fiesta	su hermana
hacer			el parque	

Comunicación

4 **Soluciones** Comenten en parejas cuáles son las mejores maneras de lograr los objetivos de la lista. Sigan el modelo y utilicen **por** y **para**.

> **Modelo** Para ser saludable, lo mejor es comer cinco frutas o verduras
> por día porque tienen muchas vitaminas.

concentrarse al estudiar	relajarse
divertirse	ser famoso
hacer muchos amigos	ser organizado/a
mantener tradiciones familiares	ser saludable (*healthy*)

5 **Una familia** Los miembros de una familia no siempre se llevan bien. Inventen una historia de una familia con problemas. En el relato deben usar por lo menos cinco de las siguientes expresiones.

> **Modelo** Para empezar, Marcos llegó a casa muy tarde y por eso...

no fue para tanto	por casualidad	por lo menos
para colmo	por eso	por lo tanto
para siempre	por fin	por supuesto

6 **Conversación** En parejas, elijan una de las situaciones y escriban una conversación. Utilicen **por** y **para** y algunas de las expresiones de la actividad 5.

A

Domingo, tu vecino el millonario, está escribiendo la versión final de su testamento (*will*). Él no tiene herederos y quiere dejar toda su fortuna a una sola persona. Está pensando en ti y en el alcalde del pueblo. Convence a Domingo de que te deje toda su fortuna a ti y no al alcalde.

B

Hace un año que trabajas en una librería y nunca has tenido vacaciones. Habla con tu jefe/a y dile que quieres tomarte unas vacaciones de dos semanas en el Caribe. Tu jefe/a dice que no necesitas tomarte vacaciones y te da algunas razones. Explícale tus razones y dile que si vas de vacaciones vas a ser un(a) mejor empleado/a al regresar.

Síntesis

Busco compañera de habitación que sea responsable, limpia y ordenada para compartir apartamento céntrico con dos habitaciones. El apartamento es grande e iluminado, pero es muy caro para una sola persona. Llamar por la tarde a Luisa, al teléfono (555) 333-4455.

¡Perdido!

Mi gato *Julio Enrique* se perdió el sábado pasado por la tarde en la Plaza de la Independencia. Es un gato blanco que tiene manchas negras en la cara. A la persona que lo encuentre le pagaré una recompensa de $50. Comunicarse con *Adriana* al (555) 123-4567.

Traductor de español

se ofrece para traducciones inglés-español. Hace poco tiempo me mudé al centro de la ciudad y trabajo desde mi casa. Soy honrado, profesional y estricto para trabajar. Escribir a Horacio a *horacio86@mail.org*

CLASES DE NATACIÓN

Busco nadador(a) olímpico/a para aprender a nadar. Interesados pasar por la biblioteca de la universidad por las tardes a cualquier hora para entrevista. Traigan todas las medallas y trofeos que tengan por si acaso se presentan muchos candidatos y hay competencia. Preguntar por Juancho.

1 **Avisos** En parejas, inventen dos avisos para el periódico de la universidad como los ejemplos de arriba. Pueden escribir sobre cosas que hacen o sobre cosas que les gustaría hacer. Usen el indicativo o el subjuntivo, según sea necesario. También deben usar **por** y **para**. Después intercambien sus avisos con otra pareja y escriban un mensaje de correo electrónico para contestar los avisos de la otra pareja.

2 **Escenas** En parejas, trabajen para representar una de estas escenas. Usen la mayor cantidad posible de verbos reflexivos. También deben usar **por** y **para**.

Situación A: dos estudiantes se acaban de conocer; uno/a es nuevo/a en la ciudad, y el/la otro/a estudiante hace mucho que vive en esta ciudad.

Situación B: dos miembros de la misma familia hablan por teléfono. Uno de ellos le cuenta al otro cómo es su rutina diaria en la universidad.

Situación C: dos amigos/as se encuentran y uno/a le cuenta al/a la otro/a cómo fue el concierto de la noche anterior.

Preparación

1

Escoger Escoge la palabra que coincide con cada definición. Cuando termines, usa cinco de esas palabras y escribe oraciones con ellas.

1. Trabajar la tierra para que produzca trigo, maíz, alfalfa, etc.
   a. fe   b. etnia   c. cultivar

2. Los diversos códigos fonéticos que usan los seres humanos para comunicarse.
   a. historiadoras   b. lenguas   c. esperanzas

3. La creencia o esperanza que una persona tiene.
   a. fe   b. receta   c. etnia

4. Una ceremonia religiosa que se repite.
   a. rito   b. sacerdote   c. fe

5. Cuando algo existe pero luego deja de existir.
   a. yerno   b. cultivo   c. desaparición

2

A pensar Contesta las preguntas. Después comparte tus respuestas con un(a) compañero/a.

1. ¿Quiénes son los mayas? ¿Qué sabes de ellos?

2. ¿Cuál crees que es el origen de la *tortilla*?

3. ¿Hay recetas en tu familia que han pasado de una generación a otra? ¿Cuáles son?

4. ¿Cómo era la vida de tus antepasados hace cien años?

5. Haz una lista de tradiciones o costumbres que tu familia ha repetido por más de dos generaciones.

6. Haz una lista de tradiciones o costumbres que quieres que tus descendientes hereden de ti.

3

Opinar En grupos de tres, lean la cita. ¿Qué piensan sobre lo que dice? ¿Están de acuerdo? Intercambien sus opiniones. Luego, compartan sus ideas con la clase.

> "Un pueblo sin tradición es un pueblo sin porvenir."
> *Alberto Lleras Camargo*

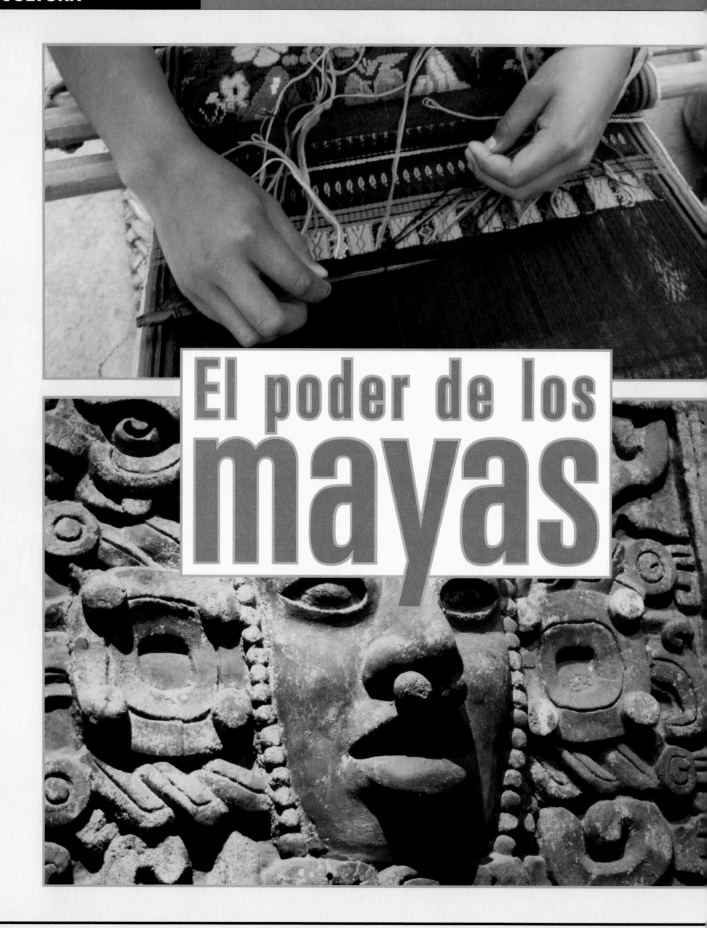

El poder de los mayas

Escucha el artículo y abre una investigación en el supersitio de **SUEÑA.**

La cultura maya se originó en la península de Yucatán alrededor del 2600 AC y, con el tiempo, se extendió por toda Centroamérica. En esta región surgieron diferentes grupos étnicos, entre los que se cuentan los quichés, cakchiqueles, pokonchis, pokomanes y chortís. Cada uno de ellos habla una lengua diferente derivada de una lengua común.

Una de las más sofisticadas de su tiempo, la cultura maya llegó a su época de esplendor alrededor del año 250 DC. Su natural desarrollo se vio interrumpido en 1541 con la llegada de los conquistadores españoles. Éstos quemaron° muchos de sus libros e impusieron políticas que buscaban la desaparición de su cultura y su religión. A pesar de ello, muchas de sus tradiciones han sobrevivido el paso de los siglos pues han sabido preservarlas de la influencia de la cultura occidental.

Los mayas han vivido por siglos, y siguen haciéndolo hoy día, en pequeñas poblaciones dedicadas especialmente al cultivo del maíz y del frijol. La mayoría de los habitantes se dedica a las labores del campo, usando los mismos métodos para el cultivo de la tierra que crearon sus antepasados. Otras actividades que han resistido el paso de los siglos son la elaboración de tejidos° y de cerámicas que todavía tienen mucha importancia en la economía de las poblaciones mayas.

La religión que practican en la actualidad se basa en una mezcla de tradiciones antiguas, de animismo y de catolicismo. Los mayas creen en la influencia del cosmos en nuestras vidas. Los fenómenos naturales, tales como los terremotos°, tienen una explicación en los dioses, muchos de los cuales residen en las montañas. Los rituales que se realizan para homenajear a los dioses de la naturaleza son la perfecta expresión, hoy día, del sincretismo religioso que se ha producido entre la fe cristiana y la maya. Este aspecto es más evidente en algunas iglesias, donde se pueden ver mayas

burned 15
textiles 30
earthquakes

Las tortillas

Según la leyenda, la primera tortilla, una combinación de maíz fresco con granos secos, se preparó para satisfacer a un antiguo rey maya. A partir de ese momento, se convirtió en la base de la comida indígena. Al llegar a América, los españoles la llamaron "tortilla" por su parecido con la tortilla española, que también tiene forma circular. Hoy en día, se ha convertido en un alimento muy popular y se estima que 300 millones de tortillas se consumen diariamente alrededor del mundo.

católicos realizando las mismas ceremonias que los sacerdotes mayas hacen frente a sus ídolos. En su sistema de creencias°, el Sol representa a Jesucristo y la Virgen María se encuentra reflejada en la Luna.

Su vida diaria y sus celebraciones todavía se rigen° por el muy preciso calendario que crearon sus ancestros. Cada poblado tiene un sacerdote encargado de llevar la cuenta de los 260 días de su calendario tradicional, muy importante para saber cuándo se han de realizar los ritos sagrados. Este calendario, creado hace miles de años, relaciona la situación de los astros a los eventos que ocurren en la vida cotidiana.

Los avanzados conocimientos en astronomía y matemáticas de los antiguos mayas les sirvieron para construir, sin usar ningún instrumento metálico, observatorios, pirámides y plazas siempre siguiendo la orientación de los astros.

No le hace falta al visitante ir a museos o a sitios arqueológicos para apreciar la historia maya. Muchos pueblos centroamericanos nos hablan de esta compleja° y fascinante civilización que existe desde hace miles de años y que continúa presente hasta el día de hoy. ■

50 *beliefs*
are determined 55
60
65
70
complex
75

Análisis

1 **Comprensión** Contesta las preguntas con oraciones completas.

1. ¿Qué tienen en común las lenguas de los quichés, cakchiqueles, pokonchis, pokomanes y chortís, entre otros?
2. ¿Qué hicieron los conquistadores cuando se encontraron con la civilización maya?
3. ¿Cómo y de qué viven los mayas hoy en día?
4. ¿Qué actividades han resistido el paso del tiempo entre los mayas?
5. ¿Qué creencias religiosas tienen los mayas?
6. ¿Cuáles son algunas maneras en que la religión católica y la religión maya se mezclan?
7. ¿Cuál ha sido la importancia de los astros en la cultura maya?
8. ¿Qué dice la leyenda sobre el origen de la tortilla?
9. ¿Por qué se llama *tortilla*?

2 **Culturas** ¿Qué otras culturas, aparte de la suya, conocen? En grupos de tres, escojan una cultura con la que estén familiarizados y hablen de ella. Compartan sus conocimientos sobre estos aspectos o sobre otros que ustedes quieran.

- alimentos
- lenguas
- religiones
- celebraciones
- cultivos
- ropa típica
- tradiciones
- artesanías

3 **Imaginar** Es el año 2500 y un historiador escribe un artículo sobre la sociedad y la cultura occidental del siglo XXI en una revista de investigación. En grupos de cuatro, escriban lo que creen que el historiador dirá sobre las actividades cotidianas, religión, alimentos típicos, costumbres, fiestas, etc. Compartan lo que han escrito con la clase.

> ## CAPÍTULO 3
> Hace cinco siglos la gente tenía vidas muy diferentes.
> El pueblo llamado...

Preparación

Sobre el autor

El autor guatemalteco Augusto Monterroso (1921–2003) es uno de los escritores latinoamericanos más reconocidos y queridos. Considerado padre y maestro del cuento, su prosa destaca (*stands out*) por el humor inteligente con el que presenta su visión de la realidad. Entre sus obras publicadas se encuentran: *La oveja negra y demás fábulas* (1969), la novela *Lo demás es silencio* (1978) y la obra de textos misceláneos *La letra e* (1987). Recibió el Premio Príncipe de Asturias en 2000.

Vocabulario de la lectura		**Vocabulario útil**
aislado/a *isolated*	**poderoso/a** *powerful*	**la civilización** *civilization*
el conocimiento *knowledge*	**rodear** *to surround*	**la conquista** *conquest*
	sacrificar *to sacrifice*	**despreciar** *to look down on*
el desdén *disdain*	**salvar** *to save*	**el fraile (fray)** *friar, monk*
digno/a *worthy*		**la opresión** *oppression*
		la religión *religion*
		sí mismo/a *himself/herself*

1

Vocabulario Marca la palabra que no corresponde al grupo.

1. a. esperanza   b. conquista   c. opresión

2. a. sobrevivir   b. salvar   c. despreciar

3. a. conocimiento   b. civilización   c. desdén

4. a. niñez   b. fraile   c. religión

5. a. antepasado   b. castigar   c. sacrificar

2

Astros Contesta las preguntas y comenta tus respuestas con un(a) compañero/a.

1. ¿Has visto alguna vez un eclipse?

2. ¿Qué porcentaje de tu personalidad crees que está marcado por el día en que naciste?

3. ¿Crees que la posición de los astros afecta nuestra vida personal?

4. ¿Tienes alguna superstición? Si tienes una, ¿cuál es?

3

América En parejas, hagan un pequeño resumen con todo lo que saben sobre la conquista de América.

¿En qué año llegaron los conquistadores?	
¿De qué país eran? ¿Quién financió la expedición?	
¿Qué religión practicaban?	
¿Conocen algunas culturas o etnias que se perdieron o fueron afectadas por la conquista?	
¿?	

EL ECLIPSE

Augusto Monterroso

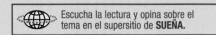

Escucha la lectura y opina sobre el tema en el supersitio de **SUEÑA.**

her (title given to a monk)

Cuando fray° Bartolomé Arrazola se sintió perdido, aceptó que ya nada podría salvarlo. La selva poderosa de Guatemala lo había apresado°, implacable y definitiva. Ante su ignorancia topográfica se sentó con tranquilidad a esperar la muerte. Quiso morir allí, sin ninguna esperanza, aislado, con el pensamiento fijo en la España distante, particularmente en el

captured 5

10

Al despertar se encontró rodeado por un grupo de indígenas de rostro impasible que se disponían a sacrificarlo ante un altar…

convento de Los Abrojos, donde Carlos Quinto condescendiera una vez a bajar de su eminencia para decirle que confiaba en el celo° religioso de su labor redentora°.

zeal

redemptive 15

Al despertar se encontró rodeado por un grupo de indígenas de rostro° impasible que se disponían° a sacrificarlo ante un altar, un altar que a Bartolomé le pareció como el lecho° en que descansaría,

face

se… were preparing

bed 20

al fin, de sus temores°, de su destino, de sí mismo.

fears

Tres años en el país le habían conferido un mediano dominio° de las lenguas nativas. Intentó algo. Dijo algunas palabras que fueron comprendidas.

command (of a language)

25

Entonces floreció° en él una idea que tuvo por digna de su talento y de su cultura universal y de su arduo conocimiento de Aristóteles. Recordó que para ese día se esperaba un eclipse total de sol. Y dispuso, en lo más íntimo°, valerse de° aquel conocimiento para engañar a sus opresores y salvar la vida.

blossomed

30

deepest recesses/valerse… to take advantage of

—Si me matáis —les dijo— puedo hacer que el sol se oscurezca en su altura.

35

Los indígenas lo miraron fijamente y Bartolomé sorprendió la incredulidad en sus ojos. Vio que se produjo un pequeño consejo°, y esperó confiado, no sin cierto desdén.

counsel 40

Dos horas después el corazón de fray Bartolomé Arrazola chorreaba° su sangre vehemente sobre la piedra de los sacrificios (brillante bajo la opaca luz de un sol eclipsado), mientras uno de los indígenas recitaba sin ninguna inflexión de voz, sin prisa, una por una, las infinitas fechas en que se producirían eclipses solares y lunares, que los astrónomos de la comunidad maya habían previsto y anotado en sus códices sin la valiosa ayuda de Aristóteles. ■

was gushing

45

50

Análisis 🌐

1

Comprensión Contesta las siguientes preguntas con oraciones completas.

1. ¿Dónde estaba fray Bartolomé?
2. ¿Qué pensaba fray Bartolomé que le iba a ocurrir a él?
3. ¿De dónde era fray Bartolomé?
4. ¿Por qué conocía el protagonista la lengua de los indígenas?
5. ¿Qué querían hacer los indígenas con fray Bartolomé?
6. ¿De qué se acordó el fraile?
7. ¿Qué les dijo fray Bartolomé a los indígenas?
8. ¿Qué hicieron los indígenas?
9. ¿Qué recitaba un indígena al final del cuento?

2

Interpretar Contesta las preguntas.

1. ¿Cuál había sido la misión de fray Bartolomé en Guatemala?
2. ¿Quién le había enviado a esa misión?
3. A pesar de los conocimientos de Aristóteles, ¿por qué el protagonista no consiguió salvarse?

3

Culturas En parejas, expliquen qué ideología representa fray Bartolomé y comenten si conocen algún acontecimiento histórico en el que se haya infravalorado (*undervalued*) la cultura indígena. Compartan sus conclusiones con la clase.

4

Escribir Imagina que un periódico importante te ha pedido que escribas un artículo sobre alguna historia que le ocurrió a un(a) antepasado/a tuyo/a. Escribe el artículo y trata de incluir algunos verbos reflexivos y las preposiciones **por** y **para**.

Plan de redacción

Narrar una historia familiar

1 **Organización de los hechos** Piensa en un acontecimiento que haya ocurrido en tu familia que te interese especialmente. Sigue las preguntas para organizar tu artículo:

1. ¿Quién o quiénes fueron los protagonistas de la historia?
2. ¿Qué antecedentes puedes dar sobre lo que sucedió?
3. ¿Cómo y dónde ocurrieron los hechos?
4. ¿Cómo terminó?
5. ¿Cuál es la conclusión de la historia?

2 **Título** Después de saber con exactitud sobre qué vas a escribir, es muy importante darle al artículo un título atractivo y conciso que atraiga al lector. Ponle un título y comienza a escribir.

3 **Explicar y concluir** Una vez que hayas contado lo que ocurrió, explica por qué has escrito sobre esta historia y si ha tenido consecuencias en tu familia.

Entre familia

Los parientes

el antepasado *ancestor*
el/la bisabuelo/a *great-grandfather/grandmother*
el/la cuñado/a *brother/sister-in-law*
el/la esposo/a *husband/wife*
el/la gemelo/a *twin*
el/la hijo/a único/a *only child*
la madrastra *stepmother*
el/la medio/a hermano/a *half brother/sister*
el/la nieto/a *grandson/granddaughter*
la nuera *daughter-in-law*
el padrastro *stepfather*
el/la pariente/a *relative*
el/la primo/a *cousin*
el/la sobrino/a *nephew/niece*
el/la suegro/a *father/mother-in-law*
el/la tío/a (abuelo/a) *(great) uncle/aunt*
el yerno *son-in-law*

La vida familiar

agradecer *to thank*
apoyar(se) *to support (each other)*
criar *to raise (children)*
independizarse *to gain independence*
lamentar *to regret*
mimar *to spoil*
pelear(se) *to fight (one another)*
quejarse (de) *to complain (about)*
regañar *to scold*
respetar *to respect*
superar *to overcome*
trasladar *to move*

La personalidad

el carácter *character, personality*

bien educado/a *well-mannered*
egoísta *selfish*
estricto/a *strict*
exigente *demanding*
honrado/a *honest*

insoportable *unbearable*
mal educado/a *ill-mannered*
mandón/mandona *bossy*
rebelde *rebellious*
sumiso/a *submissive*
unido/a *close-knit*

Las etapas de la vida

la juventud *youth*
la madurez *maturity*
la muerte *death*
el nacimiento *birth*
la niñez *childhood*
la vejez *old age*

Las generaciones

el apodo *nickname*
la ascendencia *heritage*
la autoestima *self-esteem*
la brecha generacional *generation gap*
la comprensión *understanding*
el género *gender*
la patria *homeland*
el prejuicio social *social prejudice*
la raíz *root*

heredar *to inherit*
parecerse *to resemble, to look like*
realizarse *to become true*
sobrevivir *to survive*

Cortometraje

el aparcamiento *parking space*
el coche *car*
la decepción *disappointment*
el desinterés *lack of interest*
la ilusión *hope*
el tronco *trunk*

aparcar *to park*
hacer falta *to need*
olvidar *to forget*

plantar *to plant*
podar *to prune*
quitar *to remove*
serrar *to saw*
soportar *to put up with*

raro/a *strange, odd*

Cultura

la creencia *belief*
el cultivo *farming; cultivation*
la desaparición *disappearance*
la esperanza *hope*
la etnia *ethnic group*
la fe *faith*
el/la historiador(a) *historian*
la lengua *language*
la receta *recipe*
el rito sagrado *sacred ritual*
el sacerdote *priest*

cultivar *to cultivate, to farm*
homenajear a los dioses *to pay homage to the gods*

Literatura

la civilización *civilization*
el conocimiento *knowledge*
la conquista *conquest*
el desdén *disdain*
el fraile (fray) *friar, monk (Brother)*
la opresión *oppression*
la religión *religion*

despreciar *to look down on*
rodear *to surround*
sacrificar *to sacrifice*
salvar *to save*

aislado/a *isolated*
digno/a *worthy*
poderoso/a *powerful*
sí mismo/a *himself/herself*

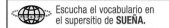
Escucha el vocabulario en el supersitio de **SUEÑA**.

Las riquezas naturales

En el planeta Tierra, la vida humana depende del buen funcionamiento de la naturaleza. Consecuentemente, la destrucción de los recursos naturales nos afecta a todos los humanos por igual, independientemente de nuestra situación geográfica, económica, política o social. ¿Es un error vivir al margen de esta realidad e ignorar las consecuencias? ¿Es cierto que la especie humana puede estar en peligro de extinción? Si es cierto, ¿podremos aceptar este reto los humanos?

La catarata Salto Ángel, situada en el sureste de Venezuela, es la más alta del mundo.

162

170

Destino:
COLOMBIA, ECUADOR Y VENEZUELA

VENEZUELA

COLOMBIA

ECUADOR

Nuestro mundo

La naturaleza

el árbol *tree*
el bosque (lluvioso) *(rain) forest*
la cordillera *mountain range*
la costa *coast*
el desierto *desert*
la luna *moon*
el mar *sea*
el paisaje *landscape, scenery*
el río *river*
el sol *sun*
la tierra *land*

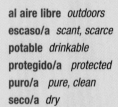

al aire libre *outdoors*
escaso/a *scant, scarce*
potable *drinkable*
protegido/a *protected*
puro/a *pure, clean*
seco/a *dry*

Los animales

el ave, el pájaro *bird*
el cerdo *pig*
el conejo *rabbit*
el león *lion*
el mono *monkey*

la oveja *sheep*
el pez *fish*
la rata *rat*
la serpiente *snake*
el tigre *tiger*
la vaca *cow*

Los fenómenos naturales

el calentamiento *warming*
la erosión *erosion*
el huracán *hurricane*
el incendio *fire*
la inundación *flood*
la lluvia ácida *acid rain*
la sequía *drought*
el terremoto *earthquake*

Usos y abusos

la basura *trash*
la capa de ozono *ozone layer*
el combustible *fuel*
el consumo de energía *energy consumption*
la contaminación *pollution*
la deforestación *deforestation*
el desarrollo *development*
la fuente de energía *energy source*
el medio ambiente *environment*
el peligro *danger*
el porvenir *future*
los recursos *resources*
el smog *smog*

agotar *to use up*
aguantar *to put up with, to tolerate*
amenazar *to threaten*
cazar *to hunt*
conservar *to preserve*
contagiar *to infect, to be contagious*
contaminar *to pollute*
desaparecer *to disappear*
destruir *to destroy*
echar *to throw away*
empeorar *to get worse*

extinguirse *to become extinct*
malgastar *to waste*
mejorar *to get better*
prevenir (e:ie) *to prevent*
proteger *to protect*

resolver (o:ue) *to solve, to resolve*
respirar *to breathe*
urbanizar *to urbanize*

dañino/a *harmful*
desechable *disposable*
renovable *renewable*
tóxico/a *toxic*

 Escucha y practica el vocabulario en el supersitio de **SUEÑA**.

Práctica 🌐

1 **Cierto o falso** Indica si las afirmaciones son ciertas o no. Corrige la información falsa.

1. Un paisaje es una extensión pequeña de terreno que se ve a lo lejos.

2. Un recurso es escaso cuando es insuficiente; está a punto de agotarse.

3. El porvenir es el tiempo pasado.

4. Una planta, animal o persona desaparece cuando deja de existir.

5. La sequía es un largo período de tiempo con lluvias.

6. Una situación empeora cuando pasa a un estado mejor.

7. El agua potable es imbebible porque es dañina para la salud.

8. Dicen que el conejo es el rey de la selva.

2 **Saludos desde Venezuela** Completa la postal que Álvaro mandó a su amigo Carlos.

aire libre	desarrollo	medio ambiente	resolver
conservar	desechable	pájaros	río
contaminación	extinguirse	peligro	urbanizar

Estimado amigo Carlos:

¡Aquí estoy! Por fin realicé mi gran sueño de navegar por el (1) _____ Orinoco. No hay nada como disfrutar del (2) _____ y aquí las vistas son espectaculares; pero también hay muchos problemas medioambientales. El guía nos explicó muchas cosas, por ejemplo, que más de trescientas especies de la fauna venezolana están en peligro de (3) _____ ; que el ser humano es la especie que mejor se adapta a la (4) _____ del (5) _____ ; que el sector privado no puede (6) _____ aquí para el turismo de alto nivel y debe respetar las estrictas restricciones medioambientales... Y es que el (7) _____ no siempre implica progreso, ¿no? En fin, en todos los rincones del planeta hay problemas por (8) _____ . Yo espero que este país pueda (9) _____ este bello lugar y que los (10) _____ no dejen de cantar.

Un fuerte abrazo,
Álvaro

Carlos Sierra

Plazuela Nutibara, 77

Medellín, Colombia

3 **Asociaciones** En parejas, contesten: ¿Con cuáles de estos animales, elementos y/o fuerzas de la naturaleza te sientes asociado/a? ¿Con cuáles crees que está asociado/a tu compañero/a? ¿Por qué? Comparen sus respuestas. Utilicen el vocabulario.

árbol	desierto	luna	serpiente
bosque	fuente de energía	mar	sol
conejo	huracán	pájaro	terremoto
cordillera	león	río	tierra

Preparación

Vocabulario del corto	Vocabulario útil
acabarse *to run out (of something)*	**apuntar** *to aim*
de volada *quickly (Méx.)*	**disparar** *to shoot*
disculparse *to apologize*	**el petróleo** *oil*
resentido/a *upset*	**preocuparse (por)** *to worry (about)*
la salida *exit*	**proteger(se)** *to protect (oneself)*
sobre todo *above all*	**el rifle** *rifle*
el tanque *tank*	**el sobrecalentamiento** *overheating*
tratarse de *to be about*	**el techo** *roof*
la tubería *piping*	**vigilar** *to watch*

EXPRESIONES

Ándale... *Come on...*

Déjalo... *Don't worry...*

¡Se acabó! *That's it!*

1 **Vocabulario** Indica la oración que expresa mejor la misma idea.

1. Luis y Sofía llegaron de volada al aeropuerto.

   a. Luis y Sofía no encontraron el aeropuerto.

   b. Luis llegó al aeropuerto antes que Sofía.

   c. Luis y Sofía llegaron rápido al aeropuerto.

2. La película se trata de las aventuras de una pareja de enamorados.

   a. Una pareja de enamorados compró la película.

   b. En la película se ve la historia de una pareja de enamorados.

   c. La película niega que haya una pareja de enamorados.

3. Déjalo, Héctor, yo limpio la cocina.

   a. Espera un momento, Héctor, voy a limpiar la cocina.

   b. Héctor, ayúdame a limpiar la cocina.

   c. No te preocupes, Héctor, yo voy a limpiar la cocina.

2 **Una carta** En parejas, escriban un correo electrónico a una industria local que está contaminando la zona donde ustedes viven. Expresen su inquietud y den consejos para preservar la naturaleza del lugar.

> Estimados señores:
>
> Les escribimos porque estamos preocupados por la situación de su empresa. Creemos que están contaminando mucho el aire que respiramos...

3 **Fotogramas** En parejas, observen los fotogramas e imaginen lo que va a ocurrir en el cortometraje.

4 **El parque** En grupos pequeños, imaginen que están a cargo (*in charge*) de un parque ecológico. Llenen el folleto informativo invitando al público a visitarlo. Incluyan esta información y todos los detalles que crean necesarios.

- ¿Cuál es la filosofía del parque?
- ¿Dónde está?
- ¿Qué actividades ofrece?
- ¿Qué animales hay?

¡Visita el Parque Ecológico ——————— !

NUESTRA FILOSOFÍA ———————————

ACTIVIDADES ——————————————

FAUNA ————————————————

LUGAR —————————————————

HORARIO ———————————————

5 **Preguntas** En parejas, contesten las preguntas.

1. ¿Hay contaminación en su comunidad?
2. ¿Qué hacen para proteger el medio ambiente?
3. ¿Qué opinan sobre el uso de fuentes de energía que no contaminen?
4. ¿Creen que el agua es un recurso renovable?
5. ¿Qué hacen para no malgastar el agua?
6. ¿Conocen alguna técnica o sistema para aprovechar el agua de la lluvia?
7. ¿Qué fenómenos naturales, medioambientales, socio-culturales y/o económicos pueden poner en peligro las reservas de agua de una comunidad?
8. ¿Es posible la vida sin agua? ¿Cómo afectaría su vida la falta de agua? Hagan una lista de actividades que no sería posible realizar sin agua.

Mira el cortometraje en el supersitio de **SUEÑA** y completa las actividades.

El día menos pensado

Una producción de FONDO NACIONAL PARA LA CULTURA Y LAS ARTES/INSTITUTO MEXICANO DE CINEMATOGRAFÍA/ GUERRILLA FILMS con apoyo de MEXATIL INDUSTRIAL, S.A. DE C.V./EQUIPMENT & FILM DESIGN (EFD)/CALABAZITAZ TIERNAZ/KODAK DE MÉXICO/CINECOLOR MÉXICO Guión y Dirección RODRIGO ORDÓÑEZ Basada en un cuento de SERGIO FERNÁNDEZ BRAVO Fotografía EVERARDO GONZÁLEZ Productor Ejecutivo GABRIEL SORIANO Dirección de Arte AMARANTA SÁNCHEZ Música Original CARLOS RUIZ Diseño Sonoro LENA ESQUENAZI Edición JUAN MANUEL FIGUEROA Actores FERNANDO BECERRIL/MARTA AURA/BRUNO BICHIR/CLAUDIA RÍOS

ARGUMENTO *Una ciudad se ha quedado sin agua. Mucha gente se ha ido. Algunos se quedan vigilando la poca agua que les queda.*

JULIÁN Inés, nos tenemos que ir.
INÉS Dicen que todo se va a arreglar. Que si no, es cuestión de esperar hasta que lleguen las lluvias.
JULIÁN Sí, pero no podemos confiar en eso. No a estas alturas[1].

INÉS ¿Cómo vamos a salir de la ciudad?
JULIÁN No lo sé.
INÉS Pero dicen que en todas las salidas hay vándalos. Y que están muy resentidos porque ellos fueron los primeros que se quedaron sin agua.
JULIÁN Si no digo que no sea peligroso. Pero cuando se nos acabe el agua nos tenemos que ir de todos modos.

INÉS ¿Pasa algo?
JULIÁN Ya no tenemos agua.
INÉS En la tele dijeron que...
JULIÁN ¡Qué importa lo que hayan dicho! ¡Se acabó!

JULIÁN Aunque lograran[2] traer agua a la ciudad, no pueden distribuirla. Las tuberías están contaminadas desde el accidente. Ninguna ayuda llegará a tiempo, y menos aquí.
INÉS Pero no quiero dejar mi casa.

JULIÁN Y a ustedes, ¿cuándo se les acabó el agua?
RICARDO Antier[3] en la noche nos dimos cuenta.
JULIÁN Ricardo, ¿quieren venir con nosotros?

JULIÁN No nos va a pasar nada, Inés. ¿Qué nos pueden hacer? Todos estamos igual.

[1] *at this stage*   [2] *managed to*   [3] *the day before yesterday*

Análisis 🌐

1 **Comprensión** Contesta las preguntas con oraciones completas.

1. ¿Qué hace el hombre en el techo de su casa? ¿Por qué?
2. ¿Qué le dice el hombre a su esposa cuando está desayunando?
3. ¿Qué hay en las salidas de la ciudad?
4. ¿Qué pasa con las tuberías?
5. ¿Por qué deciden irse de la ciudad?
6. ¿Quiénes van con ellos en el coche?

2 **Ampliar** En parejas, háganse las preguntas.

1. ¿Qué creen que ocurre al final? ¿Es un final feliz? ¿Por qué?
2. ¿Por qué creen que el agua de la ciudad está envenenada?
3. ¿Por qué se titula *El día menos pensado*?
4. Imaginen que son los protagonistas de este corto, ¿qué harían ustedes en esa situación?

3 **¿Quién lo dijo?** Lee estos dos breves diálogos tomados del corto y ponlos en contexto. ¿Quiénes están hablando? ¿Qué importancia tienen en la historia?

> —**Esta mañana vi la cisterna. Está casi llena…**
>
> —**Está contaminada y tú lo sabes.**

> —**Don Julián, venía a disculparme por lo de esta mañana.**
>
> —**Déjalo, vecino. Con un niño pequeño yo hubiera hecho lo mismo.**

4 **Futuro** Trabajen en parejas.

A. Digan qué harían para evitar estas catástrofes ecológicas. Usen el futuro y el condicional.

- explosión nuclear
- sobrecalentamiento del planeta
- deforestación de todos los bosques y selvas

B. ¿En manos de quién está el mundo? Reflexionen en parejas sobre esta cuestión y anoten sus ideas y opiniones. Después, compártanlas con la clase y abran un debate. Relacionen sus opiniones con los principales problemas ecológicos actuales.

5

La naturaleza En parejas, den su opinión sobre los temas de la lista. ¿Creen que son positivos para el medio ambiente? ¿Por qué? Luego compartan sus opiniones con la clase.

- Carros híbridos
- Búsqueda de petróleo en bosques protegidos
- Reciclar papel y vidrio
- Ser vegetariano
- Cazar

6

Animales Trabajen en grupos para contestar las preguntas. Después compartan sus respuestas con la clase.

1. ¿Están de acuerdo con los experimentos con animales? ¿Qué tienen de positivo? ¿Y de negativo? ¿Los prohibirían?

2. ¿Qué opinan de los zoológicos? ¿Creen que van a cambiar en el futuro? ¿Cómo piensan que van a ser?

7

Películas En parejas, escriban dos o tres títulos de películas que ustedes crean que tienen similitudes con este corto. ¿Les gustaron? ¿Qué ocurría en ellas?

8

¿Y ustedes? En parejas, imaginen que son guionistas de cine y tienen que crear el argumento de una película de ciencia-ficción. Sigan las sugerencias y añadan cualquier información que consideren importante. Escriban la historia y, después, compartan su película con la clase.

Protagonistas _____

Dónde ocurre _____

En qué año ocurre _____

Problema o suceso principal _____

Cómo termina la película _____

Título _____

Posibles actores _____

SUEÑA

En **www.suena.vhlcentral.com** encontrarás más información y actividades relacionadas con esta sección.

La cordillera de los Incas

Volcán Cotopaxi, Ecuador

Imagina una cadena[1] de montañas que se extiende por más de 7.500 kilómetros con picos nevados[2] que llegan a los 6.900 metros (22.800 pies), numerosos volcanes activos, enormes glaciares y lagunas escondidas en la niebla[3]. Ésta es la **cordillera de los Andes** que atraviesa, entre otros países, **Ecuador**, **Colombia** y **Venezuela**, dándole a esta región su carácter distintivo y una geografía común.

Después del **Himalaya**, los Andes son la segunda cadena montañosa más extensa y de mayor altura[4] de todo el planeta. Hagamos un recorrido por la región para conocer algunas de las maravillas naturales que alberga[5].

Comencemos en Ecuador. ¿Sabías que este pequeño país—con una extensión casi igual a la del estado de **Colorado**—posee la mayor densidad de volcanes del mundo? Existen más de treinta volcanes en Ecuador, entre los cuales hay algunos que han hecho erupción en los últimos años, como el **Tungurahua** y el **Guagua Pichincha**, este último situado en las afueras de **Quito**, la capital.

Muy cerca de Quito, también encontramos el **Parque Nacional Cotopaxi**, cuya atracción principal es el **volcán Cotopaxi**, el segundo más alto de todo el país y tal vez el más popular entre los turistas. Cotopaxi asciende a 5.911 metros (19.388 pies) y su pico nevado puede verse a cientos de kilómetros de distancia. Su última erupción confirmada fue en 1904, pero desde entonces ha presentado emisiones de vapor y pequeños temblores[6], lo que indica que puede haber más erupciones en el futuro.

Ahora pasemos a Colombia. En la **cordillera Oriental**, una de las vertientes[7] de los Andes, encontramos el **Parque Nacional El Cocuy**, una de las reservas naturales más extensas de Colombia. El Cocuy se encuentra a unos 200 kilómetros al norte de **Bogotá** y es el escenario de un ecosistema típicamente andino. Aquí encontramos más de veinte picos nevados, como el **Pan de Azúcar** y el **Púlpito del Diablo**; también hay muchas lagunas de origen glaciar y páramos[8] con flora y fauna característicos de los bosques andinos.

Finalmente vayamos a Venezuela. Aquí, en las montañas al sur de **Caracas**, está el **Parque Nacional Canaima**. Su principal atractivo es el **Salto Ángel**, la catarata[9] más alta del mundo. Tiene aproximadamente 1.000 metros (3.280 pies) de altura. Trata de imaginarla junto a las cataratas del **Niágara** que miden apenas un poco más de 50 metros (unos 170 pies).

Hay muchísimas excursiones que van desde **Caracas** hasta el salto. Ya sea en avión o en lancha[10] por el **río Churún** se puede disfrutar de la belleza de esta catarata. Imagínate la sensación de volar[11] en un avión pequeño sobre ese espectáculo vertiginoso.

Y bien, luego de unos cuantos días en esta región podemos regresar a casa con experiencias y fotos de nuestras aventuras en la cordillera de los Andes. Y eso que sólo visitamos una fracción de cada uno de nuestros tres países anfitriones[12]. ¿Te imaginas si quisiéramos explorarlos más ampliamente? ¡Necesitaríamos varios meses!

---

[1] *chain* [2] **picos**... *snow-capped peaks* [3] *fog* [4] *height* [5] *hosts* [6] *tremors* [7] *slopes* [8] *high plateaus; moors* [9] *waterfall* [10] *raft; boat* [11] *flying* [12] *host*

LOS ANDES

COLOMBIA | ECUADOR | VENEZUELA

Animales de los Andes

El cóndor Es el ave más grande de toda **Suramérica**. Con sus alas[1] abiertas puede llegar a medir hasta tres metros (unos diez pies) y tener un peso de hasta 30 libras. Los **cóndores** pueden

vivir hasta 50 años y por lo general forman parejas que duran toda la vida. Tanto las hembras[2] como los machos[3] comparten las responsabilidades en la crianza[4] de los polluelos[5]. El cóndor puede recorrer unas 200 millas y volar a una altura de 18.000 pies en busca de comida. En vez de matar a otros animales, el cóndor prefiere comer los restos[6] de animales muertos.

La alpaca Pertenece a la misma familia que los camellos y está relacionada también con la **llama** y la **vicuña** que también habitan en la cordillera andina. Las **alpacas** son muy valoradas por su lana[7], que puede tener hasta más de 20 matices[8] de color. Hoy día, muchísimos productos, como suéteres, gorros[9], chaquetas y alfombras[10], están hechos de lana de alpaca. Esta lana está considerada una de las más finas y suaves del mundo.

El puma Es natural de las **Américas** y es uno de los felinos más representativos de la región andina. Puede vivir en ecosistemas muy diversos, desde el nivel del mar hasta los

4.500 metros de altura. El **puma** es el más grande de los felinos de América. Los machos, que son más grandes que las hembras, miden de uno a dos metros de longitud. Puede trepar[11], saltar[12] y nadar con gran agilidad, aunque no se lo ve en el agua con frecuencia. Se alimenta de mamíferos[13] de todos los tamaños, desde roedores[14] hasta venados[15] grandes. También ataca animales domésticos como caballos y ovejas, razón por la cual ha sido cazado hasta el punto de estar en peligro de extinción.

[1] wings [2] females [3] males [4] rearing [5] chicks [6] remains [7] wool [8] shades [9] caps, hats [10] rugs [11] climb [12] jump [13] mammals [14] rodents [15] deer

El español de Colombia, Ecuador y Venezuela

Colombianismos

bacano	algo que gusta, fabuloso; *great!*
pelado/a	niño/a; *kid*
sardino/a	adolescente; *teenager*
tinto	café; *coffee*
¡Pilas!	¡Atención!; *Careful!; Watch out!*
¡Qué bacanería!	¡Qué bien!; ¡Qué bonito!; *How nice!*

Ecuatorianismos

caleta	casa; *house*
chiva	bicicleta; *bicycle*
choclos	dientes; *teeth*
guagua	niño/a; hijo/a; *kid; son/daughter*
guambra	joven, muchacho/a; *youngster*

Venezolanismos

bonche	fiesta; *party*
burda	mucho/a; *a lot of*
cambur	plátano; *banana*
chamo/a	chico/a; boy/girl; *dude*
pana	amigo/a, compañero/a; *partner*

Mindo

Un encuentro con la naturaleza

A menos de dos horas de **Quito**, **Ecuador**, se encuentra el majestuoso valle de **Mindo**. Es una zona boscosa que cuenta con más de 300 variedades de orquídeas° y más de 450 especies de aves. Entre estas últimas hay aproximadamente 39 especies de colibríes°. En Mindo es posible practicar todo tipo de actividades, desde deportes de aventura hasta caminar tranquilamente por sus senderos° disfrutando del paisaje. A pesar de estar a una altura de 1.200 metros (3.937 pies) sobre el nivel del mar, la temperatura en esta zona es siempre templada, pues varía entre 14 y 23 °C (58 y 74 °F). Te invitamos a conocer este hermoso valle viendo el documental y leyendo más información en **www.suena.vhlcentral.com**.

orquídeas *orchids* **colibríes** *hummingbirds* **senderos** *paths*

DOCUMENTAL
Mira el documental sobre Mindo, Ecuador en el supersitio de **SUEÑA**.

Juanes

Millones siguen su éxito

SUBE EL VOLUMEN
Lee más sobre Juanes y su música en el supersitio de **SUEÑA**.

Discografía
2000 *Fíjate bien* (3 Premios Grammy Latinos)
2002 *Un día normal* (5 Premios Grammy Latinos)
2004 *Mi sangre* (Mejor video de la MTV y álbum de platino)

La carrera° musical de **Juan Esteban Aristizábal**, más conocido como **Juanes**, empezó en **Medellín**, **Colombia**, cuando sólo tenía quince años. Allí formó el grupo de rock/metal **Ekhymosis** con el que grabó cinco álbumes, convirtiéndose en el grupo favorito de Colombia. Después de once años, en 1999, decide dejar el grupo para iniciar una carrera de solista como Juanes y en cuatro años y tres álbumes grabados, se convirtió en el artista latino con más discos vendidos en todo el mundo. Este artista colombiano es cantante, guitarrista y autor de la mayoría de las canciones que canta. En los últimos cuatro años ha ganado nueve **Premios° Grammy Latinos**, cinco **Premios MTV** y seis **Premios Lo nuestro**, entre otros muchos reconocimientos° internacionales. A pesar de° tener sólo tres álbumes en el mercado, Juanes es sin ninguna duda° un artista consumado°.

carrera *career* **Premios** *Awards* **reconocimientos** *recognitions* **A pesar de** *In spite of* **duda** *doubt* **consumado** *accomplished*

¿Qué aprendiste?

1 **Cierto o falso** Indica si estas afirmaciones son ciertas o falsas. Corrige las falsas.

1. La cordillera de los Andes recorre más de 7.500 kilómetros.

2. Hay más de sesenta volcanes en el Ecuador.

3. El Salto Ángel es la catarata más alta del mundo.

4. El cóndor puede vivir hasta 80 años.

5. El puma es el más pequeño de los felinos de América.

6. En Mindo, Ecuador, se pueden realizar diversas actividades, desde practicar deportes de aventura hasta relajarse.

2 **Preguntas** Contesta las preguntas con oraciones completas.

1. ¿Cuáles son tres de los países que atraviesa la cordillera de los Andes?

2. ¿Cuál es la atracción principal del Parque Nacional Cotopaxi?

3. ¿En qué país está el Parque Nacional Canaima?

4. ¿Con qué animales está relacionada la alpaca?

5. ¿Cuánto puede medir un puma macho?

6. ¿Qué tipo de flora y de fauna se puede observar en el valle de Mindo, en Ecuador?

Completa las oraciones con la información correcta y demuestra lo que aprendiste sobre Colombia, Ecuador y Venezuela.

1. Los _____ son la cordillera más extensa y más alta del planeta, después del _____ .
   a. Andes; Inca   b. Andes; Himalaya   c. Himalaya; Andes
   d. Inca; Himalaya

2. Ecuador tiene un área _____ a la del estado de Colorado.
   a. menor   b. mayor   c. similar   d. muy diferente

3. El Tungurahua, el Guagua Pichincha y el Cotopaxi son volcanes _____ en Ecuador.
   a. indecisos   b. inactivos   c. desechables   d. activos

4. De entre los muchísimos volcanes que hay en Ecuador, el _____ es el más conocido por los turistas y el _____ más alto del país.
   a. Guagua Pichincha; primero   b. Tungurahua; segundo
   c. Cotopaxi; segundo   d. Cotopaxi; primero

5. El Parque Nacional El Cocuy está al _____ de Bogotá.
   a. norte   b. sur   c. este   d. oeste

6. El Pan de Azúcar es un _____ nevado de Colombia.
   a. árbol   b. pico   c. bosque   d. lago

7. El Salto Ángel tiene unos mil _____ de altura.
   a. centímetros   b. pies   c. milímetros   d. metros

8. La catarata más alta del mundo está en _____ .
   a. Ecuador   b. Quito   c. Venezuela   d. Colombia

9. El _____ se puede disfrutar desde el cielo en avión o desde el _____ en lancha.
   a. Salto Ángel; río   b. Churum; río
   c. Parque Nacional Canaima; mar
   d. Púlpito del Diablo; paisaje

10. El cóndor es el ave más _____ de Suramérica.
    a. bonita   b. pequeña   c. grande   d. blanca

11. La lana de la alpaca es una de las más _____ del mundo.
    a. gruesas   b. baratas   c. delgadas   d. finas

12. El puma está en peligro de extinción debido a la _____ .
    a. caza   b. lana   c. comida   d. elevación

PROYECTO

Fotografías descriptivas

Imagina que eres fotógrafo/a y trabajas en una revista de geografía. Tu jefe te ha pedido sacar fotos para un reportaje sobre la cordillera de **los Andes** en **Colombia**, **Ecuador** y **Venezuela**.

Busca la información que necesites en **www.suena.vhlcentral.com.**

- Investiga sobre tres maravillas naturales o animales de los Andes.
- Escoge fotografías que reflejen su magnitud y belleza.
- Describe cada foto a la clase y explica por qué la escogiste.

GALERÍA DE CREADORES

CONEXIÓN INTERNET

En www.suena.vhlcentral.com encontrarás mucha más información sobre estos creadores de Colombia, Ecuador y Venezuela, y podrás explorar distintos aspectos de sus creaciones con actividades y proyectos de investigación.

LITERATURA
Gabriel García Márquez

Cien años de soledad y *El amor en los tiempos del cólera* no son sólo títulos; son expresiones familiares para cualquier hispanohablante. Las obras del colombiano Gabriel García Márquez (premio Nobel de Literatura, 1982) forman parte de una de las más importantes producciones literarias del siglo XX, en cualquier idioma. En sus cuentos y novelas más célebres, García Márquez nos ofrece el mundo del "realismo mágico", donde lo fantástico es totalmente normal y lo normal parece fantástico.

DISEÑO Y MODA Carolina Herrera

A los cuarenta años, después de tener su primer nieto, la venezolana Carolina Herrera decidió hacer algo nuevo en su vida y empezó a trabajar como diseñadora de moda. Desde entonces, ha sido una de las diseñadoras más influyentes del mundo y su nombre forma parte de la lista que se menciona regularmente en las galas de Hollywood. Fue incluso diseñadora exclusiva de Jaqueline Onassis y fue amiga y modelo de Andy Warhol.

ESCULTURA Marisol Escobar

Cuando Marisol Escobar era una joven adolescente en Venezuela, pasó por un período en el que quería imitar a santos, vírgenes y mártires. Por lo tanto, hacía varias penitencias, como caminar de rodillas hasta sangrar y permanecer en silencio por largos espacios de tiempo. Estas experiencias, y la influencia del catolicismo en general, le han dado a su arte un fuerte componente espiritual, lleno de elementos naturales y supernaturales. Lo natural es evidente en su uso común de la madera y la terracota, y lo supernatural se expresa en sus creaciones abstractas, hechas con diferentes combinaciones de pinturas, grabados, dibujos y esculturas. Aquí podemos ver su obra *Presidente Charles de Gaulle* (1967).

PINTURA/MURALISMO
Oswaldo Guayasamín

Cuando un turista llega al aeropuerto de Barajas en Madrid o visita la UNESCO en París, puede admirar uno de los murales de Oswaldo Guayasamín. El pintor y muralista ecuatoriano, de fama mundial, colaboró con dos de los gigantes del muralismo mexicano, José Clemente Orozco y David Alfaro Siqueiros, y mantuvo fuertes amistades con Gabriel García Márquez y Pablo Neruda. Al morir, Guayasamín dejó toda su colección artística al pueblo de Ecuador, ya que en vida éste fue una de sus principales fuentes de inspiración. Aquí observamos su obra *Violinista* (1967).

AMPLIACIÓN

MÁS CREADORES

En el supersitio de **SUEÑA** conocerás a estos otros creadores de Colombia, Ecuador y Venezuela.

Carlos Cruz Diez
Pintor venezolano

Jorge Icaza
Escritor ecuatoriano

Fernando Botero
Pintor y escultor colombiano

Una vaca querida

Laura Antillano
Escritora venezolana

5.1

The future

Forms of the future tense

TALLER DE CONSULTA

The following grammar topics are covered in the **Manual de gramática, Lección 5**.

5.4 Qué vs. cuál, p. 250

5.5 The neuter lo, p. 252

—*Ninguna ayuda* **llegará** *a tiempo.*

¡ATENCIÓN!

Note that all of the future tense endings carry a written accent mark except the **nosotros** form.

- The future tense (**el futuro**) uses the same endings for all **–ar, –er,** and **–ir** verbs. For regular verbs, the endings are added to the infinitive.

The future tense		
hablar	**deber**	**abrir**
hablaré	deberé	abriré
hablarás	deberás	abrirás
hablará	deberá	abrirá
hablaremos	deberemos	abriremos
hablaréis	deberéis	abriréis
hablarán	deberán	abrirán

- For irregular verbs, the same future endings are added to the irregular stem.

infinitive	stem	future
caber	cabr–	**cabré, cabrás, cabrá, cabremos, cabréis, cabrán**
haber	habr–	**habré, habrás, habrá, habremos, habréis, habrán**
poder	podr–	**podré, podrás, podrá, podremos, podréis, podrán**
querer	querr–	**querré, querrás, querrá, querremos, querréis, querrán**
saber	sabr–	**sabré, sabrás, sabrá, sabremos, sabréis, sabrán**
poner	pondr–	**pondré, pondrás, pondrá, pondremos, pondréis, pondrán**
salir	saldr–	**saldré, saldrás, saldrá, saldremos, saldréis, saldrán**
tener	tendr–	**tendré, tendrás, tendrá, tendremos, tendréis, tendrán**
valer	valdr–	**valdré, valdrás, valdrá, valdremos, valdréis, valdrán**
venir	vendr–	**vendré, vendrás, vendrá, vendremos, vendréis, vendrán**
decir	dir–	**diré, dirás, dirá, diremos, diréis, dirán**
hacer	har–	**haré, harás, hará, haremos, haréis, harán**

Uses of the future tense

- In Spanish, as in English, the future tense is one of many ways to express actions or conditions that will happen in the future.

Present indicative

Llegan a Caracas mañana.
They arrive in Caracas tomorrow.
(conveys a sense of certainty that the action will occur)

Present subjunctive

Prefiero que lleguen a Caracas mañana.
I prefer that they arrive in Caracas tomorrow.
(refers to an action that has yet to occur)

ir a + [*infinitive*]

Van a llegar a Caracas mañana.
They are going to arrive in Caracas tomorrow.
(expresses the near future; is commonly used in everyday speech)

Future tense

Llegarán a Caracas mañana.
They will arrive in Caracas tomorrow.
(expresses an action that will occur; often implies more certainty than ir a + [*infinitive*])

- The English word *will* can refer either to future time or to someone's willingness to do something. To express willingness, Spanish uses the verb **querer** + [*infinitive*], not the future tense.

¿**Quieres contribuir** a la protección del medio ambiente?
Will you contribute to the protection of the environment?

Quiero ayudar, pero no sé por dónde empezar.
I'm willing to help, but I don't know where to begin.

- In Spanish, the future tense may be used to express conjecture or probability, even about present events. English expresses this in various ways, such as *wonder, bet, must be, may, might,* and *probably.*

¿Qué hora **será**?
I wonder what time it is.

Ya **serán** las dos de la mañana.
It must be two a.m. by now.

¿**Irá** a llover mañana?
Do you think it's going to rain tomorrow?

Probablemente **tendremos** un poco de sol y un poco de viento.
It'll probably be sunny and windy.

- When the present subjunctive follows a conjunction of time like **cuando, después (de) que, en cuanto, hasta que,** and **tan pronto como**, the future tense is often used in the main clause of the sentence.

Nos **quedaremos** lejos de la costa **hasta que pase** el huracán.
We'll stay far from the coast until the hurricane passes.

En cuanto termine de llover, **regresaremos** a casa.
As soon as it stops raining, we'll go back home.

Tan pronto como salga el sol, **iré** a la playa a tomar fotos.
As soon as the sun comes up, I'll go to the beach to take photos.

Práctica 🌐

1 **Horóscopo chino** En el horóscopo chino cada signo es un animal. Lee las predicciones del horóscopo chino para la serpiente. Conjuga los verbos en paréntesis usando el futuro.

TRABAJO Esta semana (1) _____ (tener) que trabajar duro. (2) _____ (salir) poco y no (3) _____ (poder) divertirte. Pero (4) _____ (valer) la pena. Muy pronto (5) _____ (conseguir) el puesto que estás esperando.

DINERO (6) _____ (venir) tormentas económicas. No malgastes tus ahorros.

SALUD (7) _____ (resolver) tus problemas respiratorios. Pero (8) _____ (deber) cuidarte la garganta.

AMOR (9) _____ (recibir) una noticia muy buena. Una persona especial te (10) _____ (decir) que te ama. (11) _____ (venir) días felices.

2 **Más horóscopo chino** En parejas, escriban el horóscopo de su compañero/a. Utilicen verbos en futuro y usen algunas frases de la lista. Luego compartan el horóscopo que escribieron con el resto de sus compañeros/as.

decir secretos	haber sorpresa	recibir una visita
empezar una relación	hacer daño	tener suerte
festejar	hacer un viaje	venir amigos
ganar/perder dinero	poder solucionar problemas	viajar al extranjero

Dragón:
1940-1952-1964-1976-1988

Serpiente:
1941-1953-1965-1977-1989

Caballo:
1942-1954-1966-1978-1990

Cabra:
1943-1955-1967-1979-1991

Mono:
1944-1956-1968-1980-1992

Gallo:
1945-1957-1969-1981-1993

Perro:
1946-1958-1970-1982-1994

Cerdo:
1947-1959-1971-1983-1995

Rata:
1948-1960-1972-1984-1996

Búfalo:
1949-1961-1973-1985-1997

Tigre:
1950-1962-1974-1986-1998

Gato:
1951-1963-1975-1987-1999

3 **Tus planes** En parejas, pregúntense qué planes tienen para el verano. Pueden hacerse preguntas que no están en la lista. Después compartan la información con la clase.

1. ¿Trabajarás? ¿En qué?
2. ¿Tomarás clases en la universidad?
3. ¿Irás de vacaciones? ¿Adónde?
4. ¿Saldrás por las noches?
5. ¿Harás algo extraordinario?
6. ¿Protegerás el medio ambiente?
7. ¿Malgastarás menos recursos naturales?
8. ¿Mejorarás tu vida?

Comunicación

4 **Viajes de aventura** Tú y tu compañero/a tienen que planear un viaje que va a durar dos semanas. Decidan a qué país irán, en qué fechas y qué harán allí. Usen el anuncio como guía y los verbos en futuro.

ECOTURISMO

Colombia	Ecuador	Venezuela
• acampar en la costa	• montar a caballo en las montañas	• explorar un tramo de los Andes
• hacer *rafting* por el río Tobia	• bucear en el mar	• ascender un Tepuy (*flat-topped mountain*)
• visitar la región amazónica colombiana	• ir en bicicleta de montaña	• hacer una expedición por un río
• disfrutar de la naturaleza y las playas en el Parque Nacional Tayrona	• viajar en kayak por las islas Galápagos con las tortugas marinas, focas y delfines	• explorar las islas del Parque Nacional Mochima en kayak

5 **¿Qué será de...?** Todo cambia con el paso del tiempo. En parejas, conversen sobre lo que sucederá en el futuro en relación con los siguientes temas y lugares.

- las ballenas (*whales*) en 2200
- Venecia en 2035
- los libros tradicionales en 2105
- la televisión en 2056
- Internet en 2050
- las hamburguesas en 2020
- los polos norte y sur en 2300
- el Amazonas en 2100
- Los Ángeles en 2245
- el petróleo en 2025

6 **¿Dónde estarán en 20 años?** La fama es, en muchas ocasiones, pasajera (*fleeting*). En grupos de tres, hagan una lista de cinco personas famosas y anticipen lo que será de ellas dentro de veinte años.

7 **Situaciones** En parejas, seleccionen uno de estos temas e inventen un diálogo usando el tiempo futuro.

1. Dos jóvenes han terminado sus estudios universitarios y hablan sobre lo que harán para convertirse en millonarios.

2. Dos ladrones/as acaban de robar todo el dinero de un banco internacional. Tienen el dinero escondido en el congelador (*freezer*) de un(a) amigo/a. Piensa en lo que harán para escapar de la policía.

3. Los/as hermanos/as Rondón han decidido convertir su granja (*farm*) en un centro de ecoturismo. Deben planear algunas atracciones para los turistas.

4. Dos inventores/as se reúnen para participar en un intercambio (*exchange*) de ideas. El objetivo es controlar, reducir e, idealmente, eliminar la contaminación del aire en las grandes ciudades. Cada uno/a dice lo que hará o inventará para conseguirlo.

5.2 The conditional

—**Sería** peligroso salir de la ciudad ahora.

- The conditional tense (**el condicional**) uses the same endings for all **–ar, –er,** and **–ir** verbs. For regular verbs, the endings are added to the infinitive.

The conditional		
dar	**ser**	**vivir**
dar**ía**	ser**ía**	vivir**ía**
dar**ías**	ser**ías**	vivir**ías**
dar**ía**	ser**ía**	vivir**ía**
dar**íamos**	ser**íamos**	vivir**íamos**
dar**íais**	ser**íais**	vivir**íais**
dar**ían**	ser**ían**	vivir**ían**

- Verbs with irregular future stems have the same irregular stem in the conditional.

infinitive	stem	conditional
caber	cabr–	cabría, cabrías, cabría, cabríamos, cabríais, cabrían
haber	habr–	habría, habrías, habría, habríamos, habríais, habrían
poder	podr–	podría, podrías, podría, podríamos, podríais, podrían
querer	querr–	querría, querrías, querría, querríamos, querríais, querrían
saber	sabr–	sabría, sabrías, sabría, sabríamos, sabríais, sabrían
poner	pondr–	pondría, pondrías, pondría, pondríamos, pondríais, pondrían
salir	saldr–	saldría, saldrías, saldría, saldríamos, saldríais, saldrían
tener	tendr–	tendría, tendrías, tendría, tendríamos, tendríais, tendrían
valer	valdr–	valdría, valdrías, valdría, valdríamos, valdríais, valdrían
venir	vendr–	vendría, vendrías, vendría, vendríamos, vendríais, vendrían
decir	dir–	diría, dirías, diría, diríamos, diríais, dirían
hacer	har–	haría, harías, haría, haríamos, haríais, harían

Uses of the conditional

- The conditional is used to express what *would* occur under certain circumstances.

  En el Ecuador, ¿qué ciudad **visitarías** primero?
  In Ecuador, which city would you visit first?

  Iría primero a Quito y después a Guayaquil.
  First I would go to Quito and then to Guayaquil.

- The conditional is also used to make polite requests.

  ¿**Podrías** pasarme ese mapa, por favor?
  Could you pass me that map, please?

  ¿**Sería** usted tan amable de cuidar mis plantas?
  Would you be so kind as to take care of my plants?

- In subordinate clauses, the conditional is often used to express what *would* happen after another action *took place*. To express what *will* happen after another action *takes place*, the future tense is used instead.

Conditional

  Creía que hoy **haría** mucho viento.
  I thought it would be very windy today.

Future

  Creo que mañana **hará** mucho viento.
  I think it will be very windy tomorrow.

- In Spanish, the conditional may be used to express conjecture or probability about a past condition or event. English expresses this in various ways with the expressions *wondered, must have been,* and *was probably.*

  ¿Qué hora **sería** cuando regresó?
  I wonder what time he returned.

  Serían las ocho.
  It must have been eight o'clock.

¡ATENCIÓN!

The English *would* is often used to express the conditional, but it can also express what *used to* happen. To express habitual past actions, Spanish uses the imperfect, not the conditional.

Cuando era pequeña, iba a la playa durante los veranos.
When I was young, I would go to the beach in the summer.

TALLER DE CONSULTA

The conditional is also used in contrary-to-fact sentences. See **Manual de gramática, pp. 272–273**.

¿No sería ahora el momento justo para ir de vacaciones a San Andrés?

Práctica

1 **Completar** Completa el diálogo con el condicional de los verbos entre paréntesis.

ALBERTO Si yo pudiera formar parte de esta organización (1) _____ (estar) dispuesto (*ready*) a ayudar en todo lo posible.

ELENA Sí, lo sé, pero tú no (2) _____ (poder) hacer mucho. No tienes la preparación necesaria. Tú (3) _____ (necesitar) estudios de biología.

ALBERTO Bueno, yo (4) _____ (ayudar) con las cosas menos difíciles. Por ejemplo, (5) _____ (hacer) el café para las reuniones.

ELENA Estoy segura de que todos (6) _____ (agradecer) tu colaboración. Les preguntaré para ver si necesitan ayuda.

ALBERTO Eres muy amable, Elena. (7) _____ (dar) cualquier cosa por trabajar con ustedes. Y (8) _____ (considerar) la posibilidad de volver a la universidad para estudiar biología. (9) _____ (tener) que trabajar duro, pero lo (10) _____ (hacer) porque no (11) _____ (saber) qué hacer sin un trabajo significativo. Por eso sé que el esfuerzo (12) _____ (valer) la pena (*would be worth it*).

2 **Cambiar** Cambia los siguientes mandatos por mandatos indirectos que usen el condicional.

Mandatos directos	Mandatos indirectos
Dale de comer al perro.	¿Podrías darle de comer al perro, por favor?
No malgastes el agua.	
Compra un carro ecológico.	
Planta un árbol.	
Deja de molestar al gato.	
Usa sólo papel reciclado.	
No tires basura en la calle.	

3 **Lo que hizo Juan** Utilizamos el condicional para expresar el futuro en el contexto de una acción pasada. Explica lo que quiso hacer Juan y lo que al final pudo hacer, usando las claves dadas.

Modelo **pensar / desayunar**
Juan pensó que desayunaría con su amigo Javier, pero Javier no tenía hambre.

1. pensar / comer
2. decir / poner
3. imaginar / tener
4. escribir / venir
5. contarme / querer
6. suponer / hacer
7. explicar / salir
8. calcular / valer

Comunicación

4

De vacaciones Tu tío Ignacio y su familia van de vacaciones al lugar donde tú fuiste el año pasado, la ciudad de Bolívar en Venezuela. Te divertiste mucho allí, por eso tu tío te ha llamado para pedirte consejos sobre lo que ellos deben hacer. En grupos, usen estas sugerencias y otras para el tío y su familia de acuerdo a sus gustos y a la información de la Nota cultural. Usen el condicional en sus sugerencias.

Modelo   Tía Rosa y Manuel podrían visitar el Ecomuseo.

| deber poder tener | acampar en las montañas
almorzar en un restaurante caro
comer caracoles (*snails*)
hacer una excursión por la selva
ir al Museo de Arte Moderno
    Jesús Soto | nadar en la piscina del hotel
nadar en los ríos
pescar
sacar fotografías
salir a bailar
visitar la biblioteca de Bolívar |

Nota CULTURAL

El estado de **Bolívar**, en el sur de **Venezuela**, limita al norte con el **río Orinoco** y al sur con el estado de **Amazonas** y **Brasil**. La capital del estado también se llama **Bolívar** y se distingue por sus casas de estilo colonial. También cuenta con dos importantes museos que presentan el lado moderno de la ciudad: el **Museo de Arte Moderno Jesús Soto** y el **Ecomuseo**. En la región también encontramos dos parques nacionales que ofrecen una abundante flora y fauna.

Tía Rosa: No le gusta estar al aire libre. Odia los mosquitos.

Tío Ignacio: Le encanta acampar.

Karina: Le encantan los animales salvajes.

Manuel: Le gusta jugar con la computadora y leer.

5

¿Qué harías? Piensa en lo que harías en estas situaciones. Usa el condicional. Luego compártelo con tus compañeros/as.

5.3

Relative pronouns

El pronombre relativo *que*

—*Ellos fueron los primeros **que** se quedaron sin agua.*

- **Que** (*that, which, who*) is the most frequently used relative pronoun (**pronombre relativo**). It can refer to people or things, subjects or objects, and can be used in restrictive clauses (no commas) or nonrestrictive clauses (with commas). Note that while some relative pronouns may be omitted in English, they must always be used in Spanish.

  El incendio **que** vimos ayer destruyó la tercera parte del bosque.
  The fire (that) we saw yesterday destroyed a third of the forest.

  Las personas **que** van a la manifestación quieren impedir la urbanización.
  The people who are going to the protest want to prevent urbanization.

  La inundación fue causada por la lluvia, **que** ha durado más de dos semanas.
  The flood was caused by the rain, which has lasted over two weeks.

El que/La que

- After prepositions, **que** is used with the definite article: **el que, la que, los que** or **las que**. The article must agree in gender and number with the thing or person it refers to (the antecedent). When referring to *things* (but not *people*), the article may be omitted after short prepositions, such as **en, de,** and **con**.

  La mujer **para la que** trabajo llegará a las seis.
  The woman for whom I work will arrive at six o'clock.

  El edificio **en (el) que** viven es viejo.
  The building they live in is old.

  Ella podría contagiar a las personas **con las que** trabaja.
  She could infect the people with whom she works.

- **El que, la que, los que,** and **las que** are also used for clarification in nonrestrictive clauses (with commas) when it might be unclear to what or whom the clause refers.

  Hablé con los empleados de la compañía, **los que** están contaminando el río.
  I spoke with the employees of the company, the ones who are polluting the river.

  Hablé con los empleados de la compañía, **la que** está contaminando el río.
  I spoke with the employees of the company, (the one) which is polluting the river.

El cual/La cual

- **El cual, la cual, los cuales,** and **las cuales** are generally interchangeable with **el que, la que, los que,** and **las que**. They are often used in more formal speech or writing. Note that when **el cual** and its forms are used, the definite article is never omitted.

    El edificio **en el cual** viven es viejo.
    The building in which they live is old.

    La mujer **para la cual** trabajo llegará a las seis.
    The woman for whom I work will arrive at six.

Quien/Quienes

- **Quien** (*singular*) and **quienes** (*plural*) are used to refer only to people, not to things. **Quien(es)** is generally interchangeable with forms of **el que** and **el cual**.

    Los investigadores, **quienes (los que/los cuales)** estudian la erosión, son de Ecuador.
    The researchers, who are studying erosion, are from Ecuador.

    El investigador **de quien (del que/del cual)** hablaron era mi profesor.
    The researcher (whom) they spoke about was my professor.

- Although **que** and **quien(es)** may both refer to people, their use depends on the structure of the sentence.

- In restrictive clauses (no commas) that refer to people, **que** is used if no preposition is present. If a preposition or the personal **a** is present, **quien** (or **el que/el cual**) is used instead. Below, **que** is equivalent to *who*, while **quien** expresses *whom*.

    La gente **que** vive en la capital está harta del smog.
    The people who live in the capital are tired of the smog.

    Esperamos la respuesta de los biólogos **a quienes (a los que/a los cuales)** llamamos.
    We're waiting for a response from the biologists to whom we called.

- In nonrestrictive clauses (with commas) that refer to people, **quien** (or **el que/el cual**) is generally used, not **que**.

    Juan y María, **quienes** viven conmigo, me regañan cuando dejo las luces prendidas.
    Juan and María, whom I live with, scold me if I leave the lights on.

The relative adjective *cuyo*

- The relative adjective **cuyo (cuya, cuyos, cuyas)** means *whose* and agrees in number and gender with the noun it precedes. Remember that **de quién(es)**, not **cuyo**, is used in questions to express *whose*.

    El equipo, **cuyo** proyecto aprobaron, viajará a las islas Galápagos en febrero.
    The team, whose project they approved, will travel to the Galapagos Islands in February.

    La colega, **cuyas** ideas mejoraron el plan, no tiene tiempo para realizar el proyecto.
    The colleague, whose ideas improved the plan, doesn't have time to do the project.

Práctica 🌐

1 **Seleccionar** Selecciona la palabra o expresión adecuada para completar las oraciones.

1. El señor Laprida, _____ empresa se dedica al ecoturismo, está en una reunión.
   a. cuya   b. cuyo   c. cuyos

2. Hay muchos tóxicos _____ se contamina el agua.
   a. con la   b. con los que   c. con quien

3. El científico, _____ busca una solución para el consumo de energía, hace estudios en Chicaque.
   a. que   b. quien   c. quienes

4. Los amigos _____ me viste quieren visitar el Parque Natural Chicaque.
   a. en quien   b. de quien   c. con quienes

2 **El ozono** Completa el siguiente artículo de una revista científica con los pronombres relativos de la lista. Algunos pronombres pueden repetirse.

LA CAPA DE OZONO

con quien
cuyas
cuyo
de las cuales
de que
del que
el cual
en que
las cuales
que
quien

La capa de ozono está formada por un gas, (1) _____ se encuentra en la estratosfera. Este gas (2) _____ nos protege de la radiación ultravioleta ha empezado a desaparecer en algunas regiones del planeta, (3) _____ la Antártida es la zona (4) _____ está en mayor peligro.

Los seres humanos y la naturaleza causan este daño a la capa de ozono. La gente lo hace con el uso de gases (5) _____ se usan en aerosoles y refrigeradores. La naturaleza lo hace con erupciones volcánicas, (6) _____ emiten un gas llamado cloro (7) _____ propiedades dañan el ozono. Este problema del ozono, sobre (8) _____ muchos científicos hablan, puede tener consecuencias negativas para la salud de las personas.

3 **Decirlo con otras palabras** Combina las oraciones, usando el pronombre relativo apropiado.

Modelo   **El consumo de energía es un problema. El gobierno habla del consumo de energía.**
            El consumo de energía es un problema del cual el gobierno habla.

1. Los jóvenes son estudiantes universitarios. Los jóvenes luchan contra la deforestación.

2. La manifestación será mañana en la plaza. Te hablé de la manifestación.

3. El gobierno aprobó una ley. El contenido de la ley apoya el reciclaje.

4. La gente no puede bañarse en el río. Las aguas del río están contaminadas.

5. La empresa tiene proyectos de urbanización. La empresa está en crisis.

Comunicación

4 **Tus prioridades**

A. Piensa en tu personalidad y completa el recuadro sobre tus aptitudes, hábitos, puntos fuertes y débiles.

	Sí	No	Depende
1. No uso mi carro. Siempre viajo en autobús o en bicicleta.	☐	☐	☐
2. Como frutas y verduras orgánicas.	☐	☐	☐
3. Reciclo latas, productos de plástico y de papel.	☐	☐	☐
4. Apago las luces de los cuartos donde no hay nadie.	☐	☐	☐
5. En invierno me pongo un abrigo en casa en vez de subir la calefacción.	☐	☐	☐
6. En verano no uso el aire acondicionado, sólo abro las ventanas.	☐	☐	☐
7. Quiero tener una casa con paneles solares o una turbina de viento.	☐	☐	☐
8. Participo en organizaciones que protegen el medio ambiente.	☐	☐	☐
9. Sólo el gobierno debe preocuparse por el medio ambiente.	☐	☐	☐
10. El hecho de que yo conduzca mi carro, no cambia la situación ambiental.	☐	☐	☐
11. Sólo las grandes empresas son responsables de la contaminación.	☐	☐	☐

B. En parejas, compartan la información del recuadro. Informen a sus compañeros/as de clase lo que han aprendido usando pronombres relativos. Sigan el modelo.

> **Modelo** Miguel come verduras y frutas que son orgánicas. Es una persona a quien no le gusta la contaminación causada por pesticidas y herbicidas.

5 **¿Quién es quién?** La clase se divide en dos equipos. Uno de los integrantes del equipo A piensa en un(a) compañero/a y da tres pistas sobre éste/a sin mencionar su nombre. El equipo B tiene que adivinar de quién se trata. Si adivina con la primera pista, obtiene 3 puntos. Si adivina con la segunda pista, obtiene 2 puntos. Si adivina con la tercera pista obtiene 1 sólo punto.

> **Modelo** Estoy pensando en alguien con quien almorzamos.
> Estoy pensando en alguien cuyos ojos son marrones.
> Estoy pensando en alguien que lleva pantalones azules.

6 **Encuesta** Encuentra entre tus compañeros/as de clase a aquéllos/as que tengan las siguientes características. Piensa en cómo formularías las preguntas para obtener esta información, antes de entrevistar a tus compañeros/as. Luego, presenta tus resultados a la clase.

- alguien que forma parte de un grupo ecologista
- alguien a quien le encantan los animales
- alguien que es vegetariano/a
- alguien que está ayudando a cuidar el medio ambiente
- alguien a quien le molesta la caza de animales
- alguien cuyos/as amigos/as practican el ecoturismo

Síntesis

Pronóstico del tiempo

	Hoy	Mañana	Pasado mañana
Buenos Aires	Máx. / Mín. 15° C / 9 °C	Máx. / Mín. 19 °C / 9 °C	Máx. / Mín. 12 °C / 8 °C
Caracas	Máx. / Mín. 34 °C / 26 °C	Máx. / Mín. 34 °C / 26 °C	Máx. / Mín. 36 °C / 25 °C
México D.F.	Máx. / Mín. 24 °C / 14 °C	Máx. / Mín. 22 °C / 13 °C	Máx. / Mín. 22 °C / 12 °C
Quito	Máx. / Mín. 18 °C / 10 °C	Máx. / Mín. 22 °C / 9 °C	Máx. / Mín. 23 °C / 10 °C
Santo Domingo	Máx. / Mín. 32 °C / 24 °C	Máx. / Mín. 32 °C / 23 °C	Máx. / Mín. 32 °C / 23 °C

Vocabulario útil

destruir *to destroy*
inundar *to flood*
mojar *to wet*
quemar *to burn*
soplar *to blow*
temblar *to tremble, to shake*

1 **El pronóstico** En parejas, seleccionen dos de las ciudades incluidas en el informe del tiempo y describan el pronóstico de esos lugares para los próximos tres días. Utilicen los usos del futuro presentados en la lección.

2 **La isla** Imagina que tú y tu compañero/a han naufragado (*shipwrecked*) en una isla desierta. Piensa en los problemas que podrían enfrentar (*face*). Coméntalos con tu compañero/a para ver qué haría él/ella en cada situación.

> **Modelo** —No hay agua potable.
> —Tomaría agua de coco.

3 **El parque** En grupos pequeños, imagínense que van de visita a un parque nacional. Escriban una breve descripción del parque y su medio ambiente usando algunos de los pronombres relativos que han aprendido.

Preparación

Vocabulario de la lectura		**Vocabulario útil**
el chamán *shaman (religious figure believed to have magical or supernatural powers)*	**el pulmón** *lung*	**el carro híbrido** *hibrid car*
	el remedio *remedy*	**el efecto invernadero** *greenhouse effect*
el/la curandero/a *folk healer*	**la selva** *jungle*	**energía eólica** *wind power*
las especies en peligro de extinción *endangered species*	**la semilla** *seed*	**el reciclaje** *recycling*
	la Tierra *Earth*	**reciclar** *to recycle*
el medicamento *medicine*		**el reto** *challenge*

1

Unir Une cada palabra con su definición. Luego, en parejas, escriban tres oraciones utilizando palabras de la actividad.

1. curandero _____
2. medicamento _____
3. pulmón _____
4. selva _____
5. semilla _____
6. Tierra _____

a. cada uno de los dos órganos que permiten respirar al ser humano
b. el planeta donde vivimos
c. persona que cura con remedios naturales
d. parte dura de una fruta o vegetal de la cual crecen nuevas frutas y vegetales
e. bosque muy grande con abundante vegetación y mucha humedad
f. sustancia que se consume para curar una enfermedad

2

La madre naturaleza En parejas, túrnense para contestar las preguntas y expliquen sus respuestas.

1. ¿Es la naturaleza importante en tu vida? ¿Te gusta disfrutar de ella? Cuenta alguna experiencia al aire libre que recuerdes. ¿Guardas un buen/mal recuerdo?
2. ¿Alguna vez has estado en una selva o en un bosque muy grande? ¿Cómo te sentiste?
3. ¿Te preocupan los problemas que afectan al medio ambiente?
4. ¿Colaboras con la conservación del medio ambiente? ¿Cómo?
5. ¿Crees que la tecnología va a resolver todos los problemas medioambientales en el futuro? ¿O crees que todos debemos ayudar?
6. ¿Alguna vez has tomado un curso de educación ambiental? Si la respuesta es sí: ¿qué aprendiste? Si la respuesta es no: ¿te gustaría tener la posibilidad de tomar uno? ¿Qué crees que aprenderías?

3

Problemas ecológicos: ¡Hablar menos y hacer más! Trabajen en grupos de tres.

A. Escriban una lista de problemas ecológicos actuales que amenazan con romper el equilibrio establecido por las leyes naturales.

B. Escriban una lista de medidas concretas que ustedes pueden tomar a partir de ahora mismo para ayudar al medio ambiente y controlar su degradación.

C. Compartan sus listas con la clase y abran un debate.

Escucha el artículo y abre una investigación
en el supersitio de SUEÑA.

El Amazonas:
pulmón del planeta

La selva amazónica es conocida popularmente como el pulmón de la Tierra porque purifica gran parte del oxígeno que respiramos. Con una superficie de 7.000.000 de km², es el hábitat de millones de especies de plantas y animales. Esto la convierte en el ecosistema más diverso del planeta, hecho que se refleja especialmente en los árboles, de los que se reconocen más de 60.000 especies diferentes.

La gran riqueza de su vegetación ha sido durante siglos de gran utilidad para los habitantes de la cuenca° amazónica. Frutas desconocidas en nuestras culturas occidentales, como el túpiro, el copoazú o el temare, les sirven de alimento. Los árboles, algunos de los cuales llegan a medir cien metros, les proveen de maderas de gran calidad. Y sus bosques, aparte de ser la morada° natural de los espíritus de sus religiones, también les regalan un enorme surtido° de plantas medicinales.

Este uso de las plantas como medicinas se remonta° a épocas precolombinas en que las culturas indígenas descubrieron las propiedades curativas de la vegetación que los rodeaba. Los chamanes y curanderos eran, y todavía son, los encargados de recoger las plantas y las muestras de los árboles. La tradición indica que tenían que adentrarse a las zonas más apartadas° e impenetrables de la selva para buscarlas, pues se creía que cuanto más difícil era el acceso a los remedios, más poderosos eran sus efectos curativos.

Hoy en día, más del 25% de los medicamentos que se venden en las farmacias de todo el mundo tiene su origen en las plantas. Muchas de ellas provienen de° la selva que rodea el río Amazonas. La mayor presencia en el mercado de este tipo de medicinas se debe al creciente interés de la industria farmacéutica por métodos

basin (line 14)
dwelling (line 21)
assortment (line 23)
dates back (line 25)
isolated (line 32)
originate from (line 40)

Desaparecen las culturas amazónicas

Se estima que hace más de quinientos años vivían cerca de 10 millones de indígenas en la región amazónica. Hoy día hay menos de 200.000. Tan sólo en Brasil unas 90 tribus indígenas han desaparecido desde comienzos del siglo XX. Y en países como Perú, Colombia, Ecuador y Venezuela cada año se reduce aún más la población indígena de la región amazónica.

de curación que han sido usados con éxito durante miles de años.

En el noroeste del Amazonas, por ejemplo, los indígenas usan más de 1.300 plantas medicinales. Una de ellas es el curare, una sustancia que los indígenas suramericanos ponían en la punta° de sus flechas° para paralizar a los animales que cazaban para comer. Actualmente, la turbocuranina, derivada del curare, se utiliza en todo el mundo como anestesia. Otro de los remedios que se está haciendo muy popular es la semilla de guaraná, que favorece al corazón y a la memoria, y es más poderosa que el ginseng.

Desafortunadamente, la deforestación de esta zona en los últimos años está reduciendo su área peligrosamente.° Esto afecta a todos los seres que habitan allí, y pone en peligro de extinción a cientos de especies animales y vegetales. Es por esto que tanto gobiernos locales como organizaciones de todo el mundo están luchando° para proteger sus extraordinarios recursos naturales y preservar la cultura de sus habitantes. ■

tip/arrows (line 51)
dangerously (line 62)
fighting (line 68)

Análisis 🌐

1

Comprensión Contesta las preguntas con oraciones completas.

1. ¿Por qué se dice que la selva amazónica es el pulmón de la Tierra?

2. ¿Por qué se dice que esta selva tiene el ecosistema más variado del planeta?

3. ¿Qué tareas realizan los chamanes y los curanderos?

4. ¿Por qué buscan las plantas o las muestras de los árboles en zonas muy apartadas para hacer medicinas?

5. ¿Qué porcentaje de los medicamentos que se venden en las farmacias proviene de las plantas?

6. ¿A qué se debe que se usen tantas medicinas de origen vegetal?

7. ¿Cuáles son las consecuencias de la deforestación del Amazonas?

8. Hace más de 500 años, ¿cuántos indígenas vivían en la región amazónica? ¿Y ahora?

2

Informe Tu compañero/a y tú participan en una campaña para salvar la selva amazónica. Escriban un informe sobre la deforestación para publicarlo en Internet. En el informe deben explicar cuáles son las causas del problema y cuáles son las posibles soluciones.

PROTEGER LA SELVA AMAZÓNICA

La selva amazónica es la selva más extensa del mundo. Los miles de seres vivos que la habitan están siendo afectados por la deforestación. Éste es un grave problema porque...

3

En peligro de extinción: ¿Sí o no? En grupos de cuatro, hablen de las causas, los efectos y las posibles soluciones de estos problemas medioambientales. Después, dividan la clase en Optimistas y Pesimistas, y discutan sobre el porvenir del planeta: ¿Está en peligro de extinción?

- La lluvia ácida
- El efecto invernadero
- La contaminación del aire
- La destrucción de la capa de ozono
- La contaminación de océanos, ríos y mares

Preparación

Sobre el autor

Jaime Sabines (1926–1999) es uno de los más grandes poetas mexicanos. Licenciado en Lengua y Literatura Española por la Universidad Nacional Autónoma de México (UNAM), estuvo muy involucrado en la política de su país. Su poesía se distingue por su lenguaje coloquial que nos habla de la realidad de todos los días. En 1972, obtuvo el Premio Villaurrutia y, en 1983, le concedieron el Premio Nacional de Literatura.

Vocabulario de la lectura		Vocabulario útil
a cucharadas *in spoonfuls*	**la hoja** *leaf*	**bello/a** *beautiful*
ahogarse *to choke, to suffocate*	**intoxicar** *to poison*	**la rutina diaria** *daily routine*
aliviar *to relieve, to soothe*	**la pata de conejo** *rabbit's foot*	**simbolizar** *to symbolize*
el estimulante *stimulant*	**el pedazo** *piece*	**el símbolo** *symbol*
el frasquito *little bottle*	**el/la preso/a** *prisoner*	

1 **Vocabulario** Escoge la mejor opción para completar las oraciones.

1. Armando fue al médico porque por las noches sentía que se _____.
   a. ahogaba   b. aliviaba

2. El médico le dio _____ con medicina.
   a. un pedazo   b. un frasquito

3. Él le preguntó al médico cómo debía tomarse la medicina. Éste le dijo que dos _____ al día.
   a. cucharadas   b. patas

4. También quería saber cuándo iba a empezar a _____ sus síntomas.
   a. aliviar   b. intoxicar

5. El médico le dijo que necesitaba descansar más y simplificar su _____.
   a. pata de conejo   b. rutina diaria

2 **La felicidad** En este poema, Jaime Sabines habla de la esperanza e ilusión que hay que tener en la vida. En parejas, contesten las preguntas.

1. ¿Son felices, a pesar de los problemas cotidianos?

2. Cuando tienen problemas que no pueden solucionar, ¿qué hacen para sentirse mejor?

3. ¿Es posible ser feliz siempre?

4. Hagan una lista de cinco cosas bellas que piensan que tiene la vida. Compártanla después con la clase.

3 **La luna** En parejas, hagan una lista de ideas, situaciones y/o personas que relacionen con la luna. Sean creativos/as y compartan su lista con la clase.

LA LUNA

Jaime Sabines

La luna se puede tomar a cucharadas
o como una cápsula cada dos horas.
Es buena como hipnótico y sedante
y también alivia
5 a los que se han intoxicado de filosofía.
Un pedazo de luna en el bolsillo°   *pocket*
es mejor amuleto° que la pata de conejo: *charm, amulet*
sirve para encontrar a quien se ama,
para ser rico sin que lo sepa nadie
10 y para alejar° a los médicos y a las clínicas.   *keep away*
Se puede dar de postre a los niños
cuando no se han dormido,
y unas gotas° de luna en los ojos de los ancianos   *drops*
ayudan a bien morir.

15 Pon una hoja tierna° de la luna   *tender*
debajo de tu almohada°   *pillow*
y mirarás lo que quieras ver.
Lleva siempre un frasquito del aire de la luna
para cuando te ahogues,
20 y dale la llave de la luna
a los presos y a los desencantados°.   *disenchanted*
Para los condenados° a muerte   *condemned*
y para los condenados a vida
no hay mejor estimulante que la luna
25 en dosis precisas y controladas.

Escucha la lectura y opina sobre el
tema en www.imagina.vhlcentral.com.

Análisis

1 **Comprensión** Contesta las preguntas con oraciones completas.

1. ¿A quiénes recomienda la luna el poema?

2. En el poema, ¿cuándo es buena la luna para los niños?

3. ¿Qué relación hay entre llave y presos? ¿Qué quiere decir el poeta con esa imagen?

4. ¿Puedes enumerar qué situaciones le preocupan al poeta?

2 **Interpretar** Contesta las preguntas y explica tus respuestas.

1. ¿Cuál es el tema principal del poema? ¿Hay temas secundarios?

2. ¿Por qué crees que el poeta recomienda la luna en "dosis precisas y controladas"?

3. Lee los siguientes versos. ¿Qué crees que quiere expresar el poeta?

> Un pedazo de luna en el bolsillo
> es mejor amuleto que la pata de conejo:
> sirve para encontrar a quien se ama,
> para ser rico sin que lo sepa nadie
> y para alejar a los médicos y a las clínicas.

4. Según tu opinión, ¿qué simboliza la luna? Sustituye la luna con otro símbolo que crees que representa las mismas ideas. ¿Funciona? ¿Por qué?

3 **Símbolos** Los símbolos están en nuestro día a día. En parejas, busquen cinco símbolos que sean conocidos por todos y expliquen qué es lo que simbolizan.

Modelo Un corazón simboliza el amor.

4 **¿Y tú?** El poeta recomienda ciertas cosas para que todos seamos más felices. ¿Qué les dirías a estas personas si te preguntan qué hacer para solucionar sus problemas?

- Enamorado/a que no es correspondido
- Alguien que acaba de perder su empleo
- Un preso inocente
- Una pareja que está muy enamorada pero que se pelea constantemente

5 **Escribir** Escribe diez consejos para que todos seamos más felices siguiendo el **Plan de redacción**.

Plan de redacción

Consejos para ser feliz

1 **Esquema** Prepara un esquema con las diez actitudes hacia la vida que crees que son necesarias para ser feliz. Organiza tus ideas para que no repitas o se te olvide nada.

2 **Título** Elige un título simbólico para tu decálogo.

3 **Contenido** Escribe los diez consejos. Utiliza el subjuntivo, el imperativo y los pronombres relativos.

Nuestro mundo

La naturaleza

el árbol *tree*
el bosque (lluvioso) *(rain) forest*
la cordillera *mountain range*
la costa *coast*
el desierto *desert*
la luna *moon*
el mar *sea*
el paisaje *landscape, scenery*
el río *river*
el sol *sun*
la tierra *land*

al aire libre *outdoors*
escaso/a *scant, scarce*
potable *drinkable*
protegido/a *protected*
puro/a *pure, clean*
seco/a *dry*

Los animales

el ave, el pájaro *bird*
el cerdo *pig*
el conejo *rabbit*
el león *lion*
el mono *monkey*
la oveja *sheep*
el pez *fish*
la rata *rat*
la serpiente *snake*
el tigre *tiger*
la vaca *cow*

Los fenómenos naturales

el calentamiento *warming*
la erosión *erosion*
el huracán *hurricane*
el incendio *fire*
la inundación *flood*
la lluvia ácida *acid rain*
la sequía *drought*
el smog *smog*
el terremoto *earthquake*

Escucha el vocabulario en el supersitio de **SUEÑA**.

Usos y abusos

la basura *trash*
la capa de ozono *ozone layer*
el combustible *fuel*
el consumo de energía *energy consumption*
la contaminación *pollution*
la deforestación *deforestation*
el desarrollo *development*
la fuente de energía *energy source*
el medio ambiente *environment*
el peligro *danger*
el porvenir *future*
los recursos *resources*

agotar *to use up*
aguantar *to put up with, to tolerate*
amenazar *to threaten*
cazar *to hunt*
conservar *to preserve*
contagiar *to infect, to be contagious*
contaminar *to pollute*
desaparecer *to disappear*
destruir *to destroy*
echar *to throw away*
empeorar *to get worse*
extinguirse *to become extinct*
malgastar *to waste*
mejorar *to get better*
prevenir (e:ie) *to prevent*
proteger *to protect*
resolver (o:ue) *to solve, to resolve*
respirar *to breathe*
urbanizar *to urbanize*

dañino/a *harmful*
desechable *disposable*
renovable *renewable*
tóxico/a *toxic*

Cortometraje

el petróleo *oil*
el rifle *rifle*
la salida *exit*
el sobrecalentamiento *overheating*
el tanque *tank*
el techo *roof*
la tubería *piping*

acabarse *to run out (of something)*
apuntar *to aim*
disculparse *to apologize*
disparar *to shoot*
preocuparse (por) *to worry (about)*
proteger(se) *to protect (oneself)*
tratarse de *to be about*
vigilar *to watch*

de volada *quickly (Mex.)*
resentido/a *upset*
sobre todo *above all*

Cultura

el carro híbrido *hybrid car*
el chamán *shaman*
el/la curandero/a *folk healer*
el efecto invernadero *greenhouse effect*
la energía eólica *wind power*
las especies en peligro de extinción *endangered species*
el medicamento *medicine*
el pulmón *lung*
el reciclaje *recycling*
el remedio *remedy*
el reto *challenge*
la selva *jungle*
la semilla *seed*
la Tierra *Earth*

reciclar *to recycle*

Literatura

el estimulante *stimulant*
el frasquito *little bottle*
la hoja *leaf*
la pata de conejo *rabbit's foot*
el pedazo *piece*
el/la preso/a *prisoner*
la rutina diaria *daily routine*
el símbolo *symbol*

ahogarse *to choke, to suffocate*
aliviar *to relieve, to soothe*
intoxicar *to poison*
simbolizar *to symbolize*

a cucharadas *in spoonfuls*
bello/a *beautiful*

 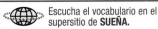

6

El valor de las ideas

Paradójicamente, las épocas más difíciles de la historia, como son las guerras y las dictaduras, muestran lo peor de los seres humanos, pero también lo mejor. La solidaridad humana, la denuncia de la opresión, de la intolerancia, de la falta de libertad y la urgencia de proteger los derechos humanos caracterizan la literatura hispanoamericana del siglo XX. Pero, ¿qué nos enseña realmente la historia? ¿Existe hoy día algún gobierno en el mundo que respete todos los derechos humanos?

Las mujeres chilenas salen a la calle en marzo de 2003 para protestar contra la guerra en Irak.

201

209

Destino:
CHILE

Creencias e ideologías

Las leyes y los derechos

el delito *crime*
los derechos humanos *human rights*
la (des)igualdad *(in)equality*
la (in)justicia *(in)justice*
la libertad *freedom*
la lucha *struggle, fight*
el tribunal *court*

───────

abusar *to abuse*
aprobar (o:ue) una ley
   to pass a law
defender (e:ie) *to defend*
encarcelar *to imprison*
juzgar *to judge*

───────

analfabeto/a *illiterate*
(des)igual *(un)equal*
(in)justo/a *(un)fair*
oprimido/a *oppressed*

La política

el abuso de poder *abuse of power*
la bandera *flag*

la creencia *belief*
la crueldad *cruelty*
la democracia *democracy*

---

la dictadura *dictatorship*
el ejército *army*

el gobierno *government*
la guerra (civil) *(civil) war*
el partido político *political party*
la paz *peace*
el poder *power*
la política *politics*
la victoria *victory*

───────

dedicarse a *to dedicate oneself to*
elegir *to elect*
ganar/perder (e:ie) las elecciones *to win/*
   to lose elections
gobernar *to govern*
influir *to influence*
votar *to vote*

───────

conservador(a)
   conservative
liberal *liberal*
pacífico/a *peaceful*
victorioso/a *victorious*

La gente

el/la abogado/a *lawyer*
el/la activista *activist*
el/la ladrón/ladrona *thief*

el/la político/a *politician*

el/la presidente/a *president*
el/la terrorista *terrorist*
la víctima *victim*

La seguridad y la amenaza

la amenaza *threat*
el arma *weapon*
el escándalo *scandal*
la seguridad *security, safety*
el temor *fear*
el terrorismo *terrorism*
la violencia *violence*

───────

chantajear *to blackmail*
destrozar *to destroy*
espiar *to spy*
huir *to flee*
pelear *to fight*
secuestrar *to kidnap*

Escucha y practica el vocabulario
en el supersitio de **SUEÑA**.

Práctica 🌐

1 **Sinónimos y antónimos** Identifica un **sinónimo** para cada palabra de la columna **A** y un **antónimo** para cada palabra de la columna **B**.

ayudar	crimen	duda	escoger	paz
convicción	criticar	escapar	liberal	violento

A

1. creencia _____
2. elegir _____
3. delito _____
4. huir _____

B

5. defender _____
6. pacífico _____
7. guerra _____
8. conservador _____

2 **¿Quién es?** Identifica a qué personaje se refieren estas situaciones.

> **1. una víctima   2. un abogado   3. un activista   4. un ladrón   5. un político**

_____ a. Antes de empezar cualquier proyecto, le gusta espiar a sus víctimas, quienes son siempre personas muy poderosas. No le gusta abusar de las personas que no tienen dinero. Trabaja solo, no necesita armas y su especialidad son las joyas.

_____ b. Él y un grupo de amigos se manifestaron delante del ayuntamiento todos los lunes del pasado año para pedir amnistía para los encarcelados por razones políticas. ¡Qué escándalos organizan!, pero aparentemente no les ayudan a conseguir su objetivo.

_____ c. Tiene fama de corrupto y mentiroso, pero él cree que esas opiniones son parte de su trabajo y las acepta con valor. Cree firmemente que la política soluciona problemas y él no quiere renunciar por unas críticas baratas. ¡Quiere mejorar el mundo!

_____ d. En un instante, pasó de ser un hombre libre a no serlo. No sabía por qué un desconocido le obligaba a hacer lo que le decía. Hasta ese momento nunca supo lo que realmente significaba la libertad. Él era un hombre pacífico, pero ahora quería luchar.

_____ e. No le interesa la política, sólo la justicia. Su trabajo es defender a las víctimas de la injusticia. Su lucha va más allá de hacer respetar la ley; él se considera un defensor de los derechos humanos y está orgulloso de su trabajo. Y sus clientes también.

3 **Definir e inventar** En grupos de cuatro, definan las palabras. Después, improvisen una historia utilizando al menos siete de ellas.

chantajear	espiar	ladrón	pelear
destrozar	huir	liberal	político
escándalo	igualdad	pacífico	seguridad

Preparación

Vocabulario del corto

acusado/a *accused*

la declaración *statement*

derogar (una ley) *to abolish (a law)*

el/la desaparecido/a *missing person*

el duelo *duel*

el enfrentamiento *confrontation*

la herencia *legacy*

la impunidad *impunity*

juzgado/a *tried (legally)*

llevar a cabo *to carry out*

merecer(se) *to deserve*

la nuca *nape of the neck*

otorgar *to grant*

el rencor *resentment*

requisar *to confiscate*

Vocabulario útil

la azotea *flat roof*

batirse en duelo *to fight a duel*

el castigo *punishment*

el/la culpable *culprit*

exiliado/a *exiled, in exile*

el exilio *exile*

el juzgado *court house*

perdonar *to forgive*

presenciar *to witness*

la rabia *anger*

la venganza *revenge*

vengarse *to take revenge*

EXPRESIONES

duelo a muerte *duel to death*

estar terminantemente prohibido *to be strictly forbidden*

Estoy en mi derecho. *I am entitled to it.*

---

1 **Vocabulario** Completa el crucigrama. Después, escribe un párrafo de cuatro líneas usando cuatro palabras que hayas encontrado.

Horizontales

1. no recibir sanción por un crimen cometido
5. parte superior de un edificio sobre la que se puede caminar
7. alguien a quien se le atribuye un crimen y todavía no se sabe si es culpable
8. eliminar una ley

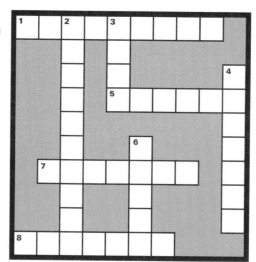

Verticales

2. ver un suceso en persona
3. parte posterior del cuello
4. sanción que se cumple por cometer un crimen
6. molestia, enojo

2 **Preparación** En parejas, contesten las siguientes preguntas.

1. ¿Han sentido alguna vez mucho rencor? ¿Cuándo?
2. ¿Qué pasó?
3. Dentro de diez años, ¿reaccionarían de la misma forma? ¿Por qué?

3

Fotograma En parejas, miren el fotograma e imaginen lo que va a ocurrir en el cortometraje.

4

Un mundo justo En parejas, contesten las preguntas.

1. ¿Han sido ustedes alguna vez víctimas de una injusticia o conocen a alguien que lo haya sido (*has been*)? ¿Qué ocurrió? ¿Intentaron luchar?

2. Imaginen que la ley no les hace justicia en alguna ocasión. ¿Se tomarían la justicia por su propia mano?

3. ¿Creen que, en general, vivimos en un mundo justo? ¿Por qué?

4. ¿Darían su vida por hacer justicia?

5. ¿Creen que la venganza puede ser justa? ¿Satisfactoria? ¿Necesaria?

5

Citas En grupos pequeños, lean las citas y digan si están de acuerdo. Razonen sus respuestas. Después, intercambien sus opiniones, conclusiones y/o dudas con la clase.

> "Yo no hablo de venganzas ni perdones, el olvido
> es la única venganza y el único perdón."
> **Jorge Luis Borges**

> "La venganza no soluciona nada. La gente debe sacar el odio,
> y la mejor forma es a través del amor."
> **Laura Esquivel**

> "Permitir una injusticia significa abrir el camino a todas las que siguen."
> **Willy Brandt**

> "Donde hay poca justicia es grave tener razón."
> **Francisco de Quevedo**

Mira el cortometraje en el supersitio de **SUEÑA** y completa las actividades.

CUANDO EL ODIO ES MÁS FUERTE QUE EL AMOR

Mejor Cortometraje de Ficción, Festival Internacional de Cine de Valdivia, Chile

El ojo en la nuca

Una producción de CENTRO DE CAPACITACIÓN CINEMATOGRÁFICA Guión y Dirección RODRIGO PLÁ
Productores asociados DIARIO LA REPÚBLICA/ESTUDIOS CHURUBUSCO-AZTECA, CONACULTA
Productores ÁNGELES CASTRO/HUGO RODRÍGUEZ Fotografía SERGUEI SALDÍVAR TANAKA
Edición MIGUEL LAVANDEIRA Música LEONARDO HEIBLUM/JACOBO LIEBERMAN Sonido MARIO MARTÍNEZ/
ROGELIO VILLANUEVA/DAVID BAKSHT Dirección de Arte MIGUEL ÁNGEL ÁLVAREZ Actores GAEL GARCÍA
BERNAL/EVANGELINA SOSA/DANIEL HENDLER/WALTER REYNO/ELENA ZUASSTI

ARGUMENTO *Un joven quiere vengar la muerte de su padre.*

LAURA Los desaparecidos están muertos, no vuelven...
PABLO (*detrás de la puerta*) Ya bonita, por favor, esto es algo que tengo que hacer. Ándale[1], ábreme... Déjame que te dé un beso...
LAURA Si te vas ya no regreses...

DIEGO Ésta no es la manera, primo. ¿A qué vas? Tenés[2] que darte cuenta de que esto tampoco es justicia... ¡por más bronca[3] que tengas! (*Pablo sale del carro; Diego lo sigue.*) ¡Pará, Pablo! Yo también quería mucho a tu viejo[4].

JUEZA ¿Se da cuenta? En plena democracia dos hombres haciéndose justicia por su propia mano, es una locura.
PABLO Tiene que dejarme acabar el duelo, estoy en mi derecho.
JUEZA La ley de duelo existe, sí, pero es anacrónica.

CONDUCTORA DE TV Nos encontramos frente al Ministerio de Defensa Nacional aguardando las declaraciones del General Díaz, quien fuera señalado como uno de los responsables de delitos y abusos cometidos durante el gobierno de facto[5].

REPORTERA General Díaz, ¿qué va a pasar a partir del duelo? ¿Cree que habrá nuevos actos de violencia?
GENERAL DÍAZ No hay que seguir viviendo con un ojo en la nuca, hay que mirar hacia delante y olvidar rencores.

PABLO ¿A qué viniste?
LAURA Tu padre ya está muerto, Pablo, tienes que dejarlo ir. Ni siquiera estás seguro de que fue Díaz.
PABLO ¡Cállate! De esto tú nunca entendiste nada.

[1] *Come on* [2] *Equivalente de la segunda persona del singular del verbo "tener". Se utiliza en lugar de "tienes".* [3] *anger* [4] *father*
[5] *the ruling government at the time*

Análisis

1 **Comprensión** Contesta las preguntas con oraciones completas.

1. ¿Qué ocurre en la primera escena del cortometraje?
2. ¿En qué país y durante qué período pasaron los hechos que se ven en esa escena?
3. ¿Dónde vive exiliado Pablo?
4. ¿Cuándo decide regresar a Uruguay? ¿Con qué intención?
5. ¿Qué pasa durante el duelo?
6. ¿Adónde llevan los policías a Pablo?
7. ¿Qué prohíbe la jueza?
8. ¿Cómo sabe Pablo que fue el General Díaz quien mató a su padre?

2 **Interpretar** En parejas, contesten las preguntas.

1. ¿Qué piensa Laura del viaje de Pablo a Uruguay?
2. ¿Por qué interrumpe el duelo la policía?
3. ¿Cuándo le pide Pablo a Diego que le consiga un arma? ¿Por qué?
4. ¿Por qué regresa Pablo a la casa donde vivía cuando era niño?
5. ¿Por qué tira Pablo los lentes de su padre al mar?
6. Pablo decide regresar a México y olvidar. ¿Por qué cambia de opinión?
7. La opinión de Diego sobre el duelo, ¿es la misma a lo largo del corto? Expliquen su respuesta.
8. Al final, ¿por qué creen que Pablo mata al General Díaz?
9. ¿Por qué se llama este cortometraje *El ojo en la nuca*?

3 **Pasado y presente** En grupos pequeños, comenten la importancia que tiene el momento que muestra el fotograma en el desenlace del corto. Después, relacionen la imagen con la afirmación de Pablo.

Pablo: "Sólo sé que odio, que tengo que odiar, ésa es mi herencia."

4 **Cara a cara** Imaginen que Pablo regresa del exilio con la única intención de hablar con el asesino de su padre. En parejas, escriban un diálogo entre ambos. Después, represéntenlo delante de la clase.

5 **¿Qué opinan?** En grupos pequeños, contesten las preguntas. Después compartan sus respuestas con la clase.

1. ¿Creen que Pablo tenía derecho a continuar el duelo? ¿Por qué?

2. ¿Por qué creen que los militares culpables de violar los derechos humanos durante las dictaduras no están en la cárcel (*jail*)?

3. ¿Es justo que la ley les perdone? Propongan soluciones alternativas.

6 **La noticia** En grupos pequeños, imaginen que son periodistas y han presenciado lo ocurrido en el juzgado. Escriban la noticia. Después, una persona de cada grupo la comparte con la clase como si estuviera delante de las cámaras. No olviden que la noticia debe ser breve y clara, y que debe contestar las preguntas: ¿Qué?, ¿Quién?, ¿Cuándo?, ¿Dónde?, ¿Cómo? y ¿Por qué?

7 **Tú** Contesta las preguntas. Después, comparte tus respuestas con la clase.

- Imagina que eres juez(a). ¿Tu decisión sería la misma que la de la jueza del corto? ¿Por qué?

- ¿Conoces alguna historia, real o de ficción, que sea similar o parecida (*like*) a la de *El ojo en la nuca*? ¿Qué pasó?

8 **Personajes** En parejas, imaginen un final diferente para el corto. Escriban qué pasó con cada personaje. Después compartan sus ideas con la clase.

¿Qué pasó?
Pablo
General Díaz
Laura
Diego

SUEÑA

En **www.suena.vhlcentral.com** encontrarás más información y actividades relacionadas con esta sección.

Un viaje por el "Cometa Marino"

Formación rocosa *La Portada* en una playa cerca de Antofagasta, Chile

La fuerte presencia del mar en la vida diaria de **Chile** llevó al poeta **Pablo Neruda** a llamarlo el **Cometa Marino**. Sus dimensiones son excepcionales: tiene 2.700 millas de longitud y tan sólo llega a las 150 millas en las zonas más anchas. Tantos kilómetros de costa hacen que su economía, su tiempo libre y su gastronomía giren irremediablemente en torno[1] al mar.

Chile cuenta con dos de las islas más famosas y míticas: la **isla de Pascua** y la **isla de Robinson Crusoe**. **Daniel Defoe** se inspiró en las aventuras de **Alexander Selkirk** para escribir *Robinson Crusoe*. Selkirk, un marinero escocés, fue abandonado por su capitán en una isla desierta del **Pacífico**, hoy llamada el náufrago[2] de ficción. La isla, que forma parte del archipiélago **Juan Fernández**, es un parque nacional y posee una flora y fauna únicas. Un paseo por las playas, o por los rincones[3] citados en el libro nos acerca un poco a ese mundo de aventuras.

Esta isla no es la única con pasado legendario que forma parte del estado chileno. Otra de las joyas[4] que nos aguardan en las aguas del Pacífico es la isla de Pascua. Ubicada entre Chile y **Tahití**, es uno de los territorios más remotos y misteriosos del planeta. La fama de la isla viene sobre todo por los **moais**, grandes monolitos esculpidos que representan torsos masculinos. Pueden llegar a pesar unas cuarenta toneladas[5]

Los moais

y se hallan[6] repartidos por todo el paisaje. Uno de los secretos que guarda la isla está relacionado con estas enormes esculturas: ¿cómo pudieron ser desplazadas[7] desde donde se realizaron hasta donde se colocaron[8]?

También hay un Chile fascinante para los amantes de tierra firme[9]. Chile es mar, montaña, volcán y desierto. Gracias a la extravagante configuración del país, que se alarga[10] como una espada[11] entre la costa del Pacífico y la cordillera andina, la diversidad geográfica es inmensa. En el extremo sur del continente se halla la **Tierra del Fuego** que pertenece a la región llamada **Magallanes** y la **Antártica** chilena. Si ascendemos un poco podremos ver los glaciares del **Parque Nacional del Paine**. Más al norte está el desierto de **Atacama**, que se considera una de las zonas más secas del planeta. Y al este del país, la presencia constante de los **Andes**.

La complejidad[12] topográfica hace de Chile un paraíso para los amantes de la naturaleza, pero los urbanistas también disfrutarán de ciudades como **Santiago**, **Valparaíso** y **Viña del Mar**.

Signos vitales

Los **mapuches**, también conocidos como **araucanos**, son indígenas amerindios procedentes de **Chile** y **Argentina**. Son famosos por haber luchado contra la conquista desde el siglo XVI hasta el siglo XIX. Tras la independencia de Chile, los mapuches también quisieron mantener su autonomía del nuevo gobierno chileno. Tras muchos enfrentamientos[13], fueron sometidos, perdiendo sus tierras y siendo confinados en pequeñas reservas. Hoy, viven unos 900.000 en Chile y están reorganizándose para recuperar[14] sus tierras.

1 giren ...en torno *revolve around* 2 *shipwreck* 3 *corners* 4 *jewels* 5 *tons* 6 *are found*
7 *moved, displaced* 8 *were placed* 9 *solid* 10 *extends* 11 *sword* 12 *complexity*
13 *confrontations* 14 *recover*

¡Visitemos Chile!

Estaciones de esquí Gracias a los picos de los **Andes**, en **Chile** se encuentran las mejores estaciones de esquí de **Latinoamérica**. Preparadas

para acoger[1] a los que practican cualquier deporte de invierno, se reparten a través de la geografía chilena. Los habitantes de **Santiago** se escapan los fines de semana a **Valle Nevado**, a 50 km de la ciudad. También son famosas las **Termas de Chillán**, a 450 km al sur de Santiago, que ofrecen la pista de esquí más larga del país.

Región de los Valles Volcanes nevados[2] y lagos forman el paisaje de esta región chilena. Conforme se viaja hacia el sur

aparecen los fiordos que se forman en las laderas[3] abruptas de las montañas. Esta región con espíritu cosmopolita tiene en su territorio algunos de los mejores parques y centros turísticos.

Mariscos No se puede hablar de **Chile** sin mencionar sus mariscos[4]. Los muchos kilómetros de costa y las frías aguas

del **océano Antártico** facilitan la producción de los mariscos más sabrosos y, a veces, más exóticos del planeta. Se pueden disfrutar en los pueblecitos pesqueros[5] de la costa y en Santiago en los pequeños restaurantes de los mercados cercanos al río **Mapocho**.

Valparaíso Esta ciudad portuaria[6] es la segunda ciudad más grande de **Chile** y es el centro del movimiento naval del país. En 2003 **Valparaíso** fue declarada

por la **UNESCO Patrimonio Mundial de la Humanidad** por su importancia histórica, su belleza natural y su original entramado[7] arquitectónico, único en el mundo. El centro antiguo está ubicado en cerros[8] y parece que las casas penden al vacío.

[1] to take in [2] snow-capped [3] mountainside, slopes [4] seafood; shellfish [5] fishing villages [6] port [7] layout [8] hills

El español de Chile

Chilenismos

billullo	dinero; *money*
cacho	problema, situación difícil; *problem*
capear	no ir a clase; *to play hookie*
caperuzo/a	inteligente, astuto; *smart, clever*
carrete	fiesta; *party*
fome	aburrido/a; *boring, dull*
polera	camiseta; *T-shirt*
pololo/a	novio/a; *boyfriend/girlfriend*

Expresiones

Al tiro.	ahora mismo, inmediatamente; *right now, immediately*
andar pato	no tener nada de dinero; *don't have two nickels to rub together*
¿Cachai?	¿Entendiste?; *Do you understand?*
caldo de cabeza	estar demasiado preocupado/a por algo; *to be too worried about something*
Estoy piola.	Estoy muy bien.; *I'm great.*
tener cancha	tener experiencia; *to have experience*

Mysty-K

El poder femenino del hip-hop

DOCUMENTAL

Mira el documental sobre Mysty-K en el supersitio de **SUEÑA**.

La música es un medio muy importante para la comunicación de las ideas. **Mysty-K** es una mujer valiente y muy talentosa que tiene un sueño y que día a día trabaja duro° para lograrlo. Este sueño es ayudar a la creación de una sociedad más igualitaria y justa. A través de sus composiciones en el género hip-hop, ella transmite sus ideas y sus ilusiones. Y también lo hace participando voluntariamente en talleres° de integración social. Mysty-K forma parte del grupo **Mamma Soul** cuyo disco *Fe* fue nominado en 2002 al **Grammy Latino** Mejor Álbum Vocal Pop de Dúo o Grupo. Te invitamos a conocer a Mysty-K viendo el documental y leyendo más información en **www.suena.vhlcentral.com**.

duro *hard* **talleres** *workshops*

Inti Illimani

La magia de la música andina

SUBE EL VOLUMEN

Lee un poco más sobre Inti Illimani y su música en el supersitio de **SUEÑA**.

Discografía selecta
1987 *Fragments of a Dream*
1990 *Leyenda*
1993 *Andadas°*
1996 *Arriesgaré la piel°*
1999 *La Rosa de los Vientos*
2003 *Lugares comunes*

En 1966 empezaron a reunirse° en **Santiago de Chile** varios estudiantes de la ex-Universidad del Estado para escuchar la música de varios grupos universitarios. De ahí surgió° el grupo **Inti Illimani** (Inti: *sol* en aymará; Illimani: montaña cerca de **La Paz**, **Bolivia**). Desde entonces, el grupo chileno, que ha tenido varios integrantes diferentes, ha viajado extensamente° ofreciendo sus interpretaciones de la música andina° a audiencias de todo el mundo. En 1973, cuando el presidente chileno **Salvador Allende** fue asesinado, Inti Illimani estaba de gira° en **Europa** y durante los catorce años siguientes **Italia** se convirtió en su hogar. En 1988, tras la dictadura de **Pinochet**, regresaron a **Chile**. Los integrantes° de esta formación tocan más de treinta instrumentos de viento, cuerda° y percusión. La combinación de instrumentos y voces° crea un sonido° único lleno de pasión y poesía que invita a la paz individual y a la paz mundial.

Andadas *Wanderings* **Arriesgaré...** *I'll risk everything I have* **reunirse** *to meet* **surgió** *emerged* **extensamente** *extensively* **andina** *from the Andes* **gira** *tour* **integrantes** *members* **cuerda** *string* **voces** *voices* **sonido** *sound*

1 **Cierto o falso** Indica si estas afirmaciones son ciertas o falsas. Corrige las falsas.

1. Chile tiene aproximadamente 2.700 millas de longitud.

2. La isla de Pascua se encuentra entre Chile y la Antártica.

3. A los mapuches también se les conoce como carepalos.

4. Las montañas de Chile cuentan con las mejores estaciones de esquí de Latinoamérica.

5. En las frías aguas del océano Atlántico se pueden encontrar, a veces, mariscos exóticos.

6. El disco *Fe* de Mamma Soul fue nominado al Grammy Latino en 2000.

2 **Preguntas** Contesta las preguntas con oraciones completas.

1. ¿En qué se inspiró Daniel Defoe para escribir *Robinson Crusoe*?

2. ¿En qué región de Chile podemos encontrar volcanes nevados, lagos, parques y centros turísticos?

3. En la ciudad de Santiago, ¿dónde se pueden probar los mariscos?

4. ¿Por qué Valparaíso fue declarada Patrimonio Mundial de la Humanidad por la UNESCO en 2003?

5. ¿Cuál es el sueño que Mysty-K quiere lograr a través de su trabajo diario?

PROYECTO

De norte a sur

Crea un itinerario de quince días de vacaciones en Chile. Investiga la información que necesites en **www.suena.vhlcentral.com**.

• Empieza en el norte del país y termina en el sur.

• Selecciona los lugares que quieres visitar, combinando las montañas, el mar y las ciudades.

• Menciona cuál es la ropa más adecuada para cada tramo.

• Presenta tu itinerario a la clase con fotografías y un mapa.

MINIPRUEBA

Completa las oraciones con la información correcta y demuestra lo que aprendiste sobre Chile.

1. La isla de Robinson Crusoe posee flora y fauna _____ .
   a. escasas b. gigantes c. únicas d. pequeñas

2. Los _____, que representan torsos masculinos, han hecho famosa la isla de Pascua.
   a. cactus b. moais c. volcanes d. lagos

3. El desierto de Atacama es considerado uno de los más _____ del mundo.
   a. salados b. grandes c. secos d. montañosos

4. Chile es un paraíso para los amantes de la naturaleza, pero quienes disfrutan visitando _____ pueden ir a Santiago, Valparaíso y Viña del Mar.
   a. ciudades b. caperuzas c. geografías d. montañas

5. Los mapuches proceden de Chile y _____ .
   a. Bolivia b. Argentina c. Ecuador d. Perú

6. Hoy en día, los mapuches están recuperando sus _____ .
   a. pololas b. canarias c. cabritas d. tierras

7. Valle Nevado se encuentra a _____ km de Santiago.
   a. 50 b. 40 c. 30 d. 20

8. En las laderas de algunas montañas de la Región de los Valles se han formado _____ .
   a. volcanes b. cerros c. desiertos d. fiordos

9. Por su amplia costa, se consumen muchos _____ en Chile.
   a. mariscos b. billullos c. cachos d. mercados

10. Valparaíso es la _____ ciudad más grande de Chile y el centro del movimiento naval del país.
    a. quinta b. segunda c. tercera d. décima

11. Mysty-K es una mujer _____ .
    a. muy alta b. rubia y simpática c. valiente y talentosa d. graciosa y pelirroja

12. Mysty-K escribe música del género _____ .
    a. merengue b. hip-hop c. reggae d. salsa

GALERÍA DE CREADORE

BESTSELLER INTERNACIONAL

"Una extravagante historia, escrita por una cuentistá de talento que revive, como por arte de magia, el mundo del siglo XIX."
—LOS ANGELES TIMES BOOK REVIEW

hija de la fortuña
isabel allende
autora de RETRATO EN SEPIA y EVA LUNA

MÚSICA Y ARTE Violeta Par

Violeta Parra, considerada la iniciado
la Nueva Canción Chilena, fue una ar
de extraordinaria riqueza creativa qu
logró recuperar la cultura popular de
Es conocida por sus grabaciones y r
de canciones tradicionales y propias
Gracias a la vida que fue popularizad
los Estados Unidos por Joan Baez. Ta
se dedicó a la pintura, la escultura, l
cerámica y el arte de bordado (*embr*
de arpilleras. Hoy día la Fundación V
Parra preserva el patrimonio de esta
universal quien murió trágicamente e

LITERATURA Isabel Allende

En 1973 Isabel Allende escapó de su país después de que su tío, el presidente chileno, Salvador Allende fue asesinado. En 1982 publicó en el exilio su primera novela *La casa de los espíritus*, la cual fue muy bien recibida por el público y la crítica. También obtuvo gran popularidad en los Estados Unidos al ser publicada en inglés y sobre todo al aparecer la versión cinematográfica. La familia, el amor y el poder son temas recurrentes en su obra. Algunas de sus novelas más aclamadas son *De amor y de sombra*, *El plan infinito*, *Eva Luna* y *Paula*.

CINE **Miguel Littín**

En 1942 nació en Chile el director de cine Miguel Littín. En 1970, cuando Salvador Allende fue elegido presidente del país, se hizo cargo de la productora estatal Chile Films, período durante el cual dirigió películas de gran calidad, como *El chacal de Nahueltoro*. Los hechos reales que narra esta película causaron una gran conmoción, sin embargo, fue un éxito de crítica y público. Después de muchas otras películas de carácter político, en 1982 con *Alsino y el cóndor* llegó la nominación al Oscar a la mejor película extranjera, momento a partir del cual fue conocido internacionalmente.

PINTURA/ESCULTURA **Roberto Matta**

El pintor y escultor Roberto Matta está considerado mundialmente como el artista plástico chileno más importante del siglo XX. En 1937 conoció en París a André Breton y se unió al movimiento surrealista. Marcel Duchamp, Salvador Dalí e Yves Tanguy son algunos de los artistas que influyeron en su obra. Sobre sus lienzos (*canvases*) creó mundos imaginarios en los que quiso representar su peculiar visión de las múltiples fuerzas invisibles del universo que influyen sobre la vida y la cultura del hombre contemporáneo. Aquí vemos el óleo *La otra latitud de la vida*.

🌐 **AMPLIACIÓN**

MÁS CREADORES

En el supersitio de **SUEÑA** conocerás a estos otros creadores chilenos.

Gabriela Mistral
escritora

Claudio Arrau
pianista

María Angélica Baeza
pintora

Mario Toral
pintor

6.1

The subjunctive in adverbial clauses

- In Spanish, adverbial clauses are commonly introduced by conjunctions. Certain conjunctions require the subjunctive, while others can be followed by the subjunctive or the indicative, depending on the context in which they are used.

TALLER DE CONSULTA

The following grammar topics are covered in the **Manual de gramática, Lección 6**.

6.4 Adverbs, p. 254

6.5 Diminutives and augmentatives, p. 256

¡ATENCIÓN!

An adverbial clause (**oración adverbial**) is one that modifies or describes verbs, adjectives, or other adverbs. It describes how, why, when, or where an action takes place.

—*Declaro la ley de duelo suspendida hasta que **haya** una próxima revisión.*

Conjunctions that require the subjunctive

- Certain conjunctions are always followed by the subjunctive because they introduce actions or states that are uncertain or have not yet happened. These conjunctions commonly express purpose, condition, or intent.

MAIN CLAUSE	CONNECTOR	SUBORDINATE CLAUSE
No habrá justicia para las víctimas	**a menos que**	**encarcelen a los criminales.**

Conjunctions that require the subjunctive	
a menos que *unless*	**en caso (de) que** *in case*
antes (de) que *before*	**para que** *so that*
con tal (de) que *provided that*	**sin que** *without, unless*

El ejército siempre debe estar preparado **en caso de que haya** un ataque.
The army must always be prepared, in case there is an attack.

El presidente ganará las elecciones otra vez **a menos que cometa** algún error.
The president will win the election again, unless he commits an error.

El candidato debe explicar mejor su programa **antes de que yo vote** por él.
The candidate should explain his platform better before I vote for him.

- If there is no change of subject in the sentence, there is no subordinate clause. Instead the prepositions **antes de, con tal de, en caso de, para,** and **sin** are used, followed by the infinitive. Note that the connector **que** is not used.

Un buen abogado investiga todos los detalles del delito **para defender** mejor a su cliente.
A good lawyer investigates every detail of the crime in order to better defend his client.

Los miembros del jurado no deben hablar del juicio con el público **antes de darle** su decisión al juez.
The members of the jury should not talk about the trial to the public before giving the judge their verdict.

Conjunctions followed by the subjunctive or the indicative

- If the action in the main clause has not yet occurred, then the subjunctive is used after conjunctions of time or concession. Note that adverbial clauses often come at the beginning of a sentence.

<table>
<tr><td colspan="2" align="center">Conjunctions of time or concession</td></tr>
<tr><td>a pesar de que despite</td><td>hasta que until</td></tr>
<tr><td>aunque although; even if</td><td>luego que as soon as</td></tr>
<tr><td>cuando when</td><td>mientras que while</td></tr>
<tr><td>después (de) que after</td><td>siempre que as long as</td></tr>
<tr><td>en cuanto as soon as</td><td>tan pronto como as soon as</td></tr>
</table>

El gobierno promete trabajar duro **hasta que** no **haya** más abusos de poder.
The government promises to work hard until there are no more abuses of power.

El señor Fernández les mandará el dinero a los secuestradores **en cuanto** le **den** prueba de la seguridad de su hijo.
Mr. Fernández will send the money to the kidnappers as soon as they provide proof of his son's safety.

Aunque mejoren los sistemas de seguridad, todavía tendrá miedo de viajar en avión.
Even if they improve security systems, she will still be afraid to travel by plane.

Cuando hablen con la prensa, van a exigir la libertad para los prisioneros.
When they speak with the press, they are going to demand freedom for the prisoners.

- If the action in the main clause has already happened, or happens habitually, then the indicative is used in the adverbial clause.

Tan pronto como se supieron los resultados de las elecciones, el partido conservador anunció su victoria.
As soon as the results of the election were known, the conservative party announced their victory.

Mi padre y yo siempre nos peleamos **cuando hablamos** de la corrupción política de nuestro país.
My father and I always fight when we talk about the corrupt politics of our country.

Práctica

1 **Completar** Completa las oraciones usando el indicativo o el subjuntivo.

1. El candidato no va a viajar a menos que su esposa lo _____ (acompañar).

2. El abogado va a hablar con el presidente antes de que _____ (llegar) los activistas.

3. Los miembros del partido se fueron tan pronto como _____ (saber) que habían perdido las elecciones.

4. La gente recuerda las promesas de los políticos cuando _____ (votar).

5. El alcalde olvidó sus promesas después de que _____ (ganar) las elecciones.

6. Los periodistas van a estar con los candidatos hasta que _____ (terminar) las elecciones.

2 **¿Infinitivo o subjuntivo?** Completa las oraciones con los verbos en infinitivo o en subjuntivo.

1. a. Los liberales y los conservadores hacen todo lo necesario con tal de que la gente _____ (votar) por ellos.

   b. Los liberales y los conservadores hacen todo lo necesario con tal de _____ (ganar) las elecciones.

2. a. Los políticos deben viajar por el país para _____ (conocer) a la gente.

   b. Los políticos deben viajar por el país para que la gente los _____ (conocer).

3. a. La gente votará por la candidata con tal de que ella _____ (defender) la igualdad y la justicia.

   b. La gente votará por la candidata con tal de no _____ (tener) al otro candidato como presidente del país.

4. a. El tribunal no podrá continuar sin _____ (juzgar) al acusado.

   b. El tribunal no podrá continuar con el juicio sin que el acusado _____ (presentarse).

3 **Declaraciones** Elige la conjunción adecuada para completar la conversación entre un periodista y la señora Duhalde, una gobernadora.

PERIODISTA Señora Duhalde, ¿qué le parecieron las declaraciones del presidente?

SRA. DUHALDE (1) (Aunque / Cuando) yo generalmente no pienso igual que él, en este caso creo que todos debemos trabajar juntos (2) (a pesar de que / para que) la situación económica mejore. (3) (Hasta que / Tan pronto como) el presidente vuelva de su viaje por Asia, voy a hablar con él sobre mis ideas (4) (mientras que / sin que) él me lo pida.

PERIODISTA ¿Cuándo me dijo que va hablar con él?

SRA. DUHALDE (5) (En cuanto / Aunque) regrese. Quiero hablar con él (6) (sin que / para que) sepa que todos los miembros del partido estamos dispuestos (*willing*) a trabajar muy duro (7) (con tal de que / luego que) la situación de este país mejore.

Comunicación

4

Tareas La primera dama va a salir de viaje por el país, así que le ha dejado una lista de tareas a su secretario. En parejas, túrnense para explicar las tareas usando oraciones adverbiales con subjuntivo y las conjunciones de la lista.

> Modelo **Si viene el juez; decir que venga la semana que viene, pero sólo si puede.**
>
> Tengo que decirle al juez que venga la semana que viene en caso de que pueda.

| a menos que |
| a pesar de que |
| con tal de que |
| cuando |
| en caso de que |
| en cuanto |
| para que |
| siempre que |
| siempre y cuando |
| tan pronto como |

Instrucciones para mi secretario:

1. *Contestar llamadas y correos electrónicos: sólo los urgentes.*

2. *Escribir cartas para los senadores: decirles que no estaré aquí.*

3. *Si los periodistas llaman: no hacer declaraciones. Si ellos insisten: pedirles que me llamen por teléfono al hotel para hablar conmigo.*

4. *Si llaman del Ministerio de Educación: decirles que los llamaré al terminar el acto.*

5

Situaciones En parejas, túrnense para completar las siguientes oraciones.

1. Terminaré mis estudios a tiempo, a menos que…

2. Me iré a vivir a otro país en caso de que…

3. Ahorraré mucho dinero para que…

4. Yo cambiaré de carrera en cuanto…

5. Me jubilaré cuando…

6

Programa En grupos de cuatro imaginen que son los asesores (*advisors*) de un político, real o imaginario. Para explicar qué hará el candidato en diferentes situaciones hipotéticas o futuras usen el subjuntivo y las conjunciones.

> Modelo Para que los ecologistas estén contentos, el alcalde dará más dinero para limpiar el río y así volverá a ser una parte importante en la vida de los ciudadanos.

TALLER DE CONSULTA

See **2.1, pp. 56–57** for the preterite forms of regular, irregular, and stem-changing verbs.

¡ATENCIÓN!

The past subjunctive is also referred to as the imperfect subjunctive (**el imperfecto del subjuntivo**).

The **nosotros/as** form of the past subjunctive always has a written accent.

6.2

The past subjunctive

Forms of the past subjunctive

- The past subjunctive of all verbs is formed by dropping the **–ron** ending from the **ustedes/ellos/ellas** form of the preterite and adding the past subjunctive endings.

The past subjunctive		
caminar	perder	vivir
caminara	perdiera	viviera
caminaras	perdieras	vivieras
caminara	perdiera	viviera
camináramos	perdiéramos	viviéramos
caminarais	perdierais	vivierais
caminaran	perdieran	vivieran

Queríamos que el gobierno **respetara** los derechos humanos.
We wished that the government would respect human rights.

Me pareció increíble que los liberales **perdieran** las elecciones.
I thought it was unbelievable for the liberals to lose the election.

Nos sorprendió que el abogado no **supiera** cómo reaccionar ante la amenaza.
We were surprised that the lawyer did not know how to react to the threat.

- Verbs that have stem changes or irregularities in the **ustedes/ellos/ellas** form of the preterite have those same irregularities in all forms of the past subjunctive.

infinitive	preterite form	past subjunctive forms
pedir	pidieron	pidiera, pidieras, pidiera, pidiéramos, pidierais, pidieran
sentir	sintieron	sintiera, sintieras, sintiera, sintiéramos, sintierais, sintieran
dormir	durmieron	durmiera, durmieras, durmiera, durmiéramos, durmierais, durmieran
influir	influyeron	influyera, influyeras, influyera, influyéramos, influyerais, influyeran
saber	supieron	supiera, supieras, supiera, supiéramos, supierais, supieran
ir/ser	fueron	fuera, fueras, fuera, fuéramos, fuerais, fueran

- In Spain and some other parts of the Spanish-speaking world, the past subjunctive is used with another set of endings (**–se, –ses, –se, –semos, –seis, –sen**). You will also see these forms in literary selections.

Mariano me pidió que **fuese** con él al tribunal.
Mariano asked me to go with him to court.

Mariano me pidió que **fuera** con él al tribunal.
Mariano asked me to go with him to court.

Uses of the past subjunctive

- The past subjunctive is required in the same situations as the present subjunctive, except that the point of reference is always in the past. When the verb in the main clause is in the past, the verb in the subordinate clause is in the past subjunctive.

*Pedro le rogó a la jueza que le **dejara** acabar el duelo.*

Present time	Past time
Ellos sugieren que **vayamos** a la reunión. *They suggest that we go to the meeting.*	Ellos sugirieron que **fuéramos** a la reunión. *They suggested that we go to the meeting.*
Espero que no **tengan** problemas con la política. *I hope they won't have any problems with the politics.*	Esperaba que no **tuvieran** problemas con la política. *I was hoping they wouldn't have any problems with the politics.*
Necesitamos un presidente que **apoye** nuestra causa. *We need a president who will support our cause.*	Necesitábamos un presidente que **apoyara** nuestra causa. *We needed a president who would support our cause.*
Ella la defiende aunque **sea** culpable. *She will defend her even if she is guilty.*	Ella la defendió aunque **fuera** culpable. *She defended her despite her possibly being guilty.*

- The expression **como si** (*as if*) is always followed by the past subjunctive.

Habla de la guerra **como si** no le **importara**.
He talks about the war as if he didn't care.

¿Por qué siempre me andas espiando **como si fuera** un ladrón?
Why do you always go around spying on me, as if I were a thief?

Ella rechazó mi opinión **como si** no **importara**.
She rejected my opinion as if it didn't matter.

Me saludó **como si** no me **conociera**.
She greeted me as if she didn't know me.

- The past subjunctive is commonly used with **querer** to make polite requests or to soften statements.

Quisiera que me llames hoy.
I would like you to call me today.

Quisiera hablar con usted.
I would like to speak with you.

TALLER DE CONSULTA

The past subjunctive is also frequently used in **si** clauses. See **Manual de gramática, pp. 272–273.**

Si pudiera, haría más para conservar nuestros recursos.
If I could, I would do more to conserve our resources.

Práctica 🌐

1 **Viñas de Chile** Cuando fuiste a visitar las viñas de Chile, Marcelo, un viticultor (*vine-grower*) te dio algunos consejos sobre cómo guardar el vino en tu casa. Cuéntale a tu padre cuáles fueron esos consejos. Completa las oraciones usando el imperfecto del subjuntivo.

Mira, me dijo que era importante que nosotros (1) _____ (poner) el vino en un lugar oscuro y sin corrientes de aire. Me sugirió que lo (2) _____ (guardar) en el sótano (*basement*) de la casa, donde hay una temperatura baja y constante. También me recomendó que (3) _____ (mantener) el sótano con un nivel de humedad de un 70%, como si (4) _____ (es) fácil controlar el nivel de la humedad. Y claro, me dijo que sólo (5) _____ (comprar) vinos de calidad, como los vinos chilenos o argentinos. A mí me pareció curioso que me (6) _____ (aconsejar) comprar vinos argentinos porque otros chilenos con los que hablé me pidieron que yo nunca (7) _____ (comprar) vinos argentinos. ¿Qué te parecen estos consejos? Marcelo me dijo que no (8) _____ (dudar) en llamarlo si tienes alguna pregunta.

La viña Errazuriz

2 **¿Qué le pidieron?** María Laura Santillán es presidenta de una universidad. En parejas, usen la tabla y preparen un diálogo donde ella le cuenta a un amigo todo lo que le pidieron que hiciera el primer día de clases.

Modelo — ¿Qué te pidió tu secretaria?
— Mi secretaria me pidió que le diera menos trabajo.

Personajes	Verbo	Actividad
los profesores los estudiantes el club que protege el medio ambiente los vecinos de la universidad el entrenador del equipo de fútbol	me pidió que me pidieron que	construir un estadio nuevo hacer menos ruido plantar más árboles dar más días de vacaciones comprar más computadoras

3 **Dueño** El dueño del apartamento donde vivían era muy estricto. En parejas, túrnense para comentar las reglas que tenían que seguir usando el imperfecto del subjuntivo.

Modelo El dueño de mi apartamento me dijo/pidió/ordenó que no cocinara comidas aromáticas.

1. No usar la calefacción en abril.

2. Limpiar los pisos dos veces al día.

3. No tener visitas en el apartamento después de las 10 de la noche.

4. Hacer la cama todos los días.

5. Sacar la basura todos los días.

6. No encender las luces antes de las 8 de la noche.

Comunicación

4

De niño En parejas, háganse estas preguntas sobre su niñez. Sean creativos en sus respuestas.

> Modelo —¿Esperabas que tus padres fueran perfectos?
> —Sí, esperaba que mis padres fueran mejores que los padres de mis amigos.

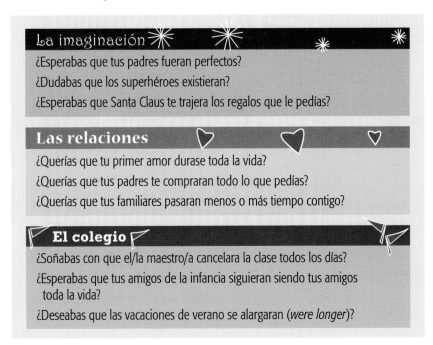

La imaginación

¿Esperabas que tus padres fueran perfectos?

¿Dudabas que los superhéroes existieran?

¿Esperabas que Santa Claus te trajera los regalos que le pedías?

Las relaciones

¿Querías que tu primer amor durase toda la vida?

¿Querías que tus padres te compraran todo lo que pedías?

¿Querías que tus familiares pasaran menos o más tiempo contigo?

El colegio

¿Soñabas con que el/la maestro/a cancelara la clase todos los días?

¿Esperabas que tus amigos de la infancia siguieran siendo tus amigos toda la vida?

¿Deseabas que las vacaciones de verano se alargaran (*were longer*)?

5

¿Qué sucedió? En parejas, preparen una conversación inspirada en la siguiente situación utilizando el imperfecto de subjuntivo. Después, represéntenla en la clase.

> Paola y Marcos fueron de viaje a Chile. Paola está enojada con Marcos porque ayer él se quedó en el hotel y no quiso acompañarla a esquiar. A ella le encanta el esquí, pero a Marcos no le gusta y por eso no quiso acompañarla. Ahora están discutiendo e intentan planear un viaje que les guste a los dos.

6.3

Comparisons and superlatives

Comparisons of inequality

TALLER DE CONSULTA

The use of diminutives and augmentatives is common in comparative and superlative statements. See **Manual de gramática, 6.5, p. 256.**

- With adjectives, adverbs, nouns, and verbs, the following constructions are used to make comparisons of inequality (*more than/less than*).

$$\text{más/menos} + \begin{bmatrix} \textit{adjective} \\ \textit{adverb} \\ \textit{noun} \end{bmatrix} + \text{que} \qquad \boxed{\textit{verb}} + \text{más/menos que}$$

Adjective	**Noun**
Sus creencias son **menos liberales que** las mías.	El problema fue que el presidente tenía **menos poder que** el ejército.
His beliefs are less liberal than mine.	*The problem was that the president had less power than the army.*

Adverb	**Verb**
¡Llegaste **más tarde que** yo!	¡**Nos peleamos más que** los niños!
You arrived later than I did!	*We fight more than the kids do!*

- Before a number (or equivalent expression), *more/less than* is expressed with **más/menos de**.

Necesito un vuelo a Santiago, pero no puedo pagar **más de** quinientos dólares.	Será difícil, señor. Déjeme buscar y le aviso en **menos de** una hora.
I need a flight to Santiago, but I can't pay more than five hundred dollars.	*That will be difficult, sir. Let me look, and I'll let you know in less than an hour.*

Comparisons of equality

- The following constructions are used to make comparisons of equality.

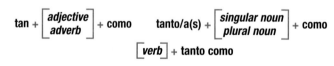

$$\text{tan} + \begin{bmatrix} \textit{adjective} \\ \textit{adverb} \end{bmatrix} + \text{como} \qquad \text{tanto/a(s)} + \begin{bmatrix} \textit{singular noun} \\ \textit{plural noun} \end{bmatrix} + \text{como}$$

$$\boxed{\textit{verb}} + \text{tanto como}$$

¡ATENCIÓN!

Tan and **tanto** can also be used for emphasis, rather than to compare:

tan *so*

tanto *so much*

tantos/as *so many*

¡Tus ideas son tan anticuadas! *Your ideas are so outdated!*

¿Por qué te enojas tanto? *Why do you get so angry?*

Lo hemos hablado tantas veces y nunca logro convencerte. *We've talked about it so many times, and I never can convince you.*

Adjective	**Noun**
El debate de anoche fue **tan aburrido como** el de la semana pasada.	La señora Pacheco habló con **tanta convicción como** el señor Quesada.
Last night's debate was as boring as last week's.	*Ms. Pacheco spoke with as much conviction as Mr. Quesada.*

Adverb	**Verb**
Nosotros discutimos **tan acaloradamente como** los candidatos.	Ambos candidatos son insoportables. Ella miente **tanto como** él.
We argued as heatedly as the candidates.	*Both candidates are unbearable. She lies as much as he does.*

Superlatives

- The following construction is used to form superlatives (**superlativos**). The noun is preceded by a definite article, and **de** is the equivalent of *in* or *of*.

el/la/los/las + $\boxed{noun}$ + más/menos + $\boxed{adjective}$ + de

> Ésta es **la playa más bonita de** la costa chilena.
> *This is the prettiest beach on the coast of Chile.*

> Es **el hotel menos caro del** pueblo.
> *It is the least expensive hotel in town.*

- The noun may also be omitted from a superlative construction.

> Me gustaría comer en **el** restaurante **más elegante del** barrio.
> *I would like to eat at the most elegant restaurant in the neighborhood.*

> Las Dos Palmas es **el más elegante de** la ciudad.
> *Las Dos Palmas is the most elegant one in the city.*

Irregular comparatives and superlatives

Adjective	Comparative form	Superlative form
bueno/a *good*	**mejor** *better*	**el/la mejor** *best*
malo/a *bad*	**peor** *worse*	**el/la peor** *worst*
grande *big*	**mayor** *bigger*	**el/la mayor** *biggest*
pequeño/a *small*	**menor** *smaller*	**el/la menor** *smallest*
joven *young*	**menor** *younger*	**el/la menor** *youngest*
viejo/a *old*	**mayor** *older*	**el/la mayor** *oldest*

- When **grande** and **pequeño** refer to size and not age or quality, the regular comparative and superlative forms are used.

> Ernesto es **mayor** que yo.   Ese edificio es **el más grande** de todos.
> *Ernesto is older than I am.*   *That building is the biggest one of all.*

- When **mayor** and **menor** refer to age, they follow the noun they modify.

> Lucía es mi hermana **menor**.   Hubo un **menor** número de candidatos.
> *Lucía is my younger sister.*   *There was a smaller number of candidates.*

- The adverbs **bien** and **mal** also have irregular comparatives.

bien *well*	**mejor** *better*
mal *badly*	**peor** *worse*

> Ayúdame, que **tú** lo haces **mejor que yo**.
> *Give me a hand; you do it better than I do.*

¡ATENCIÓN!

Absolute superlatives
The suffix **–ísimo/a** is added to adjectives and adverbs to form the *absolute superlative*.

This form is the equivalent of *extremely* or *very* before an adjective or adverb in English.

malo → malísimo

mucha → muchísima

difícil → dificilísimo

fácil → facilísimo

Adjectives and adverbs with stems ending in **c, g,** or **z** change spelling to **qu, gu,** and **c** in the absolute superlative.

rico → riquísimo

larga → larguísima

feliz → felicísimo

Adjectives that end in **–n** or **–r** form the absolute by adding **–císimo/a**.

joven → jovencísimo

trabajador → trabajadorcísimo

Práctica

1 **El mejor** Úrsula y Verónica son de diferentes partidos políticos. Completa su diálogo utilizando las palabras de la lista.

como	más	mejor	peor
malísimo	mayor	muchísimos	que

VERÓNICA Mi candidato está tan preparado para ser presidente de este país (1) _____ tu candidato. Ha estudiado en la (2) _____ universidad del país y ha sido uno de los abogados (3) _____ reconocidos de los últimos cinco años. Además, habla (4) _____ idiomas.

ÚRSULA ¡Sólo habla español! Mi hermana (5) _____ trabaja en la oficina de tu candidato y dice que es el (6) _____ abogado de la ciudad.

VERÓNICA No te creo. Es verdad que no ha tenido mucha suerte últimamente, pero ha perdido menos casos (7) _____ tu candidato, que es un abogado (8) _____.

2 **Oraciones**

A. Escribe oraciones con superlativos usando la información del cuadro. Sigue el modelo.

Modelo   *Harry Potter* es el libro más popular del momento.

Harry Potter	libro	popular
Jennifer López	cantante	famosa
Donald Trump	hombre de negocios	rico
El Nilo	río	largo
Disneylandia	lugar	feliz

B. Ahora, vuelve a escribir oraciones, pero esta vez usa comparativos.

Modelo   *Harry Potter* es más popular que *El señor de los anillos*.

3 **Cita** Anoche tuviste una cita a ciegas (*blind date*). En parejas, hablen sobre la cita usando comparativos y superlativos. Utilicen las ideas de la lista.

Modelo   La cita de anoche fue la peor cita de mi vida porque fue muy aburrida.

auto	conversación	pelo
carne	ensalada	restaurante
chistes	película	ropa

Comunicación

4 **¿Punta Arenas o Miami?** Gabriel y Carmen están planeando unas vacaciones. Gabriel quiere ir a Miami, pero Carmen prefiere visitar Punta Arenas.

A. En parejas, decidan qué frases de la lista corresponden a cada lugar y completen la tabla.

> • Hacer un crucero por la Antártida
> • Hacer un crucero por el Caribe
> • Hace mucho calor
> • Hace mucho frío
> • Ir a la playa con pantalones cortos y camiseta
> • Ir a la playa con abrigo y guantes
> • Visitar la Plaza de Armas
> • Visitar la Pequeña Habana

Punta Arenas	Miami

B. Ahora, dramaticen un diálogo entre Carmen y Gabriel. Cada uno tiene que explicar las razones por las cuales prefieren ir a esos lugares. Utilicen comparativos y superlativos.

5 **Debate presidencial** Pronto serán las elecciones y los candidatos a la presidencia participarán en un debate. En grupos de tres, imaginen que dos de ustedes son los/las candidatos/as y que la tercera persona es un(a) periodista. El/La periodista hace preguntas y los/las candidatos/as responden. Usen oraciones con superlativos y comparativos.

Síntesis

¡Luchemos unidos contra la corrupción!

Porque Temuco lo merece. . .
Vote por Marcelo Rojas para gobernador
Partido Conservador

Para que haya más trabajo en Temuco
Vote por Patricia Salazar para gobernar con decisión
Partido Liberal

Para una sociedad más justa
Antonio Morales es la solución.
Por un Temuco mejor. . .
Vote Partido Ecologista

Por un Temuco cosmopolita,
Celeste Ortega es tu mejor opción.
Para encaminarnos a un futuro mejor
vota por el Partido Avance Democrático

1

Entrevista En la ciudad de Temuco, en Chile, hay elecciones para elegir gobernador. Aquí tienen algunos carteles publicitarios de cuatro partidos políticos imaginarios. En parejas, seleccionen uno de ellos y escriban una entrevista al/a la candidato/a realizada por un(a) periodista local. Deben usar oraciones adverbiales con subjuntivo y las conjunciones aprendidas en esta lección.

2

Pedidos Los políticos reciben muchos pedidos durante sus campañas electorales. En grupos pequeños, imaginen que tuvieran una audiencia con uno/a de los/las candidatos/as para gobernador. Describan cinco cosas que le pidieron. Deben usar el imperfecto de subjuntivo.

> **Modelo** Le pedimos que bajara los impuestos.

3

Sistema electoral Usando oraciones con comparativos y superlativos, escriban su opinión sobre el sistema electoral. ¿Les gusta? ¿Creen que es justo? ¿Cambiarían algo? ¿Por qué? Después compartan con la clase sus opiniones en un debate abierto.

Preparación

Vocabulario de la lectura

derrocar *to overthrow*
derrotar *to defeat*
la ejecución *execution*
ejercer (el poder) *to exercise/ exert (power)*
fortalecer *to strengthen*
el fracaso *failure*
la fuerza *force*

el golpe de estado *coup d'état*
la huelga *strike*
el informe *report*
el orgullo *pride*
el secuestro *kidnapping*
la trampa *trap*

Vocabulario útil

el derecho *right*
encabezar *to lead*
el juicio *judgment*
la ley *law*
promulgar *to enact (a law)*
rescatado/a *rescued*
tener derecho a *to have the right to*

1

Palabras Descubre cuál es la palabra que se forma con cada grupo de letras y que responde a la pista. Cuando termines, escribe dos oraciones. Cada una debe tener tres palabras del vocabulario que has aprendido.

1. Y L E   ___ ___ ___
2. A R Z F E U   ___ ___ ___ ___ ___ ___
3. T S C U O E E S R   ___ ___ ___ ___ ___ ___ ___ ___ ___
4. C F R A A S O   ___ ___ ___ ___ ___ ___ ___
5. R O D T E R R A   ___ ___ ___ ___ ___ ___ ___ ___
6. E N I M O R F   ___ ___ ___ ___ ___ ___ ___
7. A G H E L U   ___ ___ ___ ___ ___ ___
8. C R O L R A E F E T   ___ ___ ___ ___ ___ ___ ___ ___ ___ ___

Pistas:

1. regla o norma
2. poder, fortaleza, vigor
3. retener a una persona y no dejarla libre
4. opuesto de éxito
5. vencer, ganar
6. exposición oral o escrita que describe una situación
7. forma de protesta en la que la gente decide no trabajar
8. hacer que algo o alguien sea más fuerte

2

Los gobiernos En parejas, contesten las preguntas y expliquen sus respuestas.

1. ¿Cuántas formas de gobierno conocen?
2. ¿Cuáles son las diferencias entre estos gobiernos?
3. ¿Qué tipo de gobierno tiene su país? ¿De qué beneficios disfrutan gracias al tipo de gobierno de su país?
4. ¿Cómo participan en la vida política de su país?

Chile: dictadura y democracia

El 11 de septiembre de 1973, Chile, considerado por décadas como el país con mayor tradición democrática de Hispanoamérica, sufrió un golpe militar liderado por Augusto Pinochet que derrocó al presidente electo Salvador Allende. El gobierno de orientación socialista que caía por la fuerza había durado tan sólo tres años. Este breve período se había visto marcado por las grandes dificultades económicas, las huelgas y la violencia en las calles. La oposición, con la ayuda de los servicios secretos norteamericanos, había impuesto grandes obstáculos para desequilibrar la economía chilena.

Esta crisis social e institucional culminó con el golpe de estado. Desde ese día, el general Augusto Pinochet ejerció el poder de forma dictatorial. La prioridad de su gobierno fue la de eliminar a la oposición política tomando como primera medida° la prohibición de todos los partidos políticos. Este objetivo no se persiguió° sólo con las leyes, sino que se violaron de forma sistemática los derechos humanos. Se detenía a los miembros de partidos políticos y sindicatos° y se les llevaba a centros preparados para la tortura. De muchos de ellos no se supo nunca nada; de otros, se tiene la certeza° de que fueron ejecutados°.

El gobierno militar estableció una política económica neoliberal que mejoró la economía chilena, reduciendo con éxito la inflación y aumentando la producción. Este éxito económico ha sido en muchas ocasiones la tarjeta de presentación de la dictadura de Pinochet. Sus críticos, sin embargo, afirman que estas medidas económicas aumentaron las desigualdades sociales porque privilegiaban a los más ricos.

Confiado en su victoria, el general se presentó como candidato presidencial en un plebiscito que él mismo propuso. Éste se celebró en 1988, y para sorpresa de muchos, fue derrotado. Pinochet había caído en su propia trampa° y su fracaso abrió las puertas a elecciones libres al año siguiente, las primeras en más de veinte años. Augusto Pinochet salió del poder en 1990. A partir de esa fecha, Chile empezó el proceso de transición democrática.

Hoy, la sociedad chilena todavía sigue dividida a la hora de juzgar los muchos años de dictadura. Una parte de la población chilena ve a Pinochet como un cruel dictador que impuso un estado dictatorial manchado por la sangre° de sus enemigos políticos. Otros ven en Pinochet a un héroe que intervino en la historia del país para salvarlo del comunismo. Hasta hace poco, todavía había quienes negaban la existencia de secuestros y ejecuciones, tantas veces denunciados° por los familiares de los desaparecidos. La aparición de pruebas° y la publicación de informes, promovidos y elaborados por distintas instituciones, han confirmado la existencia de estos crímenes.

Uno de ellos, el informe Valech (conocido oficialmente como Informe de la Comisión Nacional sobre Prisión Política y Tortura) fue publicado el 29 de noviembre de 2004. Su misión era ofrecer un reconocimiento público y oficial de los abusos a los derechos humanos cometidos por el gobierno militar de Augusto Pinochet en Chile entre los años 1973 y 1990. El presidente chileno Ricardo Lagos, electo en las elecciones del año 2000, formó una comisión para ello. Con el testimonio de más de treinta y cinco mil personas, se constataron° los crímenes y se ofreció ayuda económica compensatoria y cobertura sanitaria° a las víctimas de la represión militar.

En un día histórico de enero de 2005, el ejército chileno aceptó su responsabilidad institucional en los abusos del pasado. En palabras de Ricardo Lagos, la mirada a la historia reciente ha servido para fortalecer la convivencia° y la unidad de todos los chilenos, que ya pueden mirar con orgullo hacia un futuro mejor. ■

Marginal glosses:
measure
was pursued
labor unions
certainty/executed
trap
stained by the blood
reported
proof
verified
health coverage
coexistence

Análisis

1 **Comprensión** Contesta las preguntas con oraciones completas.

1. ¿Qué sucedió con el gobierno de Salvador Allende?

2. ¿Qué ocurrió con la economía chilena durante el gobierno de Allende?

3. ¿Qué tipo de gobierno estableció Pinochet?

4. ¿Qué prioridades tuvo el gobierno de Pinochet? ¿Cómo consiguió estos objetivos?

5. ¿Qué ocurrió en el plebiscito de 1988? ¿Cuáles fueron las consecuencias?

6. ¿Qué piensan los chilenos hoy en día sobre el gobierno de Pinochet?

7. ¿Cuál fue el propósito del informe Valech?

8. ¿Qué ocurrió en enero de 2005?

2 **Completar** En parejas, completen las oraciones con sus propias opiniones.

1. Un buen líder es una persona que...

2. El gobierno de cada país debe garantizar...

3. El abuso de poder en el gobierno ocurre cuando...

4. El abuso de poder también ocurre en la vida cuando...

5. Las leyes y los derechos nos ayudan a...

3 **Utopía** Tú y tus amigos están perdidos en una remota isla del Pacífico y no tienen esperanzas de ser rescatados. Deciden formar una sociedad ideal. En grupos de cuatro, escriban los 10 derechos principales de esta sociedad utópica.

4 **El juicio** En grupos de tres, elijan uno de los casos y preparen un pequeño juicio. Uno/a de ustedes será el/la juez(a) y los/las otros/as representarán las posturas opuestas en cada tema. El/La juez(a) hará preguntas y al final dará su veredicto.

- Licencias de conducir a los 16 años de edad

- No fumar en lugares públicos

- Servicio militar obligatorio (*draft*) en tiempos de guerra

Preparación

Sobre el autor

El poeta peruano **César Vallejo** (1892–1938) es una figura crucial en la poesía hispanoamericana del siglo XX. Su universo poético se caracteriza por el dolor, el nihilismo y por la fe en la solidaridad social. Su obra pasó por diferentes etapas: en sus comienzos tuvo influencias del modernismo y más tarde de la vanguardia, para finalmente ser influida por el indigenismo y la poesía social. Su libro *Trilce* está considerado como una obra clave en la renovación de la poesía hispanoamericana.

Vocabulario de la lectura	Vocabulario útil
acercarse *to approach*	**la alegoría** *allegory*
acudir *to come*	**el/la compañero/a** *fellow*
la batalla *battle*	**el espíritu** *spirit*
el/la combatiente *combatant*	**la solidaridad** *solidarity*
incorporarse *to sit up*	
el valor *courage*	

1 **Vocabulario** Escribe cuatro oraciones lógicas combinando todas las palabras.

acercarse	defender
acudir	justicia
batalla	pelear
combatiente	valor

2 **Preparación** En parejas, piensen en el concepto de **solidaridad**. Háganse estas preguntas.

1. ¿Qué significa para ti?

2. ¿Con qué lo asocias?

3. ¿Conoces algún ejemplo de solidaridad? Descríbelo.

3 **La repetición** En grupos pequeños, lean el párrafo. Coméntenlo entre ustedes y contesten las preguntas.

> **Análisis literario**
>
> La repetición es un elemento que se usa frecuentemente en poesía. Muchos escritores usan la repetición —de un sonido, una palabra, una frase, una estructura gramatical— para resaltar ideas y crear memorables efectos de sonido.
>
> 1. ¿Han leído poemas que presenten repetición? ¿Cuál(es) recuerdan?
>
> 2. ¿Qué reacción les provocó el uso de esta técnica literaria en cada caso?
>
> 3. ¿En qué otras áreas de la creatividad han percibido ustedes el uso de la repetición?

El **Guernica** es un enorme lienzo de unos ocho metros de largo
por tres y medio de ancho. Es una abstracción de la guerra. En negros,
grises y blancos, y con símbolos tradicionales como el toro, el caballo y
la mujer caída con el niño en brazos, Pablo Picasso pinta lo que siente
ante la brutalidad humana del bombardeo nazi que exterminó a más de
mil quinientos habitantes de Guernica, ciudad española cerca de Bilbao.

MASA

César Vallejo

Al fin de la batalla,
y muerto el combatiente, vino hacia él un hombre
y le dijo: "¡No mueras, te amo tanto!"
Pero el cadáver ¡ay! siguió muriendo.

5   Se le acercaron dos y repitiéronle:°   **le repitieron**
"¡No nos dejes! ¡Valor! ¡Vuelve a la vida!"
Pero el cadáver ¡ay! siguió muriendo.

Acudieron a él veinte, cien, mil, quinientos mil,
clamando:° "¡Tanto amor y no poder nada contra la muerte!" *crying out*
10 Pero el cadáver ¡ay! siguió muriendo.

Le rodearon millones de individuos,
con un ruego° común: "¡Quédate hermano!"   *request*
Pero el cadáver ¡ay! siguió muriendo.

Entonces, todos los hombres de la tierra
15 le rodearon; les vio el cadáver triste, emocionado;
incorporóse° lentamente,   **se incorporó**
abrazó al primer hombre; echóse a andar°...   *set off walking*

Análisis 🌐

1 Comprensión Contesta las preguntas con oraciones completas.

1. ¿En qué momento se acercó el hombre al combatiente muerto?

2. ¿Qué cuenta la primera estrofa del poema?

3. ¿Qué verso se repite en todas las estrofas del poema, a excepción de la última estrofa?

4. ¿Qué le piden dos hombres al combatiente?

5. ¿Qué le rogaron millones de hombres al combatiente?

6. ¿Qué hizo el combatiente al final?

2 Interpretar Contesta las preguntas con oraciones completas.

1. ¿Por qué crees que no conocemos el nombre del combatiente ni el lugar de la batalla? Razona tu respuesta.

2. Al final del poema, ¿por qué crees que el cadáver se incorpora y echa a andar?

3. ¿Qué relación existe entre lo que sucedió al final del poema y su título?

4. ¿Crees que una persona puede cambiar el curso de la historia?

5. ¿Qué efecto crea el uso de la repetición en el poema?

3 Imaginar En parejas, imaginen cuál es la relación entre el combatiente y el primer hombre que le pide que no muera. Preparen una conversación entre ellos después de que el combatiente se ha levantado. Escriban su conversación y represéntenla delante de la clase.

4 La solidaridad En grupos pequeños, contesten las preguntas. Razonen sus respuestas.

1. ¿Es la solidaridad un factor social importante?

2. En el mundo occidental del siglo XXI, ¿somos solidarios o individualistas?

3. ¿En qué casos creen que es mejor ser solidarios? ¿En qué casos es bueno ser individualista?

5 Escribir Sigue el plan de redacción para escribir un artículo de opinión sobre un(a) político/a actual o del pasado. Usa comparativos y superlativos y, al menos, un verbo en subjuntivo con oraciones adverbiales.

Plan de redacción

Escribir un artículo de opinión

1 Presentación Inicia tu artículo presentando a la figura que has elegido. ¿De dónde es? ¿Cómo es? ¿Por qué lo/la conoces?

2 Opinión Explica por qué te interesa hablar de esta persona. ¿Qué ideas relacionas con ella? ¿Te gustan o te molestan sus ideas? ¿Es alguien popular? ¿Por qué crees que (no) lo es?

3 Conclusión Resume tu opinión. Explica brevemente por qué estás de acuerdo o no con las ideas que representa la figura.

Creencias e ideologías 🌐

Las leyes y los derechos

el delito *crime*
los derechos humanos *human rights*
la (des)igualdad *(in)equality*
la (in)justicia *(in)justice*
la libertad *freedom*
la lucha *struggle, fight*
el tribunal *court*
––––––
abusar *to abuse*
aprobar (o:ue) una ley *to pass a law*
defender (e:ie) *to defend*
encarcelar *to imprison*
juzgar *to judge*
––––––
analfabeto/a *illiterate*
(des)igual *(un)equal*
(in)justo/a *(un)fair*
oprimido/a *oppressed*

La política

el abuso de poder *abuse of power*
la bandera *flag*
la creencia *belief*
la crueldad *cruelty*
la democracia *democracy*
la dictadura *dictatorship*
el ejército *army*
el gobierno *government*
la guerra (civil) *(civil) war*
el partido político *political party*
la paz *peace*
el poder *power*
la política *politics*
la victoria *victory*
––––––
dedicarse a *to dedicate oneself to*
elegir (e:i) *to elect*
ganar/perder (e:ie) las elecciones
 to win/lose elections
gobernar (e:ie) *to govern*
influir *to influence*
votar *to vote*
––––––
conservador(a) *conservative*
liberal *liberal*

pacífico/a *peaceful*
victorioso/a *victorious*

Gente

el/la abogado/a *lawyer*
el/la activista *activist*
el/la ladrón/ladrona *thief*
el/la político/a *politician*
el/la presidente/a *president*
el/la terrorista *terrorist*
la víctima *victim*

La seguridad y la amenaza

la amenaza *threat*
el arma *weapon*
el escándalo *scandal*
la seguridad *security; safety*
el temor *fear*
el terrorismo *terrorism*
la violencia *violence*
––––––
chantajear *to blackmail*
destrozar *to destroy*
espiar *to spy*
huir *to flee*
pelear *to fight*
secuestrar *to kidnap*

Cortometraje

la azotea *flat roof*
el castigo *punishment*
el/la culpable *culprit*
la declaración *statement*
el/la desaparecido/a *missing person*
el duelo *duel*
el enfrentamiento *confrontation*
el exilio *exile*
la herencia *legacy*
la impunidad *impunity*
el juzgado *courthouse*
la nuca *nape of the neck*
la rabia *anger*
el rencor *resentment*
la venganza *revenge*
––––––
batirse en duelo *to fight a duel*
derogar (una ley) *to abolish (a law)*

llevar a cabo *to carry out*
merecer(se) *to deserve*
otorgar *to grant*
perdonar *to forgive*
presenciar *to witness*
requisar *to confiscate*
vengarse *to take revenge*
––––––
acusado/a *accused*
exiliado/a *exiled, in exile*
juzgado/a *tried (legally)*

Cultura

el derecho *right*
la ejecución *execution*
el fracaso *failure*
la fuerza *force*
el golpe de estado *coup d'état*
la huelga *strike*
el informe *report*
el juicio *judgment*
la ley *law*
el orgullo *pride*
el secuestro *kidnapping*
la trampa *trap*
––––––
derrocar *to overthrow*
derrotar *to defeat*
ejercer (el poder) *to exercise/ exert (power)*
encabezar *to lead*
fortalecer *to strengthen*
promulgar *to enact (a law)*
tener (e:ie) derecho a *to have the right to*
––––––
rescatado/a *rescued*

Literatura

la alegoría *allegory*
la batalla *battle*
el/la combatiente *combatant*
el/la compañero/a *fellow*
el espíritu *spirit*
la solidaridad *solidarity*
el valor *courage*
––––––
acercarse *to approach*
acudir *to come*
incorporarse *to sit up*

Manual de gramática

Apéndice A

Apéndice B

Apéndice C

Apéndice D

Apéndice E

MANUAL de GRAMÁTICA

Supplementary Grammar Coverage for SUEÑA

The **Manual de gramática** is an invaluable tool for both instructors and students of intermediate Spanish. It contains additional grammar concepts not covered within the core lessons of **SUEÑA**, as well as practice activities. For each lesson in **SUEÑA**, up to two additional grammar topics are offered with corresponding practice.

These concepts are correlated to the grammar points in **Estructuras** by means of the **Taller de consulta** sidebars, which provide the exact page numbers where new concepts are taught in the **Manual**.

Estructuras adicionales offers seven additional grammar structures accompanied by practice activities. They are included for the purposes of review, reference, and enrichment.

This special supplement allows for great flexibility in planning and tailoring your course to suit the needs of whole classes and/or individual students. It also serves as a useful and convenient reference tool for students who wish to review previously-learned material.

Contenido

1.4

Nouns and articles

Nouns

- In Spanish, nouns (**sustantivos**) ending in **–o**, **–or**, **–l**, **–s**, and **–ma** are usually masculine, and nouns ending in **–a**, **–ora**, **–ión**, **–d**, and **–z** are usually feminine.

Masculine nouns	Feminine nouns
el amigo, el cuaderno	la amiga, la palabra
el escritor, el color	la escritora, la computadora
el control, el papel	la relación, la ilusión
el autobús, el paraguas	la amistad, la fidelidad
el problema, el tema	la luz, la paz

- Most nouns form the plural by adding **–s** to nouns ending in a vowel and **–es** to nouns ending in a consonant. Nouns that end in **–z** change to **–c** before adding **–es**.

  el hombre → los hombres   la mujer → las mujeres

  la novia → las novias   el lápiz → los lápices

- If a singular noun ends in a stressed vowel, the plural form ends in **–es**. If the last syllable of a singular noun ending in **–s** is unstressed, the plural form does not change.

  el tabú → los tabúes   el lunes → los lunes

  el israelí → los israelíes   la crisis → las crisis

Articles

- Spanish definite and indefinite articles (**artículos definidos e indefinidos**) agree in gender and number with the nouns they modify.

	Definite articles		Indefinite articles	
	singular	plural	singular	plural
MASCULINE	el compañero	los compañeros	un compañero	unos compañeros
FEMININE	la compañera	las compañeras	una compañera	unas compañeras

- In Spanish, a definite article is always used with an abstract noun.

  El amor es eterno.   **La** belleza es pasajera.
  Love is eternal.   *Beauty is fleeting.*

- An indefinite article is not used before nouns that indicate profession or place of origin unless they are followed by an adjective.

  Juan Volpe es profesor.   Juan Volpe es **un** profesor excelente.

  Ana María es neoyorquina.   Ana María es **una** neoyorquina orgullosa.

¡ATENCIÓN!

Some nouns may be either masculine or feminine, depending on whether they refer to a male or a female.

el/la artista *artist*
el/la estudiante *student*

Occasionally, the masculine and feminine forms have different meanings.

el capital *capital (money)*
la capital *capital (city)*

¡ATENCIÓN!

Accent marks are sometimes dropped or added to maintain the stress in the singular and plural forms.

canción/canciones
autobús/autobuses

margen/márgenes
imagen/imágenes

¡ATENCIÓN!

The prepositions **de** and **a** contract with the article **el**.

de + el = del

a + el = al

Práctica

1 **Cambiar** Escribe en plural las palabras que están en singular y viceversa.

1. la compañera _____
2. unos amigos _____
3. el novio _____
4. una crisis _____
5. unas parejas _____
6. un corazón _____
7. las amistades _____
8. el tabú _____

2 **¿Qué opinas?** Completa los minidiálogos con los artículos apropiados.

1. —Para ti, ¿cuál es _____ cualidad más importante en _____ relaciones de pareja?

—Para mí, es _____ sinceridad; aunque también son importantes _____ respeto y _____ madurez.

2. —¿Quién es mejor en la amistad: _____ persona pesimista o _____ optimista?

—Pues, _____ verdad es que todos mis amigos son pesimistas.

3. —¿Tus amigos tienen _____ mismos sueños que tú?

—Sí, todos soñamos con _____ mundo mejor. Deseamos _____ paz internacional y encontrar _____ solución para _____ desempleo.

3 **Un chiste** Completa el chiste con los artículos apropiados. Recuerda que en algunos casos no debes poner ningún artículo.

(1) _____ pareja se va a casar. Él tiene 90 años. Ella tiene 85. Entran en (2) _____ farmacia y (3) _____ novio le pregunta al farmacéutico (*pharmacist*):

—¿Tiene (4) _____ remedios para (5) _____ corazón?

—Sí —contesta (6) _____ farmacéutico.

—¿Tiene (7) _____ remedios para (8) _____ presión?

—Sí —contesta nuevamente (9) _____ farmacéutico.

—¿Y (10) _____ remedios para (11) _____ artritis?

—Sí, también.

—¿Y (12) _____ remedios para (13) _____ reumatismo?

—También.

—¿Y (14) _____ remedios para (15) _____ colesterol?

—Sí. Ésta es (16) _____ farmacia completa. Tenemos de todo.

Entonces (17) _____ novio mira a (18) _____ novia y le dice:

—Querida, ¿qué te parece si hacemos (19) _____ lista de regalos de bodas aquí?

4 **La cita** Completa el párrafo con la forma correcta de los artículos definidos e indefinidos.

Ayer tuve (1) _____ cita con Leonardo. Fuimos a (2) _____ restaurante muy romántico que está junto a (3) _____ bonito lago. Desde nuestra mesa, podíamos ver (4) _____ lago y (5) _____ barcos que por allí navegaban. Comimos (6) _____ platos muy originales. (7) _____ pescado que yo pedí estaba delicioso. Nos divertimos mucho, pero al salir tuvimos (8) _____ problema. Una de (9) _____ ruedas (*tires*) del coche estaba pinchada (*punctured*). (10) _____ próxima semana tendremos nuestra segunda cita.

1.5

Adjectives

- Spanish adjectives (**adjetivos**) agree in gender and number with the nouns they modify. Most adjectives ending in **–e** or a consonant have the same masculine and feminine forms.

	singular	plural	singular	plural	singular	plural
MASCULINE	roj**o**	roj**os**	inteligent**e**	inteligent**es**	difícil	difícil**es**
FEMININE	roj**a**	roj**as**	inteligent**e**	inteligent**es**	difícil	difícil**es**

Table title: Adjectives

¡ATENCIÓN!

Adjectives ending in **–or, –ol, –án, –ón,** or **–s** vary in both gender and number.

español → españoles
española → españolas

alemán → alemanes
alemana → alemanas

- Descriptive adjectives generally follow the noun they modify. If a single adjective modifies more than one noun, the plural form is used. If at least one of the nouns is masculine, then the adjective is masculine.

un libro **apasionante**
a great book

las parejas **contentas**
the happy couples

un suegro y una suegra **maravillosos**
a wonderful father-in-law and mother-in-law

la literatura y la cultura **ecuatorianas**
Ecuadorean literature and culture

- A few adjectives have shortened forms when they precede a masculine singular noun.

bueno → **buen**   alguno → **algún**   primero → **primer**

malo → **mal**   ninguno → **ningún**   tercero → **tercer**

- Some adjectives change their meaning depending on their position. When the adjective follows the noun, the meaning is more literal. When it precedes the noun, the meaning is more figurative.

	after the noun	before the noun
antiguo/a	el edificio **antiguo** *the ancient building*	mi **antiguo** novio *my old/former boyfriend*
cierto/a	una respuesta **cierta** *a right answer*	una **cierta** actitud *a certain attitude*
grande	una ciudad **grande** *a big city*	un **gran** país *a great country*
mismo/a	el artículo **mismo** *the article itself*	el **mismo** problema *the same problem*
nuevo/a	un coche **nuevo** *a (brand) new car*	un **nuevo** profesor *a new/different professor*
pobre	los estudiantes **pobres** *the students who are poor*	los **pobres** estudiantes *the unfortunate students*
viejo/a	un libro **viejo** *an old book*	una **vieja** amiga *a long-time friend*

¡ATENCIÓN!

Before a singular noun, **grande** changes to **gran**.

un gran esfuerzo *a great effort*

una gran autora *a great author*

Práctica

1 **Descripciones** Completa cada oración con la forma correcta de los adjetivos.

1. Mi mejor amiga es _____ (guapo) y muy _____ (gracioso).

2. Los novios de mis hermanas son _____ (alto) y _____ (moreno).

3. Javier, mi vecino, es _____ (listo), pero bastante _____ (antipático).

4. Mi prima Susana es _____ (sensible), pero mi primo Luis es _____ (falso).

5. Nosotras somos _____ (cuidadoso) y un poquito _____ (tacaño).

6. No sé por qué Marcos y Ramón son tan _____ (inseguro) y _____ (tímido).

7. Sandra, mi vecina, es una amiga _____ (genial), pero ayer tuvimos una _____ (tempestuoso) discusión.

2 **La vida de Marina** Completa cada oración con los cuatro adjetivos.

1. Marina busca una compañera de cuarto

_____

(tranquilo, ordenado, honesto, puntual)

2. Se lleva bien con las personas _____ (sincero, serio, alegre, trabajador)

3. Marina tiene unos padres _____ (maduro, simpático, inteligente, conservador)

4. Quiere ver programas de televisión más

_____

(emocionante, divertido, dramático, didáctico)

5. Marina tiene un novio _____ (talentoso, nervioso, creativo, irlandés)

Marina

3 **Correo sentimental** La revista *Ellas y ellos* tiene una sección de anuncios personales. Este anuncio recibió unas cien respuestas. Complétalo con la forma corta o larga de los adjetivos de la lista.

buen	gran	mal	ningún	tercer
bueno/a	grande	malo/a	ninguno/a	tercero/a

Mi perrito y yo buscamos amor

Tengo 43 años y estoy viudo desde hace tres años. Soy un (1) _____ hombre: tranquilo y trabajador. Me gustan las plantas y no tengo (2) _____ problema con mis vecinos. Cocino y plancho. Me gusta ir al cine y no me gusta el fútbol. Tengo (3) _____ humor por las mañanas y mejor humor por las noches. Vivo en un apartamento (4) _____, en el (5) _____ piso de un edificio de Montevideo. Sólo tengo un pequeño problema: mi perro. Algunos dicen que tiene (6) _____ carácter. Otros dicen que es un (7) _____ animal. Yo creo que es (8) _____. Pero se siente solo, como su dueño.

2.4 Progressive forms

- The present progressive (**el presente progresivo**) narrates an action in progress. It is formed with the present tense of **estar** and the present participle (**el gerundio**) of the main verb.

Estoy sacando una foto.	¿Qué **estás comiendo?**	**Están recorriendo** la ciudad.
I am taking a photo.	*What are you eating?*	*They are traveling around the city.*

- The present participle of regular **–ar, –er,** and **–ir** verbs is formed as follows:

INFINITIVE	STEM	ENDING	PRESENT PARTICIPLE
bailar	bail–	–ando	bailando
comer	com–	–iendo	comiendo
aplaudir	aplaud–	–iendo	aplaudiendo

- **–Ir** verbs that change **o** to **u** or **e** to **i** in the **Ud./él/ella** and **Uds./ellos/ellas** forms of the preterite have the same change in the present participle.

pedir → pidiendo	mentir → mintiendo	dormir → durmiendo

- When the stem of an **–er** or **–ir** verb ends in a vowel, the **–i–** of the present participle ending changes to **–y–**. The present participle of **ir** is **yendo**.

leer → leyendo	construir → construyendo	oír → oyendo

- Other tenses have progressive forms as well, though they are used less frequently than the present progressive. These tenses emphasize that an action was/will be in progress at a particular moment in time.

  Estaba contestando la última pregunta cuando el profesor nos pidió los exámenes.
  I was in the middle of answering the last question when the professor asked for our exams.

  No vengas a las cuatro, todavía **estaremos trabajando**.
  Don't come at four o'clock; we will still be working.

  Luis cerró la puerta, pero su mamá le **siguió gritando**.
  Luis shut the door, but his mother kept right on shouting at him.

- Progressive tenses often use other verbs, especially ones that convey motion or continuity like **andar, continuar, ir, seguir,** and **venir,** in place of **estar**.

anda diciendo	*she goes around saying*
continuarás trabajando	*you'll continue working*
siguieron hablando	*they kept talking*
van acostumbrándose	*they're getting more and more used to*
venimos insistiendo	*we've been insisting*

Práctica

1 **Una conversación telefónica** Daniel es nuevo en la ciudad y no sabe cómo llegar al estadio de fútbol. Decide llamar a su ex novia Alicia para que le explique cómo encontrarlo. Completa el diálogo con la forma correcta del gerundio.

ALICIA ¿Aló?

DANIEL Hola Alicia, soy Daniel; estoy buscando el estadio de fútbol y necesito que me ayudes... Llevo (1) _____ (caminar) más de media hora por el centro y sigo perdido.

ALICIA ¿Dónde estás?

DANIEL No estoy muy seguro, no encuentro el nombre de la calle. Pero estoy (2) _____ (ver) un centro comercial a mi izquierda y más allá parece que están (3) _____ (construir) un estadio de fútbol. (4) _____ (hablar) de fútbol, ¿dónde tengo mis boletos? ¡He perdido mis entradas!

ALICIA Madre mía, ¡sigues (5) _____ (ser) un desastre...! Algún día te va a pasar algo serio.

DANIEL Siempre andas (6) _____ (pensar) lo peor.

ALICIA Y tú siempre estás (7) _____ (olvidarse) de todo.

DANIEL Ya estamos (8) _____ (discutir) otra vez.

2 **¿Qué están haciendo?** Escribe oraciones completas para explicar lo que están haciendo ahora mismo estas personas. Usa los elementos que hay para cada una y el presente de **estar** con el gerundio del verbo.

1. La alcaldesa / recorrer / la ciudad

   _____

2. Dos pasajeros / subir / a / el autobús

   _____

3. Sergio y yo / doblar / la esquina

   _____

4. El peatón / cruzar / la avenida

   _____

5. Tú / disfrutar / de la clase

   _____

3 **En diferentes tiempos** Completa cada oración con el tiempo correcto del verbo entre paréntesis.

1. Anoche Carlos y Raúl _____ (estar) mirando una película.

2. Mientras tú estudiabas, nosotros _____ (andar) paseando por el parque.

3. Mañana a las diez, ¿tú _____ (estar) durmiendo?

4. Con un poco de tiempo, yo _____ (ir) acostumbrándome a la idea.

5. Esta tarde, Catalina _____ (estar) dando direcciones a los turistas.

6. Eduardo _____ (venir) saliendo del museo, cuando vio a Ana.

2.5

Telling time

- The verb **ser** is used to tell time in Spanish. The construction **es + la** is used with **una**, and **son + las** is used with all other hours.

> **¿Qué hora es?**
> *What time is it?*
>
> **Es la** una.
> *It is one o'clock.*
>
> **Son las** tres.
> *It is three o'clock.*

The phrases **y media** (*half past*) and **y/menos cuarto** (*quarter past/of*) are usually used instead of **treinta** and **quince**.

Son las doce y media.
It's 12:30/half past twelve.

Son las nueve menos cuarto.
It's 8:45/quarter of nine.

- The phrase **y** + [*minutes*] is used to tell time from the hour to the half-hour. The phrase **menos** + [*minutes*] is used to tell time from the half-hour to the hour, and is expressed by subtracting minutes from the *next* hour.

Son las once **y veinte**.   Es la una **menos quince**.   Son las doce **menos diez**.

- To ask at what time an event takes place, the phrase **¿A qué hora (...)?** is used. To state at what time something takes place, use the construction **a la(s)** + [*time*].

¿A qué hora es la fiesta?
(At) what time is the party?

La fiesta es **a las ocho**.
The party is at eight.

Note that **es** is used to state the time at which a single event takes place.

Son las dos.
It is two o'clock.

Mi clase es a las dos.
My class is at two o'clock.

- The following expressions are used frequently for telling time.

Son las siete **en punto**.
It's seven o'clock on the dot/sharp.

Es **el mediodía**.
It's noon.

Es **la medianoche**.
It's midnight.

Son las nueve **de la mañana**.
It's 9 A.M. (in the morning).

Son las cuatro y cuarto **de la tarde**.
It's 4:15 P.M. (in the afternoon).

Son las once y media **de la noche**.
It's 11:30 P.M. (at night).

- The imperfect is generally used to tell time in the past. However, the preterite may be used to describe an action that occurred at a particular time.

¿Qué hora **era**?
What time was it?

Eran las cuatro de la mañana.
It was four o'clock in the morning.

¿A qué hora **fueron** al cine?
At what time did you go to the movies?

Fuimos a las nueve.
We went at nine o'clock.

Práctica

1 **La hora** Escribe la hora que hay en cada reloj usando oraciones completas.

1. _____   2. _____

3. _____   4. _____

2 **¿Qué hora es?** Da la hora usando oraciones completas.

1. 1:10 P.M. _____

2. 6:30 A.M. _____

3. 8:45 P.M. _____

4. 11:00 A.M. _____

5. 2:55 P.M. _____

6. 12:00 A.M. _____

3 **En el cineclub** Josefa quiere ver una película en el cineclub de la universidad, pero necesita saber los horarios. Contesta las preguntas con oraciones completas usando las pistas (*clues*).

1. ¿A qué hora empieza *Temporada de patos*? (12:05 P.M.)

_____

2. ¿A qué hora empieza *Los diarios de motocicleta*? (1:15 P.M.)

_____

3. ¿A qué hora empieza *María llena eres de gracia*? (3:30 P.M.)

_____

4. ¿A qué hora empieza *Voces inocentes*? (4:45 P.M.)

_____

5. ¿A qué hora empieza *Mar adentro*? (8:20 P.M.)

_____

6. ¿A qué hora empieza *La mala educación*? (10:50 P.M.)

3.4

Possessive adjectives and pronouns

- Possessive adjectives (**adjetivos posesivos**) are used to express ownership or possession. Unlike English, Spanish has two types of possessive adjectives: the short, or unstressed, forms and the long, or stressed, forms. Both forms agree in gender and number with the object owned, and not with the owner.

Possessive adjectives			
short forms (unstressed)		**long forms (stressed)**	
mi(s)	*my*	**mío(s)/a(s)**	*my; (of) mine*
tu(s)	*your*	**tuyo(s)/a(s)**	*your; (of) yours*
su(s)	*your; his; hers; its*	**suyo(s)/a(s)**	*your; (of yours); his; (of) his; hers; (of) hers; its; (of) its*
nuestro(s)/a(s)	*our*	**nuestro(s)/a(s)**	*our; (of) ours*
vuestro(s)/a(s)	*your*	**vuestro(s)/a(s)**	*your; (of) yours*
su(s)	*your; their*	**suyo(s)/a(s)**	*your; (of) yours; their; (of) theirs*

- Short possessive adjectives precede the nouns they modify.

  En **mi** opinión, esa telenovela es pésima.
  In my opinion, that soap opera is awful.

  Nuestras revistas favoritas son *Vanidades* y *Latina*.
  Our favorite magazines are Vanidades *and* Latina.

- Stressed possessive adjectives follow the nouns they modify. They are used for emphasis or to express the phrases *of mine, of yours,* etc. The nouns are usually preceded by a definite or indefinite article.

  mi amigo → **el** amigo **mío**
  my friend   friend of mine

  tus amigas → **las** amigas **tuyas**
  your friends   friends of yours

- Because **su(s)** and **suyo(s)/a(s)** have multiple meanings (*your, his, her, its, their*), the construction [*article*] + [*noun*] + **de** + [*subject pronoun*] can be used to clarify meaning.

  su casa
  la casa suya

  la casa de él/ella   *his/her house*
  la casa de usted/ustedes   *your house*
  la casa de ellos/ellas   *their house*

- Possessive pronouns (**pronombres posesivos**) have the same forms as stressed possessive adjectives and are preceded by a definite article. Possessive pronouns agree in gender and number with the nouns they replace.

  No encuentro mi **libro**.
  ¿Me prestas **el tuyo**?
  I can't find my book.
  Can I borrow yours?

  Si la **fotógrafa** suya no llega, **la nuestra** está disponible.
  If your photographer doesn't arrive, ours is available.

Práctica

1

¿De quién hablan? En un programa de entrevistas en la televisión, varias personas famosas hacen comentarios. Completa los espacios en blanco con los posesivos que faltan.

1. La actriz Fernanda Lora habla sobre su esposo: "_____ esposo siempre me acompaña a los estrenos, aunque _____ trabajo sea estar en otro sitio."

2. El dúo Maite y Antonio comentan sobre su hijo: "_____ hijo empezó a cantar a los dos años."

3. El actor Saúl Mar habla de su ex esposa, la modelo Serafina: "_____ ex ya no es tan guapa como antes, aunque _____ fans piensen lo contrario."

2

¿Es tuyo...? Escribe preguntas con **ser** y contéstalas usando el pronombre posesivo que corresponde a la(s) persona(s) indicada(s). Sigue el modelo.

> **Modelo**   **tú / libro / yo**
> —¿Es tuyo este libro?
> —Sí, es mío.

1. ustedes / revistas / nosotros

_____

_____

2. nosotros / periódicos / yo

_____

_____

3. ella / videocasetera / ella

_____

_____

4. tú / control remoto / ellos

_____

_____

3

Durante el almuerzo Durante la hora del almuerzo tres compañeros de trabajo tratan de conocerse mejor. Completa el diálogo con los posesivos adecuados. Cuando sea necesario, añade también el artículo definido correspondiente.

AGUSTÍN (1) _____ esposa es locutora de radio y tiene un programa para niños.

MANUEL (2) _____ es redactora en el periódico *El Financiero*.

JUAN Yo soy soltero y vivo con (3) _____ padres y (4) _____ hermano.

MANUEL (5) _____ películas favoritas son las de acción. ¿Y (6) _____?

JUAN A mí no me gusta el cine.

AGUSTÍN A mí tampoco, pero a (7) _____ esposa le gustan las películas antiguas. (8) _____ es el deporte.

JUAN Yo detesto el deporte. (9) _____ pasatiempo favorito es la música.

MANUEL ¡Ahh! ¿Es (10) _____ la guitarra que vi en la oficina?

JUAN Sí, es (11) _____. Después del trabajo, nos reunimos en la casa de un amigo (12) _____ y tocamos un poco. A (13) _____ amigos y a mí nos gusta el rock. (14) _____ músicos preferidos son...

AGUSTÍN ¡No te molestes en nombrarlos! No sé nada de música.

MANUEL Parece que (15) _____ gustos son muy distintos.

3.5 ## Demonstrative adjectives and pronouns

- Demonstrative adjectives (**adjetivos demostrativos**) specify to which noun a speaker is referring. They precede the nouns they modify and agree in gender and number.

este anuncio
this advertisement

esa tira cómica
that comic strip

aquellos periódicos
those newspapers (over there)

Demonstrative adjectives				
singular		plural		
masculine	feminine	masculine	feminine	
este	esta	estos	estas	*this; these*
ese	esa	esos	esas	*that; those*
aquel	aquella	aquellos	aquellas	*that; those (over there)*

- Spanish has three sets of demonstrative adjectives. Forms of **este** are used to point out nouns that are close to the speaker and the listener. Forms of **ese** modify nouns that are not close to the speaker, though they may be close to the listener. Forms of **aquel** refer to nouns that are far away from both the speaker and the listener.

No me gustan **estos** zapatos.   Prefiero **esos** zapatos.   **Aquel** coche es de Ana.

- Demonstrative pronouns (**pronombres demostrativos**) are identical to demonstrative adjectives, except that they carry an accent mark on the stressed vowel. They agree in gender and number with the nouns they replace.

¿Quieres comprar este **radio**?
Do you want to buy this radio?

No, no quiero **éste**. Quiero **ése**.
No, I don't want this one. I want that one.

¿Leíste estas **revistas**?
Did you read these magazines?

No leí **éstas**, pero sí leí **aquéllas**.
I didn't read these, but I did read those (over there).

- There are three neuter demonstrative pronouns: **esto, eso,** and **aquello**. These forms refer to unidentified or unspecified things, situations, or ideas. They do not vary in gender or number and they never carry an accent mark.

¿Qué es **esto**?
What is this?

Eso es interesante.
That's interesting.

Aquello es bonito.
That's pretty.

Práctica

1 Cambiar Escribe en plural las oraciones que están en singular y viceversa.

1. Este programa es muy aburrido.

_____

2. Aquellas revistas son del mes pasado.

_____

3. ¿Ya leíste esta noticia?

_____

4. Esos canales de televisión son excelentes.

_____

2 En el centro comercial Completa las frases con la forma correcta de los adjetivos entre paréntesis.

1. Quiero comprar _____ (*that*) reproductor de MP3.

2. Nosotros nos vamos a llevar _____ (*that over there*) computadora.

3. Hay rebajas en _____ (*these*) libros y revistas.

4. Compra alguna de _____ (*those*) películas en DVD.

5. Yo voy a escoger _____ (*this*) película que está a mitad de precio.

6. Antes de irnos vamos a comer algo en _____ (*that over there*) restaurante.

3 La diva La famosa actriz de cine Lucía Mirabal tiene gustos muy particulares. Responde negativamente a las preguntas. Usa las pistas entre paréntesis y las formas correctas de los adjetivos demostrativos.

> **Modelo** ¿Usó esta camisa? (vestido)
> No, usó este vestido.

1. ¿Se va a sentar en esa silla? (sofá)

_____

2. ¿Quiere probar estos sándwiches? (langosta)

_____

3. ¿Decidió hablar con ese reportero? (locutora)

_____

4. ¿Llevará aquel suéter? (chaqueta negra)

_____

4 Pronombres Completa las frases con la forma correcta de los pronombres entre paréntesis.

1. Esta crónica es interesante, ¿y _____ (*that one over there*)?

2. Esos locutores son muy profesionales, no son como _____ (*these ones*).

3. Ya leí este periódico, pero _____ (*that one*) no lo he tocado.

4. No quiero comprar esa televisión, prefiero _____ (*this one*).

4.4

To become: *hacerse, ponerse, volverse,* and *llegar a ser*

- Spanish has several verbs and phrases that mean *to become*. Many of these constructions make use of reflexive verbs.

- The construction **ponerse** + [*adjective*] expresses a change in mental, emotional, or physical state that is generally not long-lasting.

  ¡No **te pongas histérico**!
  Don't get so worked up!

  La señora Urbina **se pone muy feliz** cuando su familia la visita.
  Mrs. Urbina gets so happy when her family comes to visit.

- **Volverse** + [*adjective*] expresses a radical mental or psychological change. It often conveys a gradual or irreversible change in character. In English this is often expressed as *to have become* + [*adjective*].

  ¿**Te has vuelto loca**?
  Have you gone mad?

  Durante los últimos años, mi primo **se ha vuelto insoportable**.
  In recent years, my cousin has become unbearable.

- **Hacerse** can be followed by a noun or an adjective. It often implies a change that results from the subject's own efforts, such as changes in profession or social and political status.

  El yerno de doña Lidia **se ha hecho** abogado.
  Doña Lidia's son-in-law has become a lawyer.

  Mi bisabuelo **se hizo** rico a pesar de haber dejado
  su patria sin un solo centavo.
  *My great-grandfather became wealthy despite having
  left his homeland without a penny in his pocket.*

- **Llegar a ser** may also be followed by a noun or an adjective. It indicates a change over time and does not imply the subject's voluntary effort.

  La novela que escribió el año pasado **ha llegado a ser** un superventas.
  The novel that he wrote last year has become a best seller.

- There are often reflexive verb equivalents for **ponerse** + [*adjective*]. Note that when used with object pronouns instead of reflexive pronouns, such verbs convey that another person or thing is imposing a mental, emotional, or physical state on someone else.

ponerse alegre → **alegrarse**	**ponerse deprimido/a** → **deprimirse**
ponerse furioso/a → **enfurecerse**	**ponerse triste** → **entristecerse**

  La llegada de la primavera **me alegra**.
  The arrival of spring makes me happy.

  Cuando pienso en la muerte, **me deprimo**.
  When I think about death, I get depressed.

Práctica

1 **Seleccionar** Selecciona la opción correcta para cada frase.

1. Siempre (se pone – se vuelve) nervioso cuando está frente a sus suegros.

2. Antes mi hijo era sumiso. Con el tiempo (se puso – se volvió) muy rebelde.

3. Nunca (se pone – se vuelve) triste cuando está con su familia.

4. Después de quedarse viudo, (se puso – se volvió) un hombre solitario.

2 **Completar** Completa las frases con la opción correcta.

1. Con los años mi sobrino _____ más insoportable.
   a. se ha vuelto   b. ha hecho

2. Las pinturas de mi abuelo _____ muy caras.
   a. se han hecho   b. han llegado a ser

3. Mi cuñada antes era periodista, pero ahora _____ abogada.
   a. se ha puesto   b. se ha hecho

4. _____ muy furioso porque ayer nació su primer hijo y no llegó a tiempo al hospital.
   a. Se puso   b. Ha llegado a ser

3 **Historias de familia** Completa cada frase con una de las expresiones de la lista.

| deprimirse | hacerse | llegar a ser | ponerse | volverse |

1. Mi prima y su vecina _____ muy amigas.

2. Mi cuñado _____ el hombre más famoso de la ciudad.

3. Mi primo _____ loco después de ese viaje en el ascensor.

4. Mis sobrinas _____ muy tristes al despedirse.

5.4 *Qué* vs. *cuál*

- The interrogative words **¿qué?** and **¿cuál(es)?** can both mean *what/which*, but they are not interchangeable.

- **Qué** is used to ask for general information, explanations, or definitions.

  ¿Qué es la lluvia ácida?
  What is acid rain?

  ¿Qué es esto?
  What is this?

  ¿Qué dijo?
  What did she say?

  ¿Qué podemos hacer?
  What can we do?

- **Cuál(es)** is used to ask for specific information or to choose from a limited set of possibilities. When referring to more than one item, the plural form **cuáles** is used.

  ¿Cuál es el problema?
  What is the problem?

  ¿Cuál de los dos prefieres,
  el desierto o el bosque?
  *Which of these (two) do you
  prefer, the desert or the forest?*

  ¿Cuáles son tus animales favoritos?
  What are your favorite animals?

  ¿Cuáles escogieron, los rojos o
  los azules?
  *Which ones did they choose,
  the red or the blue?*

- Often, either **qué** or **cuál(es)** may be used in the same sentence, but the meaning is different.

  ¿Qué quieres comer?
  What do you want to eat?

  Hay pizza y pasta. **¿Cuál** quieres comer?
  *There's pizza and pasta. Which one do
  you want to eat?*

- **Cuál(es)** is not used before nouns. **Qué** is used instead, regardless of the type of information requested.

  ¿Qué ideas tienen ustedes?
  What ideas do you have?

  ¿Qué regalo te gusta más?
  Which gift do you like better?

  ¿Peligro? **¿Qué** peligro?
  Danger? What danger?

  ¿Qué libros leyeron este verano?
  Which books did you read this summer?

- **Qué** and **cuál(es)** are sometimes used in declarative sentences.

  No sé **qué** hacer.
  I don't know what to do.

  No sé **cuál** de los dos escoger.
  I don't know which of the two to choose.

- **Qué** is also used frequently in exclamations. In this case it means *What...!* or *How...!*

  ¡Señor Acosta, **qué** gusto verlo de nuevo!
  Mr. Acosta, a pleasure to see you again!

  ¡**Qué** niño más irresponsable!
  What an irresponsible child!

  Mira esa luna llena, ¡**qué** bella!
  Look at that full moon. How beautiful!

  ¡**Qué** triste te ves!
  How sad you look!

Práctica

1 **Completar** Completa las preguntas con **¿qué?** o **¿cuál(es)?**, según el contexto.

1. ¿_____ de los dos paisajes es tu favorito?

2. ¿_____ piensas del calentamiento global?

3. ¿_____ son tus animales favoritos?

4. ¿_____ haces para proteger el medio ambiente?

5. ¿_____ problema ecológico es el más importante?

6. ¿_____ son tus ovejas, las blancas o las negras?

7. ¿_____ es tu opinión sobre la deforestación de nuestros bosques?

8. ¿_____ fuentes alternativas de energía usas?

9. ¿_____ son las especies que están en peligro de extinción?

2 **Preguntas** Usa **¿qué?** o **¿cuál(es)?** para escribir la pregunta correspondiente a cada respuesta.

1. _____

El animal que más me gusta es el león.

2. _____

Este fin de semana quiero disfrutar del mar y el sol.

3. _____

Mis pasatiempos favoritos son nadar y salir con mis amigos.

4. _____

Opino que la contaminación de los mares debe detenerse.

5. _____

Éstas son las botellas que vamos a reciclar.

6. _____

El plato favorito de Rosa es el pollo con papas.

3 **Elige** Lee las preguntas y elige la opción correcta para cada una.

¿Qué	¿Cuál	¿Cuáles	
1. ☐	☐	☐	... de los dos es tu conejo?
2. ☐	☐	☐	... tipo de ave te gusta más?
3. ☐	☐	☐	... es la deforestación?
4. ☐	☐	☐	... son los problemas que te preocupan más?
5. ☐	☐	☐	... es tu lugar favorito?
6. ☐	☐	☐	... parques están contaminados?
7. ☐	☐	☐	... usaron, las limpias o las contaminadas?

5.5

The neuter *lo*

- The definite articles **el, la, los,** and **las** modify masculine or feminine nouns. The neuter article **lo** is used to refer to concepts that have no gender.

*No importa **lo que** hayan dicho en la tele...*

- In Spanish, the construction **lo** + [*masculine singular adjective*] is used to express general characteristics and abstract ideas. The English equivalent of this construction is *the* + [*adjective*] + *thing*.

   En el Amazonas, **lo difícil** es promover el desarrollo
   económico sin contribuir a la deforestación.
   *In the Amazon, the difficult thing is to promote economic
   development without contributing to deforestation.*

   Este río está muy contaminado, **lo bueno** es que los vecinos
   se han organizado para limpiarlo bien y salvar los peces.
   *This river is very polluted, the good thing is that the neighbors
   have organized themselves to clean it well and save the fish.*

- To express the idea of *the most* or *the least,* **más** and **menos** can be added after **lo. Lo mejor** and **lo peor** mean *the best/worst* (thing).

   Para proteger el medio ambiente, **lo más importante** es conservar los
   recursos naturales.
   *To protect the environment, the most important thing is to conserve
   natural resources.*

   ¡Aún no te he contado **lo peor** del viaje!
   I still haven't told you about the worst part of the trip!

¡ATENCIÓN!

The phrase **lo** + [*adjective or adverb*] + **que** may be replaced by **qué** + [*adjective or adverb*].

No sabes *qué difícil* es hablar con él. *You don't know how difficult it is to talk to him.*

Fíjense en *qué pronto* agotaremos los recursos. *Just think about how soon we'll use up our resources.*

- The construction **lo** + [*adjective* or *adverb*] + **que** is used to express the English *how* + [*adjective*]. In these cases, the adjective agrees in number and gender with the noun it modifies.

lo + [adjective] + **que**

lo + [adverb] + **que**

¿No te das cuenta de **lo bella que** eres?
Don't you realize how beautiful you are?

Recuerda **lo bien que** te fue en su clase.
Remember how well you did in his class.

- **Lo que** is equivalent to the English *what, that, which*. It is used to refer to an abstract idea, or to a previously mentioned situation or concept.

   ¿Qué fue **lo que** más te gustó de tu viaje a Ecuador?
   What was the thing that you enjoyed most about your trip to Ecuador?

   Lo que más me gustó fue el paisaje.
   The thing I liked best was the scenery.

Práctica

1 **Completar** Completa las oraciones con **lo** o **lo que.**

1. Las grandes empresas no quieren aceptar _____ les piden los ecologistas.

2. _____ más peligroso es la destrucción de la capa de ozono.

3. ¿Me cuentas _____ se decidió en la reunión del grupo de conservación de parques?

4. _____ malo es que no se puede ver el paisaje desde aquí.

5. _____ piden sus hijos es que deje de cazar animales.

6. _____ positivo del proyecto es que vamos a tener muchos más árboles en la ciudad.

7. _____ me gusta de este lugar es que se respira aire puro.

2 **Combinar** Combina las frases para formar oraciones que tengan **lo** + [*adjetivo/adverbio*] + **que.**

> Modelo   **parecer mentira / qué poco te preocupas por el medio ambiente**
> Parece mentira lo poco que te preocupas por el medio ambiente.

1. asombrarme / qué lejos está el centro de reciclaje

_____

2. sorprenderme / qué obediente es tu gato

_____

3. no poder creer / qué contaminado está el lago

_____

4. ser increíble / qué bien se vive en este pueblo

_____

5. ser una sorpresa / qué limpio conservan este bosque

_____

3 **La mascota** Julián se va de vacaciones y le ha pedido a su amigo Sergio que cuide de su mascota (*pet*). Usa frases de la lista para completar las recomendaciones que le da Julián a Sergio.

lo contaminado que	lo mejor	lo potable
lo interesante que	lo peor	lo que más
lo más		lo rápido que

1. _____ le gusta es tomar el sol.

2. _____ difícil es darle su ducha diaria.

3. Es increíble _____ es vivir con él.

4. _____ es cuando te despierta por las mañanas.

5. Ya verás _____ se hacen amigos.

6. _____ es que lo voy a extrañar mucho.

6.4

Adverbs

- Adverbs (**adverbios**) describe *how, when,* and *where* actions take place. They usually follow the verbs they modify and precede adjectives or other adverbs.

  Habla **bien**. Te lo digo **fácilmente**.

  Ana es **muy** interesante. Eso es **absolutamente** cierto.

  Escribe **tan** bien. Lo hizo **completamente** mal.

- Many Spanish adverbs are formed by adding the suffix **–mente** to the feminine singular form of an adjective. The **–mente** ending is equivalent to the English *-ly*.

Adjective	Feminine form	Suffix	Adverb
básico	**básica**	-mente	**básicamente** *basically*
cuidadoso	**cuidadosa**	-mente	**cuidadosamente** *carefully*
enorme	**enorme**	-mente	**enormemente** *enormously*
hábil	**hábil**	-mente	**hábilmente** *cleverly; skillfully*

- If two or more adverbs modify the same verb, only the final adverb uses the suffix **–mente**.

  Se marchó **lenta** y **silenciosamente**.
  He left slowly and silently.

- The construction **con** + [*noun*] is often used instead of long adverbs that end in **–mente**.

  cuidadosamente = con cuidado   frecuentemente = con frecuencia

- Here are some common adverbs and adverbial phrases:

a menudo *frequently; often*	**así** *like this; so*	**mañana** *tomorrow*
a tiempo *on time*	**ayer** *yesterday*	**más** *more*
a veces *sometimes*	**casi** *almost*	**menos** *less*
adentro *inside*	**de costumbre** *usually*	**muy** *very*
afuera *outside*	**de repente** *suddenly*	**por fin** *finally*
apenas *hardly; scarcely*	**de vez en cuando** *now and then*	**pronto** *soon*
aquí *here*		**tan** *so*

  A veces salimos a tomar un café.   **Casi** terminé el libro.
  Sometimes we go out for coffee.   *I almost finished the book.*

- The adverbs **poco** and **bien** frequently modify adjectives. In these cases, **poco** is often the equivalent of the English prefix *un-*, while **bien** means *well, very, rather* or *quite*.

  La situación está **poco** clara.   La cena estuvo **bien** rica.
  The situation is unclear.   *Dinner was very tasty.*

¡ATENCIÓN!

If an adjective has a written accent, it is kept when the suffix **-mente** is added.

¡ATENCIÓN!

Some adverbs and adjectives have the same forms.

ADJ: **bastante dinero** *enough money*
ADV: **bastante difícil** *rather difficult*

ADJ: **poco tiempo** *little time*
ADV: **habla poco** *speaks very little*

Práctica

1 **Adverbios** Escribe el adverbio que se deriva de cada adjetivo.

1. básico _____
2. feliz _____
3. fácil _____
4. inteligente _____
5. alegre _____

6. común _____
7. injusto _____
8. asombroso _____
9. insistente _____
10. silencioso _____

2 **Instrucciones para ser feliz** Elige el adjetivo apropiado para cada ocasión y después completa la oración convirtiendo ese adjetivo en el adverbio correspondiente. Hay tres adjetivos que no se usan.

cuidadoso	frecuente	malo	triste
enorme	inmediato	tranquilo	último

1. Tienes que amar a tu pareja _____.
2. Tienes que salir por la noche _____.
3. Debes gastar el dinero _____.
4. Si eres injusto/a con alguien, debes pedir perdón _____.
5. Desayuna todas las mañanas _____.

3 **Recomendaciones** Los padres de Mario y Paola salieron de viaje por dos semanas. Lee las recomendaciones que les dejaron a los chicos pegadas en el refrigerador. Completa los espacios en blanco con un adverbio o expresión adverbial de la lista.

a menudo	adentro	así	mañana
a tiempo	afuera	de vez en cuando	tan

Lunes, 19 de octubre

1. Pasar la aspiradora _____. Sí. Todos los días.

2. Poner las verduras _____ del refrigerador.

3. Llegar a la escuela _____.

4. _____, llevar a Botitas al veterinario para su cita.

5. Poner la basura _____ de la casa.

6. Sólo ir _____ al centro comercial.

6.5

Diminutives and augmentatives

- Diminutives and augmentatives (**diminutivos y aumentativos**) are frequently used in conversational Spanish. They emphasize size or express shades of meaning like affection or ridicule. Diminutives and augmentatives are formed by adding a suffix to the root of nouns or adjectives (which agree in gender and number), and occasionally adverbs.

- The most common diminutive suffixes are forms of **–ito/a** and **–illo/a**.

  Huguillo, ¿me traes un **cafecito** con unos **panecillos**?
  Little Hugo, would you bring me a little cup of coffee with a few rolls?

  Ahorita, **abuelita**, se los preparo **rapidito**.
  Right away, Granny, I'll have them ready in a jiffy.

- Most words form the diminutive by adding **–ito/a** or **–illo/a**. For words ending in vowels (except **–e**), the last vowel is dropped before the suffix.

bajo → **baj**ito *very short; very quietly*	**libro** → **libr**illo *booklet*
ahora → **ahor**ita *right now; very soon*	**ventana** → **ventan**illa *little window*
Miguel → **Miguel**ito *Mikey*	**campana** → **campan**illa *handbell*

- Most words that end in **–e, –n,** or **–r** use the forms **–cito/a** or **cillo/a**. However, one-syllable words often use **–ecito/a** or **ecillo/a**.

hombre → **hombr**ecillo *funny little man*	**pan** → **pan**ecillo *roll*
Carmen → **Carmen**cita *little Carmen*	**flor** → **flor**ecita *little flower*
amor → **amor**cito *sweetheart*	**pez** → **pec**ecito *little fish*

- The most common augmentative suffixes are forms of **–ón/–ona, –ote/–ota,** and **–azo/–aza**.

  Hijo, ¿por qué tienes ese **chichonazo** en la cabeza?
  Son, how'd you get that huge bump on your head?

  Le dije *panzón* al **gordote** de la otra cuadra, ¡y me dio un **golpetazo**!
  I said Fatty *to the big fat guy from the next block, and he really socked me one!*

- Most words form the augmentative by simply adding the suffix to the word. For words ending in vowels, the final vowel is usually dropped.

hombre → **hombr**ón *big man; tough guy*	**casa** → **cas**ona *big house; mansion*
grande → **grand**ote/a *really big*	**palabra** → **palabr**ota *swear word*
perro → **perr**azo *big, scary dog*	**manos** → **man**azas *big hands (clumsy)*

- Note that many feminine nouns become masculine in the augmentative when the suffix **–ón** is used, unless they refer specifically to someone's gender.

la silla → **el sill**ón *armchair*	**la mujer** → **la mujer**ona *big woman*
la mancha → **el manch**ón *large stain*	**la soltera** → **la solter**ona *old maid*

¡ATENCIÓN!

Diminutive and augmentative suffixes may vary from one region to another, and sometimes convey different meanings or connotations. For example, while **–ito/a** and **–illo/a** may both mean *small*, **–ito/a** may imply *cute, nice,* or *dear,* while **–illo** may be used lightly, depreciatively, or for things of little importance.

¡Ay, qué perrito más lindo!
Oh, what a cute little puppy!

¡Ay, qué perrillo más feo!
Oh, what an ugly little mutt!

Note the following spelling changes:

chico → **chiquillo**
amigo → **amiguito**
agua → **agüita**
luz → **lucecita**

¡ATENCIÓN!

The masculine suffix **–azo** can also mean *blow* or *shot.*

flecha → flech**azo** *arrow wound; love at first sight*
rodilla → rodill**azo** *a blow to the knee*

The letters **–t–** or **–et–** are occasionally added to the beginning of augmentative endings.

reggae → reggae**tón**
guapa → guap**etona**
golpe → golp**etazo**

Práctica

1 **La carta** Completa el párrafo con la forma indicada de cada palabra. Haz los cambios que creas necesarios.

> Querido (1) _____ (nieto, –ito):
>
> Cuando yo era (2) _____ (pequeño, –ito), como tú, jugaba siempre
>
> en la calle. Mi (3) _____ (abuela, –ita) me decía que no fuera
>
> con los (4) _____ (amigos, –ote) de mi hermano porque ellos eran
>
> mayores que yo y eran (5) _____ (hombres, –ón). Yo entonces, era
>
> muy (6) _____ (cabeza, –ón) y nunca hacía lo que ella decía. Una
>
> tarde, estaba jugando al fútbol, y uno de ellos me dio un (7) _____
>
> (rodilla, –azo) que me rompió la (8) _____ (nariz, –ota). Nunca
>
> más jugué con ellos, y desde entonces, sólo salí con mis (9) _____
>
> (amigos, –ito). Espero que me vengas a visitar (10) _____
>
> (pronto, –ito).
>
> Tu abuelo César

2 **Completar** Completa las oraciones con el aumentativo o diminutivo que corresponde a la definición entre paréntesis.

1. ¿Por qué no les gusta a los profesores que los estudiantes digan _____ (palabras feas y desagradables)?

2. El _____ (perro pequeño) de mi novia es muy lindo y amistoso.

3. Ese abogado tiene una buena _____ (nariz grande) para adivinar los problemas de sus clientes.

4. Mis abuelos viven en una _____ (mansión) muy vieja.

5. La cantante Samantha siempre lleva una _____ (flor pequeña) en el cabello.

6. El presidente del partido tiene una excelente _____ (cabeza grande) para memorizar sus discursos.

7. A mi _____ (hermana menor) le fascina ir a la playa y hacer excursiones en el campo.

3 **¿Qué palabra es?** Combina las palabras para formar diminutivos y aumentativos.

1. muy grande _____
2. lago pequeñísimo _____
3. cuarto grande y amplio _____
4. sillas para niños _____
5. libro grande y grueso _____
6. gato bebé _____
7. hombre alto y fuerte _____
8. muy cerca _____
9. abuelo querido _____
10. hombres que piensan que siempre tienen la razón _____

Time expressions with *hacer*

- In Spanish, the verb **hacer** is used in the following constructions to describe how long something has been happening or how long ago an event occurred.

Time expressions with **hacer**	
PRESENT	**Hace** + [*period of time*] + **que** + [*verb in present tense*]
	Hace tres semanas que sueño con el mismo rascacielos.
	I've been dreaming about the same skyscraper for three weeks.
PRETERITE	**Hace** + [*period of time*] + **que** + [*verb in the preterite*]
	Hace seis meses que fueron a México.
	They went to Mexico six months ago.
IMPERFECT	**Hacía** + [*period of time*] + **que** + [*verb in the imperfect*]
	Hacía medio año que coqueteaba con la locutora de radio y por fin se enamoraron.
	For half a year he had been flirting with the radio announcer and finally they fell in love.

- To express the duration of an event that continues into the present, Spanish uses the construction **hace** + [*period of time*] + [*present tense verb*]. Note that **hace** does not change form.

¿Cuánto tiempo **hace** que **vives** en Chile?
How long have you lived in Chile?

Hace siete años que **vivo** en Chile.
I've lived in Chile for seven years.

- To make a sentence negative, add **no** before the conjugated verb. Negative time expressions with **hacer** often translate as *since* in English.

¿Hace mucho tiempo que **no** graba un video musical?
Has it been a long time since you recorded a music video?

¡Uy, hace años que **no** grabo un video musical!
It's been years since I've recorded a music video!/I haven't recorded a music video in years!

- To tell how long ago an event occurred, use **hace** + [*period of time*] + **que** + [*preterite tense verb*].

¿Cuánto tiempo **hace** que te **divorciaste**?
How long ago did you divorce?

Hace cuatro días que me **divorcié**.
I got divorced four days ago.

- **Hacer** is occasionally used in the imperfect to describe how long an event had been happening before another event occurred. Note that both **hacer** and the conjugated verb use the imperfect.

Hacía dos años que no estudiaba español y nos sorprendió a todos cuando decidió irse a vivir a Caracas.
She hadn't studied Spanish for two years and she surprised us all when she decided to go live in Caracas.

Práctica

1 **Oraciones** Completa las oraciones utilizando expresiones de tiempo con **hacer**. Usa el tiempo presente en las oraciones 1 a 3 y el pretérito en las oraciones 4 a 6.

> **Modelo** **Ana / hablar por teléfono / veinte minutos**
> Hace veinte minutos que Ana habla por teléfono.

1. Roberto y Miguel / estudiar / tres horas

   _____

2. Nosotros / estar enfermos / una semana

   _____

3. Tú / encabezar la sociedad de estudiantes / seis meses

   _____

4. Sergio / visitar Guatemala / un mes

   _____

5. Yo / ir a Honduras / un año

   _____

6. Esteban y Lisa / casarse / dos años

   _____

2 **Minidiálogos** Completa los minidiálogos con las palabras adecuadas.

1. **GRACIELA** ¿_____ tiempo hace que vives en esta ciudad?

   SUSANA Mmm... _____ dos años que _____ aquí.

2. **GUSTAVO** Hacía diez años que _____ a la política cuando Miguel decidió jubilarse (*to retire*), ¿verdad?

   ARMANDO No, _____ veinte años que se dedicaba a la política cuando se jubiló.

3. **MARÍA** _____ a visitar a tu novia hace dos meses, ¿no?

   PEDRO Sí, _____ dos meses que fui a visitar a mi novia. ¡La extraño mucho!

4. **PACO** ¿Cuánto tiempo _____ que _____ español?

   ANA Estudio español _____ hace tres años.

3 **Preguntas** Responde a las preguntas con oraciones completas. Utiliza las palabras en paréntesis.

1. ¿Cuánto tiempo hace que fuiste de vacaciones a la playa? (cinco años)

   _____

2. ¿Hace cuánto tiempo que estudias política internacional? (dos semanas)

   _____

3. ¿Cuánto tiempo hace que tu hermana vió a Nicolás? (un mes)

   _____

4. ¿Cuánto tiempo hace que Irene y Natalia llegaron? (una hora)

   _____

5. ¿Hace cuánto tiempo que ustedes vigilan esta playa? (cuatro días)

   _____

¡ATENCIÓN!

In passive constructions, the object of a verb becomes the subject of the sentence.

Active: **La revista necesita más periodistas.** *The magazine needs more reporters.*
Passive: **Se necesitan más periodistas.** *More reporters are needed.*

For more on the passive voice, see **Manual de gramática, p. 270.**

Uses of *se*

The passive *se*

- In Spanish, the reflexive pronoun **se** is often used as a substitute for the passive voice when the person performing the action is not stated. The third person singular verb form is used with singular nouns, and the third person plural form is used with plural nouns.

  Se estrenará la película a final de año.
  The movie will be released at the end of the year.

  Se necesita un puente para cruzar la ciudad.
  A bridge is needed to cross the city.

  Se venden boletos en la taquilla.

- When the passive **se** refers to a specific person or persons, the personal **a** is used and the verb is always singular.

  Se entrevistó al político del año.
  The politician of the year was interviewed.

  Se informó a los oyentes de los cambios en la programación.
  The listeners were informed about the changes in programming.

The impersonal *se*

- **Se** is also used with third person singular verbs in impersonal constructions where the subject of the sentence is indefinite. In English, the words *one, people, you,* or *they* are often used instead.

  Se habla mucho de su relación.
  People are talking about their relationship a lot.

  ¿**Se puede** vivir sin amor?
  Can one live without love?

  Se dice que es mejor ser imparcial que parcial.
  They say it is better to be unbiased than biased.

  No **se debe** decir todo lo que se piensa.
  You shouldn't say everything you think.

- Constructions with the impersonal **se** are often used on signs and warnings.

  Se prohíbe fumar.
  Smoking prohibited.

  No se puede entrar.
  Entrance forbidden.

Se to express unexpected events

—*¿Se le olvidó algo?*

- **Se** is also used in statements that describe accidental or unplanned incidents. In this construction, the person who performs the action is de-emphasized, so as to imply that the incident is not his or her direct responsibility.

	I. OBJECT PRONOUN	VERB	SUBJECT
Se	**me**	**perdió**	**el reloj.**

- In this construction the person *to whom the event happened* is expressed as an indirect object. The thing that would normally be the direct object of the sentence becomes the subject.

	I. OBJECT PRONOUN	VERB	SUBJECT
	me	**acabó**	**el dinero.**
	te	**cayeron**	**las gafas.**
Se	**le**	**lastimó**	**la pierna.**
	nos	**dañó**	**el radio.**
	os	**olvidaron**	**las llaves.**
	les	**perdió**	**el documento.**

- The following verbs are frequently used with **se** to describe unplanned events.

caer *to fall, to drop*	**perder** (e:ie) *to lose*
dañar *to damage, to break*	**quedar** *to be left behind*
olvidar *to forget*	**romper** *to break*

Se me quedó la mochila en el metro.
I left behind my backpack on the subway.

Se nos dañó el carro en medio de la avenida.
Our car broke down in the middle of the avenue.

- To clarify or emphasize the person to whom the unexpected occurrence happened, the construction commonly begins with **a** + [*noun*] or **a** + [*prepositional pronoun*].

A María siempre se le olvida respetar las opiniones de los demás.
María always forgets to respect other people's opinions.

A mí se me cayeron todos los documentos al río.
I dropped all the documents in the river.

Práctica

1 **Unir** Une las frases de la columna A con las frases correspondientes de la columna B.

A	B
_____ 1. A este partido político	a. se les dijo que tuvieran paciencia.
_____ 2. A los activistas	b. se le encarceló hace dos semanas.
_____ 3. A mí	c. se nos olvidó asistir al tribunal.
_____ 4. A nosotros	d. se le pidió que nombrara un candidato.
_____ 5. A ti	e. se te cayó el periódico.
	f. se me eligió por voto unánime.

2 **Completar** Imagina que es tu primer día de trabajo en un parque ecológico cerca de donde vives. Tu jefe (*boss*) te da una lista con las reglas (*rules*) de ese parque. Complétalas con la forma adecuada de los verbos entre paréntesis.

Las reglas del parque son:

1. Se _____ (prohibir) tirar basura.
2. No se _____ (deber) dar comida a los animales.
3. Se _____ (necesitar) más voluntarios para proteger el lugar.
4. No se _____ (poder) contaminar el agua del lago.
5. Se _____ (tener) que mejorar el aspecto del parque.
6. No se _____ (permitir) las fogatas (*bonfires*).

3 **Oraciones**

A. Selecciona la opción que completa correctamente cada oración.

1. A la locutora se le dañó...
   a. el fotógrafo   b. la emisora   c. el micrófono

2. Se nos olvidó...
   a. el documental   b. las películas   c. los subtítulos

3. A mí se me cayeron...
   a. la pantalla   b. las críticas   c. los libros

4. Se me olvidaron...
   a. la crónica   b. las llaves   c. ir al cine

5. Se te cayó la...
   a. revista   b. libertad de prensa   c. parcialidad

6. Se me perdieron...
   a. los acontecimientos   b. los diarios   c. las temporadas

7. Al director se le lastimaron...
   a. el brazo   b. la pierna   c. los pies

8. A los actores se les acabó el...
   a. radio   b. dinero   c. reportero

B. Escribe tres oraciones originales usando las que acabas de completar como modelo.

4 **Explicación** El nieto de Margarita Arredondo le pregunta a su abuela qué se garantiza en una verdadera (*true*) democracia. Completa las oraciones con **se** y con la forma adecuada de los verbos entre paréntesis.

En una verdadera democracia...

1. _____ (tener) el derecho a votar. Todas las personas mayores de cierta edad pueden hacerlo.

2. _____ (votar) en secreto.

3. _____ (respetar) los derechos humanos de los ciudadanos.

4. no _____ (prohibir) informarse sobre lo que uno quiera.

5. todos los habitantes _____ (poder) presentar como candidatos.

5 **El partido** Imagina que perteneces a un partido político y estás preparando y organizando noticias, ideas y reglas (*rules*) internas. Escribe oraciones completas usando los elementos dados. Todas deben comenzar con **se**.

1. prohibir / fumar

_____

2. realizar / elecciones / próximo 30 de noviembre

_____

3. perder / discurso que escribió Emilio

_____

4. deber aprobar / proyecto de ley del Partido de la Justicia

_____

5. respetar / derechos humanos / provincia de Santa Fe

_____

6 **Titulares** Escribe los titulares con el **se** pasivo en vez de la voz pasiva con **ser**. No debes cambiar el tiempo de la oración original. Sigue el modelo.

> **Modelo**   La noticia fue anunciada ayer.
> Se anunció la noticia ayer.

1. Los derechos civiles son violados en algunos países.

_____

2. El alcalde no podrá ser reelegido en las próximas elecciones.

_____

3. El escándalo fue descubierto ayer.

_____

4. Los impuestos son pagados a tiempo.

_____

5. El veredicto (*verdict*) ha sido conocido hace muy poco tiempo.

_____

¡ATENCIÓN!

While English speakers often use the present perfect to express actions that continue into the present time, Spanish uses the phrase **hace** + [*period of time*] + **que** + [*present tense*]. See **Manual de gramática, p. 258.**

¡ATENCIÓN!

When the stem of an **–er** or **–ir** verb ends in **a, e,** or **o**, the past participle requires a written accent (**ído**) to maintain the correct stress. No accent mark is needed for stems ending in **u**.

ca-er → caído

le-er → leído

o-ír → oído

constru-ir → construido

The present perfect

- In Spanish, as in English, the present perfect tense (**el pretérito perfecto**) expresses what *has happened*. It generally refers to recently completed actions or to a past that still bears relevance in the present.

    La cantante **ha cancelado** su gira internacional.
    The singer has cancelled her international tour.

- The present perfect is formed with the present tense of the verb **haber** and a past participle. Regular past participles are formed by adding **–ado** to the stem of **–ar** verbs and **–ido** to the stem of **–er** and **–ir** verbs.

The present perfect		
comprar	beber	recibir
he comprado	he bebido	he recibido
has comprado	has bebido	has recibido
ha comprado	ha bebido	ha recibido
hemos comprado	hemos bebido	hemos recibido
habéis comprado	habéis bebido	habéis recibido
han comprado	han bebido	han recibido

- Note that past participles do not change form in the present perfect tense.

    Todavía no **he recibido** la invitación al museo. ¿Habrá algún problema?
    I still haven't received the invitation to the museum. Could there be a problem?

- To express that something has *just* happened, **acabar de** + [*infinitive*], not the present perfect, is used.

    Le **acabamos de agradecer** su iniciativa para el programa de reciclaje.
    We have just thanked her for her initiative in the recycling program.

- Several verbs have irregular past participles.

abrir	abierto	morir	muerto
cubrir	cubierto	poner	puesto
decir	dicho	resolver	resuelto
descubrir	descubierto	romper	roto
escribir	escrito	ver	visto
hacer	hecho	volver	vuelto

- In the present perfect, pronouns and the word **no** always precede the verb **haber**, which cannot be separated from the past participle by any other word.

    ¿Por qué **no has defendido** mi punto de vista?
    Why haven't you defended my point of view?

Práctica

1 **Participios** Carola habla con Felicia, su compañera de apartamento. Completa el diálogo con las formas del pretérito perfecto de los verbos entre paréntesis.

CAROLA ¿Dónde (1) _____ (estar) tú toda la mañana y qué (2) _____ (hacer) con mi computadora portátil (*laptop*)?

FELICIA Ay, (yo) (3) _____ (tener) la peor mañana de mi vida... Resulta que ayer fui a cinco bancos y llevé tu computadora portátil conmigo y creo que me la olvidé en alguna parte.

CAROLA Me estás mintiendo, en realidad la (4) _____ (romper), ¿no?

FELICIA No, no la (5) _____ (romper); la (6) _____ (perder). Por eso esta mañana (7) _____ (volver) a todos los bancos y le (8) _____ (preguntar) a todo el mundo si la (9) _____ (ver).

CAROLA ¿Y?

FELICIA Todos los gerentes (*managers*) me (10) _____ (decir) que vuelva mañana.

2 **Completar** Escribe oraciones completas usando los elementos dados. Cambia los verbos a pretérito perfecto.

1. Carlos / decirle / la verdad a su novia

   _____

2. ustedes / encontrar / la solución al problema

   _____

3. nosotros / escribir / postales a nuestros amigos

   _____

4. mis padres / oír / las noticias

   _____

5. tú / abrir / la puerta de la casa

   _____

6. yo / poner / la mesa

   _____

3 **El examen** Aurora Masó tiene un importantísimo examen, pero parece que todo sale mal. Completa el diálogo con el presente perfecto del verbo entre paréntesis.

JULIÁN No te preocupes Aurora. El profesor aún no (1) _____ (llegar). Él también está retrasado. ¿Tú (2) _____ (ver) cómo (3) _____ (estar) lloviendo toda la mañana? ¿(4) _____ (Oír) la radio? Los noticieros (5) _____ (decir) que va a seguir así todo el día.

AURORA ¡Ya, ya (yo) lo (6) _____ (ver)! Cuando (7) _____ (levantarse) esta mañana, (8) _____ (mirar) por la ventana... y no me lo podía creer... No (9) _____ (poder) cruzar la calle hasta que la lluvia (10) _____ (empezar) a parar... Y luego (11) _____ (preocuparse) porque no podía llegar al examen a tiempo. Mi reloj (12) _____ (romperse) y no me (13) _____ (dar) cuenta hasta hace dos horas.

JULIÁN Ya te digo, no te preocupes. Muchos compañeros todavía no (14) _____ (llegar). Siéntate y relájate, verás que todo irá muy bien en el examen.

The present perfect subjunctive

—*No creo que **hayas considerado** las consecuencias.*

- The present perfect subjunctive (**el pretérito perfecto de subjuntivo**) is formed with the present subjunctive of **haber** and a past participle.

The present perfect subjunctive		
cerrar	**perder**	**asistir**
haya cerrado	haya perdido	haya asistido
hayas cerrado	hayas perdido	hayas asistido
haya cerrado	haya perdido	haya asistido
hayamos cerrado	hayamos perdido	hayamos asistido
hayáis cerrado	hayáis perdido	hayáis asistido
hayan cerrado	hayan perdido	hayan asistido

- Like the present perfect indicative, the present perfect subjunctive is used to refer to recently completed actions or past actions that still bear relevance in the present. The present perfect subjunctive, however, is used mainly in multiple-clause sentences that express will, emotion, doubt, or uncertainty.

Present perfect indicative	Present perfect subjunctive
Luis **ha dejado** de salir con su novia.	No creo que Luis **haya dejado** de salir con su novia.
Luis has stopped dating his girlfriend.	*I don't believe Luis has stopped dating his girlfriend.*

- Note the difference in meaning between the three subjunctive tenses you have learned so far.

Present subjunctive	Present perfect subjunctive	Past subjunctive
Los padres de hoy **educan** a sus hijos para que **se independicen**.	Prefieren que sus hijos **hayan viajado** al extranjero antes de ir a la universidad.	Antes, casi todos **querían** que sus hijos **fueran** a la universidad primero.
Parents today educate their children so that they gain independence.	*They prefer that their children have traveled abroad before going to college.*	*Before, almost all of them wanted their children to go to college first.*

¡ATENCIÓN!

In a multiple-clause sentence, the choice of tense for the verb in the subjunctive depends on *when* the action takes place in each clause. The present perfect subjunctive is used primarily when the action of the main clause is in the present tense, but the action in the subordinate clause is in the past.

Práctica

1 **Observaciones** Completa las observaciones de Paco Honda, un señor muy observador, con la forma correcta del pretérito perfecto de subjuntivo de los verbos en paréntesis.

1. ¿No te molesta que el peatón _____ (no respetar) la señal (*sign*) de tráfico? ¿No crees que se merece una multa (*fine*)?

2. Teresa espera que su amigo Tomás _____ (no ver) la película todavía. Hoy es su cumpleaños y ella quiere invitarlo al cine.

3. Me extraña que los suegros de tu prima todavía _____ (no visitar) las famosas ruinas de Centroamérica. ¡Les interesa tanto la arqueología!

4. Es increíble que en tan poco tiempo la abuela de Jaime _____ (aprender) a manejar por esta complicada ciudad. Ella que siempre se queja del tráfico.

5. Es imposible que la actriz _____ (pasarlo bien) en la entrevista. La reportera le ha hecho demasiadas preguntas sobre su divorcio y su nueva relación.

6. Sonia, me sorprende que _____ (dejar plantado) a aquel chico tan gracioso que conociste en la cita a ciegas. Deberías llamarlo y empezar a salir con él, ¡en serio (*I mean it*)!

2 **Preferencias** Pepita es una chica muy particular. Lee sus preferencias y complétalas con el pretérito perfecto de subjuntivo del verbo correcto de la lista.

1. Busco una compañera de cuarto que _____ en el extranjero.

2. Prefiero salir con chicos que _____ arquitectura y/o filosofía.

3. Necesito un abogado que _____ activista en sus años de juventud.

4. Quiero viajar a países que siempre _____ los derechos humanos de los ciudadanos.

5. Me interesa conocer a una persona que _____ varios libros.

6. Deseo compartir mis ideas con personas que _____ por la paz internacional.

7. Quiero vivir en una ciudad que _____ los problemas de contaminación.

8. Quiero un gobierno que _____ por proteger el medio ambiente.

Verbos	
estudiar	resolver
pelear	respetar
preocuparse	ser
publicar	vivir

3 **Exageraciones** A Juanita le gusta exagerar; parece que eso la relaja. Tu obligación es cuestionar sus afirmaciones (*statements*). Escribe tus dudas con oraciones completas usando las expresiones de la lista.

1. He conocido al presidente de Costa Rica.

_____

2. He grabado un video musical con Ricky Martin.

_____

3. He entrevistado a los ladrones del Banco del Pacífico.

_____

4. He salido diez veces con el director de la película *Amores Perros*.

_____

5. He cruzado el río Amazonas con un grupo de reporteros del periódico *El País*.

_____

Expresiones
Dudo
Es imposible
Me extraña
No creo
No es cierto

The past perfect

- The past perfect tense (**el pluscuamperfecto**) is formed with the imperfect of **haber** and a past participle. As with other perfect tenses, the past participle does not change form.

The past perfect		
viajar	perder	incluir
había viajado	había perdido	había incluido
habías viajado	habías perdido	habías incluido
había viajado	había perdido	había incluido
habíamos viajado	habíamos perdido	habíamos incluido
habíais viajado	habíais perdido	habíais incluido
habían viajado	habían perdido	habían incluido

- In Spanish, as in English, the past perfect expresses what someone *had done* or what *had occurred* before another action or condition in the past.

Este año decidí votar porque **habían elegido** a un candidato maduro, seguro y sensible.
This year I decided to vote because they had chosen a mature, reliable, and sensitive candidate.

Cuando terminó la guerra, los pacifistas ya **habían organizado** varias conferencias en universidades de todo el país.
When the war ended, the pacifists had already organized several lectures at universities throughout the country.

- **Antes, nunca, todavía,** and **ya** are often used with the past perfect to indicate that one action occurred before another. Note that adverbs, pronouns, and the word **no** may not separate **haber** from the past participle.

*Cuando decidieron marcharse **ya se había acabado** el agua.*

Cuando llamé a la emisora, **aún** no **había decidido** lo que iba a decir.
When I called the station, I still hadn't decided what I was going to say.

Nunca había visto una estrella de cine tan cerca antes.
I had never seen a movie star up close before.

Ya habían confirmado el resultado de las elecciones, pero no me lo creí hasta que vi al candidato en la tele.
They had already confirmed the election results, but I didn't believe it until I saw the candidate on TV.

Todavía no **habían empezado** a rodar la película, pero los actores ya estaban seleccionados.
They haven't begun filming the movie yet, but the actors were already chosen.

Práctica

1 **Completar** Ernesto Millán, un actor muy famoso, ha recibido un premio por su más reciente obra de teatro (*theater play*). Completa su discurso de agradecimiento con el pluscuamperfecto.

Muchas gracias por este premio. Recuerdo que antes de cumplir los diez años

ya (1) _____ (decidir) ser actor. Desde pequeño, mis padres siempre me

(2) _____ (llevar) al teatro donde ellos trabajaban y recuerdo que la primera

vez me (3) _____ (fascinar) las historias representadas en escena (*on stage*).

Luego, al cumplir los veintitrés años, ya (4) _____ (estudiar) interpretación

(*acting*) y pantomima por cinco años, en especial desde que (5) _____ (ver)

un programa de televisión sobre Charlie Chaplin. Cuando terminé mis estudios...

2 **Explicación** Reescribe las oraciones usando el pluscuamperfecto. Sigue el modelo.

> **Modelo** **Me duché a las 7:00. Antes de ducharme hablé con mi hermano.**
> Ya había hablado con mi hermano antes de ducharme.

1. Yo desayuné a las 8:00. Antes de desayunar miré mi correo electrónico.

_____

2. Llegué al centro comercial. Antes de llegar al centro comercial fui al banco.

_____

3. Almorcé a las 12:30. Antes de almorzar recorrí cinco tiendas.

_____

4. Fui a tomar un café a las 2:00. Entré al almacén (*department store*) Palacio de Ofertas a la 1:30.

_____

5. Salí con mi novio a las 7:00. Cené con mis padres a las 6:00.

_____

3 **Una carta** Julieta llegó a la casa de sus tíos hace cinco días. Sus padres ya llamaron cuatro veces, pero no la encontraron. Ella no quiere gastar su dinero en llamadas de larga distancia. Por eso, hoy les escribe una carta. Completa la carta con el pluscuamperfecto de los verbos de la lista. Hay dos verbos que no debes usar.

Verbos	
abrir	llamar
comer	mejorar
conocer	poder
estar	preguntar

Queridos mamá y papá:

Ayer los tíos me dijeron que ustedes me (1) _____ cuando salí (*was out*). Fui al centro histórico. Nunca (2) _____ tanta gente junta. Ya (3) _____ allí el lunes, pero no vi tanta gente como ayer. Cuando vino la prima Inés a buscarme, yo ya (4) _____ muchísimas fotos y fuimos a Xochimilco a comer platos típicos. Aún no (5) _____ comida mexicana auténtica desde que llegué. ¿Pueden creerlo? En el restaurante me encontré con un chico que (6) _____ en el aeropuerto. Mañana iremos a Tepoztlán. No se preocupen por mí, estoy muy bien y muy contenta.

Un abrazo, Julieta

The passive voice

*Arcadio **es informado** de la situación de aparcamiento en el pueblo **por un experto**.*

¡ATENCIÓN!

Passive statements may also be expressed with the passive **se**. See **Manual de gramática, p. 260.**

- In the active voice, a person or thing (agent) performs an action on an object (recipient). The agent is emphasized as the subject of the sentence. Statements in the active voice usually follow the pattern [*agent*] + [*verb*] + [*recipient*].

AGENT = SUBJECT	VERB	RECIPIENT
Los abuelos	**miman**	**a los nietos.**
The grandparents	*spoil*	*their grandchildren.*
La radioemisora	**ha cancelado**	**dos programas.**
The radio station	*has cancelled*	*two programs.*

- In the passive voice (**la voz pasiva**), the recipient of the action becomes the subject of the sentence. Passive statements emphasize the thing that was done or the person that was acted upon. They follow the pattern [*recipient*] + **ser** + [*past participle*] + **por** + [*agent*].

RECIPIENT = SUBJECT	SER + PAST PARTICIPLE	POR + AGENT
Los nietos	**son mimados**	**por los abuelos.**
The grandchildren	*are spoiled*	*by their grandparents.*
Dos programas	**han sido cancelados**	**por la radioemisora.**
Two programs	*have been cancelled*	*by the radio station.*

- Note that singular forms of **ser** (**es, ha sido, fue,** etc.) are used with singular recipients and plural forms (**son, han sido, fueron,** etc.) are used with plural recipients.

La manifestación **es organizada** por un grupo que defiende los derechos humanos.
The demonstration is organized by a group that defends human rights.

Los dos candidatos **fueron rechazados** por el comité.
The two candidates were rejected by the committee.

- In addition, the past participle must agree in number and gender with the recipient(s).

La **disminución** de delitos fue **prevista** por el Secretario de Justicia.
The decline in crime was predicted by the Secretary of Justice.

Las nuevas **leyes** fueron **aprobadas** por el gobierno.
The new laws were passed by the government.

Los **problemas** han sido **resueltos** por el jefe.
The problems have been resolved by the boss.

Práctica

1 Un proyecto ambicioso

A. Completa las oraciones en voz pasiva con la forma adecuada del participio pasado.

1. Bajo el lema (*motto*) "TODOS SOMOS IGUALES", un nuevo proyecto ha sido _____ (aprobar) por el comité internacional de derechos humanos.

2. Hace dos semanas, el nuevo presidente del comité fue _____ (elegir) por los miembros de la organización por mayoría absoluta.

3. Su reputación es _____ (admirar) por conservadores y liberales por igual (*equally*).

4. Sus creencias son _____ (compartir) por todos los miembros de la organización.

5. En su discurso (*speech*) de ayer, el abuso de poder y la desigualdad social fueron _____ (identificar) por el presidente como los principales problemas de nuestra sociedad.

6. Para conseguir una sociedad más justa, libre y plural, un nuevo plan ha sido _____ (pensar) por un grupo de expertos internacionales formado por economistas, médicos, pedagogos, filósofos y sociólogos.

7. Los resultados de este ambicioso proyecto serán _____ (juzgar) por las futuras generaciones.

8. Su éxito es _____ (esperar) por ciudadanos de todo el mundo.

B. Ahora, escribe en voz activa las ocho oraciones anteriores.

1. _____
2. _____
3. _____
4. _____
5. _____
6. _____
7. _____
8. _____

2 Un chisme carísimo
Lee esta mini historia. Después escríbela cambiando a la voz pasiva las oraciones numeradas que están en voz activa.

Todo comenzó con un chisme: "Loles Pedralbes y Cholo Gutiérrez muy juntos en el Caribe".

(1) Un desconocido vendió fotografías de Loles y Cholo a la revista del corazón *Ellas son así*. (2) Este desconocido "vio" a la popular artista y al prestigioso director de cine en una playa de Puerto Rico. Las fotos revelan una pareja muy enamorada. (3) La revista ha pagado millones de dólares para publicar la exclusiva. Loles es ahora una artista sin futuro; el fotógrafo, un desconocido rico. (4) Él arruinó la carrera artística de ella. (5) Los medios de comunicación todavía desconocen (*don't know*) la identidad del fotógrafo. (6) Marcelo Aguas ha escrito un reportaje en las páginas del periódico *Un Mundo*. Ahora, la pregunta del millón es: (7) ¿Quién inventó este plan?

Si clauses

- **Si** (*if*) clauses express a condition or event upon which another condition or event depends. Sentences with **si** clauses are often hypothetical statements. They contain a subordinate clause (**si** clause) and a main clause (result clause).

Si no corta el árbol, su hijo no puede aparcar el coche.

- The **si** clause may be the first or second clause in a sentence. Note that a comma is used only when the **si** clause comes first.

  Si tienes tiempo, ven con nosotros al cine.
  If you have time, come with us to the movies.

  Iré con ustedes **si** no tengo que trabajar.
  I'll go with you if I don't have to work.

Hypothetical statements about the future

- In hypothetical statements about possible or probable *future* events, the **si** clause uses the present indicative. The result clause may use the present indicative, the future indicative, **ir a** + [*infinitive*], or a command.

Si clause: Present indicative		Main clause
Si usted no **lee** el periódico *If you don't read the newspaper*	PRESENT TENSE	no **puede** estar informado. *you won't be informed.*
Si Gisela **está** dispuesta a insistir *If Gisela is willing to insist*	FUTURE TENSE	**conseguirá** su reportaje. *she'll get her story.*
Si no **aprenden a respetarse** *If they don't learn to respect each other*	IR A + [INFINITIVE]	**van a tener** que divorciarse. *they are going to have to get divorced.*
Si sales temprano del trabajo, *If you finish work early,*	COMMAND	**vámonos** al centro comercial. *let's go to the mall.*

—*Si él **viviera, tendría** la misma edad que usted.*

Hypothetical statements about the present

- In hypothetical statements about improbable or contrary-to-fact *present* situations, the **si** clause uses the past subjunctive. The result clause uses the conditional.

Si clause: Past subjunctive	Main clause: Conditional
Si tuviéramos tiempo, *If we had time,*	**iríamos** a la ciudad. *we would go to the city.*
Si no **estuviera** tan cansada, *If I weren't so tired,*	**saldría** a dar un paseo contigo. *I'd go out for a walk with you.*

¡ATENCIÓN!

A contrary-to-fact situation is one that is possible, but will probably not happen and/or has not occurred.

Hypothetical statements about the past

- In hypothetical statements about contrary-to-fact situations in the *past*, the **si** clause describes what *would have happened* if another event or condition *had occurred*. The **si** clause uses the past perfect subjunctive. The result clause uses the conditional perfect.

Si clause: Past perfect subjunctive	Main clause: Conditional perfect
Si no **hubiera cambiado** de opinión, *If I hadn't changed my mind,*	**habría habido** un escándalo. *there would have been a scandal.*
Si me **hubieras llamado** antes, *If you had called me sooner,*	**habríamos podido** reunirnos. *we would have been able to get together.*

Habitual conditions and actions in the past

- In statements that express habitual *past* actions that are not contrary-to-fact, both the **si** clause and the result clause use the imperfect.

Si clause: Imperfect	Main clause: Imperfect
Si Milena **estaba** con su padre, *If Milena was with her father,*	siempre **iba** al parque. *she would always go to the park.*
De niño, **si iba** al zoológico, *As a child, if I'd go to the zoo,*	siempre **observaba** a los monos. *I would always watch the monkeys.*

Práctica

1 **Situaciones** Completa las oraciones con la forma adecuada del verbo en paréntesis.

A. Situaciones probables o futuras.

1. Si no eres más cuidadoso, no _____ (poder) viajar con nosotros.

2. Si quieres proteger el medio ambiente, _____ (tener) que aprender a no malgastar los recursos naturales.

3. Llegaré a tu casa en taxi si me _____ (dar) tu dirección.

4. Si no _____ (parar) en el semáforo, vas a causar un accidente de tráfico.

5. Chicos, si no les _____ (gustar) la película, vayan a dar una vuelta por el parque.

6. Iré al museo si _____ (quedar) cerca de una parada de metro.

B. Situaciones hipotéticas sobre el presente.

1. Si tuviera buena voz, yo ahora _____ (ser) una cantante famosa. ¡Segurísimo!

2. Si no fuera tan tímido, _____ (tener) más amigos.

3. Sabes, si _____ (estar) divorciados, seguiríamos siendo amigos.

4. Si todos recicláramos un poco más, no _____ (haber) tanta basura.

5. El mundo _____ (ser) un lugar mejor si no hubiera guerras.

6. ¿Qué _____ (pasar) si la Tierra no girara (*revolve*)?

C. Situaciones hipotéticas sobre el pasado.

1. Si el incendio no hubiera empeorado, lo _____ (controlar).

2. Si la policía _____ (encarcelar) a los ladrones, no habrían robado otro banco.

3. Si hubieras ido al ayuntamiento, _____ (ver) al alcalde.

4. Si _____ (hablar) con el abogado, nos habría resuelto el problema.

5. Habríamos ganado las elecciones si _____ (ir) a votar más gente.

6. Si no _____ (censurar) el documental, la directora habría ganado un Oscar.

D. Condiciones y acciones habituales en el pasado.

1. Si estaba harta de tanta publicidad en la televisión, _____ (ir) al museo o al cine.

2. Si _____ (querer) dar una vuelta en bicicleta, iba al río.

3. De niña, si _____ (pelearse) con mi hermano pequeño, mi abuelo me regañaba.

4. El director de cine siempre se quejaba si los actores _____ (llegar) tarde.

5. No había tiempo para conversar si todos _____ (hablar) a la vez (*at the same time*).

6. Si Rafael _____ (saber) lo que quería, él siempre lo conseguía.

2 Emparejar Escribe en cada espacio en blanco la letra del final que mejor completa cada oración.

1. Si los conservadores aprueban la controvertida ley, _____
2. Si yo pudiera ayudarte, _____
3. Elena y yo no nos habríamos perdido _____
4. Si mi hermano tuviera talento para escribir y fuera objetivo, _____
5. Si Manuel tenía un minuto libre, _____
6. Roberto, si lees la crónica deportiva, _____
7. Si los políticos querían influir en nuestro punto de vista, _____
8. Si los activistas lo hubieran sabido, _____

a. sin duda sería periodista.
b. lo pasaba navegando la red.
c. habrían ignorado las amenazas.
d. salvemos el medio ambiente.
e. sabían cómo hacerlo.
f. van a perder las elecciones.
g. habrían prevenido el huracán.
h. llámame y hablamos.
i. si nos hubieras dado la dirección correcta.
j. lo haría, pero no puedo.

3 ¡Si no fuera tan tonto! Completa el diálogo con el tiempo verbal adecuado.

ARTURO Ay, Manolo, si yo no fuera tan tonto, ahora (1) _____ (ser) fotógrafo. De niño, yo sabía que si (2) _____ (tener) una cámara en las manos, era feliz.

MANOLO Pero hombre, Arturo, no digas eso, tú no eres tonto; tú eres un periodista genial, sensible y muy profesional. Y si (3) _____ (querer), todavía puedes dedicarte a la fotografía, ¿sabes? No es tarde.

ARTURO Si no (4) _____ (estar) tan harto de la manipulación de los medios de comunicación, no pensaría en cambiar de profesión. Necesito expresarme con más libertad. ¿Crees que el mundo necesita un fotógrafo más?

MANOLO Creo que si mostraras tu sensibilidad artística con la cámara, el mundo (5) _____ (ganar) un artista excepcional. Además, si (6) _____ (usar) tus conocimientos como experto de la comunicación, podrías comunicar mucho más… Ya sabes, una imagen vale más que mil palabras.

ARTURO Si (7) _____ (hablar) contigo antes, no habría estado tanto tiempo deprimido. Gracias, Manolo.

MANOLO ¡Manos a la cámara, Arturo!

4 Preguntas El pasado fin de semana Sonia fue sola al bosque. Cuando regresó, su amiga, muy enojada, le hizo estas preguntas. Sigue el modelo.

Modelo Qué / hacer / perderse / bosque
¿Qué habrías hecho si te hubieras perdido en el bosque?

1. A quién / pedirle / ayuda / encontrar / serpiente

_____

2. Adónde / irte / sorprenderte / tormenta (*storm*)

_____

3. Qué / hacer / no / poder regresar

_____

Diálogos de los cortometrajes

LECCIÓN 1

Cortometraje: *Momentos de estación*
Director: Gustavo Cabaña
País: Argentina

VIAJERO Estoy enamorado de usted.
CAJERA ¿Cómo?
VIAJERO ¡Que la amo!
CAJERA No, no puede ser.
VIAJERO Tenía que decírselo hoy. Es mi último viaje.
CAJERA Esto es una broma.
VIAJERO No, no es ninguna broma, Ana.
CAJERA ¿Cómo sabe mi nombre?
VIAJERO Lo averigüé; no fue difícil.
CAJERA Casi nunca me llaman por mi nombre.
VIAJERO Es un nombre hermoso.

SEÑORA ¡Chist! Juan, ¿qué pasa?
JUAN Él la ama; ella no le cree.

CAJERA ¿Quién sigue?
VIAJERO Escúcheme, Ana, por favor.

JUAN Él la ama; ella no le cree.

JUAN Perdón que me meta, pero, ¿qué le hace pensar que es una broma?
CAJERA No sé…
JUAN Créale. Parece un buen muchacho.
CAJERA Es que ni siquiera nos conocemos.
VIAJERO Hace más de un año que nos conocemos. Usted es la que me atiende siempre. Yo soy el que va a la capital.
CAJERA Todos van a la capital.
VIAJERO Exactamente 375 veces, sin contar la de hoy. Mira… aquí están todos: 375 boletos, uno por uno. Salvo los de esa semana que estuvo con gripe; los guardo como recuerdo.
CAJERA ¿Qué quiere de mí?
VIAJERO Bailar.
CAJERA ¿Bailar?
VIAJERO Bailar, abrazarte, besarte…
CAJERA Ahora no, no puedo, estoy trabajando.

SEÑORA A veces, se le va la vida a uno sin que suceda algo tan maravilloso. Once años hace que murió mi marido. ¿Sabés, hijo?, ¡cuánto hace que no me dan un beso!

LECCIÓN 2

Cortometraje: *Adiós mamá*

Director: Ariel Gordon
País: México

SEÑORA Se parece a mi hijo. Realmente es igual a él.
HOMBRE Ah, pues no, no sé que decir.
SEÑORA Sus facciones son idénticas.
HOMBRE ¿De veras?
SEÑORA Tiene los mismos ojos que él. ¿Lo puedo tocar?
HOMBRE No, no, no. Perdón.
SEÑORA Él también diría eso. Es tímido y de pocas palabras como usted. Sé que no me lo va a creer, pero tienen el mismo timbre de voz.
HOMBRE ¿Y a mí, qué?
SEÑORA Murió. En un choque. El otro conductor iba borracho. Si él viviera, tendría la misma edad que usted. Se habría titulado y probablemente tendría una familia. Y yo sería abuela.
HOMBRE Por favor, no llore.
SEÑORA ¿Sabe? Usted es su doble. Dios lo ha mandado. Bendito sea el Señor que me ha permitido ver de nuevo a mi hijo.
HOMBRE No, no se aflija señora, la vida sigue. Usted tiene que seguir.
SEÑORA ¿Le puedo pedir un favor?
HOMBRE Bueno.
SEÑORA Nunca tuve oportunidad de despedirme de él. Su muerte fue tan repentina. ¿Al menos podría llamarme mamá y decirme adiós cuando me vaya? Sé que piensa que estoy loca, pero es que necesito sacarme esto de aquí dentro.
HOMBRE Bueno, yo…
SEÑORA ¡Por favor!
HOMBRE Está bien.
SEÑORA ¡Mamá!
HOMBRE Mamá.

SEÑORA ¡Adiós, hijo!
HOMBRE ¡Adiós, mamá!
SEÑORA ¡Adiós, querido!
HOMBRE ¡Adiós, mamá!

CAJERA No sé lo que pasa; la máquina desconoce el artículo. Espere un segundo a que llegue el gerente.
GERENTE Eso es todo.
CAJERA Gracias.
GERENTE De nada.
CAJERA Son tres mil cuatrocientos ochenta y ocho pesos con veinte centavos.
HOMBRE ¿Qué? No, no puede ser.
CAJERA No, sí está bien.
HOMBRE Pero señorita, ¡si sólo son tres cosas!
CAJERA ¡Y lo que se llevó su mamá!

LECCIÓN 3

Cortometraje: *Encrucijada*

Director: Rigo Mora
País: México

MEFISTO ¡Cómo que te vas si apenas voy llegando! Yo sólo vine porque tú me llamaste... Porque tú me llamaste, ¿no es cierto? Necesitas dinero, ¿no?
JUAN Sí, creo que sí.
MEFISTO Súbete. Voy a llevarte a un lugar donde hay mucho, pero mucho dinero.

MEFISTO Ya llegamos.
JUAN ¿Aquí?
MEFISTO ¿Dónde más? ¡Vamos! Toma, ponte esto. Toma.
JUAN ¿Qué vamos a hacer?
MEFISTO ¿No quieres dinero?
JUAN ¿Tú no te cubres?
MEFISTO ¿Por quién me tomas? Sígueme.

MEFISTO Ten, misión cumplida. El acuse de recibo.

COMENTARISTA DE TV En lo que respecta al robo bancario más cuantioso del año, gracias a las cámaras y a una llamada anónima, ha sido posible conocer la identidad de uno de los asaltantes. Se espera que pronto sea aprehendido por la policía. Aquí tenemos las imágenes.
La pregunta del día de hoy en este noticiero: ¿Deben pagar los bancos por su propia seguridad? Hasta el momento, ochenta y siete por ciento de sus amables llamadas dice que sí, trece por ciento cree que no. Si opina que sí, llame por favor al 01 800 000 80. Si opina que no, llame al 01 800 000 90.

LECCIÓN 4

Cortometraje: *Raíz*

Director: Gaizka Urresti
País: España

CLARA ¿Sí?
HIJO Mamá, que soy yo, Pedro.
CLARA Ay hijo mío, que alegría escucharte. ¿Dónde estás?
HIJO Ahora estoy en Madrid, pero mañana tengo que viajar temprano a Milán.
CLARA Tan liado como siempre. Oye y, ¿qué tal la salud?
HIJO Bien, bien, bien, bien. Oye, mamá, que te voy a dar una sorpresa, ¿eh? Este verano sí voy a poder ir a pasar unos días a casa.
CLARA Y, ¿cuándo te irás?
HIJO Mamá, por favor, si todavía ni siquiera he ido. No sé, yo creo que me podré quedar toda la semana.
CLARA Vale, vale. Pues aquí estaremos. Bueno, ¡qué tontería! Si no vamos nunca a ninguna parte.
HIJO Bueno, ¿y qué tal las cosas por ahí?
CLARA Uy, esto está lleno de veraneantes. Cada año vienen más.
HIJO Ya. ¿Y papá?
CLARA Mmh, ya sabes, hijo, tan rarito como siempre. Es que está muy mayor.
ARCADIO Está muy mayor. Está muy mayor.
HIJO Bueno. Te dejo, ¿eh? Cuídate y nos vemos. Un besote.
CLARA Pedro, hijo, y... ¿y tú, qué tal?
CLARA ¿Sabes quién ha llamado? Era Pedro.
ARCADIO ¿Sí? ¿Qué quería?
CLARA Ha dicho que viene el viernes para quedarse una semana.
ARCADIO Sí. Seguro que si viene es porque quiere algo.
CLARA Ay, pero, ¿qué va a querer nuestro hijo de unos viejos como nosotros?
ARCADIO Tu hijo siempre se ha movido por el interés. No le importa su familia, ni su pueblo, ni nada de nada.
CLARA Ya estamos como siempre. Él tiene que vivir su vida.
ARCADIO Su vida, su vida.

CLARA No, no hace falta que me ayudes; puedo sola.

ARCADIO Cada vez hay más problema para aparcar en este pueblo.

CLARA Como si a ti eso te importara mucho. Si no nos movemos de aquí. ¿Hace cuánto tiempo no vamos a la capital?

ARCADIO ¿Y qué se te ha perdido a ti en la capital?

CLARA ¿Y qué se te ha perdido a ti en el aparcamiento?

ARCADIO Nada, pero si tu hijo va a venir con el coche le va a resultar un poco difícil aparcarlo.

CLARA No, echa unas monedas en esas maquinitas que ha puesto el ayuntamiento y lo deja aquí al lado.

ARCADIO Pero eso de la ORA o de la OTA o de como se llame, eso sólo sirve para unas horas. Menudos son los del ayuntamiento; no saben qué inventar para sacar dinero.

CLARA Bueno, pues lo deja al lado del campo de fútbol, a la entrada del pueblo. Ahí no hay máquinas y hay mucho sitio.

ARCADIO Pero eso está muy lejos. ¡Que no, hombre, que no! Estaba pensando que si le hago un poco de sitio lo puede dejar aquí junto al mío.

CLARA Pero si ahí no cabe. Como no sea que lo ponga encima del tuyo.

ARCADIO Si lo pego un poco más y corto el árbol seguro que caben los dos juntos.

CLARA ¿Quitar el árbol? ¿Tú eres tonto?

ARCADIO ¡Pero cómo eres mujer! No se pueden tener ideas en esta casa.

CLARA No, si además da igual lo que yo diga. Al final vas a hacer lo que te venga en gana.

VECINO Mala fecha ha escogido usted para la poda, vecino.

ARCADIO ¿Eh?

VECINO Que la poda buena tiene que ser antes de San Andrés y, a poder ser, con luna menguante.

ARCADIO Es que yo de noche y con la luna, no veo nada.

VECINO Me refiero que la poda tiene que ser cuando la luna... Pero qué gracioso es usted.

ARCADIO Graciosísimo.

VECINO Bueno, pues como le iba diciendo, el tronco tiene que estar seco para que salga con más fuerza.

ARCADIO ¡Que no lo estoy podando, que lo estoy quitando! ¿No ve que le he dado un tajo por la mitad?

VECINO Pues para aprovechar la madera, mejor es... mejor es cuando esté más seca, y no ahora con toda la sabia.

ARCADIO Que no lo estoy talando, ni lo estoy podando, ni nada de nada. Que lo estoy quitando, ¿vale? Ya está.

VECINO Bueno, hombre, vecino, pero no es para ponerse así. Yo sólo quería ayudar. Pero siga, siga usted con el serrucho tratando de cortarlo por la mitad, que ya verá usted lo que hace cuando se le caiga el árbol al suelo, ocupe todo el camino y con todas las ramas sin quitar... Por aquí no va a poder pasar nadie, ni coches, ni personas. Pero tranquilo, que no seré yo quien vuelva a intentar pasar por aquí para que le interrumpan el camino. Adiós y buena faena.

VECINA ¡Pero bueno! ¿Qué horas son éstas de meter este ruido?

CAPATAZ DE OBRA ¿Qué hay Arcadio?, buenas tardes, ¿qué, hace un traguito de vino?

ARCADIO Hace, hace. Que me estoy quedando sin fuelle.

CAPATAZ DE OBRA No me extraña. ¿A quién se le ocurre con su edad ponerse a quitar el árbol solo? ¿Acaso estaba enfermo? ¿Se iba a caer?

ARCADIO No, nada de eso. Estaba viejo, eso sí, y apenas daba sombra.

CAPATAZ DE OBRA Pues entonces, con más motivo, no entiendo a qué tanta prisa.

ARCADIO El viernes viene mi hijo a pasar unos cuantos días con su madre y conmigo. Y le estaba haciendo un hueco para que pueda aparcar su coche sin problema.

CAPATAZ DE OBRA ¡Pero, pero hombre! Haberlo dicho antes. Si me pudiera haber avisado. Tenemos un montón de plazas libres en los aparcamientos de los edificios que estamos construyendo justo aquí al lado. No creo que haya ningún problema que por un par de días pues deje el coche ahí.

ARCADIO Bueno, voy a ver si consigo quitar esa raíz para mañana.

CAPATAZ DE OBRA No, un momento Arcadio, un momento, vamos. Mire, ¿sabe qué? Que vamos a hacer una cosa. Mañana le voy a mandar yo a un chaval aquí con una escavadora pequeña para que le excave toda esta tierra y se la deje al mayor nivel posible. Y usted, a descansar, amigo mío, a descansar.

ARCADIO Y de paso, la excavadora que me haga otro hoyo para mí y me entierro en él.

CAPATAZ DE OBRA ¡Pero qué cosas tiene Arcadio! Con eso no se bromea.

ARCADIO ¿Qué coche tiene ahora Pedro?

CLARA No lo sé.

ARCADIO Supongo que tendrá un coche alemán. Ésos sí que son buenos; para toda la vida... ¿Te dijo en qué coche vendría?

CLARA La verdad, no me acuerdo.

ARCADIO Un Volkswagen está muy bien para su edad. Son alemanes pero son deportivos y pequeños. ¿Te suena Golf o Polo? Aunque si fuera un Mercedes no cabría en el hueco. ¿Qué hacemos entonces?

CLARA ¡Ay, no! Ni se te ocurra tirar nada más, ¿eh?

ARCADIO Mi hijo con un Mercedes. Con lo que me gustaban a mí esos coches.

CLARA ¿Sí?

HIJO Mamá, soy yo, Pedro.

CLARA ¡Ay, hijo, qué alegría! Ya te estamos esperando. ¿Sabes a qué hora llegarás?

HIJO No, mamá. No voy a ir hoy.

CLARA Sí, sí. No, no, si tienes que salir ahora es mejor que lo dejes para mañana. ¡Siempre hay que buscar el día! Y además estarás cansado de ese viaje, ¿adónde era? ¿Al extranjero?

HIJO Sí, mamá, a Milán. Bueno, de hecho todavía estoy aquí. Por eso te llamaba. Es que, verás, se ha complicado todo muchísimo y me tengo que quedar unos días más aquí.

CLARA Vaya faena. Entonces, ¿vienes la semana que viene?

HIJO No, mamá, no. No creo que pueda. Tengo una agenda muy apretada y me temo que voy a tener que dejarlo para más adelante.

CLARA Con la ilusión que teníamos; sobre todo tu padre.

HIJO Lo siento, pero es imposible... Mamá, mamá, por favor, no te pongas así, ¿eh? Ya sabes que no lo puedo soportar. Mira, te prometo que estas navidades me quedo hasta Año Nuevo. Mamá, por favor no vayas a llorar, ¿eh?

CLARA Bien, hijo. Cuídate, ¿eh?

HIJO Adiós. Oye, dile a papá que lo siento. Os quiero.

CLARA Era Pedro.

LECCIÓN 5

Cortometraje: *El día menos pensado*

Director: Rodrigo Ordóñez
País: México

INÉS Te preparé algo para que desayunes. Ándale, será de volada. No, Julián, no. Es mejor no saber.
JULIÁN ¡Buenos días, Ricardo!
RICARDO ¡Buenos días, don Julián!

JULIÁN No hay noticias ¿no?
INÉS Nada, desde que la prendí está la misma película en todos los canales. Ven a comer algo.
JULIÁN Inés, nos tenemos que ir.
INÉS Dicen que todo se va a arreglar. Que si no, es cuestión de esperar hasta que lleguen las lluvias.
JULIÁN Sí, pero no podemos confiar en eso. No a estas alturas.
INÉS ¿Y a dónde vamos a ir? ¿Cómo vamos a salir de la ciudad?
JULIÁN No lo sé.
INÉS Pero dicen que en todas las salidas hay vándalos. Y que están muy resentidos porque ellos fueron los primeros que se quedaron sin agua.
JULIÁN Si no digo que no sea peligroso. Pero cuando se nos acabe el agua nos tenemos que ir de todos modos.
INÉS ¿Qué haces?
JULIÁN Anda vieja, no seas vanidosa.

RICARDO Usted estése tranquilo, don Julián. Estamos igual de fregados.
JULIÁN Pues tú vas a estarlo más si no te largas de aquí ahora mismo... Igual de fregados.

INÉS ¿Pasa algo?
JULIÁN Ya no tenemos agua.
INÉS En la tele dijeron que...
JULIÁN Qué importa lo que hayan dicho. ¡Se acabó!
INÉS Esta mañana vi la cisterna, está casi llena.
JULIÁN Está contaminada y tú lo sabes.
INÉS Eso no es cierto. Saqué una cubeta y se la di a la perra. Se veía tan mal.
JULIÁN Inés, el agua está envenenada. Toda el agua de la ciudad está envenenada.
INÉS No es cierto, no es cierto, no puede ser cierto.
JULIÁN ¿Dónde la pusiste?
INÉS Déjame.

JULIÁN Mira por ti misma, Inés. Ya todo se acabó. Aunque lograran traer agua a la ciudad no pueden distribuirla. Las tuberías están contaminadas desde el accidente. Ninguna ayuda llegará a tiempo y menos aquí.
INÉS Pero no quiero dejar mi casa.

JULIÁN Te puedes llevar unas cuantas si quieres.
INÉS No, no quiero nada.
RICARDO Don Julián, venía a disculparme por lo de esta mañana.
JULIÁN Déjalo, vecino. Con un niño pequeño yo hubiera hecho lo mismo. Sobre todo tratándose de viejos como nosotros.
RICARDO No, qué pasó... no diga eso, don Julián.
JULIÁN Es la pura verdad, Ricardo. Y a ustedes, ¿cuándo se les acabó el agua?
RICARDO Antier, en la noche nos dimos cuenta.
JULIÁN Y te quedaste ahí, junto al tanque, esperando a que alguien se descuidara, ¿verdad? Ricardo, ¿quieren venir con nosotros?

INÉS Hay gente, Julián, hay gente. Nos van a matar, Julián, nos van a matar. Nomás porque venimos de la ciudad. Nosotros no tenemos la culpa de nada. ¿Adónde vas, Esther?
JULIÁN ¡Esther!
INÉS ¡Esther, espérate!
RICARDO ¿Estás loca? ¿Estás loca?
ESTHER Él sí que no tiene la culpa de nada.
JULIÁN No nos va a pasar nada, Inés. ¿Qué nos pueden hacer? Todos estamos igual.

LECCIÓN 6

Cortometraje: *El ojo en la nuca*

Director: Rodrigo Plá
País: Uruguay-México

GENERAL DÍAZ ¡Dale! ¡Dale cachazo! ¡Dale! Vamos muchachos despacito, eso mismo, ahí está, ¡ahora!
TEXTO En Uruguay, la ley de Caducidad que otorgaba amnistía a los militares acusados de cometer violaciones a los derechos humanos durante la dictadura militar (1973–1984) fue sometida a referéndum el 16 de abril de 1989. Por un escaso margen de votos, los militares conservaron la impunidad.

TEXTO CIUDAD DE MÉXICO. Una semana después del referéndum.
LAURA Los desaparecidos están muertos, no vuelven...
PABLO Ya, bonita, por favor. Esto es algo que tengo que hacer. ¡Ándale! Ábreme... Déjame que te dé un beso...
LAURA Si te vas, ya no regreses...

TEXTO MONTEVIDEO, URUGUAY, 24 de abril de 1989.
PABLO ¡Estate quieto!
DIEGO Es que no es la manera, primo, ¿a qué vas? Tenés que darte cuenta de que esto tampoco es justicia... ¡Sí, por más bronca que tengas! ¡Pará Pablo! Yo también quería mucho a tu viejo.
PABLO Ese desdichado es un asesino y merece la muerte.

DIRECTOR DE LANCE General Díaz. Sr. Pablo Urrutia. ¿Sr. Urrutia? ¡Fuego! ¡uno...! ¡dos...! A su posición por favor, General. ¡Fuego! ¡Uno...!
POLICÍAS ¡Alto, policía! ¡Soltá, pibe! ¡Soltá el arma!
GENERAL DÍAZ No, no, no.
POLICÍAS Dejá, no te equivoqués.
GENERAL DÍAZ Déjenme solo... No me toquen.
PABLO ¡Diego!, diles que me falta mi tiro, Diego. ¡Me falta mi tiro, Diego! ¡Diego!
POLICÍAS ¡Soltá el arma!

JUEZA ¿Se da cuenta? En plena democracia dos hombres haciéndose justicia por su propia mano. ¡Es una locura!
PABLO Tiene que dejarme acabar el duelo. Estoy en mi derecho...
JUEZA La ley de duelo existe, sí, pero es anacrónica. Está ahí porque con el tiempo fue olvidada por los legisladores.
POLICÍAS ¿Quería algo, Sra. Jueza?
JUEZA Sí, requíselas hasta nuevo aviso y mande de una vez al General. Bueno. ¿Entiende? Lo espero mañana a las nueve para darles una respuesta.
REPORTERA Por favor, ¿me puede decir qué pasó ahí adentro? ¿Qué pasó ahí adentro?

Treinta años después de efectuado el último duelo a muerte en el Uruguay, dos hombres le dan vigencia a la ley de duelo con un nuevo enfrentamiento llevado a cabo esta mañana.

DUEÑO ALMACÉN ¡Se fueron!
PABLO ¿Cómo?
DUEÑO ALMACÉN La familia que vivía en esta casa, hace más de diez años que se fueron... Se iban para México.
PABLO Gracias.
DIEGO ¡Pablo! Subí. Dale, subí.

CONDUCTORA TV Nos encontramos frente al Ministerio de Defensa Nacional aguardando las declaraciones del General Díaz, quien fuera señalado como uno de los responsables de delitos y abusos cometidos durante el gobierno de facto.
REPORTERA TV General Díaz, ¿qué va a pasar a partir del duelo, que habrá nuevos actos de violencia?
GENERAL DÍAZ TV No hay que seguir viviendo con un ojo en la nuca, hay que mirar hacia adelante y olvidar rencores.
PABLO ¿A qué viniste?
LAURA Tu padre ya está muerto Pablo, tienes que dejarlo ir. Ni siquiera estás seguro de que fue Díaz.
PABLO ¡Cállate! De esto tú nunca entendiste nada. Consígueme un tiro para mañana, primo. El que me deben, ¿eh? No vaya a ser la de malas.

LAURA ¿Pablo?
PABLO Sólo sé que odio, que tengo que odiar. ¡Ésa es mi pinche herencia!

PABLO Vámonos a México.
DIEGO ¿Dónde andabas? Vamos atrasados. Vení acá. Lo que me pediste, está adentro. ¿Qué hacés?
LAURA ¿Qué pasa?
PABLO Nada.

JUEZA Acta 1531... Por la autoridad que el Estado y la constitución me confieren y ante los hechos acaecidos el pasado 24 de abril de 1989, declaro la ley de duelo suspendida hasta una próxima revisión y por lo tanto la continuación del enfrentamiento entre el General Gustavo Díaz y el Sr. Pablo Urrutia, queda terminantemente prohibida.

GENERAL DÍAZ Así que vos sos de los que aguantan, ¿eh?... Ya vas a saber lo que es bueno. ¡Llévenselo! ¡Llévenselo!
TEXTO Los militares todavía no han sido juzgados por sus crímenes. En 1991 la Ley de Duelo fue derogada.

Verb conjugation tables

Guide to the Verb Lists and Tables

Below you will find the infinitive of the verbs introduced as active vocabulary in **SUEÑA**, along with other common verbs in intermediate Spanish. Each verb is followed by a model verb conjugated on the same pattern. The number in parentheses indicates where in the verb tables, pages **286–293**, you can find the conjugated forms of the model verb.

abandonar like hablar (1)

abrazarse (z:c) like cruzar (37)

abrirse like vivir (3) *except* past participle is abierto

aburrir(se) like vivir (3)

abusar like hablar (1)

acabarse like hablar (1)

acariciar like hablar (1)

acercarse (qu) like tocar (43)

acordar(se) (o:ue) like contar (24)

acostumbrar like hablar (1)

actuar like graduarse (40)

acudir like vivir (3)

adaptarse like hablar (1)

adivinar like hablar (1)

administrar like hablar (1)

afligirse (g:j) like proteger (42)

agotar like hablar (1)

agradecer (c:zc) like conocer (35)

aguantar like hablar (1)

ahogarse (gu) like llegar (41)

ahorrar like hablar (1)

alcanzar (z:c) like cruzar (37)

alejarse like hablar (1)

alimentar like hablar (1)

aliviar like hablar (1)

amanecer (c:zc) like conocer (35)

amar like hablar (1)

amenazar (z:c) like cruzar (37)

andar like hablar (1)

animar like hablar (1)

anotar like hablar (1)

anticipar like hablar (1)

añadir like vivir (3)

aparcar (qu) like tocar (43)

aplaudir like vivir (3)

apostar (o:ue) like contar (24)

apoyar like hablar (1)

aprobar (o:ue) like contar (24)

aprovechar like hablar (1)

apuntar like hablar (1)

arreglarse like hablar (1)

arrepentirse (e:ie) like sentir (33)

arruinar like hablar (1)

ascender (e:ie) like entender (27)

asimilarse like hablar (1)

aterrizar (z:c) like cruzar (37)

atraer like traer (21)

atreverse like comer (2)

aumentar like hablar (1)

averiguar like hablar (1)

ayudarse like hablar (1)

bajar like hablar (1)

batirse like vivir (3)

besar like hablar (1)

borrar like hablar (1)

brindar like hablar (1)

caber (4)

caer (5)

capacitar like hablar (1)

casarse like hablar (1)

castigar (gu) like llegar (41)

cazar (z:c) like cruzar (37)

celebrar like hablar (1)

chantajear like hablar (1)

charlar like hablar (1)

clonar like hablar (1)

cobrar like hablar (1)

coleccionar like hablar (1)

colocar (qu) like tocar (43)

comer(se) (2)

cometer like comer (2)

compartir like vivir (3)

comportarse like hablar (1)

comprobar (o:ue) like contar (24)

compulsar like hablar (1)

conducir (c:zc) (6)

congelar(se) like hablar (1)

conocer (c:zc) (35)

conquistar like hablar (1)

conseguir (e:i) like seguir (32)

conservar like hablar (1)

considerar like hablar (1)

construir (y) like destruir (38)

consultar like hablar (1)

consumir like vivir (3)

contagiar(se) like hablar (1)

contaminar like hablar (1)

contar (o:ue) (24)

contentarse like hablar (1)

contratar like hablar (1)

contribuir (y) like destruir (38)

convencer(se) (c:z) like vencer (44)

conversar like hablar (1)

convertirse (e:ie) like sentir (33)

convivir like vivir (3)

convocar (qu) like tocar (43)

cooperar like hablar (1)

coquetear like hablar (1)

correr like comer (2)

cortar like hablar (1)

crear like hablar (1)

crecer (c:zc) like conocer (35)

creer (y) (36)

criar (crío) like enviar (39)

cruzar (z:c) (37)

cuidar(se) like hablar (1)

cultivar like hablar (1)

curarse like hablar (1)

dar(se) (7)

deber like comer (2)

decir (e:i) (8)

dedicarse (qu) like tocar (43)

defender (e:ie) like entender (27)

dejar(se) like hablar (1)

depositar like hablar (1)

derogar (gu) like llegar (41)

derrocar (qu) like tocar (43)

derrotar like hablar (1)

desafiar (desafío) like enviar (39)

desaparecer (c:zc) like conocer (35)

desarrollar like hablar (1)

descargar (gu) like llegar (41)

desconfiar (desconfío) like enviar (39)

descongelar(se) like hablar (1)

descubrir like vivir (3) *except* past participle is descubierto

desmayarse like hablar (1)

despedir(se) (e:i) like pedir (29)

despreciar like hablar (1)

destacar (qu) like tocar (43)

destrozar (c) like cruzar (37)

destruir (y) (38)

detenerse (e:ie) like tener (20)

difundir like vivir (3)

dirigir (j) like proteger (42)

disculparse like hablar (1)

discutir like vivir (3)

diseñar like hablar (1)

disfrutar like hablar (1)

disimular like hablar (1)

disminuir (y) like destruir (38)

disparar like hablar (1)

disponer like poner (15)

divertirse (e:ie) like sentir (33)

divorciarse like hablar (1)

doblar like hablar (1)

dominar like hablar (1)

dormir(se) (o:ue) (25)

echar like hablar (1)

ejercer (z) like vencer (44)
elegir (e:i) like pedir (29) *except* (g:j)
emigrar like hablar (1)
empatar like hablar (1)
empeorar like hablar (1)
enamorarse like hablar (1)
encabezar (z:c) like cruzar (37)
encarcelar like hablar (1)
engañar like hablar (1)
enojarse like hablar (1)
enriquecerse (c:zc) like conocer (35)
enrojecer (c:zc) like conocer (35)
entender(se) (e:ie) (27)
enterarse like hablar (1)
enterrar (e:ie) like pensar (30)
entretener(se) (e:ie) like tener (20)
entrevistar like hablar (1)
enviar (envío) (39)
esconder like comer (2)
espiar (espío) like enviar (39)
establecerse (c:zc) like conocer (35)
estar (9)
estrenar like hablar (1)
exigir (g:j) like proteger (42)
experimentar like hablar (1)
explorar like hablar (1)
exportar like hablar (1)
expulsar like hablar (1)
extinguir like seguir (32)
extrañar(se) like hablar (1)
festejar like hablar (1)
filmar like hablar (1)
financiar like hablar (1)
firmar like hablar (1)
flotar like hablar (1)
fortalecer(se) (c:zc) like conocer (35)
ganar(se) like hablar (1)
garantizar (z:c) like cruzar (37)
gastar like hablar (1)
gobernar (e:ie) like pensar (30)
golpear like hablar (1)
grabar like hablar (1)
gritar like hablar (1)
guardar like hablar (1)
guiar (guío) like enviar (39)
haber (10)
hablar (1)
hacer(se) (11)

heredar like hablar (1)
homenajear like hablar (1)
huir (y) like destruir (38)
incorporarse like hablar (1)
independizarse (c) like cruzar (37)
influir (y) like destruir (38)
integrarse like hablar (1)
intentar like hablar (1)
intercambiar like hablar (1)
intoxicar (qu) like tocar (43)
inventar like hablar (1)
invertir (e:ie) like sentir (33)
investigar (gu) like llegar (41)
ir (12)
jubilarse like hablar (1)
jugar (u:ue) (gu) (28)
jurar like hablar (1)
juzgar (gu) like llegar (41)
lamentar like hablar (1)
lastimar(se) like hablar (1)
ligar (gu) like llegar (41)
llegar (gu) (41)
llevar(se) like hablar (1)
lograr like hablar (1)
luchar like hablar (1)
madrugar (gu) like llegar (41)
malgastar like hablar (1)
marcar (qu) like tocar (43)
marcharse like hablar (1)
marearse like hablar (1)
matar(se) like hablar (1)
mejorar like hablar (1)
merecer (c:zc) like conocer (35)
meterse like comer (2)
mezclar like hablar (1)
mimar like hablar (1)
morir(se) (o:ue) like dormir (25) *except* past participle is muerto
mudarse like hablar (1)
navegar (gu) like llegar (41)
odiar like hablar (1)
oír (y) (13)
olvidarse like hablar (1)
opinar like hablar (1)
oprimir like vivir (3)
otorgar (gu) like llegar (41)
parar like hablar (1)
parecer(se) (c:zc) like conocer (35)
partirse like vivir (3)
pasar(se) like hablar (1)
patear like hablar (1)

pedir (e:i) (29)
pegar (gu) like llegar (41)
pelear like hablar (1)
pensar (e:ie) (30)
perder (e:ie) like entender (27)
perdonar like hablar (1)
pertenecer (c:zc) like conocer (35)
planificar (qu) like tocar (43)
plantar like hablar (1)
poblar (o:ue) like contar (24)
podar like hablar (1)
poder (o:ue) (14)
poner(se) (15)
portarse like hablar (1)
porvenir like vivir (3)
predecir (e:i) like decir (8)
preocupar(se) like hablar (1)
prescindir like vivir (3)
presenciar like hablar (1)
prestar like hablar (1)
prevenir (e:ie) like venir (22)
promover (o:ue) like volver (34) *except* past participle is regular
promulgar (gu) like llegar (41)
proteger (j) (42)
protestar like hablar (1)
publicar (qu) like tocar (43)
quedar(se) like hablar (1)
quejarse like hablar (1)
quemar like hablar (1)
querer(se) (e:ie) (16)
quitar(se) like hablar (1)
realizarse (z:c) like cruzar (37)
rechazar (z:c) like cruzar (37)
reciclar like hablar (1)
reconocer (c:zc) like conocer (35)
recorrer like comer (2)
reemplazar (z:c) like cruzar (37)
regañar like hablar (1)
regresar like hablar (1)
reír(se) (e:i) (río) (31)
relajarse like hablar (1)
remodelar like hablar (1)
renunciar like hablar (1)
requisar like hablar (1)
residir like vivir (3)
resolver (o:ue) like volver (34)
respetar like hablar (1)
respirar like hablar (1)
reunirse like vivir (3)
robar like hablar (1)

rodar (o:ue) like contar (24)
rodear like hablar (1)
romper like comer (2) *except* past participle is roto
saber (17)
sacrificar (qu) like tocar (43)
salir (18)
saltar like hablar (1)
salvar like hablar (1)
secuestrar like hablar (1)
seguir (e:i) (g) (32)
sellar like hablar (1)
sentir(se) (e:ie) (33)
señalar like hablar (1)
ser (19)
serrar (e:ie) like pensar (30)
significar (qu) like tocar (43)
silbar like hablar (1)
simbolizar (z:c) like cruzar (37)
sobresalir like salir (18)
sobrevivir like vivir (3)
solicitar like hablar (1)
soñar (o:ue) like contar (24)
soportar like hablar (1)
sospechar like hablar (1)
subir like vivir (3)
suceder like comer (2)
superar like hablar (1)
surgir (g:j) like proteger (42)
sustituir (y) like creer (36)
tener (e:ie) (20)
titularse like hablar (1)
tocar (qu) (43)
tomar like hablar (1)
traer (21)
transmitir like vivir (3)
trasladar like hablar (1)
tratar like hablar (1)
urbanizar (z:c) like cruzar (37)
valer like salir (18)
valorar like hablar (1)
vencer (z) (44)
vengarse (gu) like llegar (41)
venir (e:ie) (22)
ver(se) (23)
vigilar like hablar (1)
vivir (3)
volar (o:ue) like contar (24)
voltear like hablar (1)
volver (o:ue) (34)
votar like hablar (1)

Verb conjugation tables

Regular verbs: simple tenses

Infinitive	INDICATIVE					SUBJUNCTIVE		IMPERATIVE
	Present	Imperfect	Preterite	Future	Conditional	Present	Past	
1 hablar	hablo	hablaba	hablé	hablaré	hablaría	hable	hablara	
	hablas	hablabas	hablaste	hablarás	hablarías	hables	hablaras	habla tú (no hables)
	habla	hablaba	habló	hablará	hablaría	hable	hablara	hable Ud.
Participles:	hablamos	hablábamos	hablamos	hablaremos	hablaríamos	hablemos	habláramos	hablemos
hablando	habláis	hablabais	hablasteis	hablaréis	hablaríais	habléis	hablarais	hablad (no habléis)
hablado	hablan	hablaban	hablaron	hablarán	hablarían	hablen	hablaran	hablen Uds.
2 comer	como	comía	comí	comeré	comería	coma	comiera	
	comes	comías	comiste	comerás	comerías	comas	comieras	come tú (no comas)
	come	comía	comió	comerá	comería	coma	comiera	coma Ud.
Participles:	comemos	comíamos	comimos	comeremos	comeríamos	comamos	comiéramos	comamos
comiendo	coméis	comíais	comisteis	comeréis	comeríais	comáis	comierais	comed (no comáis)
comido	comen	comían	comieron	comerán	comerían	coman	comieran	coman Uds.
3 vivir	vivo	vivía	viví	viviré	viviría	viva	viviera	
	vives	vivías	viviste	vivirás	vivirías	vivas	vivieras	vive tú (no vivas)
	vive	vivía	vivió	vivirá	viviría	viva	viviera	viva Ud.
Participles:	vivimos	vivíamos	vivimos	viviremos	viviríamos	vivamos	viviéramos	vivamos
viviendo	vivís	vivíais	vivisteis	viviréis	viviríais	viváis	vivierais	vivid (no viváis)
vivido	viven	vivían	vivieron	vivirán	vivirían	vivan	vivieran	vivan Uds.

All verbs: compound tenses

PERFECT TENSES

INDICATIVE								SUBJUNCTIVE			
Present Perfect		Past Perfect		Future Perfect		Conditional Perfect		Present Perfect		Past Perfect	
he	hablado	había	hablado	habré	hablado	habría	hablado	haya	hablado	hubiera	hablado
has	comido	habías	comido	habrás	comido	habrías	comido	hayas	comido	hubieras	comido
ha	vivido	había	vivido	habrá	vivido	habría	vivido	haya	vivido	hubiera	vivido
hemos		habíamos		habremos		habríamos		hayamos		hubiéramos	
habéis		habíais		habréis		habríais		hayáis		hubierais	
han		habían		habrán		habrían		hayan		hubieran	

PROGRESSIVE TENSES

	INDICATIVE				SUBJUNCTIVE	
	Present Progressive	Past Progressive	Future Progressive	Conditional Progressive	Present Progressive	Past Progressive
	estoy	estaba	estaré	estaría	esté	estuviera
	estás	estabas	estarás	estarías	estés	estuvieras
	está hablando	estaba hablando	estará hablando	estaría hablando	esté hablando	estuviera hablando
	estamos comiendo	estábamos comiendo	estaremos comiendo	estaríamos comiendo	estemos comiendo	estuviéramos comiendo
	estáis viviendo	estabais viviendo	estaréis viviendo	estaríais viviendo	estéis viviendo	estuvierais viviendo
	están	estaban	estarán	estarían	estén	estuvieran

Irregular verbs

	Infinitive	INDICATIVE					SUBJUNCTIVE		IMPERATIVE
		Present	Imperfect	Preterite	Future	Conditional	Present	Past	
4	caber	**quepo**	cabía	**cupe**	**cabré**	**cabría**	**quepa**	**cupiera**	
		cabes	cabías	**cupiste**	**cabrás**	**cabrías**	**quepas**	**cupieras**	cabe tú (no **quepas**)
		cabe	cabía	**cupo**	**cabrá**	**cabría**	**quepa**	**cupiera**	**quepa** Ud.
	Participles:	cabemos	cabíamos	**cupimos**	**cabremos**	**cabríamos**	**quepamos**	**cupiéramos**	**quepamos**
	cabiendo	cabéis	cabíais	**cupisteis**	**cabréis**	**cabríais**	**quepáis**	**cupierais**	cabed (no **quepáis**)
	cabido	caben	cabían	**cupieron**	**cabrán**	**cabrían**	**quepan**	**cupieran**	**quepan** Uds.
5	caer(se)	**caigo**	caía	**caí**	caeré	caería	**caiga**	**cayera**	
		caes	caías	**caíste**	caerás	caerías	**caigas**	**cayeras**	cae tú (no **caigas**)
		cae	caía	**cayó**	caerá	caería	**caiga**	**cayera**	**caiga** Ud. (no **caiga**)
	Participles:	caemos	caíamos	**caímos**	caeremos	caeríamos	**caigamos**	**cayéramos**	**caigamos**
	cayendo	caéis	caíais	**caísteis**	caeréis	caeríais	**caigáis**	**cayerais**	caed (no **caigáis**)
	caído	caen	caían	**cayeron**	caerán	caerían	**caigan**	**cayeran**	**caigan** Uds.
6	conducir	**conduzco**	conducía	**conduje**	conduciré	conduciría	**conduzca**	**condujera**	
	(c:zc)	conduces	conducías	**condujiste**	conducirás	conducirías	**conduzcas**	**condujeras**	conduce tú (no **conduzcas**)
		conduce	conducía	**condujo**	conducirá	conduciría	**conduzca**	**condujera**	**conduzca** Ud. (no **conduzca**)
	Participles:	conducimos	conducíamos	**condujimos**	conduciremos	conduciríamos	**conduzcamos**	**condujéramos**	**conduzcamos**
	conduciendo	conducís	conducíais	**condujisteis**	conduciréis	conduciríais	**conduzcáis**	**condujerais**	conducid (no **conduzcáis**)
	conducido	conducen	conducían	**condujeron**	conducirán	conducirían	**conduzcan**	**condujeran**	**conduzcan** Uds.

Infinitive / Participles	INDICATIVE					SUBJUNCTIVE		IMPERATIVE
	Present	Imperfect	Preterite	Future	Conditional	Present	Past	
7 dar **Participles:** dando dado	**doy** das da damos dais dan	daba dabas daba dábamos dabais daban	**di** **diste** **dio** **dimos** **disteis** **dieron**	daré darás dará daremos daréis darán	daría darías daría daríamos daríais darían	**dé** des **dé** demos deis den	**diera** **dieras** **diera** **diéramos** **dierais** **dieran**	da tú (no des) **dé** Ud. **demos** dad (no **deis**) **den** Uds.
8 decir (e:i) **Participles:** **diciendo** **dicho**	**digo** **dices** **dice** decimos decís **dicen**	decía decías decía decíamos decíais decían	**dije** **dijiste** **dijo** **dijimos** **dijisteis** **dijeron**	**diré** **dirás** **dirá** **diremos** **diréis** **dirán**	**diría** **dirías** **diría** **diríamos** **diríais** **dirían**	**diga** **digas** **diga** **digamos** **digáis** **digan**	**dijera** **dijeras** **dijera** **dijéramos** **dijerais** **dijeran**	**di** tú (no **digas**) **diga** Ud. **digamos** decid (no **digáis**) **digan** Uds.
9 estar **Participles:** estando estado	**estoy** estás está estamos estáis están	estaba estabas estaba estábamos estabais estaban	**estuve** **estuviste** **estuvo** **estuvimos** **estuvisteis** **estuvieron**	estaré estarás estará estaremos estaréis estarán	estaría estarías estaría estaríamos estaríais estarían	esté estés esté estemos estéis estén	**estuviera** **estuvieras** **estuviera** **estuviéramos** **estuvierais** **estuvieran**	está tú (no estés) esté Ud. estemos estad (no estéis) estén Uds.
10 haber **Participles:** habiendo habido	**he** **has** **ha** **hemos** **habéis** **han**	había habías había habíamos habíais habían	**hube** **hubiste** **hubo** **hubimos** **hubisteis** **hubieron**	**habré** **habrás** **habrá** **habremos** **habréis** **habrán**	**habría** **habrías** **habría** **habríamos** **habríais** **habrían**	**haya** **hayas** **haya** **hayamos** **hayáis** **hayan**	**hubiera** **hubieras** **hubiera** **hubiéramos** **hubierais** **hubieran**	
11 hacer **Participles:** haciendo **hecho**	**hago** haces hace hacemos hacéis hacen	hacía hacías hacía hacíamos hacíais hacían	**hice** **hiciste** **hizo** **hicimos** **hicisteis** **hicieron**	**haré** **harás** **hará** **haremos** **haréis** **harán**	**haría** **harías** **haría** **haríamos** **haríais** **harían**	**haga** **hagas** **haga** **hagamos** **hagáis** **hagan**	**hiciera** **hicieras** **hiciera** **hiciéramos** **hicierais** **hicieran**	**haz** tú (no **hagas**) **haga** Ud. **hagamos** haced (no **hagáis**) **hagan** Uds.
12 ir **Participles:** **yendo** ido	**voy** **vas** **va** **vamos** **vais** **van**	**iba** **ibas** **iba** **íbamos** **ibais** **iban**	**fui** **fuiste** **fue** **fuimos** **fuisteis** **fueron**	iré irás irá iremos iréis irán	iría irías iría iríamos iríais irían	**vaya** **vayas** **vaya** **vayamos** **vayáis** **vayan**	**fuera** **fueras** **fuera** **fuéramos** **fuerais** **fueran**	**ve** tú (no **vayas**) **vaya** Ud. **vamos** (no **vayamos**) id (no **vayáis**) **vayan** Uds.
13 oír (y) **Participles:** **oyendo** oído	**oigo** **oyes** **oye** **oímos** **oís** **oyen**	oía oías oía oíamos oíais oían	**oí** **oíste** **oyó** **oímos** **oísteis** **oyeron**	oiré oirás oirá oiremos oiréis oirán	oiría oirías oiría oiríamos oiríais oirían	**oiga** **oigas** **oiga** **oigamos** **oigáis** **oigan**	**oyera** **oyeras** **oyera** **oyéramos** **oyerais** **oyeran**	**oye** tú (no **oigas**) **oiga** Ud. **oigamos** oíd (no **oigáis**) **oigan** Uds.

Infinitive	INDICATIVE					SUBJUNCTIVE		IMPERATIVE
	Present	Imperfect	Preterite	Future	Conditional	Present	Past	
14 poder (o:ue)	**puedo**	podía	**pude**	**podré**	**podría**	**pueda**	**pudiera**	
	puedes	podías	**pudiste**	**podrás**	**podrías**	**puedas**	**pudieras**	**puede** tú (no **puedas**)
	puede	podía	**pudo**	**podrá**	**podría**	**pueda**	**pudiera**	**pueda** Ud.
Participles:	podemos	podíamos	**pudimos**	**podremos**	**podríamos**	podamos	**pudiéramos**	podamos
pudiendo	podéis	podíais	**pudisteis**	**podréis**	**podríais**	podáis	**pudierais**	poded (no **podáis**)
podido	**pueden**	podían	**pudieron**	**podrán**	**podrían**	**puedan**	**pudieran**	**puedan** Uds.
15 poner	**pongo**	ponía	**puse**	**pondré**	**pondría**	**ponga**	**pusiera**	
	pones	ponías	**pusiste**	**pondrás**	**pondrías**	**pongas**	**pusieras**	**pon** tú (no **pongas**)
	pone	ponía	**puso**	**pondrá**	**pondría**	**ponga**	**pusiera**	**ponga** Ud.
Participles:	ponemos	poníamos	**pusimos**	**pondremos**	**pondríamos**	**pongamos**	**pusiéramos**	**pongamos**
poniendo	ponéis	poníais	**pusisteis**	**pondréis**	**pondríais**	**pongáis**	**pusierais**	poned (no **pongáis**)
puesto	ponen	ponían	**pusieron**	**pondrán**	**pondrían**	**pongan**	**pusieran**	**pongan** Uds.
16 querer (e:ie)	**quiero**	quería	**quise**	**querré**	**querría**	**quiera**	**quisiera**	
	quieres	querías	**quisiste**	**querrás**	**querrías**	**quieras**	**quisieras**	**quiere** tú (no **quieras**)
	quiere	quería	**quiso**	**querrá**	**querría**	**quiera**	**quisiera**	**quiera** Ud.
Participles:	queremos	queríamos	**quisimos**	**querremos**	**querríamos**	queramos	**quisiéramos**	**queramos**
queriendo	queréis	queríais	**quisisteis**	**querréis**	**querríais**	queráis	**quisierais**	quered (no **queráis**)
querido	**quieren**	querían	**quisieron**	**querrán**	**querrían**	**quieran**	**quisieran**	**quieran** Uds.
17 saber	**sé**	sabía	**supe**	**sabré**	**sabría**	**sepa**	**supiera**	
	sabes	sabías	**supiste**	**sabrás**	**sabrías**	**sepas**	**supieras**	sabe tú (no **sepas**)
	sabe	sabía	**supo**	**sabrá**	**sabría**	**sepa**	**supiera**	**sepa** Ud.
Participles:	sabemos	sabíamos	**supimos**	**sabremos**	**sabríamos**	**sepamos**	**supiéramos**	**sepamos**
sabiendo	sabéis	sabíais	**supisteis**	**sabréis**	**sabríais**	**sepáis**	**supierais**	sabed (no **sepáis**)
sabido	saben	sabían	**supieron**	**sabrán**	**sabrían**	**sepan**	**supieran**	**sepan** Uds.
18 salir	**salgo**	salía	salí	**saldré**	**saldría**	**salga**	saliera	
	sales	salías	saliste	**saldrás**	**saldrías**	**salgas**	salieras	**sal** tú (no **salgas**)
	sale	salía	salió	**saldrá**	**saldría**	**salga**	saliera	**salga** Ud.
Participles:	salimos	salíamos	salimos	**saldremos**	**saldríamos**	**salgamos**	saliéramos	**salgamos**
saliendo	salís	salíais	salisteis	**saldréis**	**saldríais**	**salgáis**	salierais	salid (no **salgáis**)
salido	salen	salían	salieron	**saldrán**	**saldrían**	**salgan**	salieran	**salgan** Uds.
19 ser	**soy**	**era**	**fui**	seré	sería	**sea**	**fuera**	
	eres	**eras**	**fuiste**	serás	serías	**seas**	**fueras**	**sé** tú (no **seas**)
	es	**era**	**fue**	será	sería	**sea**	**fuera**	**sea** Ud.
Participles:	**somos**	**éramos**	**fuimos**	seremos	seríamos	**seamos**	**fuéramos**	**seamos**
siendo	**sois**	**erais**	**fuisteis**	seréis	seríais	**seáis**	**fuerais**	sed (no **seáis**)
sido	**son**	**eran**	**fueron**	serán	serían	**sean**	**fueran**	**sean** Uds.
20 tener (e:ie)	**tengo**	**tenía**	**tuve**	**tendré**	**tendría**	**tenga**	**tuviera**	
	tienes	**tenías**	**tuviste**	**tendrás**	**tendrías**	**tengas**	**tuvieras**	**ten** tú (no **tengas**)
	tiene	**tenía**	**tuvo**	**tendrá**	**tendría**	**tenga**	**tuviera**	**tenga** Ud.
Participles:	tenemos	**teníamos**	**tuvimos**	**tendremos**	**tendríamos**	**tengamos**	**tuviéramos**	**tengamos**
teniendo	tenéis	**teníais**	**tuvisteis**	**tendréis**	**tendríais**	**tengáis**	**tuvierais**	tened (no **tengáis**)
tenido	**tienen**	**tenían**	**tuvieron**	**tendrán**	**tendrían**	**tengan**	**tuvieran**	**tengan** Uds.

Infinitive	INDICATIVE Present	Imperfect	Preterite	Future	Conditional	SUBJUNCTIVE Present	Past	IMPERATIVE
21 traer	**traigo**	traía	**traje**	traeré	traería	**traiga**	**trajera**	
	traes	traías	**trajiste**	traerás	traerías	**traigas**	**trajeras**	trae tú (no **traigas**)
Participles:	trae	traía	**trajo**	traerá	traería	**traiga**	**trajera**	**traiga** Ud.
trayendo	traemos	traíamos	**trajimos**	traeremos	traeríamos	**traigamos**	**trajéramos**	**traigamos**
traído	traéis	traíais	**trajisteis**	traeréis	traeríais	**traigáis**	**trajerais**	traed (no **traigáis**)
	traen	traían	**trajeron**	traerán	traerían	**traigan**	**trajeran**	**traigan** Uds.
22 venir (e:ie)	**vengo**	venía	**vine**	**vendré**	**vendría**	**venga**	**viniera**	
	vienes	venías	**viniste**	**vendrás**	**vendrías**	**vengas**	**vinieras**	**ven** tú (no **vengas**)
	viene	venía	**vino**	**vendrá**	**vendría**	**venga**	**viniera**	**venga** Ud.
Participles:	venimos	veníamos	**vinimos**	**vendremos**	**vendríamos**	**vengamos**	**viniéramos**	**vengamos**
viniendo	venís	veníais	**vinisteis**	**vendréis**	**vendríais**	**vengáis**	**vinierais**	venid (no **vengáis**)
venido	**vienen**	venían	**vinieron**	**vendrán**	**vendrían**	**vengan**	**vinieran**	**vengan** Uds.
23 ver	**veo**	**veía**	**vi**	veré	vería	**vea**	**viera**	
	ves	**veías**	**viste**	verás	verías	**veas**	**vieras**	**ve** tú (no **veas**)
	ve	**veía**	**vio**	verá	vería	**vea**	**viera**	**vea** Ud.
Participles:	vemos	**veíamos**	**vimos**	veremos	veríamos	**veamos**	**viéramos**	**veamos**
viendo	veis	**veíais**	**visteis**	veréis	veríais	**veáis**	**vierais**	ved (no **veáis**)
visto	ven	**veían**	**vieron**	verán	verían	**vean**	**vieran**	**vean** Uds.

Stem-changing verbs

Infinitive	INDICATIVE Present	Imperfect	Preterite	Future	Conditional	SUBJUNCTIVE Present	Past	IMPERATIVE
24 contar (o:ue)	**cuento**	contaba	conté	contaré	contaría	**cuente**	contara	
	cuentas	contabas	contaste	contarás	contarías	**cuentes**	contaras	**cuenta** tú (no **cuentes**)
Participles:	**cuenta**	contaba	contó	contará	contaría	**cuente**	contara	**cuente** Ud.
contando	contamos	contábamos	contamos	contaremos	contaríamos	contemos	contáramos	contemos
contado	contáis	contabais	contasteis	contaréis	contaríais	contéis	contarais	contad (no contéis)
	cuentan	contaban	contaron	contarán	contarían	**cuenten**	contaran	**cuenten** Uds.
25 dormir (o:ue)	**duermo**	dormía	dormí	dormiré	dormiría	**duerma**	**durmiera**	
	duermes	dormías	dormiste	dormirás	dormirías	**duermas**	**durmieras**	**duerme** tú (no **duermas**)
Participles:	**duerme**	dormía	**durmió**	dormirá	dormiría	**duerma**	**durmiera**	**duerma** Ud.
durmiendo	dormimos	dormíamos	dormimos	dormiremos	dormiríamos	**durmamos**	**durmiéramos**	**durmamos**
dormido	dormís	dormíais	dormisteis	dormiréis	dormiríais	**durmáis**	**durmierais**	dormid (no **durmáis**)
	duermen	dormían	**durmieron**	dormirán	dormirían	**duerman**	**durmieran**	**duerman** Uds.
26 empezar (e:ie) (c)	**empiezo**	empezaba	**empecé**	empezaré	empezaría	**empiece**	empezara	
	empiezas	empezabas	empezaste	empezarás	empezarías	**empieces**	empezaras	**empieza** tú (no **empieces**)
	empieza	empezaba	empezó	empezará	empezaría	**empiece**	empezara	**empiece** Ud.
Participles:	empezamos	empezábamos	empezamos	empezaremos	empezaríamos	**empecemos**	empezáramos	**empecemos**
empezando	empezáis	empezabais	empezasteis	empezaréis	empezaríais	**empecéis**	empezarais	empezad (no **empecéis**)
empezado	empiezan	empezaban	empezaron	empezarán	empezarían	**empiecen**	empezaran	**empiecen** Uds.

	Infinitive	INDICATIVE Present	Imperfect	Preterite	Future	Conditional	SUBJUNCTIVE Present	Past	IMPERATIVE
27	entender (e:ie) Participles: entendiendo entendido	entiendo entiendes entiende entendemos entendéis entienden	entendía entendías entendía entendíamos entendíais entendían	entendí entendiste entendió entendimos entendisteis entendieron	entenderé entenderás entenderá entenderemos entenderéis entenderán	entendería entenderías entendería entenderíamos entenderíais entenderían	entienda entiendas entienda entendamos entendáis entiendan	entendiera entendieras entendiera entendiéramos entendierais entendieran	entiende tú (no entiendas) entienda Ud. entendamos entended (no entendáis) entiendan Uds.
28	jugar (u:ue) (gu) Participles: jugando jugado	juego juegas juega jugamos jugáis juegan	jugaba jugabas jugaba jugábamos jugabais jugaban	jugué jugaste jugó jugamos jugasteis jugaron	jugaré jugarás jugará jugaremos jugaréis jugarán	jugaría jugarías jugaría jugaríamos jugaríais jugarían	juegue juegues juegue juguemos juguéis jueguen	jugara jugaras jugara jugáramos jugarais jugaran	juega tú (no juegues) juegue Ud. juguemos jugad (no juguéis) jueguen Uds.
29	pedir (e:i) Participles: pidiendo pedido	pido pides pide pedimos pedís piden	pedía pedías pedía pedíamos pedíais pedían	pedí pediste pidió pedimos pedisteis pidieron	pediré pedirás pedirá pediremos pediréis pedirán	pediría pedirías pediría pediríamos pediríais pedirían	pida pidas pida pidamos pidáis pidan	pidiera pidieras pidiera pidiéramos pidierais pidieran	pide tú (no pidas) pida Ud. pidamos pedid (no pidáis) pidan Uds.
30	pensar (e:ie) Participles: pensando pensado	pienso piensas piensa pensamos pensáis piensan	pensaba pensabas pensaba pensábamos pensabais pensaban	pensé pensaste pensó pensamos pensasteis pensaron	pensaré pensarás pensará pensaremos pensaréis pensarán	pensaría pensarías pensaría pensaríamos pensaríais pensarían	piense pienses piense pensemos penséis piensen	pensara pensaras pensara pensáramos pensarais pensaran	piensa tú (no pienses) piense Ud. pensemos pensad (no penséis) piensen Uds.
31	reír(se) (e:i) Participles: riendo reído	río ríes ríe reímos reís ríen	reía reías reía reíamos reíais reían	reí reíste rió reímos reísteis rieron	reiré reirás reirá reiremos reiréis reirán	reiría reirías reiría reiríamos reiríais reirían	ría rías ría riamos riáis rían	riera rieras riera riéramos rierais rieran	ríe tú (no rías) ría Ud. riamos reíd (no riáis) rían Uds.
32	seguir (e:i) (g) Participles: siguiendo seguido	sigo sigues sigue seguimos seguís siguen	seguía seguías seguía seguíamos seguíais seguían	seguí seguiste siguió seguimos seguisteis siguieron	seguiré seguirás seguirá seguiremos seguiréis seguirán	seguiría seguirías seguiría seguiríamos seguiríais seguirían	siga sigas siga sigamos sigáis sigan	siguiera siguieras siguiera siguiéramos siguierais siguieran	sigue tú (no sigas) siga Ud. sigamos seguid (no sigáis) sigan Uds.
33	sentir (e:ie) Participles: sintiendo sentido	siento sientes siente sentimos sentís sienten	sentía sentías sentía sentíamos sentíais sentían	sentí sentiste sintió sentimos sentisteis sintieron	sentiré sentirás sentirá sentiremos sentiréis sentirán	sentiría sentirías sentiría sentiríamos sentiríais sentirían	sienta sientas sienta sintamos sintáis sientan	sintiera sintieras sintiera sintiéramos sintierais sintieran	siente tú (no sientas) sienta Ud. sintamos sentid (no sintáis) sientan Uds.

34

Infinitive	INDICATIVE					SUBJUNCTIVE		IMPERATIVE
	Present	Imperfect	Preterite	Future	Conditional	Present	Past	
volver (o:ue)	vuelvo	volvía	volví	volveré	volvería	vuelva	volviera	
	vuelves	volvías	volviste	volverás	volverías	vuelvas	volvieras	vuelve tú (no vuelvas)
	vuelve	volvía	volvió	volverá	volvería	vuelva	volviera	vuelva Ud.
Participles:	volvemos	volvíamos	volvimos	volveremos	volveríamos	volvamos	volviéramos	volvamos
volviendo	volvéis	volvíais	volvisteis	volveréis	volveríais	volváis	volvierais	volved (no volváis)
vuelto	vuelven	volvían	volvieron	volverán	volverían	vuelvan	volvieran	vuelvan Uds.

Verbs with spelling changes only

35

Infinitive	INDICATIVE					SUBJUNCTIVE		IMPERATIVE
	Present	Imperfect	Preterite	Future	Conditional	Present	Past	
conocer (c:zc)	conozco	conocía	conocí	conoceré	conocería	conozca	conociera	
	conoces	conocías	conociste	conocerás	conocerías	conozcas	conocieras	conoce tú (no conozcas)
	conoce	conocía	conoció	conocerá	conocería	conozca	conociera	conozca Ud.
Participles:	conocemos	conocíamos	conocimos	conoceremos	conoceríamos	conozcamos	conociéramos	conozcamos
conociendo	conocéis	conocíais	conocisteis	conoceréis	conoceríais	conozcáis	conocierais	conoced (no conozcáis)
conocido	conocen	conocían	conocieron	conocerán	conocerían	conozcan	conocieran	conozcan Uds.

36

Infinitive	INDICATIVE					SUBJUNCTIVE		IMPERATIVE
	Present	Imperfect	Preterite	Future	Conditional	Present	Past	
creer (y)	creo	creía	creí	creeré	creería	crea	creyera	
	crees	creías	creíste	creerás	creerías	creas	creyeras	cree tú (no creas)
	cree	creía	creyó	creerá	creería	crea	creyera	crea Ud.
Participles:	creemos	creíamos	creímos	creeremos	creeríamos	creamos	creyéramos	creamos
creyendo	creéis	creíais	creísteis	creeréis	creeríais	creáis	creyerais	creed (no creáis)
creído	creen	creían	creyeron	creerán	creerían	crean	creyeran	crean Uds.

37

Infinitive	INDICATIVE					SUBJUNCTIVE		IMPERATIVE
	Present	Imperfect	Preterite	Future	Conditional	Present	Past	
cruzar (z:c)	cruzo	cruzaba	crucé	cruzaré	cruzaría	cruce	cruzara	
	cruzas	cruzabas	cruzaste	cruzarás	cruzarías	cruces	cruzaras	cruza tú (no cruces)
	cruza	cruzaba	cruzó	cruzará	cruzaría	cruce	cruzara	cruce Ud.
Participles:	cruzamos	cruzábamos	cruzamos	cruzaremos	cruzaríamos	crucemos	cruzáramos	crucemos
cruzando	cruzáis	cruzabais	cruzasteis	cruzaréis	cruzaríais	crucéis	cruzarais	cruzad (no crucéis)
cruzado	cruzan	cruzaban	cruzaron	cruzarán	cruzarían	crucen	cruzaran	crucen Uds.

38

Infinitive	INDICATIVE					SUBJUNCTIVE		IMPERATIVE
	Present	Imperfect	Preterite	Future	Conditional	Present	Past	
destruir (y)	destruyo	destruía	destruí	destruiré	destruiría	destruya	destruyera	
	destruyes	destruías	destruiste	destruirás	destruirías	destruyas	destruyeras	destruye tú (no destruyas)
	destruye	destruía	destruyó	destruirá	destruiría	destruya	destruyera	destruya Ud.
Participles:	destruimos	destruíamos	destruimos	destruiremos	destruiríamos	destruyamos	destruyéramos	destruyamos
destruyendo	destruís	destruíais	destruisteis	destruiréis	destruiríais	destruyáis	destruyerais	destruid (no destruyáis)
destruido	destruyen	destruían	destruyeron	destruirán	destruirían	destruyan	destruyeran	destruyan Uds.

39

Infinitive	INDICATIVE					SUBJUNCTIVE		IMPERATIVE
	Present	Imperfect	Preterite	Future	Conditional	Present	Past	
enviar	envío	enviaba	envié	enviaré	enviaría	envíe	enviara	
	envías	enviabas	enviaste	enviarás	enviarías	envíes	enviaras	envía tú (no envíes)
	envía	enviaba	envió	enviará	enviaría	envíe	enviara	envíe Ud.
Participles:	enviamos	enviábamos	enviamos	enviaremos	enviaríamos	enviemos	enviáramos	enviemos
enviando	enviáis	enviabais	enviasteis	enviaréis	enviaríais	enviéis	enviarais	enviad (no enviéis)
enviado	envían	enviaban	enviaron	enviarán	enviarían	envíen	enviaran	envíen Uds.

40 graduarse

Participles: graduando, graduado

	INDICATIVE					SUBJUNCTIVE		IMPERATIVE
Infinitive	Present	Imperfect	Preterite	Future	Conditional	Present	Past	
graduarse	gradúo	graduaba	gradué	graduaré	graduaría	gradúe	graduara	
	gradúas	graduabas	graduaste	graduarás	graduarías	gradúes	graduaras	gradúa tú (no gradúes)
	gradúa	graduaba	graduó	graduará	graduaría	gradúe	graduara	gradúe Ud.
	graduamos	graduábamos	graduamos	graduaremos	graduaríamos	graduemos	graduáramos	graduemos
	graduáis	graduabais	graduasteis	graduaréis	graduaríais	graduéis	graduarais	graduad (no graduéis)
	gradúan	graduaban	graduaron	graduarán	graduarían	gradúen	graduaran	gradúen Uds.

41 llegar (gu)

Participles: llegando, llegado

	INDICATIVE					SUBJUNCTIVE		IMPERATIVE
Infinitive	Present	Imperfect	Preterite	Future	Conditional	Present	Past	
llegar (gu)	llego	llegaba	llegué	llegaré	llegaría	llegue	llegara	
	llegas	llegabas	llegaste	llegarás	llegarías	llegues	llegaras	llega tú (no llegues)
	llega	llegaba	llegó	llegará	llegaría	llegue	llegara	llegue Ud.
	llegamos	llegábamos	llegamos	llegaremos	llegaríamos	lleguemos	llegáramos	lleguemos
	llegáis	llegabais	llegasteis	llegaréis	llegaríais	lleguéis	llegarais	llegad (no lleguéis)
	llegan	llegaban	llegaron	llegarán	llegarían	lleguen	llegaran	lleguen Uds.

42 proteger (j)

Participles: protegiendo, protegido

	INDICATIVE					SUBJUNCTIVE		IMPERATIVE
Infinitive	Present	Imperfect	Preterite	Future	Conditional	Present	Past	
proteger (j)	protejo	protegía	protegí	protegeré	protegería	proteja	protegiera	
	proteges	protegías	protegiste	protegerás	protegerías	protejas	protegieras	protege tú (no protejas)
	protege	protegía	protegió	protegerá	protegería	proteja	protegiera	proteja Ud.
	protegemos	protegíamos	protegimos	protegeremos	protegeríamos	protejamos	protegiéramos	protejamos
	protegéis	protegíais	protegisteis	protegeréis	protegeríais	protejáis	protegierais	proteged (no protejáis)
	protegen	protegían	protegieron	protegerán	protegerían	protejan	protegieran	protejan Uds.

43 tocar (qu)

Participles: tocando, tocado

	INDICATIVE					SUBJUNCTIVE		IMPERATIVE
Infinitive	Present	Imperfect	Preterite	Future	Conditional	Present	Past	
tocar (qu)	toco	tocaba	toqué	tocaré	tocaría	toque	tocara	
	tocas	tocabas	tocaste	tocarás	tocarías	toques	tocaras	toca tú (no toques)
	toca	tocaba	tocó	tocará	tocaría	toque	tocara	toque Ud.
	tocamos	tocábamos	tocamos	tocaremos	tocaríamos	toquemos	tocáramos	toquemos
	tocáis	tocabais	tocasteis	tocaréis	tocaríais	toquéis	tocarais	tocad (no toquéis)
	tocan	tocaban	tocaron	tocarán	tocarían	toquen	tocaran	toquen Uds.

44 vencer (z)

Participles: venciendo, vencido

	INDICATIVE					SUBJUNCTIVE		IMPERATIVE
Infinitive	Present	Imperfect	Preterite	Future	Conditional	Present	Past	
vencer (z)	venzo	vencía	vencí	venceré	vencería	venza	venciera	
	vences	vencías	venciste	vencerás	vencerías	venzas	vencieras	vence tú (no venzas)
	vence	vencía	venció	vencerá	vencería	venza	venciera	venza Ud.
	vencemos	vencíamos	vencimos	venceremos	venceríamos	venzamos	venciéramos	venzamos
	vencéis	vencíais	vencisteis	venceréis	venceríais	venzáis	vencierais	venced (no venzáis)
	vencen	vencían	vencieron	vencerán	vencerían	venzan	vencieran	venzan Uds.

Vocabulario

Guide to Vocabulary

Active vocabulary
This glossary contains the words and expressions presented as active vocabulary in **SUEÑA**. A numeral following the entry indicates the lesson of **SUEÑA** where the word or expression was introduced.

Note on alphabetization
In the Spanish alphabet, **ñ** is a separate letter following **n**. Therefore in this glossary you will find that **añadir** follows **anuncio**.

Abbreviations used in this glossary

adj.	adjective	*f.*	feminine	*prep.*	preposition
adv.	adverb	*m.*	masculine	*pron.*	pronoun
conj.	conjunction	*pl.*	plural	*v.*	verb

Español-Inglés

A

a *prep.* at; to
  a corto/largo plazo *adj.* short/ long-term
  a cucharadas *adv.* in spoonfuls **5**
  a lo lejos *adv.* at a distance
  a pesar de (que) *conj.* despite
abandonar *v.* to leave **1**
abogado/a *m., f.* lawyer **6**
abrazarse *v.* to hug **1**
abrir *v.* to open
aburrido/a *adj.* boring
aburrir *v.* to bore
aburrirse *v.* to get bored
abusar *v.* to abuse **6**
abuso de poder *m.* abuse of power **6**
acabar de *v.* to have just (done something)
acabarse *v.* to run out (of something) **5**
acariciar *v.* to caress
acento *m.* accent
acera *f.* sidewalk **2**
acercamiento *m.* getting closer
acercarse (a) *v.* to approach **6**
acomodarse *v.* to adapt
aconsejar *v.* to advise
acontecimiento *m.* event **3**
acordar (o:ue) *v.* to agree
acordarse (o:ue) (de) *v.* to remember
acosado/a *adj.* harrassed
acostarse *v.* to go to bed
acostumbrar *v.* to be accustomed **2**
actitud *f.* attitude
activista *m., f.* activist **6**
actor/actriz *m., f.* actor/actress **3**
actualidad *f.* current events **3**

actualizado/a *adj.* up-to-date **3**
actuar *v.* to act
acudir *v.* to come **6**
acusado/a *adj.* accused **6**
adaptarse *v.* to adapt
adivinar *v.* to guess **3**
administrar *v.* to manage, to run
ADN *m.* DNA
aduana *f.* customs
afeitarse *v.* to shave
aficionado/a (a) *adj.* a fan (of)
afligirse *v.* to get upset **2**
agobiado/a *adj.* overwhelmed **1**
agotado/a *adj.* exhausted; sold out
agotar *v.* to use up **5**
agradecer (c:zc) *v.* to thank, to be grateful **4**
aguafiestas *m., f.* party pooper
aguantar *v.* to put up with, to tolerate **5**
ahogarse *v.* to choke, to suffocate **5**
ahorrar *v.* to save
ahorros *m., pl.* savings
aislado/a *adj.* isolated **4**
al aire libre *adv.* outdoors **5**
ala *f.* wing
alcalde/alcaldesa *m., f.* mayor **2**
alcanzar (un sueño/una meta) *v.* to fulfill (a dream); to reach (a goal)
alegoría *f.* allegory **6**
alegrarse (de) *v.* to be happy (about)
alejarse *v.* to move away
algo *pron.* something; anything
alguien *pron.* someone
alimentación *f.* diet
alimentar *v.* to feed
alimento *m.* food
aliviar *v.* to relieve, to soothe **5**

alma *f.* soul **1, 3**
  alma gemela *f.* soul mate, kindred spirit **1**
almacén *m.* department store; warehouse
alpinismo *m.* mountain climbing
alrededores *m., pl.* outskirts **2**
alto/a *adj.* high
altura *f.* height
alzar *v.* to raise
amado/a *m., f.* the loved one, sweetheart **1**
amanecer *m.* dawn
amar(se) *v.* to love (each other) **1**
amenaza *f.* threat **6**
amenazar *v.* to threaten **5**
amistad *f.* friendship **1**
analfabeto/a *adj.* illiterate **6**
anfitrión/anfitriona *m., f.* host/ hostess
ángel *m.* angel **3**
animado/a *adj.* lively
ánimo *m.* spirit **1**
anotar un gol *v.* to score a goal
ansioso/a *adj.* anxious **1**
antepasado *m.* ancestor **4**
anticipar *v.* to anticipate; to expect
anuncio *m.* advertisement **3**
añadir *v.* to add
añoranza *f.* homesickness
apagarse *v.* to turn off
aparcamiento *m.* parking space **4**
aparcar *v.* to park **4**
apenas *adv.* hardly; just **3**
aplaudir *v.* to applaud
apodo *m.* nickname **4**
apostar (o:ue) *v.* to bet
apoyar(se) *v.* to support (each other) **4**
aprender a *v.* to learn (to)

aprobar (o:ue) una ley *v.* to pass a law **6**
aprovechar *v.* to take advantage of
apuesta *f.* bet
apuntar *v.* to aim **5**
árbol *m.* tree **5**
arma *f.* gun **3**; weapon **6**
arreglar *v.* to fix
arrepentirse (e:ie) (de) *v.* to be sorry **3**
arroz *m.* rice
arruinar *v.* to ruin
ascendencia *f.* heritage **4**
ascender *v.* to rise, to be promoted
asesor(a) *m., f.* consultant, advisor
asimilación *f.* assimilation
asimilarse *v.* to assimilate
astronauta *m., f.* astronaut
astrónomo/a *m., f.* astronomer
ataúd *m.* casket
aterrizar *v.* to land
atleta *m., f.* athlete
atraer *v.* to attract
atrasado/a *adj.* late **2**
atreverse (a) *v.* to dare (to) **2**
atrevido/a *adj.* daring, brave **2**
aumentar *v.* to grow
aumento de sueldo *m.* raise in salary
aunque *conj.* although; even if
autoestima *f.* self-esteem **4**
avance *m.* advance, breakthrough
avanzado/a *adj.* advanced
ave *m.* bird **5**
avenida *f.* avenue **2**
avergonzado/a *adj.* embarrassed
averiguar *v.* to find out **1**
ayudar(se) *v.* to help (one another) **1**
ayuntamiento *m.* city hall **2**
azotea *f.* flat roof **6**

B

bajar *v.* to go down; to get off (a bus) **2**
bajo *m.* bass **3**
bajo/a *adj.* low
balcón *m.* balcony
balón *m.* ball
bancarrota *f.* bankruptcy
banda sonora *f.* soundtrack **3**
bandera *f.* flag **6**
bañarse *v.* to take a bath
barrio *m.* neighborhood **2**
barro *m.* mud; clay
basura *f.* trash **5**
batalla *f.* battle **6**
batirse en duelo *v.* to fight a duel **6**
beber *v.* to drink
beca de investigación *f.* research grant
bello/a *adj.* beautiful **5**
besar *v.* to kiss **1**
bien educado/a *adj.* well-mannered **4**
bienestar *m.* well-being **2**
bilingüe *adj.* bilingual

billar *m.* pool
biólogo/a *m., f.* biologist
bioquímico/a *adj.* biochemical
bisabuelo/a *m., f.* great-grandfather/ grandmother **4**
boleto *m.* ticket
boliche *m.* bowling
bolsa de valores *f.* stock market
bomba *f.* pump (oil)
borracho/a *adj.* drunk **2**
borrar *v.* to erase
bosque (lluvioso) *m.* (rain) forest **5**
botón *m.* button
brecha generacional *f.* generation gap **4**
brindar *v.* to drink a toast
broma *f.* joke **1**
buceo *m.* scuba-diving
buscador *m.* search engine
buscar *v.* to look for

C

caber *v.* to fit
cadena *f.* network **3**
  cadena comercial *f.* business chain
caer *v.* to fall
  caer bien/mal to (not) get along well with
caja *f.* box **1**
cajero/a *m., f.* cashier **2**
  cajero automático *m.* ATM
calentamiento *m.* warming **5**
calidad *f.* quality
  calidad de vida *f.* standard of living, quality of life **1**
calle *f.* street **2**
cámara digital *f.* digital camera
campeonato *m.* championship
canal *m.* channel **3**
cancha *f.* field
cantante *m., f.* singer **3**
caos *m.* chaos
capa de ozono *f.* ozone layer **5**
capacitación *f.* training
capacitar *v.* prepare
capaz *adj.* competent, capable
capilla *f.* chapel
carácter *m.* character, personality **4**
característica *f.* characteristic **2**
cargo *m.* position
cariñoso/a *adj.* affectionate **1**
carrera *f.* race
carro híbrido *m.* hybrid car **5**
cartas *f., pl.* (playing) cards
casado/a *adj.* married **1**
casarse con *v.* to marry **1**
castigar *v.* to punish **3**
castigo *m.* punishment **6**
causa *f.* cause
cazar *v.* to hunt **5**
cederrón *m.* CD-ROM

celebrar *v.* to celebrate
celos *m., pl.* jealousy **1**
celoso/a *adj.* jealous **1**
célula *f.* cell
censura *f.* censorship **3**
centro comercial *m.* mall **2**
cepillarse *v.* to brush (one's hair)
cerdo *m.* pig **5**
chamán *m.* shaman **5**
chantajear *v.* to blackmail **6**
charlar *v.* to chat
chisme *m.* gossip **1**
choque *m.* crash **2**
ciberespacio *m.* cyber space
cielo *m.* sky
científico/a *m., f.* scientist
cine *m.* movie theater **2**
cita (a ciegas) *f.* (blind) date **1**
ciudad *f.* city **2**
ciudadano/a *m., f.* citizen **2**
civilización *f.* civilization **4**
clima *m.* climate
clon *m.* clone
clonar *v.* to clone
club deportivo *m.* sports club
cobrar *v.* to charge; to receive
coche *m.* car **4**
coleccionar *v.* to collect
colocar *v.* to place (an object) **3**
combatiente *m., f.* combatant **6**
combustible *m.* fuel **5**
comedia *f.* comedy
comer(se) *v.* to eat (up)
comercio *m.* trade, commerce
Comercio *m.* Business Administration
cometer (un crimen) *v.* to commit (a crime) **3**
comisaría *f.* police station **2**
cómodo/a *adj.* comfortable
compañero/a *m., f.* fellow **6**
compañía *f.* company
compartir *v.* to share **1**
comportarse *v.* to behave
comprar *v.* to buy
comprensión *f.* understanding **4**
comprensivo/a *adj.* understanding
comprobar (o:ue) *v.* to prove
compromiso *m.* commitment; responsibility **4**
compulsar *v.* to stamp; to certify
computadora portátil *f.* laptop
computarizado/a *adj.* computerized
concierto *m.* concert
conducir (c:zc) *v.* to drive
conductor(a) *m., f.* driver **2**
conejo *m.* rabbit **5**
confiar (en) *v.* to trust (in) **1**
congelar(se) *v.* to freeze (oneself)
conjunto musical *m.* musical group, band
conocer *v.* to know
conocimiento *m.* knowledge **4**
conquista *f.* conquest **4**

conseguir (e:i) *v.* to obtain, to get
    conseguir entradas to get tickets
conservador(a) *adj.* conservative **6**
conservar *v.* to preserve **2, 5**
construir *v.* to build **2**
consumir *v.* to consume
consumo de energía *m.* energy
    consumption **5**
contador(a) *m., f.* accountant
contagiar(se) *v.* to infect, to be
    contagious **5**
contaminación *f.* pollution **5**
contaminar *v.* to pollute **5**
contar (o:ue) con *v.* to rely on,
    to count on **1**
contentarse (con) *v.* to be contented,
    satisfied (with) **1**
contraseña *f.* password
contratar *v.* to hire
contribuir *v.* to contribute
controvertido/a *adj.* controversial **3**
convencer(se) *v.* to convince
    (oneself)
conversar *v.* to talk **2**
convertirse (e:ie) (en algo) *v.* to turn
    (into something)
convivencia *f.* coexistence
convivir *v.* to live together; to coexist **2**
convocar *v.* to call; to invoke **3**
cooperar *v.* to cooperate **2**
coquetear *v.* to flirt **1**
coraje *v.* courage
corazón *m.* heart **1**
cordillera *f.* mountain range **5**
corrector ortográfico *m.* spell
    checker
correr la voz *v.* to spread the word
cortar *v.* to cut
corto *m.* short film **1**
cortometraje *m.* short film **1**
costa *f.* coast **5**
costumbre *f.* custom; habit **2**
cotidiano/a *adj.* everyday **2**
crear *v.* to create
crecer (c:zc) *v.* to grow
crecimiento *m.* growth **3**
creencia *f.* belief **4, 6**
creer *v.* to think
criar *v.* to raise (children) **4**
crisis económica *f.* economic crisis
crítico/a de cine *m., f.* film critic **3**
crónica deportiva *f.* sports page/
    section **3**
crónica de sociedad *f.* lifestyle
    section **3**
crucero *m.* cruise ship
crueldad *f.* cruelty **6**
cruzar *v.* to cross **2**
cuadra *f.* city block **2**
cuando *conj.* when
cuándo *adv.* when
cuenta corriente *f.* checking account
cuenta de ahorros *f.* savings account

cuidado *m.* care **2**
cuidadoso/a *adj.* careful **1**
cuidar *v.* to take care **1**
culpa *f.* fault
culpable *m., f.* culprit **6**
cultivar *v.* to cultivate; to farm **4**
cultivo *m.* farming; cultivation **4**
cuñado/a *m., f.* brother/sister-in-law **4**
cura *m.* priest
curandero/a *m., f.* folk healer **5**
curar *v.* to cure

D

daño *m.* harm
dañino/a *adj.* harmful **5**
dar *v.* to give
    dar direcciones to give directions **2**
    dar igual to not matter
    dar lata to bother; to annoy
    dar para vivir to yield enough to
        live on
    dar pena to become embarrassed
    dar un paseo to take a stroll/walk **2**
    dar una vuelta to take a walk **2**
    dar una vuelta en bicicleta/carro/
        motocicleta to take a bike/car/
        motorcycle ride **2**
dardos *m., pl.* darts
darse cuenta de *v.* to realize
de *prep.* of; from
    de hecho *adv.* in fact
    de repente *adv.* all of a sudden
    de volada *adv.* quickly (Méx.) **5**
deber (dinero) *v.* to owe (money)
debido a *prep.* due to
decepción *f.* disappointment **4**
decidido/a *adj.* determined **2**
decir (e:i) *v.* to say
declaración *f.* statement **6**
dedicarse a *v.* to dedicate oneself to **6**
defender (e:ie) *v.* to defend **6**
deforestación *f.* deforestation **5**
dejar *v.* to leave behind
    dejar a alguien to leave someone **1**
    dejar plantado/a to stand
        (someone) up **1**
delantero/a *m., f.* forward (sport
    position)
delito *m.* crime **6**
democracia *f.* democracy **6**
demostrar *v.* to show
deportes *m., pl.* sports
    deportes extremos *m., pl.* extreme
        sports
deportista *m., f.* sportsman/
    sportswoman, athlete
depositar *v.* to deposit
deprimido/a *adj.* depressed **1**
derecho *m.* right **6**
derechos humanos *m.* human rights **6**
derogar (una ley) *v.* to abolish (a law) **6**
derrocar *v.* to overthrow **6**

derrotar *v.* to defeat **6**
desafiar *v.* to challenge
desafío *m.* challenge
desaparecer (c:zc) *v.* to disappear **5**
desaparecido/a *m., f.* missing person **6**
desaparición *f.* disappearance **4**
desarrollar *v.* to develop; to grow **3**
desarrollo *m.* development **5**
descargar *v.* to download
desconfiar *v.* to be suspicious, to not
    trust
descongelar(se) *v.* to defrost
    (oneself)
desconocido/a *m., f.* stranger **2**
descubrimiento *m.* discovery
descubrir *v.* to discover
desdén *m.* disdain **4**
desear *v.* to desire
desechable *adj.* disposable **5**
desempleado/a *adj.* unemployed
desempleo *m.* unemployment
desenlace *m.* ending, outcome **2**
deseo *m.* desire **1**
desesperado/a *adj.* desperate
desierto *m.* desert **5**
desigual *adj.* unequal **6**
desigualdad *f.* inequality **6**
desinterés *m.* lack of interest **4**
desmayarse *v.* to faint
despedir (e:i) *v.* to fire
despedirse (e:i) *v.* to say goodbye
despertarse (e:ie) *v.* to wake up
despreciar *v.* to look down on **4**
después (de) que after
destacado/a *adj.* prominent **3**
destacar *v.* to stand out
destino *m.* destination
destrozar *v.* to destroy **6**
destruir *v.* to destroy **5**
detenerse (e:ie) *v.* to stop
deuda *f.* debt
Diablo *m.* devil **3**
diálogo *m.* dialogue
diamante *m.* diamond
diario *m.* newspaper **3**
dibujo *m.* drawing
dictadura *f.* dictatorship **6**
difundir (noticias) *v.* to spread (news) **2**
digno/a *adj.* worthy; dignified **4**
diminuto/a *adj.* tiny
dirección *f.* address **2**
    dirección electrónica *f.* e-mail
        address
director(a) *m., f.* director **3**
dirigir *v.* to direct, to manage
dirigirse a *v.* to speak/talk to
discoteca *f.* dance club **2**
disculparse *v.* to apologize **5**
discutir *v.* to argue **1**
diseño *m.* design
disfrutar de *v.* to enjoy **2**
disgustado/a *adj.* upset **1**
disgustar *v.* to upset

disimular *v.* to hide, to conceal **2**
disminuir *v.* to decrease, to reduce, to diminish
disparar *v.* to shoot **5**
disparo *m.* shot **3**
dispuesto/a (a) *adj.* willing (to)
distinguir *v.* to distinguish
distinto/a *adj.* different
diversidad *f.* diversity
divertirse (e:ie) *v.* to have a good time
divorciado/a *adj.* divorced **1**
divorciarse (de) *v.* to get a divorce (from) **1**
divorcio *m.* divorce **1**
doblar *v.* to turn **2**
documental *m.* documentary **3**
doler *v.* to hurt; to ache
dominar *v.* to dominate
dormir (o:ue) *v.* to sleep
dormirse (o:ue) *v.* to fall asleep
ducharse *v.* to take a shower
dudar *v.* to doubt
duelo *m.* duel **6**
dueño/a *m., f.* owner
duro/a *adj.* hard, difficult

E

echar *v.* to throw away **5**
edad *f.* age
edificio *m.* building **2**
efecto *m.* effect
  efecto invernadero *m.* greenhouse effect **5**
  efectos especiales *m., pl.* special effects **3**
egoísta *adj.* selfish **4**
ejecución *f.* execution **6**
ejecutivo/a *m., f.* executive
ejercer (el poder) *v.* to exercise/exert (power) **6**
ejército *m.* army **6**
elegir (e:i) *v.* to elect **6**
emigrante *m., f.* emigrant
emigrar *v.* to emigrate **1**
emisión *f.* broadcast **3**
emocionado/a *adj.* excited **1**
empatar *v.* to tie (a game)
empate *m.* tie
empeorar *v.* to get worse **5**
empezar (e:ie) *v.* to begin
empleado/a *m., f.* employee
empresa multinacional *f.* multinational company
en *prep.* in; on
  en cuanto *adv.* as soon as
  en directo *adv.* live **3**
  en línea *adv.* online
  en vivo *adv.* live **3**
enamorado/a *adj.* in love **1**
enamorarse (de) *v.* to fall in love (with) **1**

encabezar *v.* to lead **6**
encantar *v.* to like very much; to love (inanimate objects)
encarcelar *v.* to imprison **6**
encrucijada *f.* crossroads **3**
energía eólica *f.* wind power **5**
enfrentamiento *m.* confrontation **6**
engañar *v.* to deceive, to trick **3**
enojado/a *adj.* angry, mad **1**
enojarse *v.* to get angry **1**
enriquecerse *v.* to become enriched
enrojecer (c:zc) *v.* to blush, to turn red **2**
ensayo *m.* essay
enseñar (a) *v.* to teach (to)
ensuciarse *v.* to get dirty
entendimiento *m.* understanding
enterarse (de) *v.* to find out about; to become informed about **3**
enterrado/a *adj.* buried
enterrar (e:ie) *v.* to bury
entrada *f.* ticket
entretener (e:ie) *v.* to entertain **3**
entretenerse (e:ie) *v.* to amuse oneself
entretenido/a *adj.* entertaining
entrevistar *v.* to interview **3**
envidioso/a *adj.* envious, jealous
equipo *m.* team
erosión *f.* erosion **5**
escándalo *m.* scandal **6**
escaso/a *adj.* scant, scarce **5**
escena *f.* scene **1**
escoger *v.* to choose
esconder *v.* to hide **2**
escritor(a) *m., f.* writer
espacio *m.* space
especializado/a *adj.* specialized
especies en peligro de extinción *f.* endangered species **5**
espectáculo *m.* show, performance
espectador(a) *m., f.* spectator
esperanza *f.* hope **4**
esperar *v.* to hope; to wish
espiar *v.* to spy **6**
espíritu *m.* spirit **6**
esposo/a *m., f.* husband/wife **4**
esquí alpino *m.* downhill skiing
esquí de fondo *m.* cross country skiing
esquina *f.* corner **2**
establecerse (c:zc) *v.* to establish oneself
estación *f.* station
  estación de bomberos *f.* fire station **2**
  estación de policía *f.* police station **2**
  estación (de trenes, de autobuses) *f.* (train/bus) station **2**
estacionamiento *m.* parking lot **2**
estadio *m.* stadium **2**
estar *(irreg.)* *v.* to be

estar a la venta to be on sale
estar bajo presión to be under pressure
estar de acuerdo to agree (to)
estar embarazada to be pregnant
estar harto/a de to be fed up (with); to be sick of **1**
estar perdido/a to be lost **2**
estilo *m.* style **3**
estimulante *m.* stimulant **5**
estrella *f.* star
  estrella de cine *f.* movie star (male or female) **3**
  estrella fugaz *f.* shooting star
estrenar (una película) *v.* to release (a movie)
estreno *m.* premiere, new movie **3**
estricto/a *adj.* strict **4**
ético/a *adj.* ethical
etnia *f.* ethnic group **4**
excluido/a *adj.* excluded
exigente *adj.* demanding **4**
exigir *v.* to demand
exiliado/a *adj.* exiled, in exile **6**
  exiliado/a político/a *m., f.* political exile
exilio *m.* exile **6**
éxito *m.* success **3**
exitoso/a *adj.* successful
experimento *m.* experiment
explorar *v.* to explore
exportar *v.* to export
expulsar *v.* to expel, to dismiss
extinguirse *v.* to become extinct **5**
extranjeros *m., pl.* foreigners
extrañar *v.* to miss
extraterrestre *m.* alien

F

fábrica *f.* factory
facción *f.* feature **2**
facha *f.* look; appearance
falso/a *adj.* insincere **1**
falta (de) *f.* lack (of)
faltar *v.* to lack; to need
fama *f.* fame **3**
familiares *m., pl.* relatives **1**
fantasía *f.* fantasy **3**
fantasma *m.* ghost
fantástico/a *adj.* imaginary
fascinar *v.* to fascinate; to love (inanimate objects)
fe *f.* faith **4**
fenómeno *m.* phenomenon **3**
feria *f.* fair
festejar *v.* to celebrate
fijarse (en) *v.* to take notice (of)
fila *f.* line **2**
filmar *v.* to film **3**
financiero/a *adj.* financial
firmar *v.* to sign **3**
flauta *f.* flute **3**

flotar *v.* to float
fondo *m.* bottom, further end
fortalecer (c:zc) *v.* to strengthen **6**
fortalecerse *v.* to grow stronger **1**
forzado/a *adj.* forced
fotógrafo/a *m., f.* photographer **3**
fracaso *m.* failure **6**
fraile (fray) *m.* friar, monk (Brother) **4**
frasquito *m.* little bottle **5**
frontera *f.* border
fuego *m.* fire
fuente de energía *f.* energy source **5**
fuerza *f.* force **6**

G

ganar *v.* to win
  ganar las elecciones to win
    elections **6**
  ganar un partido to win a game
ganarse la vida *v.* to earn a living
garantizar *v.* to guarantee
garra *f.* claw
gasolinera *f.* gas station
gastar *v.* to spend
gemelo/a *m., f.* twin **4**
gen *m.* gene
género *m.* genre **3**; *m.* gender **4**
genética *f.* genetics
genial *adj.* wonderful **1**
gente *f.* people **2**
gerente *m., f.* manager
globalización *f.* globalization
gobernar (e:ie) *v.* to govern **6**
gobierno *m.* government **6**
golpe de estado *m.* coup d'état **6**
golpear *v.* to beat (a drum) **3**
grabar *v.* to record **3**
gracioso/a *adj.* funny, pleasant **1**
granja *f.* farm
gravedad *f.* gravity
gritar *v.* to shout
grupo musical *m.* musical group,
  band
guardar *v.* to save
guerra (civil) *f.* (civil) war **6**
guiar *v.* to guide
guión *m.* script **1**
guita *f.* cash, dough (*Arg.*)
guitarra *f.* guitar **3**
gustar *v.* to like

H

haber *v. aux.* have
habitante *m., f.* inhabitant **2**
hablar *v.* to speak, to talk
hacer *v.* to make/do
  hacer cola to wait in line
  hacer diligencias to run errands **2**
  hacer falta to need; to miss **4**
  hacer un esfuerzo to make an
    effort

hambre *f.* hunger
hasta (que) *conj.* until
hay there is/there are
heredar *v.* to inherit **4**
herencia *f.* legacy **6**
  herencia cultural *f.* cultural
    heritage
herramienta *f.* tool
heterogéneo/a *adj.* heterogeneous
hijo/a único/a *m., f.* only child **4**
historia *f.* story **1**
historiador(a) *m., f.* historian **4**
hogar *m.* home
hoja *f.* leaf **5**
hombre de negocios *m.* businessman
homenajear a los dioses *v.* to pay
  homage to the gods **4**
homogeneidad *f.* homogeneity
hondo/a *adj.* deep **3**
honrado/a *adj.* honest **4**
hora del lonche/almuerzo *f.* lunch
  time
horario de trabajo *m.* work schedule
horóscopo *m.* horoscope **3**
huelga *f.* strike **6**
huir *v.* to flee **6**
humanidad *f.* humankind
huracán *m.* hurricane **5**

I

ideales *m., pl.* principles, ideals
idioma oficial *m.* official language
igual *adj.* equal **6**
igualdad *f.* equality **6**
ilusión *f.* hope **4**
imagen *f.* image, picture **3**
imparcial *adj.* impartial, unbiased **3**
importar *v.* to be important to;
  to matter
impuesto *m.* tax
impunidad *f.* impunity **6**
inaudito/a *adj.* beyond belief
incapaz *adj.* incompetent, incapable
incendio *m.* fire **5**
incertidumbre *f.* uncertainty
inconformista *adj.* nonconformist
incorporarse *v.* to sit up **6**
independizarse *v.* to gain
  independence **4**
indiferencia *f.* indifference
inesperado/a *adj.* unexpected **2**
inestabilidad *f.* instability
infidelidad *f.* unfaithfulness **1**
inflación *f.* inflation
influencia *f.* influence **2**
influir *v.* to influence **6**
influyente *adj.* influential **3**
informática *f.* computer science
informe *m.* report **6**
ingeniero/a *m., f.* engineer
ingenuo/a *adj.* naïve **2**
ingresos *m., pl.* income

injusticia *f.* injustice **6**
injusto/a *adj.* unfair **6**
inmigración *f.* immigration
inmigrante *m., f.* immigrant **1**
innovador(a) *adj.* innovative
inocencia *f.* innocence
inolvidable *adj.* unforgettable **1**
inquietud *f.* uneasiness, restlessness
inseguro/a *adj.* insecure **1**
insistir (en) *v.* to insist (on)
insoportable *adj.* unbearable **4**
integración *f.* integration
integrarse (a) *v.* to become part (of);
  to fit in; to integrate
intentar *v.* to try
interactivo/a *adj.* interactive
intercambiar *v.* to exchange
interesar *v.* to be interesting to;
  to interest
Internet *m.* Internet **3**
intoxicar *v.* to poison **5**
intrigante *adj.* intriguing
intruso/a *m., f.* intruder
inundación *f.* flood **5**
inventar *v.* to invent
invento *m.* invention
invertir (e:ie) *v.* to invest
investigador(a) *m., f.* researcher
investigar *v.* to research; to investigate **3**
invisible *adj.* invisible
ir *v.* to go
  ir de copas *v.* to go have a drink
irse (de) *v.* to go away (from)

J

jamás *adv.* never; not ever
jardín *m.* garden
jefe/a *m., f.* boss
joven *adj.* young
jubilarse *v.* to retire
juego *m.* game
  juego de mesa *m.* board game
juez(a) *m., f.* judge
juguete *m.* toy
juicio *m.* judgment **6**
jurar *v.* to promise
justicia *f.* justice **6**
justo/a *adj.* just, fair **2, 6**
juventud *f.* youth **4**
juzgado *m.* court house **6**
juzgado/a *adj.* tried (legally) **6**
juzgar *v.* to judge **6**

L

ladrillo *m.* brick
ladrón/ladrona *m., f.* thief **6**
lamentar *v.* to regret **4**
lastimar(se) *v.* to injure (oneself)
lavarse *v.* to wash (oneself)
lazo *m.* tie **1**
leer *v.* to read

lengua *f.* language 4
   lengua materna *f.* mother tongue
león *m.* lion 5
letra *f.* lyrics 3
letrero *m.* sign, billboard 2
levantarse *v.* to get up
ley *f.* law 6
liberal *adj.* liberal 6
libertad *f.* freedom 6
   libertad de prensa *f.* freedom of
     the press 3
ligar *v.* to flirt; try to "pick up" 1
lío *m.* mess
llamar *v.* to call
llegar *v.* to arrive
lleno/a *adj.* full 2
llevar *v.* to carry, to take
   llevar (meses viviendo aquí) to
     have been (living here months)
   llevar a cabo to carry out 6
llevarse *v.* to carry away
   llevarse bien/mal/fatal to get
     along well/badly/terribly 1
lluvia ácida *f.* acid rain 5
locura *f.* craziness
locutor(a) de radio *m., f.* radio
   announcer 3
lograr *v.* to attain, to achieve
lotería *f.* lottery
lucha *f.* fight, struggle 6
luchar *v.* to fight
luego que *conj.* as soon as
lujo *m.* luxury
luna *f.* moon 5

M

madrastra *f.* stepmother 4
madrugada *f.* early morning
madurez *f.* maturity 4
maduro/a *adj.* mature 1
mal educado/a *adj.* ill-mannered 4
malgastar *v.* to waste 5
maltrato *m.* abuse, mistreatment
mandar *v.* to order
mandón/mandona *adj.* bossy 4
manejar *v.* to handle, drive
manera *f.* way
mano de obra *f.* labor
mantener *v.* to support, to maintain
mantenimiento *m.* maintenance
mantequilla *f.* butter
maqueta *f.* model
maquillarse *v.* to put on makeup
máquina *f.* machine
mar *m.* sea 5
marcar (un gol/un punto) *v.* to score
   (a goal/a point)
marcharse *v.* to leave
marearse *v.* to get dizzy
martillo *m.* hammer
masificado/a *adj.* overcrowded
matar(se) *v.* to kill (oneself)

matemático/a *m., f.* mathematician
matrimonio *m.* marriage 1
mayor *adj.* bigger; older
medicamento *m.* medicine 5
medio ambiente *m.* environment 5
medios de comunicación *m., pl.*
   media 3
medio hermano/a *m., f.* half brother/
   sister 4
mejor *adj.* better
mejora *f.* improvement
mejorar *v.* to get better 5
menor *adj.* smaller; younger
mente *f.* mind
mentiroso/a *adj.* lying 1
mercado *m.* market
mercados mundiales *m., pl.* world
   markets
merecer(se) (c:zc) *v.* to deserve 1, 6
mesero/a *m., f.* waiter/waitress 2
meta *f.* goal
meterse *v.* to break in (to a
   conversation) 1
metro *m.* subway 2
mezclar *v.* to mix
mientras *conj.* while
milonga *f.* type of dance music from the
   Río de la Plata area in Argentina
mimar *v.* to spoil 4
mina *f.* mine
mirada *f.* gaze 2; look
misa *f.* mass
mito *m.* myth 2
modo *m.* means, manner
molestar *v.* to bother; to annoy
monja *f.* nun
mono *m.* monkey 5
monolingüe *adj.* monolingual
montón *m.* bunch
morir (o:ue) *v.* to die
morirse (de) *v.* to die (of)
mostaza *f.* mustard
mudar *v.* to change
mudarse *v.* to move 1
muerte *f.* death 4
mujer de negocios *f.* businesswoman
mujeriego *adj.* womanizing
multa *f.* fine
Mundial *m.* World Cup
mundo *m.* world
museo *m.* museum 2
músico/a *m., f.* musician

N

nacimiento *m.* birth 4
nadie *pron.* no one
naipes *m., pl.* (playing) cards
natalidad *f.* birthrate
nave espacial *f.* spacecraft
navegar la red *v.* to search the Web 3
necesitar *v.* to need
negar (e:ie) *v.* to deny

nieto/a *m., f.* grandson/granddaughter 4
niñero/a *m., f.* babysitter
niñez *f.* childhood 4
nivel de vida *m.* standard of living
nostalgia *f.* nostalgia
noticias internacionales *f., pl.*
   international news 3
noticias locales *f., pl.* local news 3
noticias nacionales *f., pl.* national
   news 3
novedad *f.* new development
nuca *f.* nape of the neck 6
nuera *f.* daughter-in-law 4
nunca *adv.* never; not ever

O

obedecer (c:zc) *v.* to obey
obra de teatro *f.* theater play
ocio *m.* leisure
odiar *v.* to hate 1
oficinista *m., f.* office worker
oír *v.* to hear, to listen
ojalá *interj.* I hope so
olor *m.* smell
olvidar *v.* to forget 4
olvidarse (de) *v.* to forget (about)
olvido *m.* forgetfulness, oblivion 1
opinar *v.* to think 3
oponerse (a) *v.* to oppose
opresión *f.* oppression 4
oprimido/a *adj.* oppressed 6
oración *f.* sentence
orgullo *m.* pride 6
orgulloso/a *adj.* proud 1
otorgar *v.* to grant 6
oveja *f.* sheep 5
ovni *m.* U.F.O.
oyente *m., f.* listener 3

P

paciencia *f.* patience
pacífico/a *adj.* peaceful 6
padrastro *m.* stepfather 4
paisaje *m.* landscape, scenery 5
pájaro *m.* bird 5
pan *m.* bread
pantalla *f.* screen 3
parada (de metro, de autobús)
   f. (subway, bus) stop 2
parar *v.* to stop 2
parcial *adj.* biased 3
parcialidad *f.* bias 3
parecer *v.* to seem
parecerse (c:zc) *v.* to resemble,
   to look like 2, 4
pared *f.* wall
pareja *f.* couple 1
pariente *m.* relative 4
parque de atracciones *m.*
   amusement park
partido político *m.* political party 6

partirse de risa *v.* to split one's sides laughing

pasajero/a *adj.* fleeting **1**; *m., f.* passenger **2**

pasamontañas *m.* ski mask **3**

pasar *v.* to pass

pasarlo bien/mal *v.* to have a good/bad time **2**

pata de conejo *f.* rabbit's foot **5**

patear *v.* to kick

patente *f.* patent

patria *f.* home country **1**, homeland **4**

paz *f.* peace **6**

peatón/peatona *m., f.* pedestrian **2**

pedazo *m.* piece **5**

pedazo de lata *m.* piece of junk

pedir (e:i) *v.* to ask for

pedir prestado *v.* to borrow

pegar *v.* to hit

peinarse *v.* to comb (one's hair)

pelear(se) *v.* to fight (one another) **4, 6**

película *f.* movie **3**

peligro *m.* danger **5**

peligroso/a *adj.* dangerous

peor *adj.* worse

pepinillo *m.* pickle

pequeño/a *adj.* small

perder (e:ie) *v.* to lose

perder el tiempo to waste time

perder las elecciones to lose elections **6**

perder un partido to lose a game

perdonar *v.* to forgive **6**

perezoso/a *adj.* lazy

periódico *m.* newspaper **3**

periodista *m., f.* journalist **3**

permitir *v.* to allow **2**

perspectiva *f.* perspective

pertenecer (c:zc) *v.* to belong

petróleo *m.* oil **5**

pez *m.* fish **5**

piedra (esculpida) *f.* (sculpted) stone

pista de baile *f.* dance floor **3**

pistola *f.* gun; pistol

planeta *m.* planet

planificar *v.* to plan

plano *m.* blueprint, plan

plantar *v.* to plant **4**

plata *f.* money (*L. Am.*)

plaza *f.* square **2**

población *f.* population

poblar (o:ue) *v.* to settle; to populate **2**

pobreza *f.* poverty

poco ético/a *adj.* unethical

podar *v.* to prune **4**

poder *m.* power **6**; **poder (o:ue)** *v.* to be able to, can

poderoso/a *adj.* powerful **4**

polémica *f.* controversy

policía/mujer policía *m., f.* policeman/woman **2**

política *f.* politics **6**

político/a *m., f.* politician **6**

poner *v.* to put

poner en marcha to set in motion

poner un disco compacto to play a CD

ponerse *v.* to make an effort (*Spain*); to put on (clothing)

ponerse pesado/a to become annoying **1**

por delante *adv.* ahead (of)

por primera/última vez *adv.* for the first/last time **3**

por su cuenta on his/her own **1**

portada *f.* front page, cover **3**

portarse *v.* to behave

porvenir *m.* future **5**

potable *adj.* drinkable **5**

práctico/a *adj.* useful; practical

predecir (e:i) *v.* to predict

preferir (e:ie) *v.* to prefer

prejuicio social *m.* social prejudice **4**

prensa (sensacionalista) *f.* (sensationalist) press **3**

preocupado/a (por) *adj.* worried (about) **1**

preocuparse (por) *v.* to worry (about) **5**

prescindir *v.* to do without

presenciar *v.* to witness **6**

presidente/a *m., f.* president **6**

presionado/a *adj.* pressured

preso/a *m., f.* prisoner **5**

prestar *v.* to lend

presupuesto *m.* budget

prevenir (e:ie) *v.* to prevent **5**

previsto/a *adj.* foreseen

primo/a *m., f.* cousin **4**

producir (c:zc) *v.* to produce

programa *m.* program **3**

progreso *m.* progress

prohibir *v.* to prohibit

promover (o:ue) *v.* to promote

promulgar *v.* to enact (a law) **6**

proponer *v.* to propose

protagonista *m., f.* main character **1**

proteger(se) *v.* to protect (oneself) **5**

protegido/a *adj.* protected **5**

protestar *v.* to protest

proveniente *adj.* (coming) from

prueba *f.* proof

publicar *v.* to publish **3**

publicidad *f.* advertising **3**

público *m.* public **3**

puente *m.* bridge **2**

puesto *m.* position, job

pulmón *m.* lung **5**

puro/a *adj.* pure, clean **5**

Q

quedar *v.* to be located **2**; to be left over

quedar en *v.* to agree (to)

quedarse *v.* to stay **2**; to fit (clothing)

quejarse (de) *v.* to complain (about) **4**

quemar (un *CD*) *v.* to burn (a CD)

querer (e:ie) *v.* to love; to want **1**

querer(se) (e:ie) *v.* to love (each other) **1**

químico/a *m., f.* chemist

quitar *v.* to remove **4**

quitarse *v.* to take off (clothing)

R

rabia *f.* anger **6**

radio *m.* radio **3**

radioemisora *f.* radio station **3**

raíz *f.* root **4**

rancho *m.* ranch

raro/a *adj.* strange, odd **4**

rascacielos *m.* skyscraper **2**

rasgos *m., pl.* features **3**

rata *f.* rat **5**

ratos libres *m., pl.* free time

razón *f.* reason

realizar *v.* to carry out

realizarse *v.* to become true **4**

rebelde *adj.* rebellious **4**

receta *f.* recipe **4**

rechazar *v.* to reject

reciclaje *m.* recycling **5**

reciclar *v.* to recycle **5**

recomendar (e:ie) *v.* to recommend

reconocer (c:zc) *v.* to recognize

recorrer *v.* to travel (around a city) **2**

recorrido *m.* route, trip

recreo *m.* recreation

recuerdo *m.* memento/souvenir **1**

recursos *m., pl.* resources

red *f.* the Web

red de apoyo *f.* support network **1**

redactor(a) *m., f.* editor **3**

redondo/a *adj.* round **3**

reemplazar *v.* to replace

regañar *v.* to scold **4**

regresar *v.* to return

regreso *m.* return

relajarse *v.* to relax **2**

religión *f.* religion **4**

remedio *m.* remedy **5**

remodelar *v.* to remodel

rencor *m.* resentment **6**

renovable *adj.* renewable **5**

renunciar *v.* to quit

repentino/a *adj.* sudden **2**

repetir *v.* to repeat

reportaje *m.* news report **3**

reportero/a *m., f.* reporter **3**

reproductor de DVD *m.* DVD player

requisar *v.* to confiscate **6**

rescatado/a *adj.* rescued **6**

resentido/a *adj.* upset **5**
residir *v.* to reside **2**
resolver (o:ue) *v.* to solve,
   to resolve **5**
respetar *v.* to respect **4**
respirar *v.* to breathe **5**
reto *m.* challenge **5**
reunión *f.* meeting
reunirse (con) *v.* to get together (with)
revista *f.* magazine **3**
revolucionario/a *adj.* revolutionary
riesgo *m.* risk **1**
rifle *m.* rifle **5**
río *m.* river **5**
riqueza *f.* wealth
ritmo *m.* rhythm **3**
rito sagrado *m.* sacred ritual **4**
rivalidad *f.* rivalry
robar *v.* to rob **3**
robo *m.* robbery **3**
rodar (o:ue) *v.* to film **3**
rodeado/a *adj.* surrounded
rodear *v.* to surround **4**
rogar (o:ue) *v.* to beg; to plead
romper (con) *v.* to break up (with) **1**
rueda *f.* wheel
ruido *m.* noise
ruidoso/a *adj.* noisy **2**
rutina diaria *f.* daily routine **5**

S

saber *v.* to know
sacerdote *m.* priest **4**
sacrificar *v.* to sacrifice **4**
salida *f.* exit **5**
salir *v.* to leave
  salir a comer to go out to eat
  salir a la venta to go on sale **3**
  salir (con) to go out (with) **1**
saltar *v.* to jump
salvar *v.* to save **4**
sangre *f.* blood **3**
secarse *v.* to dry off
seco/a *adj.* dry **5**
secuestrar *v.* to kidnap **6**
secuestro *m.* kidnapping **6**
seguir *v.* to follow
seguridad *f.* security, safety **6**
seguro/a *adj.* secure; confident **1**
sellar *v.* to stamp
sello *m.* stamp
selva *f.* jungle **5**
semáforo *m.* traffic light **2**
semejante *adj.* similar
semilla *f.* seed **5**
sensible *adj.* sensitive **1**
sentimiento *m.* feeling **1**
sentir (e:ie) *v.* to be sorry
sentirse (e:ie) *v.* to feel **1**
señal *f.* sign
señalar *v.* to point to, to signal **3**
separado/a *adj.* separated **1**

sequía *f.* drought **5**
ser (*irreg.*) *v.* to be
  ser humano *m.* human being **3**
  ser parcial *v.* be biased **3**
serpiente *f.* snake **5**
serrar (e:ie) *v.* to saw **4**
sí mismo/a himself/herself **4**
siempre *adv.* always
  siempre que *conj.* as long as
siglo *m.* century
significar *v.* to mean **2**
silbar (a) *v.* to whistle (at)
simbolizar *v.* to symbolize **5**
símbolo *m.* symbol **5**
similitud *f.* similarity
sin embargo *conj.* but, nevertheless
sindicato *m.* labor union
sintetizador *m.* synthesizer **3**
sitio web *m.* website **3**
smog *m.* smog **5**
sobre todo *adv.* above all **5**
sobrecalentamiento *m.* overheating **5**
sobrepoblación *f.* overpopulation
sobresalir *v.* to excel
sobrevivir *v.* to survive **4**
sobrino/a *m., f.* nephew/niece **4**
socio/a *m., f.* partner; member
sol *m.* sun **5**
soledad *f.* loneliness **2**
soler (o:ue) *v.* to be in the habit of,
   to be accustomed to
solicitar *v.* to apply for
solidaridad *f.* solidarity **6**
solo/a *adj.* alone
soltero/a *adj.* single **1**
soñador(a) *m., f.* dreamer
soñar (o:ue) *v.* to dream
  soñar con *v.* to dream about **1**
soportar *v.* to withstand; to put up
   with **4**
sorprender *v.* to surprise
sorprenderse (de) *v.* to be surprised
   (about)
sospechar *v.* to suspect
sospechoso/a *adj.* suspicious
subir *v.* to go up; to get on (a bus) **2**;
   to raise
subtítulos *m., pl.* subtitles **3**
suburbio *m.* suburb **2**
suceder *v.* to happen
suceso *m.* incident **3**
suegro/a *m., f.* father/mother-in-law **4**
sueldo (mínimo) *m.* (minimum) wage
sueño *m.* sleep; dream
sugerir (e:ie) *v.* to suggest
sumiso/a *adj.* submissive **4**
superar *v.* to overcome **4**
superarse *v.* to better oneself
superpoblación *f.* overpopulation
supervivencia *f.* survival
suponer *v.* to suppose
surgir *v.* to emerge, to arise
sustituir *v.* substitute

T

tacaño/a *adj.* cheap/stingy **1**
tamaño *m.* size
también *adv.* also; too
tambor *m.* drum **3**
tampoco *adv.* neither; not either
tan pronto como *adv.* as soon as
tanque *m.* tank **5**
tardar en *v.* to take time (to)
tarjeta *f.* card
  tarjeta de crédito *f.* credit card
  tarjeta de débito *f.* debit card
teatro *m.* theater
techo *m.* roof **5**
teléfono celular *m.* cell phone
telenovela *f.* soap opera **3**
telepatía *f.* telepathy
telescopio *m.* telescope
televidente *m., f.* television viewer **3**
televisión *f.* television **3**
televisor *m.* television set **3**
temer *v.* to fear
temor *m.* fear **6**
tempestuoso/a *adj.* stormy **1**
temporada *f.* season **3**
tendero/a *m., f.* storekeeper
tener (e:ie) *v.* to have
  tener buena/mala fama to have a
   good/bad reputation **3**
  tener celos (de) to be jealous
   (of) **1**
  tener conexiones to have
   connections; to have influence
  tener derecho a to have the right
   to **6**
  tener ganas de to feel like
  tener miedo (de) to be afraid of
  tener prisa to be in a hurry
  tener vergüenza (de) to be
   ashamed (of) **1**
teoría *f.* theory
terremoto *m.* earthquake **5**
terreno *m.* terrain
territorio *m.* territory
terrorismo *m.* terrorism **6**
terrorista *m., f.* terrorist **6**
tiempo libre *m.* free time
tienda *f.* store
tierra *f.* land **5**
Tierra *f.* Earth **5**
tigre *m.* tiger **5**
timidez *f.* shyness **2**
tímido/a *adj.* shy **1**
tío/a (abuelo/a) *m., f.* (great) uncle/
   aunt **4**
tira cómica *f.* comic strip **3**
titular *m.* headline **3**
tocar *v.* to play (an instrument) **3**
tomar *v.* to take
  tomar una copa to have a drink
  tomar el pelo to pull someone's
   leg

tóxico/a *adj.* toxic **5**
traducir *v.* to translate
traer *v.* to bring
tráfico *m.* traffic **2**
trampa *f.* trap **6**
tranquilo/a *adj.* calm **1**
transporte público *m.* public transportation **2**
trasladar *v.* to move **4**
trasmitir *v.* to broadcast **3**
tratar de *v.* to try (to)
tratarse de *v.* to be about **5**
tribunal *m.* court **6**
trompeta *f.* trumpet **3**
tronco *m.* trunk **4**
tubería *f.* piping **5**

ubicado/a *adj.* located
último/a *adj.* last
único/a *adj.* only; extraordinary
unido/a *adj.* close-knit **4**
universo *m.* universe
urbanizar *v.* to urbanize **5**

V

vaca *f.* cow **5**
vacío/a *adj.* empty **2**
vago/a *m., f.* slacker
valer la pena *v.* to be worth it
valor *m.* courage **6**; value
valorar *v.* to appreciate, to value **2**
vanguardia *f.* vanguard
variedad *f.* variety
vejez *f.* old age **4**
vencer *v.* to defeat
vendedor(a) *m., f.* salesman/woman
vender *v.* to sell
venganza *f.* revenge **6**
vengarse *v.* to take revenge **6**
venir (*irreg.*) *v.* to come
ventanilla *f.* ticket window **1**
ver *v.* to see
vergüenza *f.* embarrassment **2**
vestirse (e:i) *v.* to get dressed
viajar *v.* to travel
víctima *f.* victim **6**
victoria *f.* victory **6**
victorioso/a *adj.* victorious **6**
vida nocturna *f.* nightlife **2**
video musical *m.* music video **3**
videojuego *m.* video game
viejo/a *adj.* old
vigilar *v.* to watch **5**; to guard
violencia *f.* violence **6**
violonchelo *m.* cello **3**
virtual *adj.* virtual
viudo/a *adj.* widowed **1**; *m., f.* widower/widow
vivienda *f.* housing **2**
vivir *v.* to live

volar (o:ue) *v.* to fly
voltear *v.* turn back
voluntad *f.* will **1**
votar *v.* to vote **6**

Y

yerno *m.* son-in-law **4**

Inglés-Español

A

abolish (a law) derogar (una ley) *v.* **6**
above all sobre todo *adv.* **5**
abuse abusar *v.* **6;** maltrato *m.*
abuse of power abuso de poder *m.* **6**
accent acento *m.*
accountant contador(a) *m., f.*
accused acusado/a *adj.* **6**
accustomed to soler (o:ue) *v.*
ache doler (o:ue) *v.;* dolor *m.*
achieve lograr *v.*
acid rain lluvia ácida *f.* **5**
act actuar *v.*
activist activista *m., f.* **6**
actor/actress actor/actriz *m., f.* **3**
adapt acomodarse *v.;* adaptarse *v.*
add añadir *v.*
address dirección *f.* **2**
advance avance *m.;* avanzar *v.*
advanced avanzado/a *adj.*
advertisement anuncio *m.* **3**
advertising publicidad *f.* **3**
advise aconsejar *v.*
advisor asesor(a) *m., f.*
affectionate cariñoso/a *adj.* **1**
after después (de) que *conj.*
age edad *f.*
agree acordar (o:ue) *v.;* estar de
　　acuerdo *v.;* quedar en *v.*
ahead of por delante *adv.*
aim apuntar *v.* **5**
alien extraterrestre *m.*
all of a sudden de repente *adv.*
allegory alegoría *f.* **6**
allow permitir *v.* **2**
alone solo/a *adj.*
also también *adv.*
although aunque *conj.*
always siempre *adv.*
amuse oneself entretenerse (e:ie) *v.*
amusement park parque de
　　atracciones *m.*
ancestor antepasado *m.* **4**
angel ángel *m.* **3**
anger rabia *f.* **6**
angry enojado/a *adj.* **1**
　get angry enojarse *v.* **1**
annoy molestar *v.;* dar lata *v.*
annoying pesado/a *adj.*
　become annoying ponerse
　　pesado/a *v.* **1**
anticipate anticipar *v.*
anxious ansioso/a *adj.* **1**
anything algo *pron.*
apologize disculparse *v.* **5**
appear aparecer *v.*
applaud aplaudir *v.*
apply for solicitar *v.*
appreciate valorar *v.*
approach acercarse *v.* **6**

argue discutir *v.* **1**
arise surgir *v.*
army ejército *m.* **6**
arrive llegar *v.*
as long as siempre que *conj.*
as soon as en cuanto *adv.;* luego que
　　conj.; tan pronto como *adv.*
ashamed (of) tener (e:ie) vergüenza
　　(de) *v.* **1;** avergonzado/a *adj.*
ask for pedir (e:i) *v.*
assimilate asimilarse *v.*
assimilation asimilación *f.*
astronaut astronauta *m., f.*
astronomer astrónomo/a *m., f.*
athlete atleta *m., f.;* deportista *m., f.*
ATM cajero automático *m.*
　ATM card tarjeta de débito *f.*
attain alcanzar *v.;* lograr *v.*
attitude actitud *f.*
attract atraer *v.*
avenue avenida *f.* **2**

B

babysitter niñero/a *m., f.*
balcony balcón *m.*
ball balón *m.*
band conjunto *m.;* grupo musical *m.*
bankruptcy bancarrota *f.*
bass bajo *m.* **3**
battle batalla *f.* **6**
be estar (*irreg.*) *v;* ser (*irreg.*) *v.*
　be able to poder (o:ue)
　be about tratarse de **5**
　be accustomed acostumbrar **2**
　be afraid (of) tener (e:ie) miedo (de)
　be ashamed (of) tener (e:ie)
　　verguenza de
　be bored aburrirse
　be contagious contagiar **5**
　be fed up estar harto/a **1**
　be grateful agradecer (c:zc) **4**
　be happy (about) alegrarse (de)
　be in a hurry tener (e:ie) prisa
　be in the habit of soler (o:ue)
　be jealous (of) tener (e:ie) celos (de) **1**
　be left over quedar
　be located quedar **2**
　be lost estar perdido/a **2**
　be on sale estar a la venta
　be pregnant estar embarazada
　be promoted ascender
　be satisfied (with) contentarse (con) **1**
　be sick of estar harto/a de **1**
　be sorry arrepentirse (e:ie); sentir
　　(e:ie) **3**
　be surprised (about) sorprenderse
　　(de)
　be suspicious desconfiar
　be under pressure estar bajo presión
　be worth it valer la pena
beat (a drum) golpear *v.* **3**
beautiful bello/a *adj.* **5**

become convertirse (e:ie) (en) *v.*
　become annoying ponerse
　　pesado/a **1**
　become embarrassed dar pena
　become enriched enriquecerse (c:zc)
　become extinct extinguirse **5**
　become informed (about)
　　enterarse (de) **3**
　become part (of) integrarse (a)
　become true realizarse **4**
beg rogar (o:ue) *v.*
begin empezar (e:ie) *v.;* comenzar
　　(e:ie) *v.*
behave portarse *v.;* comportarse *v.*
belief creencia *f.* **4, 6**
belong pertenecer (c:zc) *v.*
bet apostar (o:ue) *v.;* apuesta *f.*
better mejor *adj.*
　better oneself superarse *v.*
beyond belief inaudito/a *adj.*
bias parcialidad *f.* **3**
　be biased ser parcial *v.* **3**
bigger mayor *adj.*
bilingual bilingüe *adj.*
billboard letrero *m.* **2**
biochemical bioquímico/a *adj.*
biologist biólogo/a *m., f.*
bird ave, pájaro *m.* **5**
birth nacimiento *m.* **4**
birthrate natalidad *f.*
blackmail chantajear *v.* **6**
blind date cita a ciegas *f.* **1**
blood sangre *f.* **3**
blueprint plano *m.*
blush enrojecer (c:zc) *v.* **2**
board game juego de mesa *m.*
border frontera *f.*
bore aburrir *v.*
boring aburrido/a *adj.*
borrow pedir (e:i) prestado *v.*
boss jefe/a *m., f.*
bossy mandón/mandona *adj.* **4**
bother molestar *v.;* dar lata *v.*
bottom fondo *m.*
bowling boliche *m.*
box caja *f.* **1**
brave atrevido/a *adj.* **2**
bread pan *m.*
break in (to a conversation) meterse *v.* **1**
break up (with) romper (con) *v.* **1**
breakthrough avance *m.*
breathe respirar *v.* **5**
brick ladrillo *m.*
bridge puente *m.* **2**
bring traer *v.*
broadcast emisión *f.* **3;** trasmitir *v.* **3**
brother-in-law cuñado *m.* **4**
brush (one's hair) cepillarse (el pelo) *v.*
budget presupuesto *m.*
build construir *v.*
building edificio *m.* **2**
bunch montón *m.*
buried enterrado/a *adj.*

burn (a CD) quemar (un *CD*) *v.*
bury enterrar (e:ie) *v.*
business negocio *m.*
   Business Administration
     Comercio *m.*
   business chain cadena
     comercial *f.*
   businessman/woman hombre/
     mujer de negocios *m., f.*
butter mantequilla *f.*
button botón *m.*
buy comprar *v.*

C

call convocar *v.* **3;** llamar *v.*
calm tranquilo/a *adj.* **1**
can poder (o:ue) *v.*
capable capaz *adj.*
car coche *m.* **4**
cards cartas *f.;* naipes *m., pl.*
care cuidar *v.* **1;** cuidado *m.* **2**
   take care of cuidar *v.* **1**
   take care of oneself cuidarse *v.*
careful cuidadoso/a *adj.* **1**
caress acariciar *v.*
carry llevar *v.*
   carry away llevarse *v.*
   carry out llevar a cabo *v.* **6;** realizar *v.*
cash guita (*Arg.*) *f.*
cashier cajero/a *m., f.* **2**
casket ataúd *m.*
cause causa *f.*
CD-ROM cederrón *m.*
celebrate celebrar *v.;* festejar *v.*
cell célula *f.*
cell phone teléfono celular *m.*
cello violonchelo *m.* **3**
censorship censura *f.* **3**
challenge reto *m.* **5;** desafío *m.;* desafiar *v.*
championship campeonato *m.*
change mudar *v.*
channel canal *m.* **3**
chaos caos *m.*
chapel capilla *f.*
character carácter *m.* **4**
characteristic característica *f.* **2**
charge cobrar *v.*
chat charlar *v.*
cheap tacaño/a *adj.* **1**
checking account cuenta corriente *f.*
chemist químico/a *m., f.*
childhood niñez *f.* **4**
choke ahogarse *v.* **5**
choose escoger *v.;* elegir (e:i) *v.*
citizen ciudadano/a *m., f.* **2**
city ciudad *f.* **2**
   city block cuadra *f.* **2**
   city hall ayuntamiento *m.* **2**
civil war guerra civil *f.* **6**
civilization civilización *f.* **4**
claw garra *f.*

clay barro *m.*
clean puro/a *adj.* **5**
climate clima *m.*
clone clon *m.;* clonar *v.*
close-knit unido/a *adj.* **4**
coast costa *f.* **5**
coexist convivir *v.* **2**
coexistence convivencia *f.*
collect coleccionar *v.*
comb (one's hair) peinarse (el pelo) *v.*
combatant combatiente *m., f.* **6**
come venir (e:ie) *v.;* acudir *v.* **6**
comedy comedia *f.*
comfortable cómodo/a *adj.*
comic strip tira cómica *f.* **3**
coming from proveniente *adj.*
commerce comercio *m.*
commit (a crime) cometer (un crimen) *v.* **3**
commitment compromiso *m.* **1**
company compañía *f.*
complain (about) quejarse (de) *v.* **4**
comprehensive comprensivo/a *adj.*
computer computadora *f.*
   computer science informática *f.*
computerized computarizado/a *adj.*
conceal disimular *v.* **2**
concert concierto *m.*
confident seguro/a *adj.* **1**
confiscate requisar *v.* **6**
confrontation enfrentamiento *m.* **6**
conquest conquista *f.* **4**
conservative conservador(a) *adj.* **6;** conservador(a) *m., f.*
consultant asesor(a) *m., f.*
consume consumir *v.*
contented (with) contentarse (con) *v.* **1**
contribute contribuir *v.*
controversial controvertido/a *adj.* **3**
controversy polémica *f.*
convince (oneself) convencer(se) *v.*
cooperate cooperar *v.* **2**
corner esquina *f.* **2**
count on contar (o:ue) con *v.* **1**
coup d'état golpe de estado *m.* **6**
couple pareja *f.* **1**
courage valor *m.* **6;** coraje *m.*
court tribunal *m.* **6**
   court house juzgado *m.* **6**
cousin primo/a *m., f.* **4**
cover portada *f.* **3**
cow vaca *f.* **5**
crash choque *m.* **2**
craziness locura *f.*
create crear *v.*
credit card tarjeta de crédito *f.*
crime delito *m.* **6**
cross cruzar *v.* **2**
crossroads encrucijada *f.* **3**
cross country skiing esquí de fondo *m.*
cruelty crueldad *f.* **6**
cruise ship crucero *m.*
culprit culpable *m., f.* **6**

cultivate cultivar *v.* **4**
cultivation cultivo *m.* **4**
cultural heritage herencia cultural *f.*
cure curar *v.*
current events actualidad *f.* **3**
custom costumbre *f.* **2**
customs aduana *f.*
cut cortar *v.*
cyber space ciberespacio *m.*

D

daily cotidiano/a *adj.* **2**
   daily routine rutina diaria *f.* **5**
dance bailar *v.*
   dance club discoteca *f.* **2**
   dance floor pista de baile *f.* **3**
danger peligro *m.* **5**
dangerous peligroso/a *adj.*
dare (to) atreverse (a) *v.* **2**
daring atrevido/a *adj.* **2**
darts dardos *m., pl.*
date cita *f.* **1**
   blind date cita a ciegas *f.* **1**
daughter-in-law nuera *f.* **4**
dawn amanecer *m.*
death muerte *f.* **4**
debit card tarjeta de débito *f.*
debt deuda *f.*
deceive engañar *v.* **3**
decrease disminuir *v.*
dedicate oneself to dedicarse a *v.* **6**
deep hondo/a *adj.* **3**
defeat derrotar *v.* **6;** vencer *v.*
defend defender (e:ie) *v.* **6**
deforestation deforestación *f.* **5**
defrost (oneself) descongelar(se) *v.*
demand exigir *v.*
demanding exigente *adj.* **4**
democracy democracia *f.* **6**
deny negar (e:ie) *v.*
department store almacén *m.*
deposit depositar *v.*
depressed deprimido/a *adj.* **1**
desert desierto *m.* **5**
deserve merecer (c:zc) *v.* **1;** merecer(se) *v.* **6**
design diseño *m.*
desire desear *v.;* deseo *m.* **1**
desperate desesperado/a *adj.*
despite a pesar de (que) *conj.*
destination destino *m.*
destroy destruir *v.* **5;** destrozar *v.* **6**
determined decidido/a *adj.* **2**
develop desarrollar *v.* **3**
development desarrollo *m.* **5**
   new development novedad *f.*
Devil Diablo *m.* **3**
dialogue diálogo *m.*
diamond diamante *m.*
dictatorship dictadura *f.* **6**
die morir (o:ue) *v.*
   die (of) morirse (de) *v.*

diet alimentación *f.*
different distinto/a *adj.*
difficult duro/a *adj.*
digital camera cámara digital *f.*
dignified digno/a *adj.* **4**
diminish disminuir *v.*
director director/a *m., f.* **3**
disappear desaparecer (c:zc) *v.* **5**
disappearance desaparición *f.* **4**
disappointment decepción *f.* **4**
discover descubrir *v.*
discovery descubrimiento *m.*
disdain desdén *m.* **4**
dismiss expulsar *v.*
disposable desechable *adj.* **5**
distinguish distinguir *v.*
diversity diversidad *f.*
divorce divorcio *m.* **1**
   divorce (from) divorciarse (de) *v.* **1**
divorced divorciado/a *adj.* **1**
DNA ADN *m.*
do hacer *v.*
   do without prescindir *v.*
documentary documental *m.* **3**
dominate dominar *v.*
doubt dudar *v.*
dough guita (*Arg.*) *f.*
downhill skiing esquí alpino *m.*
download descargar *v.*
drawing dibujo *m.*
dream sueño *m.;* soñar (o:ue) *v.*
   dream about soñar con *v.* **1**
dreamer soñador(a) *m., f.*
drink tomar, beber *v.*
   drink a toast brindar *v.*
drinkable potable *adj.* **5**
drive conducir (c:zc) *v.;* manejar *v.*
driver conductor(a) *m., f.* **2**
drought sequía *f.* **5**
drum tambor *m.* **3**
drunk borracho/a *adj.* **2**
dry seco/a *adj.* **5**
   dry off secarse *v.*
due to debido a *prep.*
duel duelo *m.* **6**
DVD player reproductor de DVD *m.*

E

early morning madrugada *f.*
earn a living ganarse la vida *v.*
Earth Tierra *f.* **5**
earthquake terremoto *m.* **5**
eat comer *v.*
   eat up comerse *v.*
economic crisis crisis económica *f.*
editor redactor/a *m., f.* **3**
elect elegir (e:i) *v.* **6**
e-mail address dirección electrónica *f.*
embarrassment vergüenza *f.* **2**
   become embarrassed dar(se)
     pena; avergonzado/a *adj.*
emerge surgir *v.*

emigrant emigrante *m., f.*
emigrate emigrar *v.* **1**
employee empleado/a *m., f.*
empty vacío/a *adj.* **2**
enact (a law) promulgar (una ley) *v.* **6**
endangered species especies en
   peligro de extinción *f.* **5**
ending desenlace *m.* **2**
energy energía *f.*
   energy consumption consumo de
     energía *m.* **5**
   energy source fuente de energía *f.* **5**
engineer ingeniero/a *m., f.*
enjoy disfrutar de *v.* **2**
enrich enriquecer (c:zc) *v.*
entertain entretener (e:ie) *v.* **3**
entertaining entretenido/a *adj.*
envious envidioso/a *adj.*
environment medio ambiente *m.* **5**
equal igual *adj.*
equality igualdad *f.* **6**
erase borrar *v.*
erosion erosión *f.* **5**
essay ensayo *m.*
establish oneself establecerse (c:zc) *v.*
ethical ético/a *adj.*
ethnic group etnia *f.* **4**
event acontecimiento *m.* **3**
everyday cotidiano/a *adj.* **2**
excel sobresalir *v.*
exchange intercambiar *v.*
excited emocionado/a *adj.* **1**
excluded excluido/a *adj.*
execution ejecución *f.* **6**
executive ejecutivo/a *m., f.*
exercise ejercer *v.* **6**
exert (power) ejercer (el poder) *v.* **6**
exhausted agotado/a *adj.*
exile exilio *m.* **6**
exiled exiliado/a *adj.* **6**
exit salida *f.* **5**
expect anticipar *v.*
expel expulsar *v.*
experiment experimento *m.*
explore explorar *v.*
export exportar *v.*
extraordinary único/a *adj.*
extreme sports deportes extremos *m., pl.*

F

factory fábrica *f.*
failure fracaso *m.* **6**
faint desmayarse *v.*
fair justo/a *adj.* **2, 6;** feria *f.*
faith fe *f.* **4**
fall caer *v.*
   fall asleep dormirse *v.*
   fall in love (with) enamorarse (de)
     v. **1**
fame fama *f.* **3**
fan (of) aficionado/a (a) *adj.;*
   aficionado/a *m., f.*

fantasy fantasía *f.* **3**
farm granja *f.;* cultivar *v.* **4**
farming cultivo *m.* **4**
fascinate fascinar *v.*
father-in-law suegro *m.* **4**
fault culpa *f.*
fear temer *v.;* temor *m.* **6**
feature facción *f.* **2**
features rasgos *m., pl.* **3**
feed alimentar *v.*
feel sentirse (e:ie) *v.* **1**
   feel like tener (e:ie) ganas de *v.*
feeling sentimiento *m.* **1**
fellow compañero/a *m., f.* **6**
field cancha *f.*
fight (one another) pelearse *v.* **4, 6;**
   lucha *f.* **6;** luchar *v.*
   fight a duel batirse en duelo *v.* **6**
film filmar, rodar (o:ue) *v.* **3**
   film critic crítico/a de cine *m., f.* **3**
   short film cortometraje/corto *m.* **1**
financial financiero/a *adj.*
find out averiguar *v.* **1**
   find out (about) enterarse (de) *v.* **3**
fine multa *f.*
fire incendio *m.* **5;** fuego *m.;* despedir
   (e:i) *v.*
   fire station estación de bomberos *f.* **2**
fish pez *m.* **5**
fit caber *v.;* quedar *v.*
   fit in integrarse (a) *v.*
fix arreglar *v.*
flag bandera *f.* **6**
flat roof azotea *f.* **6**
flee huir *v.* **6**
fleeting pasajero/a *adj.* **1**
flirt coquetear *v.* **1;** ligar *v.* **1**
float flotar *v.*
flood inundación *f.* **5**
flute flauta *f.* **3**
fly volar (o:ue) *v.*
folk healer curandero/a *m., f.* **5**
follow seguir (e:i) *v.*
fond (of) aficionado/a (a) *adj.*
food alimento *m.;* comida *f.*
for the first/last time por primera/
   última vez *adv.* **3**
force fuerza *f.* **4**
forced forzado/a *adj.*
foreigners extranjeros *m., pl.*
foreseen previsto/a *adj.*
forget olvidar *v.* **4**
   forget (about) olvidarse (de) *v.*
forgetfulness olvido *m.* **1**
forgive perdonar *v.* **6**
forward (sport position) delantero/a
   m., f.
free time tiempo libre *m.* **2;** ratos
   libres *m., pl.*
freedom libertad *f.* **6**
   freedom of the press libertad de
     prensa *f.* **3**
freeze (oneself) congelar(se) *v.*

friar (monk) fraile (Fray) *m.* 4
friendship amistad *f.* 1
front page portada *f.* 3
fuel combustible *m.* 5
fulfill (a dream) alcanzar (un sueño) *v.*
full lleno/a *adj.* 2
funny gracioso/a *adj.* 1
further end fondo *m.*
future porvenir *m.* 5

G

gain independence independizarse *v.* 4
game juego *m.*
garden jardín *m.*
gas station gasolinera *f.*
gaze mirada *f.* 2
gender género *m.* 4
gene gen *m.*
  genetics genética *f.*
generation gap brecha generacional *f.* 4
genre género *m.* 3
get conseguir (e:i) *v.*
  get along well/badly/terribly llevarse bien/mal/fatal *v.* 1; caer bien/mal *v.*
  get better mejorar *v.* 5
  get closer acercarse *v.* 6
  get dirty ensuciarse *v.*
  get dizzy marearse *v.*
  get dressed vestirse (e:i) *v.*
  get into meterse *v.*
  get off (a bus) bajar *v.* 2
  get on (a bus) subir *v.* 2
  get tickets conseguir (e:i) entradas *v.*
  get together (with) reunirse (con) *v.*
  get up levantarse *v.*
  get upset afligirse *v.* 2
  get worse empeorar *v.* 5
  getting closer acercamiento *m.*
ghost fantasma *m.*
give directions dar direcciones *v.* 2
globalization globalización *f.*
go ir *v.*
  go away irse (de) *v.*
  go down bajar *v.* 2
  go have a drink ir de copas *v.*
  go on sale salir a la venta *v.* 3
  go out to eat salir a comer *v.*
  go out with salir con *v.* 1
  go to bed acostarse *v.*
  go to sleep dormirse *v.*
  go up subir *v.* 2
goal meta *f.*
gossip chisme *m.* 1
govern gobernar *v.* 6
government gobierno *m.* 6
grandson/granddaughter nieto/a *m., f.* 4
grant otorgar *v.* 6
gravity gravedad *f.*
great uncle/aunt tío/a abuelo/a *m., f.* 4

great-grandfather/grandmother bisabuelo/a *m., f.* 4
greenhouse effect efecto invernadero *m.* 5
grow desarrollar *v.* 3; crecer *v.;* aumentar *v.*
  grow stronger fortalecerse (c:zc) *v.* 1
growth crecimiento *m.* 3
guarantee garantizar *v.*
guess adivinar *v.* 3
guide guiar *v.*
guitar guitarra *f.* 3
gun arma *f.* 3; pistola *f.*

H

habit costumbre *f.* 2
half brother/sister medio hermano/a *m., f.* 4
hammer martillo *m.*
handle manejar *v.*
happen suceder *v.* 1
hard duro/a *adj.*
hardly apenas *adv.* 3
harm daño *m.*
harmful dañino/a *adj.* 5
harrassed acosado/a *adj.*
hate odiar *v.* 1
have tener (e:ie) *v.*
  have a drink tomar una copa *v.*
  have a good time divertirse (e:ie) *v.*
  have a good/bad time pasarlo bien/mal *v.* 2
  have been (living here months) llevar (meses viviendo aquí) *v.*
  have connections tener (e:ie) conexiones *v.*
  have influence tener (e:ie) conexiones *v.*
  have just (done something) acabar de (+ *inf.*) *v.*
  have the right to tener (e:ie) derecho a *v.* 6
headline titular *m.* 3
hear oír *v.*
heart corazón *m.* 1
height altura *f.*
help (one another) ayudar(se) *v.* 1
heritage ascendencia *f.* 4
herself sí misma 4
heterogeneous heterogéneo/a *adj.*
hide disimular *v.* 2; esconder *v.* 2
high alto/a *adj.*
himself sí mismo 4
hire contratar *v.*
historian historiador(a) *m., f.* 4
hit pegar *v.*
home hogar *m.*
home country patria *f.* 1; 4
homesickness añoranza *f.*
homogeneity homogeneidad *f.*
honest honrado/a *adj.* 4

hope esperanza *f.* 4; ilusión *f.* 4; esperar *v.*
horoscope horóscopo *m.* 3
host/hostess anfitrión/anfitriona *m., f.*
housing vivienda *f.* 2
hug abrazarse *v.* 1
human being ser humano *m.* 3
human rights derechos humanos *m., pl.* 6
humankind humanidad *f.*
hunger hambre *f.* (*but:* el hambre)
hunt cazar *v.* 5
hurricane huracán *m.* 5
hurt doler *v.*
husband esposo *m.* 4
hybrid car carro híbrido *m.* 5

I

ideals ideales *m., pl.*
illiterate analfabeto/a *adj.* 6
ill-mannered mal educado/a *adj.* 4
image imagen *f.* 3
imaginary fantástico/a *adj.*
immigrant inmigrante *m., f.* 1
immigration inmigración *f.*
impartial imparcial *adj.* 3
imprison encarcelar *v.* 6
improvement mejora *f.*
impunity impunidad *f.* 6
in exile exiliado/a *adj.* 6
in fact de hecho *adv.*
in love enamorado/a *adj.* 1
in spoonfuls a cucharadas *adv.* 5
incapable incapaz *adj.*
incident suceso *m.* 3
income ingresos *m., pl.*
incompetent incapaz *adj.*
indifference indiferencia *f.*
inequality desigualdad *f.* 6
infect contagiar *v.* 5
inflation inflación *f.*
influence influencia *f.* 2; influir *v.* 6
influential influyente *adj.* 3
information información *f.*
inhabitant habitante *m., f.* 2
inherit heredar *v.* 4
injure (oneself) lastimar(se) *v.*
injustice injusticia *f.* 6
innocence inocencia *f.*
innovative innovador(a) *adj.*
insecure inseguro/a *adj.* 1
insincere falso/a *adj.* 1
insist (on) insistir (en) *v.*
instability inestabilidad *f.*
integration integración *f.*
interactive interactivo/a *adj.*
interest interesar *v.*
Internet Internet *m.* 3
interview entrevistar *v.* 3
intriguing intrigante *adj.*
intruder intruso/a *m., f.*

invent inventar *v.*
invention invento *m.*
invest invertir (e:ie) *v.*
investigate investigar *v.* **3**
invisible invisible *adj.*
invoke convocar *v.* **3**
isolated aislado/a *adj.* **4**

J

jealous celoso/a *adj.* **1**; envidioso/a *adj.*
jealousy celos *m., pl.* **1**
job puesto *m.*
joke broma *f.* **1**
journalist periodista *m., f.* **3**
judge juez(a) *m., f.*; juzgar *v.* **6**
judgment juicio *m.* **6**
jump saltar *v.*
jungle selva *f.* **5**
just justo/a *adj.* **2**; apenas *conj.* **3**
justice justicia *f.* **6**

K

kick patear *v.*; patada *f.*
kidnap secuestrar *v.* **6**
kidnapping secuestro *m.* **6**
kill (oneself) matar(se) *v.*
kindred spirit alma gemela *f.* **1**
kiss besar *v.* **1**
know conocer (c:zc) *v.*; saber *v.*
knowledge conocimiento *m.* **4**

L

labor mano de obra *f.*
    labor union sindicato *m.*
lack faltar *v.*
    lack (of) falta (de) *f.*
    lack of interest desinterés *m.* **4**
land tierra *f.* **5**; aterrizar *v.*
landscape paisaje *m.* **5**
language idioma *m.*, lengua *f.* **4**
laptop computadora portátil *f.*
last último/a *adj.*
late atrasado/a *adj.* **2**
law ley *f.* **6**
lawyer abogado/a *m., f.* **6**
lazy perezoso/a *adj.*
lead encabezar *v.* **6**
leaf hoja *f.* **5**
learn (to) aprender (a) *v.*
leave salir *v.*; abandonar *v.* **1**; marcharse *v.*
    leave someone dejar a alguien *v.* **1**
    leave behind dejar *v.*
legacy herencia *f.* **6**
leisure ocio *m.*
lend prestar *v.*
liberal liberal *adj.* **6**; liberal *m., f.*
lifestyle section crónica de sociedad *f.* **3**
like encantar *v.*; gustar *v.*

line fila *f.* **2**
lion león *m.* **5**
listener oyente *m., f.* **3**
little bottle frasquito *m.* **5**
live vivir *v.*; en directo *adv.* **3**; en vivo *adv.* **3**
    live together convivir *v.* **2**
lively animado/a *adj.*
located ubicado/a *adj.*
loneliness soledad *f.* **2**
long-term a largo plazo *adj.*
look facha *f.*
    look down on despreciar *v.* **4**
    look for buscar *v.*
    look like parecerse (c:zc) *v.* **2, 4**
lose a game perder (e:ie) un partido *v.*
lose elections perder (e:ie) las elecciones *v.* **6**
lottery lotería *f.*
love querer (e: ie) *v.* **1**; amar *v.* **1**; encantar *v.*; fascinar *v.*
    love each other quererse (e:ie) *v.*, amarse *v.* **1**
loved one amado/a *m., f.* **1**
low bajo/a *adj.*
lunch almuerzo *m.*; comida *f.*
    lunch time hora del lonche *f.*; hora de almuerzo *f.*
lung pulmón *m.* **5**
luxury lujo *m.*
lying mentiroso/a *adj.* **1**
lyrics letra *f.* **3**

M

machine máquina *f.*
mad enojado/a *adj.* **1**
magazine revista *f.* **3**
main character protagonista *m., f.* **1**
maintain mantener *v.*
maintenance mantenimiento *m.*
make hacer (*irreg.*) *v.*
    make an effort hacer un esfuerzo *v.*; ponerse (*Spain*) *v.*
mall centro comercial *m.* **2**
manage administrar *v.*
manager gerente *m., f.*
manner modo *m.*
manual labor mano de obra *f.*
market mercado *m.*
marriage matrimonio *m.* **1**
married casado/a *adj.* **1**
marry casarse con *v.* **1**
mass misa *f.*
mathematician matemático/a *m., f.*
matter importar *v.*
mature maduro/a *adj.* **1**
maturity madurez *f.* **4**
mayor alcalde/alcaldesa *m., f.* **2**
mean significar *v.* **2**
means modo *m.*
media medios de comunicación *m., pl.* **3**

medicine medicamento *m.* **5**
meeting reunión *f.*
member socio/a *m., f.*
memento recuerdo *m.* **1**
mess lío *m.*
mind mente *f.*
mine mina *f.*
minimum wage sueldo mínimo *m.*
miss hacer falta *v.* **4**; extrañar *v.*
missing person desaparecido/a *m., f.* **6**
mistreatment maltrato *m.*
mix mezclar *v.*
model maqueta *f.*
money plata (*Am. L.*) *f.*
monkey mono *m.* **5**
monolingual monolingüe *adj.*
moon luna *f.* **5**
morning mañana *f.*
    early morning madrugada *f.*
mother madre *f.*, mamá *f.*
    mother tongue lengua materna *f.*
    mother-in-law suegra *f.* **4**
mountain montaña *f.*
    mountain climbing alpinismo *m.*
    mountain range cordillera *f.* **5**
move mudarse *v.* **1**; trasladar *v.* **4**
    move away to alejarse *v.*
movie película *f.* **3**
    movie star estrella de cine *f.* **3**
    movie theater cine *m.* **2**
    new movie estreno *m.* **3**
mud barro *m.*
multinational company empresa multinacional *f.*
museum museo *m.* **2**
music música *f.*
    music video video musical *m.* **3**
musical group conjunto *m.*; grupo musical *m.*
musician músico/a *m., f.*
mustard mostaza *f.*
myth mito *m.* **2**

N

naïve ingenuo/a *adj.* **2**
nape of the neck nuca *f.* **6**
need faltar *v.*; hacer falta *v.* **4**; necesitar *v.*
neighborhood barrio *m.* **2**
neither tampoco *adv.*
nephew sobrino *m.* **4**
network cadena *f.* **3**
never jamás *adv.*; nunca *adv.*
new nuevo/a *adj., pl.*
    new development novedad *f.*
    new movie estreno *m.* **3**
news noticias *f., pl.*
    international news noticias internacionales *f., pl.* **3**
    local news noticias locales *f., pl.* **3**
    national news noticias nacionales *f., pl.* **3**

newspaper periódico *m.* **3**; diario *m.* **3**
news report reportaje *m.* **3**
nickname apodo *m.* **4**
niece sobrina *f.* **4**
nightlife vida nocturna *f.* **2**
no one nadie *pron.*
noise ruido *m.*
noisy ruidoso/a *adj.* **2**
nonconformist inconformista *adj.*
nostalgia nostalgia *f.*
not either tampoco *adv.*
not ever jamás *adv.*
not matter dar igual *v.*
not trust desconfiar *v.*
nun monja *f.*

O

obey obedecer (c:zc) *v.*
oblivion olvido *m.* **1**
obtain conseguir (e:i) *v.*
odd raro/a *adj.* **4**
office worker oficinista *m., f.*
official language idioma oficial *m.*
oil petróleo *m.* **5**
old viejo/a *adj.*
  old age vejez *f.* **4**
on his/her own por su cuenta *adv.* **1**
online en línea *adv.*
only único/a *adj.;* sólo, solamente *adv.*
  only child hijo/a único/a *m., f.* **4**
open abrir *v.*
oppose oponer *v.;* oponerse (a) *v.*
oppressed oprimido/a *adj.* **6**
oppression opresión *f.* **4**
order mandar *v.*
outcome desenlace *m.* **2**
outdoors al aire libre *adv.* **5**
outskirts alrededores *m., pl.* **2**
over sobre
overcome superar *v.* **4**
overcrowded masificado/a *adj.*
overheating sobrecalentamiento *m.* **5**
overpopulation sobrepoblación *f.;* superpoblación *f.*
overthrow derrocar *v.* **6**
overwhelmed agobiado/a *adj.* **1**
owe (money) deber (dinero) *v.*
owner dueño/a *m., f.*
ozone layer capa de ozono *f.* **5**

P

park aparcar *v.* **4**
  parking lot estacionamiento *m.* **2**
  parking space aparcamiento (*Spain*) *m.* **4**
partner socio/a *m., f.*
party pooper aguafiestas *m., f.*
pass pasar *v.*
  pass a law aprobar (o:ue) una ley *v.* **6**

passenger pasajero/a *m., f.* **2**
password contraseña *f.*
patent patente *f.*
patience paciencia *f.*
pay homage homenajear *v.* **4**
peace paz *f.* **6**
peaceful pacífico/a *adj.* **6**
pedestrian peatón/peatona *m., f.* **2**
people gente *f.* **2**
performance espectáculo *m.*
personality carácter *m.* **4**
perspective perspectiva *f.*
phenomenon fenómeno *m.* **3**
photographer fotógrafo/a *m., f.* **3**
picture imagen *f.* **3**
pickle pepinillo *m.*
"pick up" ligar *v.* **1**
picture imagen *f.* **3**
piece pedazo *m.* **5**
  piece of junk pedazo de lata *m.*
pig cerdo *m.* **5**
piping tubería *f.* **5**
pistol pistola *f.*
place (an object) colocar *v.* **3**
plan planificar *v.;* plano *m.*
planet planeta *m.*
plant plantar *v.* **4**
play (an instrument) tocar *v.* **3**
  play a CD poner un disco compacto *v.*
  playing cards cartas *f., pl.;* naipes *m., pl.*
plead rogar (o:ue) *v.*
pleasant gracioso/a *adj.* **1**
point to señalar *v.* **3**
poison intoxicar *v.* **5**
police station comisaría/estación de policía *f.* **2**
policeman/woman policía/mujer policía *m., f.* **2**
political exile exiliado/a político/a *m., f.*
political party partido político *m.* **6**
politician político/a *m., f.* **6**
politics política *f.* **6**
pollute contaminar *v.* **5**
pollution contaminación *f.* **5**
pool billar *m.*
populate poblar (o:ue) *v.* **2**
population población *f.*
position cargo *m.;* puesto *m.*
poverty pobreza *f.*
power poder *m.* **6**
powerful poderoso/a *adj.* **4**
practical práctico/a *adj.*
predict predecir (e:i) *v.*
prefer preferir (e:ie) *v.*
premiere estreno *m.* **3**
prepare capacitar *v.*
preserve conservar *v.* **2, 5**
president presidente/a *m., f.* **6**
press prensa *f.* **3**
pressured presionado/a *adj.*
prevent prevenir (e:ie) *v.* **5**

pride orgullo *m.* **6**
priest cura *m.;* sacerdote *m.* **4**
principles ideales *m., pl.*
prisoner preso/a *m., f.* **5**
produce producir (c:zc) *v.*
program programa *m.* **3**
progress progreso *m.*
prohibit prohibir *v.*
prominent destacado/a *adj.* **3**
promise jurar *v.*
promote promover (o:ue) *v.*
proof prueba *f.*
propose proponer *v.*
protect (oneself) proteger(se) *v.* **5**
protected protegido/a *adj.* **5**
protest protestar *v.*
proud orgulloso/a *adj.* **1**
prove comprobar (o:ue) *v.*
prune podar *v.* **4**
public público *m.* **3**
  public transportation transporte público *m.* **2**
publish publicar *v.* **3**
pull someone's leg tomar el pelo *v.*
pump (oil) bomba *f.*
punish castigar *v.* **3**
punishment castigo *m.* **6**
pure puro/a *adj.* **5**
put poner *v.*
  put on (clothing) ponerse *v.*
  put on makeup maquillarse *v.*
  put up with soportar *v.* **4**; aguantar *v.* **5**

Q

quality calidad *f.*
  quality of life calidad de vida *f.* **1**
quickly de volada (*Méx.*) *adv.* **5**
quit renunciar *v.*

R

rabbit conejo *m.* **5**
  rabbit's foot pata de conejo *f.* **5**
race carrera *f.*
radio radio *m.* **3**
  radio announcer locutor/a de radio *m., f.* **3**
  radio station radioemisora *f.* **3**
rain forest bosque lluvioso *m.* **5**
raise alzar *v.;* subir *v.*
  raise (children) criar *v.* **4**
  raise in salary aumento de sueldo *m.*
ranch rancho *m.*
rat rata *f.* **5**
reach alcanzar *v.*
  reach (a goal) alcanzar (una meta) *v.*
read leer *v.*
realize darse cuenta de *v.*
reason razón *f.*

rebellious rebelde *adj.* **4**
receive cobrar *v.*
recipe receta *f.* **4**
recognize reconocer (c:zc) *v.*
recommend recomendar (e:ie) *v.*
record grabar *v.* **3**
recreation recreo *m.*
recycle reciclar *v.* **5**
recycling reciclaje *m.* **5**
reduce disminuir *v.*
regret lamentar *v.* **4**
reject rechazar *v.*
relative pariente *m.* **4**
relatives familiares *m., pl.* **1**
relax relajarse *v.* **2**
release (a movie) estrenar (una
    película) *v.*
relieve aliviar *v.* **5**
religion religión *f.* **4**
rely on contar (o:ue) con *v.* **1**
remedy remedio *m.* **5**
remember acordarse (o:ue) (de) *v.*
remodel remodelar *v.*
remove quitar *v.* **4**
renewable renovable *adj.* **5**
repeat repetir (e:i) *v.*
repent (of) arrepentirse (de) *v.*
replace reemplazar *v.*
report informe *m.* **6**
reporter reportero/a *m., f.* **3**
reputation fama *f.*
    have a good/bad reputation tener
      (e:ie) buena/mala fama *v.* **3**
rescued rescatado/a *adj.* **6**
research investigar *v.* **3**
    research grant beca de
      investigación *f.*
researcher investigador(a) *m., f.*
resemble parecerse (c:zc) *v.* **4**
resentment rencor *m.* **6**
reside residir *v.* **2**
resolve resolver (o:ue) *v.* **5**
resources recursos *m., pl.* **5**
respect respetar *v.* **4**
responsibility compromiso *m.* **1**
restlessness inquietud *f.*
retire jubilarse *v.*
return regreso *m.*
revenge venganza *f.* **6**
revolutionary revolucionario/a
    adj.; revolucionario/a *m., f.*
rhythm ritmo *m.* **3**
rice arroz *m.*
rifle rifle *m.* **5**
right derecho *m.* **6**
rise ascender *v.*
risk riesgo *m.* **1**
rivalry rivalidad *f.*
river río *m.* **5**
rob robar *v.* **3**
robbery robo *m.* **3**
roof techo *m.* **5**
root raíz *f.* **4**

round redondo/a *adj.* **3**
route recorrido *m.*
ruin arruinar *v.*
run administrar *v.*
    run errands hacer diligencias *v.* **2**
    run out (of something) acabarse
      v. **5**

S

sacred ritual rito sagrado *m.* **4**
sacrifice sacrificar *v.* **4**; sacrificio *m.*
safety seguridad *f.* **6**
salesman/woman vendedor(a) *m., f.*
save salvar *v.* **4**; ahorrar *v.*;
    guardar *v.*
savings ahorros *m., pl.*
    savings account cuenta de ahorros
      f.
saw serrar (e:ie) *v.* **4**
say decir (e:i) *v.*
    say goodbye despedirse (e:i) *v.*
scandal escándalo *m.* **6**
scant escaso/a *adj.* **5**
scarce escaso/a *adj.* **5**
scene escena *f.* **1**
scenery paisaje *m.* **5**
scientist científico/a *m., f.*
scold regañar *v.* **4**
score (a goal/ a point) marcar (un gol/
    un punto) *v.*; anotar un gol *v.*
screen pantalla *f.* **3**
script guión *m.* **1**
scuba-diving buceo *m.*
sculpted stone piedra esculpida *f.*
sea mar *m.* **5**
search engine buscador *m.*
search the web navegar la red *v.* **3**
season temporada *f.* **3**
secure seguro/a *adj.* **1**
security seguridad *f.* **6**
see ver *v.*
seed semilla *f.* **5**
seem parecer (c:zc) *v.*
self-esteem autoestima *f.* **4**
selfish egoísta *adj.* **4**
sell vender *v.*
sensationalist press prensa
    sensacionalista *f.* **3**
sensitive sensible *adj.* **1**
sentence oración *f.*
separated separado/a *adj.* **1**
set in motion poner en marcha *v.*
settle poblar (o:ue) *v.* **2**
shaman chamán *m.* **5**
share compartir *v.* **1**
shave afeitarse *v.*
sheep oveja *f.* **5**
shoot disparar *v.* **5**
shooting star estrella fugaz *f.*
shop tienda *f.*
short-term a corto plazo *adj.*
shot disparo *m.* **3**

shout gritar *v.*
show demostrar (o:ue) *v.*;
    espectáculo *m.*
shy tímido/a *adj.* **1**
shyness timidez *f.* **2**
sidewalk acera *f.* **2**
sign letrero *m.* **2**; firmar *v.* **3**;
    señal *f.*
signal señalar *v.* **3**
similar semejante *adj.*
similarity similitud *f.*
singer cantante *m., f.* **3**
single soltero/a *adj.* **1**
sister-in-law cuñada *f.* **4**
sit up incorporarse *v.* **6**
size tamaño *m.*
ski mask pasamontañas *m.* **3**
sky cielo *m.*
skyscraper rascacielos *m.* **2**
slacker vago/a *m., f.*
sleep dormir (o:ue) *v.*
small pequeño/a *adj.*
smaller menor *adj.*
smell olor *m.*
smog smog *m.* **5**
snake serpiente *f.* **5**
soap opera telenovela *f.* **3**
social prejudice prejuicio social
    m. **4**
sold out agotado/a *adj.*
solidarity solidaridad *f.* **6**
solve resolver (o:ue) *v.* **5**
someone alguien *pron.*
something algo *pron.*
son-in-law yerno *m.* **4**
soothe aliviar *v.* **5**
soul alma *f.* (*but:* el alma) **1, 3**
    soul mate alma gemela *f.* **1**
soundtrack banda sonora *f.* **3**
souvenir recuerdo *m.* **1**
space espacio *m.*
spacecraft nave espacial *f.*
speak hablar *v.*
    speak/talk to dirigirse a *v.*
special effects efectos especiales
    m., pl. **3**
specialized especializado/a *adj.*
spectator espectador(a) *m., f.*
spell checker corrector ortográfico
    m.
spend gastar *v.*
spirit ánimo *m.* **1**; espíritu *m.* **6**
split one's sides laughing partirse
    de risa *v.*
spoil mimar *v.* **4**
sports deportes *m., pl.*
    sports club club deportivo *m.*
    sports page/section crónica
      deportiva *f.* **3**
sportsman/sportswoman deportista
    m., f.
spread (news) difundir (noticias)
    v. **2**

spread the word correr la voz *v.*
spy espiar *v.* **6**
square plaza *f.* **2**
stadium estadio *m.* **2**
stamp sellar *v.;* sello *m.;* compulsar *v.*
stand pararse *v.*
  stand (someone) up dejar
    plantado/a *v.* **1**
  stand out destacar *v.*
standard of living calidad de vida *f.*
  1; nivel de vida *m.*
star estrella *f.*
  movie star estrella de cine *f.* **3**
  shooting star estrella fugaz *f.*
statement declaración *f.* **6**
stay quedarse *v.* **2**
stepfather padrastro *m.* **4**
stepmother madrastra *f.* **4**
stimulant estimulante *m.* **5**
stingy tacaño/a *adj.* **1**
stock market bolsa de valores *f.*
stone piedra *f.*
stop parar *v.* **2;** detenerse (e:ie) *v.*
  stop (subway, bus) parada (de
    metro, de autobús) *f.* **2**
storekeeper tendero/a *m., f.*
stormy tempestuoso/a *adj.* **1**
story historia *f.* **1**
strange raro/a *adj.* **4**
stranger desconocido/a *m., f.* **2**
street calle *f.* **2**
strengthen fortalecer (c:zc) *v.* **6**
strict estricto/a *adj.* **4**
strike huelga *f.* **6**
struggle lucha *f.* **6;** luchar *v.*
style estilo *m.* **3**
submissive sumiso/a *adj.* **4**
substitute sustituir *v.*
subtitles subtítulos *m., pl.* **3**
suburb suburbio *m.* **2**
subway metro *m.* **2**
success éxito *m.* **3**
successful exitoso/a *adj.*
sudden repentino/a *adj.* **2**
suffocate ahogarse *v.* **5**
suggest sugerir *v.*
suit caer *v.*
sun sol *m.* **5**
support (each other) apoyar(se) *v.* **4**
  support network red de apoyo *f.* **1**
suppose suponer *v.*
surf (the web) navegar (la red) *v.* **3**
surprise sorprender *v.*
surround rodear *v.* **4**
surrounded rodeado/a *adj.*
survival supervivencia *f.*
survive sobrevivir *v.* **4**
suspect sospechar *v.*
suspicious sospechoso/a *adj.*
sweetheart amado/a *m., f.* **1**
symbol símbolo *m.* **5**
symbolize simbolizar *v.* **5**
synthesizer sintetizador *m.* **3**

T

take tomar *v.*
  take a bath bañarse *v.*
  take a bike/car/motorcycle ride
    dar una vuelta en bicicleta/carro/
    motocicleta *v.* **2**
  take advantage of aprovechar *v.*
  take a shower ducharse *v.*
  take a stroll dar un paseo *v.* **2**
  take a walk dar una vuelta *v.* **2**
  take notice (of) fijarse (en) *v.*
  take off (clothing) quitarse *v.*
  take revenge vengarse *v.* **6**
  take time (to) tardar en *v.*
talk hablar *v.;* conversar *v.* **2**
tank tanque *m.* **5**
tax impuesto *m.*
teach (to) enseñar (a) *v.*
team equipo *m.*
telepathy telepatía *f.*
telescope telescopio *m.*
television televisión *f.* **3**
  television set televisor *m.* **3**
  television viewer televidente *m.,*
    f. **3**
terrain terreno *m.*
territory territorio *m.*
terrorism terrorismo *m.* **6**
terrorist terrorista *m., f.* **6**
thank agradecer (c:zc) *v.* **4**
theater teatro *m.*
  theater play obra de teatro *f.*
theory teoría *f.*
thief ladrón/ladrona *m., f.* **6**
think opinar *v.* **3;** pensar (e:ie) *v.* **1;**
  creer *v.*
threat amenaza *f.* **6**
threaten amenazar *v.* **5**
throw away echar *v.* **5**
ticket boleto *m.;* entrada *f.*
  ticket window ventanilla *f.* **1**
tie lazo *m.* **1**
tie (a game) empatar *v.;* empate *m.*
tiger tigre *m.* **5**
tiny diminuto/a *adj.*
tolerate aguantar *v.* **5**
too también *adv.*
tool herramienta *f.*
toxic tóxico/a *adj.* **5**
toy juguete *m.*
trade comercio *m.*
traffic tráfico *m.* **2**
  traffic light semáforo *m.* **2**
train/bus station estación (de trenes/
  de autobuses) *f.* **2**
training capacitación *f.*
translate traducir (c:zc) *v.*
trap trampa *f.* **6**
trash basura *f.* **5**
travel viajar *v.*
  travel (around a city) recorrer *v.* **2**
tree árbol *m.* **5**

trick engañar *v.* **3**
tried (legally) juzgado/a *adj.* **6**
trip recorrido *m.*
trumpet trompeta *f.* **3**
trunk tronco *m.* **4**
trust in confiar en *v.* **1**
try intentar *v.*
  try (to) tratar de *v.*
turn doblar *v.* **2**
  turn back voltear *v.*
  turn into something convertirse
    (e:ie) en algo *v.*
  turn off apagarse *v.*
  turn red enrojecer (c:zc) *v.* **2**
twin gemelo/a *m., f.* **4**

U

U.F.O. ovni *m.*
unbearable insoportable *adj.* **4**
unbiased imparcial *adj.* **3**
uncertainty incertidumbre *f.*
understanding comprensión *f.* **4;**
  comprensivo/a *adj.;*
  entendimiento *m.*
uneasiness inquietud *f.*
unemployed desempleado/a *adj.*
unemployment desempleo *m.*
unequal desigual *adj.* **6**
unethical poco ético/a *adj.*
unexpected inesperado/a *adj.* **2**
unfair injusto/a *adj.* **6**
unfaithfulness infidelidad *f.* **1**
unforgettable inolvidable *adj.* **1**
universe universo *m.*
until hasta (que) *conj.*
upset disgustar *v.* **1;** disgustado/a *adj.*
  1; resentido/a *adj.* **5**
up-to-date actualizado/a *adj.* **3**
urbanize urbanizar *v.* **5**
use up agotar *v.* **5**
useful práctico/a *adj.*

V

value valorar *v.* **2;** valor *m.*
vanguard vanguardia *f.*
variety variedad *f.*
victim víctima *f.* **6**
victorious victorioso/a *adj.* **6**
victory victoria *f.* **6**
video game videojuego *m.*
violence violencia *f.* **6**
virtual virtual *adj.*
vote votar *v.* **6**

W

wait in line hacer cola *v.*
waiter/waitress mesero/a *m., f.* **2**
wake up despertarse (e:ie) *v.*
walk andar *v.*
wall pared *f.*

want querer (e:ie) *v.* **1**
warehouse almacén *m.*
warming calentamiento *m.* **5**
wash lavarse *v.*
waste malgastar *v.* **5**
   waste time perder (e:ie) el
     tiempo *v.*
watch vigilar *v.* **5**
way manera *f.*
wealth riqueza *f.*
weapon arma *f.* (*but:* el arma) **6**
web red *f.*
website sitio web *m.* **3**
well-being bienestar *m.* **2**
well-mannered bien educado/a *adj.* **4**
wheel rueda *f.*
when cuando *conj.;* cuándo *adv.*
while mientras *conj.*
whistle (at) silbar (a) *v.*
widowed viudo/a *adj.* **1**
widower/widow viudo/a *m., f.*
wife esposa *f.* **4**
will voluntad *f.* **1**
willing (to) dispuesto/a *adj.*
win vencer *v.*
   win a game ganar un partido *v.*
   win elections ganar las elecciones
     v. **6**
wind power energía eólica *f.* **5**
wing ala *f.*
wish esperar *v.*
withstand soportar *v.*
witness presenciar *v.* **6**
womanizer mujeriego *m.*
wonderful genial *adj.* **1**
work schedule horario de trabajo *m.*
world mundo *m.*
   World Cup Mundial *m.*
   world markets mercados
     mundiales *m., pl.*
worry preocupar *v.*
   worry about preocuparse por *v.* **5;**
     preocupado/a (por) *adj.* **1**
worse peor *adj.*
worthy digno/a *adj.* **4**
writer escritor(a) *m., f.*

Y

yield enough to live on dar para
   vivir *v.*
young joven *adj.*
younger menor *adj.*
youth juventud *f.* **4**

Índice

Créditos

Text Credits

36–37 © Pablo Neruda, "Poema 20," from *Veinte poemas de amor y una canción desesperada,* 1924, © Fundación Pablo Neruda.

74–75 © José Emilio Pacheco, "Aqueronte," from *El Viento distante,* 1963, reprinted by permission of Ediciones Era, S.A. de C.V. de México.

114–115 © Mario Benedetti, "Idilio," c/o Guillermo Schavelzon & Asociados, Agencia Literaria info@schavelzon.com.

152–153 © Augusto Monterroso, "El eclipse," from *Obras completas y otros cuentos,* 1959, reprinted by permission of International Editors' Co. Barcelona.

190–191 © Jaime Sabines, "La luna," reprinted by permission of the Sabines family.

228–229 © César Vallejo, "Masa," from Antología Poética, reprinted by permission of Espasa Calpe, S.A.

Documentary Credits

52 Material used by permission of Conexión México, Dirección de Noticias del Canal 22, México, 2005.

Song Credits

14 "Dame tu amor," performed by Mario German (guitar), Julissa Gomez (lead vocals), Albert Maldonado (guitar), Ray "Chino" Diaz (percussions), Carlos Fuentes (bass), Pavel Dejesus (recording engineer/producer).

Photography Credits

Corbis Images: Cover © Tomek Sikora/zefa **2** © Lawrence Manning **4** (br) © Coneyl Jay, (tm) © Martin Meyer/zefa, (mr) © Roy McMahon, (tr) © M. Möllenberg/zefa **12** (t) © Gabe Palmer **13** (col. br) © Kim Kulish/Corbis **14** (t) © T. Krüsselmann/zefa **15** © Philip Gould **17** (m) © Dimension films/ZUMA, (bl) © Jean-Pierre Arnett/Bel Ombra **25** (br) © Toru Hanai/Reuters, (tr) © Reuters **29** (tm) © Nancy Kaszerman/ZUMA, (bl) © Jason Moore/ZUMA, (tr) © Steve Azzara, (bm) © Frank Trapper **32** © Bettmann **37** (foreground) © Josh Wiestrich/SEFA **40** © Randy Faris **51** (col.tl) © Danny Lehman **52** (br) © Images.com **55** (box, tr) © Keith Dannemiller, (box, br) © Bettmann **58** © David Butow/Corbis SABA **59** © Danny Lehman **61** © James W. Porter **70** © Shaul Schwarz **71** © La Moneda/Handout/Reuters **74/75** © Tomek Sikora/zefa **78** © Louie Psihoyos **89** (col. tl) © Peter Guttman, (col. tr) © Richard Bickel, (col. bl) © Bob Krist, (col. br) © Bob Krist **90** (t) © Reuters **91** © Patrick Eden **93** (bl) © Graham Tim/Corbis Sygma **110** (br) © Lawrence Manning, (t) © Patrik Giardino **113** © Eduardo Longoni **115** © Jason Horowitz/zefa **118** © Franco Vogt **121** © Randy Faris **124** © Herbert Kehrer/zefa **128/129** (t) © Danny Lehman **129** (col. bl) © Alberto Lowe/Reuters **131** © Joson/zefa **133** (tr) © Richard Bickel **144** © Danny Lehman **147** © Danny Lehman **148** (b) © Randy Faris, (t) © Sergio Pitamitz **149** © Danny Lehman **158** (bm) © Firefly Productions, (br) © Matthias Kulka/zefa **165** © B. Neumann/zefa **167** (m) © Ron Watts, (t) © Buddy Mays **170** (tr) © Oscar White **177** © Richard Bickel **182** © Reuters **186** © Yann Arthus-Bertrand **188** (r) © Michael & Patricia Fogden **190** © Images.com **194** © Reuters **196** (tm) © Brooks Kraft **204/205** © Hubert Stadler **205** (col. bl) © Pablo Corral Vega, (col. br) © Keren Su **209** (box, tl) © corbis, (box, tr) © Bettmann **216** © Charles O'Rear **221** (l) © F. Damm/zefa, (r) © Alan Schein Photography **224** (l) © Bettmann, (r) © Diego Goldberg/Sygma

Lonely Planet Images: 24 © Richard Cummings **150** © Jerry Alexander **175** © Krzysztof Dydynski **204** (br) © Eric L Wheater, (bl) © Brent Winebrenner **205** (col. tr) © Aaron McCoy **207** © James Lyon

AP Wide World Photos: 29 (br) © Ruth Fremson/AP **P129** (col. tr) © AP Photo/Kent Gilbert, (col. br) © AP Photo/Esteban Felix **130** (b) © Fernando Llano/AP **189** © Associated Press **196** (bm) © AP Photo/Martin Mejia **211** (l) © AP Photo/Dario Lopez-Mills

Alamy Images: 25 (tl) © Allstar Picture Library **35** © Mary Evans Picture Library **51** (col. bl) © Zach Holmes **80** (mm) © Design Pics Inc. **91** © Patrick Eden **111** © Ingram Publishing **158** (TL) © The Photolibrary Wales **168** (t) © Bruce Coleman, Inc. **188** (l) © Worldwide Picture Library **205** (col. tl) © StockShot

Getty Images: 13 (col. tr) © Scott Gries **16** (tl) © Frazer Harrison **16** (bl) © Fernanda Calfat **25** (bl) © Jed Jacobsohn **28** © PM **29** (tl) © Ezra Shaw Images **55** (tr) © Jim Ross **80** (tr) © Phil Hunt **93** (tl)

© Stuart Ramson, (box, tr) © Ernesto Bazan/Liaison **106** © Carlos Alvarez **120** (tl) © Barbara Singer **128** (br) © Keren Su **129** (col. tl) © Lisi Dennos **130** (t) © Kenneth Garrett **133** (box, tl) © STR/AFP **145** © Nancy Nev/Getty **152** © Derke/O'Hara **158** (bc) © Firefly Productions, (br) © Matthias Kulka/zefa **168** (b) © Gustavo Caballero **170** (bl) © Carlos Alvarez, (tl) © Mark Mainz, (br) © Piero Pomponi **208** (m) © Christophe Simon **209** (bl) © Marc Alex/AFP **211** (r) © Getty Images

Masterfile: 97 © Hugh Burden **167** (b) © Daryl Benson

The Picture Desk: 93 (box, br) © United Artists/The Kobal Collection, (box, tl) © United Artists/The Kobal Collection/Hommel, George

Wire Image: 90 (b) © Lester Cohen **110** (bl) © John Parra

Chile Photo: 208 (b) © Humberto Mova **209** (box, br) © Francisco Aguayo

Misc: 13 (col. bl) *Petronis Towers*. Kuala Lumpur, Malaysia. Architecht: Cesar Pelli. Photograph © Jeff Goldberg/Esto. All rights reserved. **14** (b) © 2002 Dorothy Shi. Photo courtesy Mario German, Puntographics.com **16** (tr) © Bill Eichner, Reprinted by permission of Susan Bergholz Literary Services, New York. All Rights Reserved **17** (box, bl) © Gary & Carolyn Soto, (box, br) © Jeff Paterson **50** (b) © Robert Frerck/Odyssey Productions **50/51** (t) © Robert Frerck/Odyssey Productions **51** (col. br) © Oscar Necoechea/PhotoTK **52** (b) Photo courtesy Universal Music Latino **54** (b) Permission requested. Best efforts made. **55** (box, tl) Luis Barragán in collaboration with Mathias Goeritz, Satélite Towers, Mexico City, 1957–1958. Photo: Armando Salas Portugal. 2006 Barragán Foundation, Birsfelden, Switzerland/ProLitteris, Zürich, Switzerland. © 2005 Barragan Foundation, Birsfelden, Switzerland/Prolitteris, Zürich, Switzerland **62** © 2005 Robert Frerck/Odyssey Productions **80** (bl) © 2005 Rachel Distler **108** © Goodshoot /PhotoNonStop **133** (box, tr) Photo courtesy Curbstone Press **158** (tl) © USAID (http//www.usaid.gov/ec/) **169** © David Evans/National Geographic Image Collection **187** © Art Wolfe/Danita Delimont **206** (t) Photo courtesy Mamma Soul, mammasoul.cl, (b) © GLI Allegati/www.diesis.it. Permission requested. Best efforts made. **209** (tr) © Luis Hernan Herreros/www.visnu.cl

Fine Arts Credits

17 (box, tl) Judy Baca. *Hijas de Juárez*. 2002. Hand painted ceramic 21.5'H χ 18.5"W χ 13"D. Image courtesy of Patricia Correia Gallery, Santa Monica, CA © Judy Baca, (t) Carment Lomas Garza. *Earache Treatment*. 1989. Alkyd and oil on canvas. © Hirshhorn Museum and Sculpture Garden, Smithsonian Institution, Museum Purchase, 1995. Photographer Lee Stalsworth. **54** (l) Frida Kahlo. *Autorretrato con mono*. 1938. Photo © Albright-Knox Art Gallery/Corbis **55** (l) Diego Rivera, detail of mural *Batalla de los Aztecas y Españoles*, fresco. Palace of Cortés, Cuernavaca, México. Photograph © Russell Gordon/Danita Delimont (box, bl) Remedios Varo *"Mi generalito (le Marquis de La Contre-Croupe)"* © 2005 ARS, NY/VEGAP, Madrid with permission of Christie's Images **71** Frida Kahlo. *Diego en mi pensamiento*. 1943. Óleo sobre masonite. Colección J. y N. Gelman © 2005 Banco de México Diego Rivera & Frida Kahlo Museums Trust, Av. Cinco de Mayo No. 2 Col. Centro. Del Cuauhtémoc 06059, México, D.F. **92** (tl) Wifredo Lam. from *For Jorn, [no title]*. 1975–6 ©2005 Artists Rights Society (ARS), New York/ADAGP, Paris **93** (box, bl) Tomás Sánchez. *Triptych of the Rains Part 1, Drought*. 1987. © Christie's Images/Corbis **132** (br) *Dos peras en un paisaje*. 1973. Armando Morales © 2005 Artists Rights Society (ARS), New York/ADAGP, Paris, (tl) © Arlette Pedraglio/IDB **133** (bl) *Caserío*. Mauricio Puente, El Salvador. Photograph © Gloria Carrigg, (box, br) *La Villa*. Hector Perlera, El Salvador. Photograph © Gloria Carrigg, (box, bl) Francisco Zúñiga. *Muchacha con guitarra*. Collection of the Museum of Aguascalientes, México. INBA. Photo © Javier Hinojasa/Phototk.com **171** (Col. tl) Carlos Cruz-Diez. *Induction du Jaune 1974*. (bl) *La Visita*. Oil on canvas. 1968. © Fernand Botero, Courtesy, Marlboroug Gallery, New York y Christie's Images Limited. (tl) Marisol Escobar. *President Charles DeGaulle*. 1967. Photo © Smithsonian American Art Museum, Washington, DC/Art Rescource, NY **209** (tl) Roberto Matta. *L'Etang de No*. 1958. Photo © Giraudon/Art Resource, NY, (box, bl) María Angélica Baeza. *Fidelidad a toda prueba*. 2003. Image courtesy of Latin American Art Gallery and the artist **228** Pablo Picasso. *Guernica*. 1937. © Succession Picasso/Pablo Picasso. Photo © Archivo Iconográfico, S.A./Corbis

Book Cover designs: 16 (br) Image from *In the Time of Butterflies* © 1994 by Julia Álvarez. Used by permission of Algonquin Books of Chapel Hill. All rights reserved. **17** (box, tr) From EL SUEÑO DE AMERICA. Copyright © 1996 por Esmeralda Santiago. All rights reserved. "reprinted by arrangement with Harper Collins Publishers, LLC" **92** (r) Jacket cover from LA CASA DE LA LENGUNA by Rosario Ferre. Used by permission of Vintage Books, a division of Random House, Inc. **93** (tr) © 1981, Ediciones Huracán, Inc, cover art © J. A. Peláez, **171** (box, tr) Jorge Icaza, Huasipungo, © Edición de Teodosio Fernández, Madrid Ediciones Cátedra, (box, br) D.R. © CIDCLI, SC D.R. © Laura Antillano (Venezuela) **208** (tl) © Matteo Bologna/Mucca Design/Harper Collins Publisher.

Illustration Credits

Franklin Hammond: 7, 21, 48, 63, 68, 76, 80, 87, 88, 107, 120 (bl & mm)**, 127, 137** (bl & br)**, 141, 158, 179** (tl, tr, ml, mr)**, 189, 196, 213, 226**

Pere Virgili: 42, 61, 98, 102, 103, 120 (tr)**, 137** (tl & tr)**, 140, 174, 179** (bl & br)**, 217, 220**